珍贵古籍 上

辽宁文化记忆

主 编／周连科
副主编／佟 昭 王筱雯

辽宁人民出版社

图书在版编目（CIP）数据

辽宁文化记忆. 珍贵古籍 / 周连科主编. —沈阳：辽宁人民出版社，2014.10
ISBN 978-7-205-08093-8

Ⅰ. ①辽… Ⅱ. ①周… Ⅲ. ①古籍—汇编—辽宁省 Ⅳ. ①K293.1 ②Z422

中国版本图书馆CIP数据核字（2014）第213088号

出版发行：辽宁人民出版社
地址：沈阳市和平区十一纬路25号 邮编：110003
电话：024-23284321（邮 购） 024-23284324（发行部）
传真：024-23284191（发行部） 024-23284304（办公室）
http://www.lnpph.com.cn
印 刷：沈阳天择彩色广告印刷股份有限公司
幅面尺寸：210mm×285mm
印 张：40
插 页：10
字 数：650千字
出版时间：2014年10月第1版
印刷时间：2014年10月第1次印刷
责任编辑：刘铁丹 时祥选
装帧设计：丁末末
责任校对：吴艳杰
书 号：ISBN 978-7-205-08093-8

定 价：280.00元（全二册）

编 委 会

辽宁文化记忆：珍贵古籍

主　　编　周连科

副 主 编　佟　昭　王筱雯

编　　写　杜希林　刘　冰　娄明辉　康尔琴　卢秀丽

范俊红　辛　欣　薛　莲　翟艳芳　吴晓霞

刘卫新　冷绣锦　靳　莉　张宝珠　赵晓丹

孙晓丹　朱　凡　张　玲　赵　姝　王爱华

刘兆成　郭永军　杨　煜

统　　筹　康尔平　冉洪田　杨　威　于一丁

总序

◎周连科

辽宁在距今约40万年前就有了人类活动的足迹。自公元前21世纪我国进入夏商时期，辽宁为幽州、营州之地，周分封辽宁属燕国。公元前305年，燕将秦开却胡后，辽宁属辽东、辽西、右北平三郡管辖，其中辽东郡郡治在襄平（今辽阳）。秦汉在辽宁置郡、县，含辽东、辽西两郡大部和右北平、玄菟两郡各一部分。公元前37年，朱蒙在纥升骨城（今桓仁五女山山城）建高句丽政权。魏晋南北朝时期，辽东先后归公孙氏政权、曹魏、两晋管辖，行政中心在平州（今辽阳），5世纪初至唐总章元年（668），辽东为高句丽所辖，辽西以龙城（今朝阳）为中心，先后建有前燕、后燕、北燕政权。北魏至隋唐时期，在辽西置营州（今朝阳），后升为营州都督府；719年，置平卢节度使和安东都护府，管辖辽宁全境。辽代设道、府、州、县，其中，辽东归东京道管辖，府治辽阳；辽西归中京道和上京道管辖。金代辽宁东南部属东京路，治所辽阳；北部属咸平路，治所开原；西部归北京路管辖。元代在辽阳设行中书省，辖辽阳路、沈阳路、广宁路及咸平府。明代在辽阳设辽东都指挥使司，下辖卫所，管辖辽东边墙以内地区，边墙以外为女真、蒙古诸部落。1616年，努尔哈赤称汗兴京（今新宾赫图阿拉古城），建立后金政权，1621年迁都东京（今辽阳）；1625年定都盛京（今沈阳），辖奉天、锦州二府，管辖辽宁全境。清光绪三十三年（1907）改盛京为奉天省，1929年改为辽宁省至今。全省现有总人口4389万。除汉族以外，还有满族、蒙古族、回族、朝鲜族、锡伯族等51个少数民族。少数民族人口670万，占全省总人口的16.02%。少数民族人口绝对数列全国第五位，少数民族占总人口的比例居第十位。优越的自然条件，悠久的历史积淀，丰富的文化内涵，辉煌的文化成就，赋予辽宁独特的经济社会发展优势。

辽宁大地美丽富饶

辽宁拥有得天独厚的区位优势。

辽宁地处东经118°53′—125°46′、北纬38°43′—43°36′之间，南临黄海、渤海，隔渤海海峡与山东半岛遥相呼应，西南与河北省接壤，西北与内蒙古自治区毗邻并同蒙古国相近，东北连接吉林省与俄罗斯相通，东以鸭绿江与朝鲜一江之隔，与日本、韩国隔海相望。辽宁位于欧亚大陆东端，地处东北亚地区中心位置，是东北地区政治、经济、文化中心，是中国东北与环渤海经济区的接合部，是东北地区通往关内的交通要道、东北与华北贸易的节点，是东北地区连接欧亚大陆桥的重要门户和前沿地带。

辽宁山川俊秀。全省陆地总面积14.8万平方公里，占全国陆地总面积的1.5%。地形概貌大体是“六山一水三分田”。全省地势北高南低，大致为自北向南、自东西两侧向中部倾斜，山地丘陵分列东西两厢，向中部平原下降。辽东、辽西两侧为平均海拔800米和500米的山地丘陵；中部为平均海拔200米的辽河平原；辽西渤海沿岸为狭长的海滨平原，称“辽西走廊”。东部山脉是长白山支脉吉林哈达岭和龙岗山脉的延续部分，由南北两列平行山地组成，主要有丹东凤凰山、鞍山千山等，最高峰是位于宽甸县境内的花脖子山（1336米）。西部山脉是由内蒙古高原向辽河平原过渡构成的，主要有位于辽宁和内蒙古交界处的努鲁儿虎山、北镇医巫闾山等。其中，医巫闾山、千山和凤凰山为三大名山。辽宁河流分布众多，水系河网密布。境内有大小河流300余条，其中，流域面积在5000平方公里以上的有16条，在1000—5000平方公里的有31条，辽河、浑河、大凌河、太子河、大洋河、鸭绿江等，形成辽宁省的主要水系，大部分河流自东、西、北三个方向往中南部汇集注入渤海。其中，辽河、大凌河和鸭绿江为三大名川。辽河是省内第一大河流，全长1390公里，境内河道长约480公里，流域面积6.92万平方公里。大凌河全长397公里，流域面积2.35万平方公里。中朝界河鸭绿江全长790公里，辽宁境内长约200公里，境内流域

面积为1.66万平方公里。

辽宁海域广阔。辽宁面向太平洋，是我国万里海疆的最北端。辽东半岛的西侧为渤海，东侧临黄海。全省海域总面积15万平方公里。海岸线东起丹东鸭绿江口，西至绥中县万家镇红石礁，大陆海岸线长2110公里，海岸线长度居全国沿海省份第五位，近海水域面积6.8万平方公里。辽宁面积在500平方米以上的海岛共有378个，海岛总面积501.3平方公里，海岛岸线总长627公里。主要岛屿有外长山列岛、里长山列岛、石城列岛、大鹿岛、觉华岛、长兴岛等。沿海岸线共有海湾52个，深水岸线400余公里，优良港址38处。

辽宁拥有优质丰富的自然资源。

辽宁物华天宝。据地质勘查表明，辽西朝阳等地区地下藏有丰富的亿万年前化石资源，被地质学家称为世界级的化石宝库。当时气候温暖，植被茂盛，动物繁多，可以说是山清水秀、鸟语花香。随着1.4亿年前迄今世界最早的原始鸟类化石"中华龙鸟"和约1.2亿年前迄今世界最早的被子植物化石"辽宁古果"古生物化石的发现，辽宁成为地球上"第一只鸟飞起"和"第一朵花绽开"的地方。

辽宁土地资源类型多样，适宜性广泛，土地生产潜力巨大。按利用现状划分，耕地面积409.29万公顷，占全省土地总面积的27.65%，其中有80%左右分布在中部平原区和辽西北低山丘陵的河谷地带。未利用土地和居民点及工矿用地面积分别为138.31万公顷和113.47万公顷，分别占土地总面积的9.3%和7.67%。交通、园地、牧草地、其他农用地面积相对较小。草地资源、疏林草地资源和滩涂资源占一定的比重。辽宁是中国主要芦苇产区之一，全省现有苇田面积9万公顷，主要分布在辽河下游及鸭绿江、大洋河的入海地带。

辽宁处于环太平洋成矿北缘，地质成矿条件优越，矿产资源丰富，品种齐全，分布广泛。目前已发现各类矿产110种，其中已探明储量的有66种（不含石油、天然气、煤层气、放射性矿产、地下水和矿泉水），矿产地672处。对国民经济有重大影响的45种主要矿产中，辽宁有36种，有620处矿产地。辽宁的菱镁矿保有资源储量25.6亿吨，分别占全国和世界的85.6%和25%左右。在全国具有优势的矿产资源还有硼、铁、锰、钼、油页岩、金刚石、滑石、玉石、石油、天然气等10种，其中，硼矿、铁矿和金刚石居全国首位，滑石和玉石居全国第二位，石油居全国第四位。

具有比较优势的矿产资源主要有煤、煤层气、金、银、熔剂灰岩、冶金用白云岩、冶金用石英岩、硅灰石、玻璃用石英石、珍珠岩、耐火黏土、水泥用灰岩、沸石等13种。

辽宁地处欧亚大陆东岸，属暖温带、温带大陆性季风气候区，日照充足，气候适宜，雨量充沛，宜于植物生长。农作物栽培品种有50多种，主要有水稻、玉米、高粱、小麦、谷子、大豆、花生和棉花。辽宁还是全国主要的水果产区之一，年水果产量在180万吨以上。金州、熊岳的苹果，绥中的白梨，大连的黄金桃和鞍山的南果梨等闻名全国。

辽宁植被类型多样。东部低山丘陵区森林覆盖率高，中部平原及沿海低地以农业植被为主，西部丘陵低山区以林地和农业植被为主。全省森林覆盖率为31.84%。现有林业用地面积634.4万公顷，其中有林地面积464.1万公顷（含经济林面积141.5万公顷），占林业用地的73.16%；疏林地面积5.69万公顷，占0.9%；灌木林面积22.75万公顷，占3.58%；未成林造林地面积17.37万公顷，占2.74%。

辽宁拥有现代化的交通运输体系。

伴随工业基地的建设，辽宁已形成以港口为门户，铁路为动脉，公路为骨架，民用航空、管道运输、海上运输相配套的综合立体交叉的交通运输网络，成为全国交通运输发达的地区之一。

辽宁境内铁路密度居全国首位，2012年末全省铁路营业里程4757公里。既有长春至大连、沈阳至山海关、沈阳至吉林、沈阳至丹东、大虎山至郑家屯、锦州至承德等中央管辖的铁路干线，又有城子坦至庄河、海城至岫岩、丹东至大连等地方管辖的铁路干线，还有鲅鱼圈港、锦州港等疏港专用铁路线。秦沈铁路是中国第一条快速客运专线。哈大高速铁路客运专线全线贯通。京沈高速铁路正在兴建。沈阳地铁一、二号线正式运营。大连地铁正在建设中。

辽宁公路四通八达，密度居全国前列，在全国率先实现了全部省辖市用高速公路相连通，全省95%的县与高速公路相连接，全省100%的乡通柏油路，2012年末全省公路里程总计104679公里。建成了东西、南北两条高速公路大通道。南北线南起大连、北至四平，全长565公里，沈海线（沈阳至大连）被誉为“神州第一路”；东西线东起丹东、西至山海关，全长622公里。滨海大道是我国最长的沿海公路，全长

1443公里，为辽宁沿海经济带全面开发开放提供了重要支撑。城际交通方便快捷，沈阳到鞍山、抚顺、本溪、营口、阜新、辽阳、铁岭基本实现一小时交通，是沈阳经济区的重要支撑。

辽宁是东北地区唯一的既沿海又沿边的省份，是东北地区最重要的出海口。辽宁沿海有大小商港10处，大连港是我国北方地区最好的深水不冻港。以大连港为中心，沿黄海、渤海沿岸形成以营口港、丹东港、锦州港、葫芦岛港等为侧翼的港口群，已基本形成进入太平洋走向世界的海上对外运输大通道。辽宁港口与世界160多个国家和地区建立了贸易航运往来，承担着东北地区70%以上的海运货物、80%以上的外贸运输、90%以上的集装箱外贸运输，是东北三省及内蒙古东部地区的海上门户。

辽宁现有民用航空机场7个。其中，沈阳桃仙机场、大连周水子机场是中国一流标准的国际机场，此外还有营口蓝旗机场、鞍山腾鳌机场、丹东浪头机场、锦州小岭子机场、朝阳机场等。目前，全省有航线293条，其中国外（境外）航线58条，与日本、朝鲜、韩国、马来西亚、新加坡、泰国、印度尼西亚、俄罗斯、美国、英国、德国、法国、澳大利亚、加拿大、柬埔寨等国家和中国香港、台湾、澳门等地区通航。

辽宁拥有高度密集的城市群。

新中国成立后，在工业化的带动下，辽宁的城市化进程较快，城市化率一直居全国前列。2011年辽宁城市化率为64.1%，除直辖市外，居全国第一位。城市化率是辽宁省经济社会发展水平的重要标志，也是辽宁人引以为自豪的资本。

目前，以沈阳经济区和辽宁沿海经济带城市为基础，在辽宁境内已经形成以大连为龙头、以沈阳为中心、以丹东和锦州为两翼的大型城市群，并与长江三角洲城市群、珠江三角洲城市群、京津冀城市群一起构成了中国最重要的四大城市群。

辽宁城市群地处东北亚的中心地带，是中国最重要、最具发展潜质的经济区之一，是东北经济区和环渤海都市圈的重要组成部分，是中国主要的重工业发展基地之一，是世界上特别是东北亚地区少有的都市密集区之一。辽宁城市群范围涵盖了全省大部分区域，包括省内2个副省级城市、12个地级城市、17个县级城市。这里聚集了我国重要和著名的工业城市，是中国先进装备制造业基地和新型原材料基

地，形成了以钢铁、机械、石化、汽车、造船为主，门类齐全、基础雄厚的产业集群，并对整个东北地区，包括长吉、哈大齐和内蒙古东部城市形成了产业、人才、技术、资金、信息集聚和辐射的综合效应，对外已辐射俄罗斯、朝鲜、韩国、日本等国家，产生了许多的“世界之最”、“全国之最”。各城市间的商贸都市、文化都市与娱乐型都市之间相互融合与差异并存，使辽宁城市群更具地域特色与魅力。伴随着国家实施振兴东北地区等老工业基地战略，沈阳经济区和辽宁沿海经济带发展上升为国家战略，辽宁城市群正如鲲鹏展翅，凌云高飞。

辽宁拥有完备的工业体系。

辽宁有上百年的工业发展历史。优越的地理位置和丰富的矿产资源，使辽宁成为我国近代民族工业的发源地之一。早在清代乾隆初年，本溪湖一带就是奉天的主要煤炭产地，其生产规模估计达千人以上。自近代以来，辽宁成为西方列强用武力争夺的资源重地。在外力的冲击和示范作用下，辽宁的民族资本工业有了较快的发展，这些民族资本工业可以分为三个部分：一是奉系军阀开办的军事工业企业；二是官办或官商合办的民用工业企业；三是以轻工业为主的私营企业。西方各国垄断资本以掠夺资源为目的而兴建的一大批矿山、工厂、铁路和港口等，一方面使辽宁工业经济在殖民统治下有了快速的畸形发展，另一方面在客观上形成了辽宁的近现代机器工业的基础。

辽宁老工业基地的开发建设，始于新中国成立后的三年国民经济恢复时期，形成于1953年开始执行的第一个五年计划。“一五”时期，基于辽宁的工业基础，国家把辽宁作为工业化重点省份予以政策倾斜。在苏联援建我国的156个项目中，辽宁占了24项。与24项重点建设工程相配套，还安排了省市重点项目625个。“一五”结束时，辽宁的工业总产值和原煤产量、发电量、金属切割机床、烧碱、钢产量等均在全国占有举足轻重的地位，飞机、军舰、弹药等军事工业也占有很高比重，辽宁成为新中国成立后最早建成的全国重化工业基地和军事工业基地。改革开放后，辽宁老工业基地进入结构调整阶段。近些年来，辽宁工业在全国工业经济中所占的比例有所下降，但迄今为止，辽宁仍然是我国重要的工业基地，在全国工业经济中仍占有重要的地位。按照老工业基地振兴规划，辽宁正在建设国家现代装备制造业和重要原材料工业基地，前者包括以汽车工业、船舶工业、轨道交通、航空工业设备制造为主的交通运输设备制造业，以机床、通用机械、电工电器、重型矿山设备、环保设备、仪器仪表、基础件、机器人及自动化成套装备等行业为主的基础设备与成套装备制造业，以新型潜水器、军用舰艇、新一代航空器、航空发动机为代表的重大军事装备和高机动性、高自动化、高抗干扰能力的现代高科技军事装备为重点的军事装备制造业；后者指以石化、冶金、建材等优势产业为重点的国家重要的原材料工业，以及以信息产业为代表的高新技术产业和农产品加工业。所以，从区域新型工业化发展的需要、区域产业结构优化的需要以及参与东北亚合作的角度看，辽宁老工业基地经济发展仍然具有很大的潜力和广阔的前景。

辽河文明历史悠久

辽宁历史悠久，是人类开发较早的地区，是中华文明重要的发祥地之一。

从远古时代起，我们的祖先就生息、繁衍在辽宁这片美丽的土地上。距今约50万—40万年前，本溪庙后山人就劳作在太子河畔。距今约30万—20万年前，当北京人在燕山山脉地区艰难生存的时候，一群脑容量更大、更聪明的金牛山人则在千山山脉地区从容地应对自然的挑战。脑发育先于四肢进步的金牛山人的发现，被评为“1984年世界十大科技进展项目”之一。在喀左鸽子洞古人类遗址发现了许多距今约25万—5万年的旧石器时代中期的石制品，这些石制品在旧石器文化发展过程中具有里程碑意义。辽宁还发现了很多距今约5万—1万年前旧石器时代晚期的人类活动遗址。海城仙人洞遗址发现了制作的骨制品和钻孔装饰品，表明当时先民的物质世界和精神世界已经出现了质的飞跃。从这些遗址的发掘中，我们仿佛看到了辽宁的先民们以蹒跚的步履，穿越漫漫岁月，告别蒙昧，走出洪荒，走向文明。

辽宁新石器时代早期最为著名的遗址是距今约8000年的阜新查海遗址。查海人在广阔的原野上建造了“中华第一村”，琢磨了迄今中国所知年代最早的真玉器，堆塑了中国迄今发现年代最早、形体最大的“石龙”，制造了堆塑“类龙纹”的陶器。这些具有浓郁信仰色彩的遗迹遗物，表明辽河流域是玉、龙的故乡，这里的居民是龙的传人。距今约7000年的沈阳新乐遗址和出土的大量器物，显示了辽宁在原始社会末期的繁荣景象与氏族的凝聚精神。距今约5500—5000年的朝阳牛河梁红山文化

遗址，祭坛、积石冢、女神庙三位一体规模宏大的史前祭祀遗址群和女神彩塑头像、彩陶和玉礼器等重要文物的发现，表明红山文化晚期社会已具有古国的性质，辽河流域从此升起了第一道文明曙光。

自公元前21世纪我国中原地区进入奴隶社会后，辽宁历史便开始与之保持了密切的互动关系。从夏朝开始，直到清代前期，在近4000年的中国古代，辽宁大地可谓风起云涌、波澜壮阔，一幕幕王朝更迭、民族兴衰的大戏在这里上演。进入夏商时期，辽宁大地由古国时代跨进了方国时代。夏家店下层文化延绵数十里的链锁式城堡群，初具国家形态，是与夏比肩的方国。商周之际，辽西地区发现的窖藏青铜器，充分体现了中原文化与辽宁古代文化的密切交融。西周分封，辽宁大部分属燕国。春秋战国时期，辽宁众多青铜文化在与中原文化的频繁交流中，逐步汇入华夏民族多元一体的发展轨道，并影响到朝鲜半岛、日本列岛以及广阔的东北亚地区。

战国末年，燕国东扩，中原势力正式进入辽宁。随着秦开却胡以及逐朝鲜侯、筑长城、设郡县，东北正式纳入中原文化的大格局之下，辽宁地区也正式纳入中原的版图。中原的郡县管理体制和先进的文化植入东北南部的辽宁地区，中原文化与东北的土著文化开始了漫长的融合过程。

秦汉时期，辽宁成为中央政府的东北边疆门户。秦汉王朝十分重视对辽宁地区的经营，河北、山东等地居民或主动或被动迁至辽宁，开发辽河流域。这时，铁器已在农业生产中使用，人口增多，土地开垦面积不断扩大。随着农业生产的发展，牧业、渔业、蚕业都进入了一个繁荣时期。中原文化开始在东北地区占据主导地位，具有划时代意义。东汉末年，统一的封建王朝被各地兴起的割据势力所代替。公孙度以襄平（今辽阳）为中心割据辽东，占据辽东、玄菟二郡，招贤纳士，利用偏居辽东一隅的有利条件，发展生产，为开发辽东做出了巨大贡献。

魏晋南北朝时期，随着中原政权的衰败，北方的一些民族纷纷崛起，辽宁成为多民族交流融合的舞台。西有鲜卑人南下，进入辽西地区，建立三燕政权，定都龙城（今朝阳）；东有高句丽崛起，建国于纥升骨城（今桓仁五女山山城），经历从公元1世纪以来的发展，此时势力逐步扩张，进而占据辽东。这些少数民族在这一地区活动频繁，此消彼长，带来了中国历史上规模空前的民族大融合，为华夏文明注入了新的活力。

隋唐时期，龙城改为柳城，是营州都督府治所，为中央政权经营东北的最高军政重镇，汉族与契丹、奚、靺鞨、高句丽、室韦、突厥以及西域的粟特等众多民族在这里频繁而广泛交往，形成了特色鲜明的地域文化。自公元341年至8世纪中叶唐安史之乱，营州一直是中国北方的重要城市和东北亚地区的重心所在。

契丹族建国后，辽宁是辽政权的腹心重地，这里州县遍布，人口稠密，经济文化发达，佛教兴盛，东京辽阳盛极一时。金朝建立后，迅速占领辽宁地区，按照京、路和州县层次设立行政区，实施有效管理。元朝在辽宁设辽阳行省，管理包括黑龙江下游、库页岛在内的整个东北地区，显示了辽宁在东北乃至全国所处的地位十分重要。辽、金、元时期，来自草原、山林的游牧文化和渔猎文化，与移民北上的农耕文化在这里交汇融合，各民族相互学习、共同发展，创造了特色鲜明的辽宁地域文化。

明朝建立后，中央政权再一次对辽宁地区实行了有效管辖。洪武年间，于辽阳设立辽东都指挥使司，积极推行卫所屯田制度，一批新兴的城镇在辽东大地出现，商品贸易日益发展。辽东是明朝九边重镇之首，自正统至万历年间，明王朝在这里兴筑边墙、广设城堡，形成了完整的军事防御体系，北控蒙古，东御女真，确保了辽东作为“京师左臂”200余年的稳定与繁荣。随着明朝在辽东统治的稳固，辽宁地区经济随之发展，各族交往日益频繁，商品交换不断，辽宁逐渐成为东北亚地区的交通枢纽。

辽宁是满族崛起的肇兴之地，也是清王朝的发祥地。明朝末年，努尔哈赤统一女真各部，建立后金政权，称汗兴京，1625年迁都沈阳。1636年皇太极改号大清，1644年挥师入关，入主中原，建立了中国历史上最后一个封建王朝。作为满族的龙兴之地，辽宁具有特殊的地位和作用，中央王朝对这里实行了特殊的管理，几代帝王先后东巡祭祖，“天眷盛京”成为清朝统治者的巩固后方和精神家园。

近代以来，辽宁成为许多重大历史事件的发生地，辽宁大地饱含屈辱与抗争。鸦片战争后，牛庄开埠，辽宁门户被列强打开。1894年，甲午战争爆发后，日本通过在海上发动的黄海海战和在辽东半岛进行的包括鸭绿江江防之战、金旅之战、辽河之战在内的陆战入侵辽宁。其中1894年11月21日，日军攻占旅顺后，进行了灭绝人性的4天3夜大屠杀，杀害城内外百姓两万多人。1898年，沙俄强租旅顺。1904

年，日俄战争爆发，东北成为帝国主义列强争夺的主战场。日本帝国主义取代沙俄后，开始了对辽宁的殖民统治。1911年，辛亥革命爆发，中华民族日渐觉醒，辽宁人民站在反帝反封建斗争的前线，留下了无数可歌可泣的英雄事迹。民国初期，辽宁为奉系军阀张作霖所辖。1928年，张学良将原来悬挂的北洋政府的五色旗换成国民政府的青天白日旗，宣称东北接受国民政府管辖。1929年，奉天省改为辽宁省。1931年9月18日，驻东北境内的日本关东军突然炮击沈阳北大营的东北军，发动九一八事变，致使东北沦为日本帝国主义的殖民地，并策划建立了伪满洲国。从这时起，多少抗日义勇军和东北抗联的爱国志士同日本侵略者浴血奋战，辽宁人民坚持抗战14年，于1945年8月15日迎来了抗日战争的伟大胜利。解放战争中，中国人民解放军在东北发动了著名的辽沈战役，取得东北全境解放的重大胜利，至此，辽宁冲出黑暗，走向光明。

中华人民共和国成立后，辽宁分为辽东、辽西两省及沈阳、旅大、鞍山、抚顺、本溪5个直辖市。1954年6月两省合并，五市改为省辖，正式成立辽宁省，省会设在沈阳。经过新中国成立后的8年建设，辽宁成为中国最早的工业基地。当时，辽宁固定资产原值占全国的27.5%，居全国第一位；工业总产值占全国的16%，居全国第二位。全国17%的原煤产量、27%的发电量、近27%的金属切割机床、50%的烧碱、60%的钢均产自辽宁。此后的20年，辽宁工业创造了上千个“新中国第一”，其中包括研制生产出新中国第一架战斗机、第一艘导弹潜艇、第一艘万吨巨轮等，在中国工业的发展史上写下了辉煌的篇章，为新中国的建设与发展做出过巨大贡献，被誉为“共和国工业长子”。今天，在改革开放的历史条件下，辽宁老工业基地开始步入新的振兴阶段，正在向着全面建成小康社会和实现辽宁全面振兴的目标迈进。

辽河文化源远流长

人类社会发展史证明，大河是孕育人类文明的摇篮。考古成果已经证明，位居中国七大河流之列的辽河，与长江、黄河等著名大河一样，是中华民族的母亲河之一。辽河流域是东北文化区的核心，丰富的考古发现与文献记载证明，“辽河文化”

这一冠名，是对辽宁地域文化较为准确的概括。所谓辽河文化，是指以辽河流域历史文化积淀为基础的古今物质文化与精神文化的层叠总和；是辽宁地域的主干文化，是中华文明重要组成部分及最主要的源头之一，是我国东北乃至北方文化中的瑰宝与典型代表。

辽河流域是中华文化的重要发源地之一。汉代以后的汉族文化与辽宁土著民族文化特别是东北夷文化的交融，构成了辽河文化的主旋律，体现了辽河文化的内涵和特点。辽河流域地处东北亚地区与中原的交通枢纽位置，自古以来就是农耕文化、渔猎文化与游牧文化的交汇地，也是汉族与肃慎族、东胡族、秽貊族等许多少数民族的聚居地，这些民族都有悠久的文化积淀，在一定历史时期内活跃于东北历史舞台，有的甚至入主中原。由于辽宁历史上农耕文化、游牧文化、渔猎文化等多种经济类型文化并存、渗透等原因，辽宁古代文化在漫长的发展过程中，始终伴随着多种因素的交汇和影响，从而使辽宁古代文化呈现出多元性、包容性、开放性、整合性和差异性等鲜明特征，在中华民族文化的百花园中独放异彩。

辽河文化的主要构成包括民族文化、乡土文化、移民文化等。

辽宁的民族文化光彩夺目。

辽宁是多民族聚集区。生活在辽宁的原始居民中除了占绝大多数的汉族外，还有鲜卑族、高句丽族、契丹族、女真族、蒙古族、满族等少数民族，这些民族都是辽宁历史文化的创造者，都有本民族的特色文化。这些文化在自身发展中始终伴随着交流与融合，既有土著民族间的，也有汉族与土著民族间的，使辽河文化不断丰富。各历史时期最具代表性的辽宁民族文化主要有：

查海文化。距今约8000年的阜新查海文化遗址，内有排列整齐的数十座房址群和窑穴，房屋内摆放着生活和生产用具，房址群以外有环壕围绕，特别是在房址群围绕的中心部位，横卧着一具人工堆砌的巨型龙形堆石和十多座墓葬，墓葬有玉器随葬。查海人在创造和发展龙文化的同时，也创造和发展了玉文化，龙图腾和玉神器的创造，体现和反映了辽宁远古文化的辉煌。

红山文化。距今约5500—5000年的朝阳牛河梁红山文化遗址，其祭坛、积石冢群、女神庙三位一体、规模宏大的史前祭祀遗址群和女神彩塑头像、彩陶和玉礼器等重要文物的发现，昭示了中华文明5000年的曙光。从红山文化的考古发现看，中国传统文化中的一些观念意识在先民所创造的文化中已有所反映。比如，在中国传统文化中，超现实世界与现实世界混沌不分，即天人合一，这在红山文化祭祀群中就已被充分体现；再者，在维系人与人之间的关系上，中国人更讲究“礼”制。其中玉与礼的密切关系特别是独以玉作为礼字创意时的依据，只有红山文化的唯玉为葬与之完全吻合。红山文化的发现，也增加了古史记载之五帝时代主要人物黄帝等传说的可信性。这些考古发掘验证了辽宁是中华民族远古文化最发达区域之一，并为中华民族5000年文明史提供了实证。

三燕文化。三燕是指东晋十六国时期（317—420），鲜卑慕容氏在北方建立的前燕、后燕、北燕三个地方政权。三燕王朝均以龙城（今朝阳）为都城或陪都，因此龙城又被称为“三燕古都”。这个时期形成的文化被称为“三燕文化”。三燕王朝的历史发展过程，既是游牧文化与农耕文化相融合的过程，也是汉民族与鲜卑民族之间的一次民族大融合的过程。“三燕文化”承三国开始的东北文化余绪，以逐步汉化、农牧结合、设立学校、尊崇儒学、修建寺庙、儒释道并举、引进桑蚕、开拓丝路的内容为主，其中还创下东北最早的佛寺、东北最早的学府、东北最早的科举等纪录，创造了既有地方特色，又和中原紧密相连的文化体系。其中单于慕容廆所作的慕容鲜卑早期的民歌《阿干之歌》等乐曲在慕容氏入主中原后被纳入传统宫廷音乐中，初步实现了慕容音乐与汉族传统音乐的结合。慕容皝还注意发展文化教育，亲自编写贵族子弟学习汉文识字课本。三燕文化典型内容及影响还包括马具、步摇（古代女子的重要首饰之一）等。

高句丽文化。高句丽是中国历史上活跃于汉魏晋唐时期的东北少数民族，它建立的隶属于中央王朝的地方政权存续700多年。高句丽在不断吸收中原文化的基础上，创造了独具特色的民族文化，包括巍峨险峻的山城、雄浑耸峙的王陵、绚丽多彩的壁画等。高句丽在辽宁大地上留下了大量的遗迹和遗物。辽宁境内目前调查发现的各类城址七八十座，墓地几十处。其中较重要的有高句丽最早的都城纥升骨城——本溪桓仁五女山山城，高句丽最大的山城乌骨城——丹东凤凰山山城，高句丽中晚期的重镇新城——抚顺高尔山山城等著名山城。比较重要的平原城有永陵南汉城、辽东城、下古城子、安平城等。这种山城与平原城相结合的模式，一方面是受到地域环境的制约和影响，另一方面也是学习中原文化的结果。五女山山城体现了

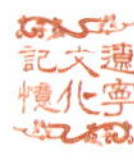

中国古代东北民族构筑山城的文化传统，在城内布局、墙体砌筑以及石料加工等方面又有很大创新，已列入世界文化遗产名录。高句丽占据辽东后，与中原的接触更加频繁和直接，中原的一些儒家经典和史书不断传入高句丽，佛教也开始传入，对高句丽文化产生了深远影响。此外，高句丽众多遗产中最具代表性的还包括祭祀、婚俗、古墓葬和以华丽的色调与丰富的素材见长的墓室壁画以及巨大的石碑等。高句丽的一些舞蹈形式在朝鲜族的传统舞蹈中得以传承。

辽金文化。辽、金是分别以契丹族、女真族为主体，联合汉、渤海等民族在中国北方建立的政权。辽朝统治者吸收汉族封建文化，同时也重视本民族传统文化，以“因俗而治”为基本国策。在这种开明的文化政策指导下，契丹族同汉族和其他各族人民一道，共同创造和发展了以汉文化为核心又带有草原游牧文化特点的辽文化。辽文化迅猛发展，成就卓著，体现于城市、建筑、陶瓷、纺织、金银器、玉器、绘画、雕塑等各方面。辽朝文人既用契丹语言文字创作，也大量用汉语文写作。他们的作品有诗、词、歌、赋、文、章奏、书简等各种体裁，有述怀、戒喻、讽谏、叙事等各种题材，作者包括帝后、宗室、群臣、诸部人和着帐郎君子弟。遗存于世的各类文物呈现出强烈的契丹民族特色，也显示出汉、突厥文化的巨大影响。辽代考古发现了数量众多的城址、墓葬、寺庙和塔刹等。辽代佛教盛行，塔寺林立，是当时东亚佛教文化的中心。义县奉国寺是辽代著名的皇家寺院。大雄殿是我国现存最大的辽代木结构单体建筑。辽代佛塔至今巍然矗立于地上的尚有39座。耶律倍、萧观音和萧瑟瑟都是辽代文化名人。金代文化以中原传统的汉文化为主体，同时融入了女真、契丹等少数民族的文化。女真人自认与渤海为一家，渤海的文化对他们产生了重要影响；建国前与辽朝为藩属关系，在国家治理、对外关系、语言文字、风俗习惯等方面受到契丹文化的熏陶；与北宋的交往，又促使他们主动地了解和吸收汉文化。在辽、宋先进文化的影响下，金代在文学艺术领域，涌现了一批取得突出成就的人物。

清前文化。清朝是满族人建立的政权。在清入关之前20多年里，满族人于辽东居统治地位，满族文化在辽东地区占据主导地位，满族族名在这里诞生，新满文在这里创制。满族人在保留和发展本民族传统文化特色的同时，也开始接受和借鉴汉族文化和其他民族文化，从而进一步形成了以满汉融合为主导的北方多民族文化聚

合。满族男女的发型、服饰等方面习俗的形成，均与便利渔猎生产相关。满族曾信仰多神教的萨满教，早期分宫廷萨满和民间萨满。辽宁汉族地区民间迷信的“跳大神”，主要是受满族萨满教的影响。从包括辽宁方言在内的许多汉语词汇和汉族习俗中，仍然可以发现一些源自满语的词汇和满族习俗的内容。辽宁由于是清朝的发祥地，保存的满族历史档案、古籍、文物及其碑刻、书画作品数量众多，仅次于北京，位居全国第二。坐落于沈阳、新宾的盛京皇宫、福陵、昭陵、永陵（合称“一宫三陵”），是盛京“发祥圣地”的祖根，其存在也成为该地区在清代享有特殊地位最重要的原因之一。四处建筑群虽始建于清入关前，但因三陵作为清皇室祖先和开国帝王陵寝，是入关后国家祭典必须隆重礼拜之处，而故宫的地位又与三陵密切相连，因而随着国家典制的完备和物质条件的改善，这四处建筑群都是在清康熙、乾隆年间才最后形成完整面貌，并作为清帝东巡盛京的直接目的地而受到特殊保护，如今，则以“世界文化遗产”成为辽宁地区清文化最宝贵的实物见证和亮丽名片。

辽宁的乡土文化灿若群星。

广义的乡土文化包括一个人出生、成长的地方的地域特色、自然景观、文物古迹、地名沿革、历史变迁、社会发展以及民间艺术、民俗风情、名人轶事、语言文化等。狭义的乡土文化主要指民俗文化或民间文化等。近年开始重点保护的非物质文化遗产，是乡土文化的重要内容。迄今为止，辽宁省人民政府先后公布了四批共190项省级非物质文化遗产名录，内容涵盖“民间文学”、“传统音乐”、“传统舞蹈”、“传统戏剧”、“曲艺”、“传统体育、游艺与杂技”、“传统美术”、“传统技艺”、“传统医药”、“民俗”十大门类，有代表性的项目如谭振山民间故事、喀左东蒙民间故事、辽宁鼓乐、千山寺庙音乐、海城高跷、抚顺地秧歌、沈阳评剧、凌源皮影戏、东北大鼓、东北二人转、医巫闾山满族剪纸、岫岩玉雕、老龙口白酒传统酿造技艺、蒙医药、本溪社火等。这些非物质文化遗产根植民间，与民众的生产、生活息息相关，具有突出的人文内涵、民俗特征和历史文化价值。

民俗文化可以说是最有特色的地域文化，民俗文化是辽宁文化的根基，是辽宁地域文化的基本标志性符号，是区别于其他地方文化的最重要标志。辽宁民俗由辽宁四大族系的民族习俗共同组成，其中包括肃慎系及其终结民族——满族以渔猎生活为主要特点的满族习俗，东北地区原有的汉族、以各种方式进入东北地区的汉族

所代表的以农耕生活为主要特点的汉族习俗，东胡系民族及其终结民族——蒙古族以游牧生活为特征的蒙古族习俗，秽貊系民族及其终结民族——朝鲜族的民俗，其影响至今深深留在辽宁民俗文化之中。辽宁民俗文化以少数民族的民俗和汉族民俗的融合为主要特征。作为肃慎终结民族，满族的习俗被辽宁地区广为接受，与汉族的习俗进行了有机交融，构成现代辽宁民俗文化的主流。满族萨满祭祀，满汉融合的婚嫁、育儿、丧葬习俗，具有辽宁地域特色的岁时节令习俗，集民间信仰、游赏习俗于一体的庙会、蒙古族风俗、汉族社火等；现存的蒙古勒津婚礼、海城庙会、丹东朝鲜族寿礼、锡伯族喜利妈妈、满族的阿布喜奔神话等各民族民俗，充分体现了辽宁民俗文化的特点。以“辽河文化”为主干文化和渊源的辽宁的民俗符号，蕴藏、融会于语言文字、民俗艺术、民间技艺、传统节日文化、传统庙会以及民间信仰等民俗事项与活动之中，继而构成绚丽多彩、乡土气息浓郁的民俗符号集成，或说风俗画长卷，是历史赐予的十分珍贵的非物质文化遗产资源。

辽宁的民间文化种类繁多，风格别致，包括民间文学、民间艺术等，如满族剪纸、二人转、东北大秧歌、高跷、奉天落子、奉天大鼓、皮影戏、海城喇叭戏、乌力格尔、民间故事。许多民间文化种类是辽宁地域民间文化的独特代表，最能展现辽宁民众特有的精神风貌，其本身也承载着极为丰富的地域文化因子。有些民间艺术形式历史悠久，像东北大秧歌这种民间舞蹈艺术其源流可以追溯至周代礼乐制度的“六舞”，评书表演艺术始于春秋，脱胎于东北大秧歌的二人转和盛行于清代的奉天大鼓也已经有300余年的历史。东北大秧歌滋生于传统农耕文化，并融合了满族、蒙古族等北方渔猎、游牧民族和鲁、冀、豫、晋等地的移民文化因子，从而形成了自身独特的艺术风格，已成为本地民间传统文化的重要载体。辽宁的二人转在形成和发展中不仅广泛吸收东北民歌、太平鼓、东北大鼓等姊妹艺术的音乐唱腔和表演技巧，同时也综合借鉴、融会了河北的莲花落、山西柳腔等关内移民的多种乡土艺术。各种俗称、旧称，已经显示出了这种历史源流轨迹。许多民间艺术形式因为是从民间生长起来，都有着深厚的群众普及性基础，如丹东鼓乐、辽阳鼓乐、阜新东蒙短调民歌、复州双管乐等民间音乐影响广泛，抚顺满族地秧歌、金州龙舞、海城高跷、本溪朝鲜族家乐舞等民间舞蹈流传久远。

辽宁的方言土语也是地域文化的主要载体之一。辽宁方言土语不仅凝聚了北方

少数民族的习俗和文化信息，同时也印证着汉民族的迁徙轨迹，以及本地多民族文化相融合的历程。方言土语中的风物词语、俗语词、民俗语汇，以及源自满族、蒙古族等民族语言的语汇相互交织，形成了其别具一格的乡土文化特色。如以辽北方言土语为母语的辽宁二人转语言，憨厚、朴实、率真，加之所穿插的充满泥土味儿的歇后语、疙瘩话儿笑料包袱，妙语连珠，节奏鲜明，富有韵味，充满着原生态的生活气息。

辽宁独特的乡土文化，具有强烈的包容性和整合性，不仅蕴涵着辽宁特有的地理、气候、历史、政治、经济、文化因子，也与辽宁民众的审美取向、宗教情结、价值理念等紧密相通，从而塑造了辽宁人独特的乡土文化人文性格，作为与居民生活密切相关的风俗已经在千百年的演变中成为人们生活的一部分，构成了辽河文化鲜活的动态特征。

辽宁的移民文化波澜壮阔。

在历史上，辽宁是汉族在东北地区最早也是最主要的聚居区。然而，后来的辽宁汉族人口，却主要是关内的移民。从夏商开始，历代帝王就通过派员设郡、迁徙移民来治理东北。大规模地向辽宁移民从汉代开始，西晋等中原战乱时，许多汉族人口也逃往辽东避难，与辽宁各族人民杂居，促进了汉族与各民族的文化交流。清代以来，一股强大的“闯关东”移民潮，源源不断地涌向山海关外，给东北文化发展带来深刻影响。

清朝移民分流民和流人两种。明末清初，随着清军的南下，辽宁地区人口顿减。清朝平定中原后，于顺治年间颁布条例，进行辽东招垦。在优惠政策的激励之下，处于贫困之中的山东民众，纷纷踏上“闯关东”之路。尽管乾隆、嘉庆、道光三朝实行东北封禁政策，但仍有山东等地的“流民”继续“闯关东”，且不再仅限“栖息于奉天西南部金、复、海、盖等地”，而是“或出榆关，或东渡渤海，蜂拥蚁聚，而长而吉而敖东，以至于图们江城”，足迹遍及东北各地。他们挖参采药，开荒种地。而留居东北的满蒙贵族，也愿意招徕流民，扩大耕地，增加收入。清末民初，形成山东等地人“闯关东”的狂潮。可以说，如今东北地区的汉族居民，相当大比重属于当年“闯关东”移民的后代。据不完全统计，从1753年至1840年，共87年间，辽宁地区人口从80.7万人增长为221.3万人，增加将近2倍。这一阶段深刻地

改变了东北地区的传统社会结构。在这一阶段，南部辽河流域的农业得到了充分的发展，中部则在草原和山区之间形成了一个南北纵横千里的农耕区。汉族人口上升为东北地区的人口主体。到1910年，东北人口已由清初不过100万人增长为2158万人，增长了20倍，此间有2000万人来东北（包括他们在东北所生的后代）。仅在民国时期，山东流入东北的“闯关东”移民，即达1836万人之巨。

清朝入关初期，为巩固已经取得的政权，加强了思想统治，采取了一系列的文化专制政策，特别是对广大知识分子采取两手政策：一是给以高官厚禄为我所用，一是打击那些桀骜不驯、不俯首帖耳为其服务的人，而流放成为当时惩处知识分子的一个重要手段。于是，大批政治犯和思想犯，即所谓流人，被遣送到荒凉寒冷的东北地区。“仅顺治、康熙、雍正三朝的九十年间，被流放东北者不下十余万众”。这十余万汉族人被集中安置在沈阳、铁岭、尚阳堡、宁古塔、卜魁等地。这些知识分子把中原先进的生产技术和文化知识带到了东北，客观上加强了东北的文化建设。

由于中原汉族移民东北，带来农耕文化与辽宁游牧文化、渔猎文化等交流，移民将汉文化带到东北，使东北得到了提升文化层次的机会，满族人的生产生活方式、思想文化，尤其是风俗习惯均深受其影响，满汉文化在各自保留一定特色的条件下逐渐融合。由于移民的数量远远大于土著居民，汉文化相对于土著文化又是一种先进文化，移民文化遂反客为主在此落地生根成为主流文化，满族人在保持本民族特色的道路上渐行渐远。

从1931年九一八事变直至1945年第二次世界大战结束，日本帝国主义势力疯狂掠夺中国东北的财富，在东北修路开矿，伐木建厂。从山东、河北等地“闯关东”而来的农民就成为这些工厂、矿山吸纳的主要对象。哈尔滨、长春、大连、抚顺、鞍山、本溪、阜新等大中城市随之形成。到1949年新中国成立，东北辽宁、吉林、黑龙江三省人口增加到3854万人，38年间增长了78%。而同期全国人口仅增长了33%。此间有近1000万人从外地移民来到东北。这一时期，东北以屈辱的方式接受了外来的冲击与奴役，接受了殖民地工业化和殖民地城市化，从一个移民为主的嵌入型农业社会，转向工业化的起步阶段。

新中国成立后，国家将东北作为重工业基地，加速了东北的工业化进程。同时，国家有计划地组织移民，开发东北的东部和北部地区，先后移民达1500万人

（含自发流动）。

持续不断的关内移民，特别是清代以来持续达300多年之久的大规模的移民浪潮，使得一代又一代移民融入东北并不断本土化，形成了不同于中原农耕社会的又一种独特结构方式。移民为辽宁的经济文化建设洒下勤劳的汗水，辽宁各族人民共同创造了独具特色的辽河文化。

辽宁文化建设成就辉煌

新中国成立后，开启了中华民族伟大复兴的历史新纪元。伴随着共和国的成长，辽宁的政治、经济、社会迅猛发展，辽宁文化建设翻开了新篇章，迎来历史上文化发展速度最快、成果最丰富的时期，许多文化建设成绩在全国名列前茅，成为全国文化大省。

文化遗产保护工作逐步得到加强，各项文博事业全面发展。全省现有各级各类不可移动文物24115处，其中全国重点文物保护单位128处，省级文物保护单位222处。九门口长城、五女山山城、“沈阳故宫”、“清盛京三陵”等6处项目正式列入世界文化遗产名录，辽宁进入了全国世界文化遗产大省的行列。另有朝阳牛河梁红山文化遗址、兴城明代古城和义县奉国寺辽代木结构建筑3个项目列入世界文化遗产预备名单。北票喇嘛洞三燕贵族墓地、绥中姜女石遗址、建昌东大杖子古墓群等8个考古发掘项目先后被评为年度“全国十大考古新发现”。完成了牛河梁红山文化遗址、“一宫三陵”、兴城古城、辽塔保护等重点文物保护工程。全省博物馆体系日臻完善。2013年度全省年检博物馆104家，其中国有博物馆76家，民办博物馆28家。辽宁省博物馆、沈阳“九·一八”历史博物馆和旅顺博物馆入选国家一级博物馆。全省博物馆共有文物藏品40万件（套），其中国家一级文物1506件（套），国家二级文物1.3万件（套），国家三级文物12.8万件（套）。辽宁省博物馆、沈阳“九·一八”历史博物馆、沈阳金融博物馆、大连自然博物馆的4个陈列展览先后入选全国博物馆十大陈列展览精品，标志着辽宁博物馆业务建设已迈入国内先进行列。辽宁省博物馆建筑面积10万平方米，藏品总量达11.5万件，成为中央地方共建的八个国家级博物

馆之一。

非物质文化遗产的保护和传承越来越受到重视。辽宁非物质文化遗产保护机制日趋完善。省政府公布了190项省级非物质文化遗产名录，省级代表性传承人104人，其中有67个项目经国务院批准公布先后列入国家级非物质文化遗产名录，35人被命名为国家级代表性传承人。同时，利用“文化遗产日”、艺术节、群众文化活动和对外文化交流等契机，举办各类非物质文化遗产展示展演，开展宣传工作，营造浓厚的保护非物质文化遗产氛围。

对中华古籍的抢救、保护和扶持工作进一步加强。全省古籍共有藏书150万册。按照古籍保护工作方针，辽宁各级文化主管部门和古籍收藏单位积极推进古籍保护工作，在古籍普查、珍贵古籍修复、古籍保护队伍建设、古籍整理出版、建立珍贵古籍名录等方面取得了显著的成绩。辽宁省图书馆、辽宁省博物馆、沈阳市图书馆、大连图书馆和辽宁大学图书馆被命名为“全国古籍重点保护单位”。在已经公布的第一批至第四批《国家珍贵古籍名录》中，辽宁共有485部珍贵古籍入选，充分展现了古籍收藏大省宏富的文献资源。

公共文化服务体系日益完善。重视保障广大人民群众文化权益，在政府主导、社会力量积极参与下，全省公共文化服务网络初步形成，公共文化服务能力大幅度提高。全省现有艺术表演场馆61个，其中省级3个、市级18个、县区级40个。辽宁在全国较早实现了省、市、县均建有图书馆、群众艺术馆（文化馆）和乡乡建有文化站的目标。全省现有群众艺术馆、文化馆122个，其中省级1个、市级22个、县区级99个，乡镇文化站（文化中心）905个，村文化室9917个，街道文化站409个，社区文化室3166个。在全国第三次文化馆评估定级中，辽宁省有31个馆被评为一级馆。全省现有公共图书馆128个，其中省图书馆1个，市图书馆14个，市少儿图书馆9个，县区图书馆98个，区少儿图书馆6个。在全国第五次公共图书馆评估定级中，辽宁省有25个图书馆被评为一级馆。辽宁省图书馆建筑面积10万平方米，藏书550万册，是东北地区最大的图书馆。全省实施文化信息资源共享工程进村入户、乡镇综合文化站建设等文化惠民工程，举办丰富多彩的社会文化活动，文化志愿者工作成绩显著，走在了全国最前列。

舞台艺术活跃繁荣。全省广大文艺工作者坚持“二为”方向和“双百”方针，创作出了一大批时代特色鲜明、人民群众喜闻乐见的优秀作品，戏剧、音乐、舞蹈、曲艺、杂技等艺术门类全面繁荣，彰显辽宁各级院团创作的艺术风格和地域特色。近年来辽宁话剧《父亲》、《凌河影人》、《矸子山上的男人女人》、《黑石岭的日子》、《郭明义》，歌剧《苍原》，芭蕾舞剧《二泉映月》，京剧《将军道》，评剧《我那呼兰河》等9个剧目先后入选国家舞台艺术精品工程“十大精品剧目”、“重点资助剧目”，在全国首屈一指。全省先后有14台剧目获中宣部“五个一工程”奖，24台剧目获文化部“文华奖”，其中7台剧目获“文华大奖”。艺术家队伍群星荟萃，涌现出音乐家李劫夫，话剧表演艺术家李默然，京剧表演艺术家唐韵笙，评剧表演艺术家韩少云、花淑兰、筱俊亭，评书表演艺术家袁阔成、单田芳、刘兰芳、田连元，民间艺术家赵本山等一大批在全国有广泛影响的艺术名家，他们创作演出的戏剧、戏曲流派剧目，音乐，评书，小品等许多作品都享誉全国，许多杂技优秀作品在国际重要杂技比赛中获得金奖，为辽宁赢得了荣誉。

改革开放以来，辽宁文化市场从无到有，快速发展，逐步形成了包括娱乐、演出、网吧、艺术品、动漫等文化产品市场和资本、产权、人才、信息、技术等文化生产要素市场在内的统一开放、竞争有序的文化市场体系。据不完全统计，到2013年底，全省文化市场经营单位2.2万余家，其中歌舞娱乐场所3815家，游艺娱乐场所1389家，演出经营机构93家，民营演出团体466家，网吧场所5700家，美术品经营单位579家，互联网文化经营企业31家，印刷复制企业6500家，其他文化经营场所3000多家，从业人员20余万人，主营业务收入约30亿元，营业税金约2亿元。文化市场经营单位总数排在全国第六位。辽宁积极适应市场需求，不断调整文化市场结构，引导文化市场经营单位向连锁化、品牌化发展，使文化市场更加规范有序。文化产业经历了起步和探索的过程，发展速度明显加快，初步构成了包括演艺娱乐、文化旅游、动漫游戏、工艺美术、文化会展等业态为主的文化产业体系，初步形成了以公有制为基础、多种所有制共同发展的文化产业格局。全省文化系统有文化企事业单位3.55万个，从业人员40多万人。文化产业展示交易平台不断扩展，重点打造了中国（东北）文化产业博览交易会、中国（沈阳）动漫电玩博览会为主的系列展会活动。文化产业基地、园区建设风生水起。截至2013年底，辽宁省拥有国家级文化产业示范园区1个，国家级文化产业示范基地13个，国家级文化和科技融合示

范基地2个，基地、园区总数位居全国第四。

对外文化交流不断扩大。辽宁对外文化交流工作抓住机遇，不断拓展交流的规模和领域，逐步形成多渠道、多层次、多领域、多方位的新局面。在优先做好对亚洲各国、各地区文化交流的同时，逐步向欧洲、美洲、非洲各国延展，出访团（组）逐步打破了过去单一演出的形式，规划引导既有歌舞表演、文物展览，又有美术展览、学术交流以及文化考察等全方位的立体式的新格局。全省每年对外、对港澳台文化交流项目达200个，涉及20多个国家和地区。随着对外文化交流的不断深化，辽宁文化的影响也在不断扩大。

辽宁文化发展前景广阔

历史在前行，文化在延续。今天，历史进入了中国人民追逐实现中华民族伟大复兴的中国梦的新时代，辽宁踏上了全面振兴老工业基地、全面建成小康社会和建设富庶文明幸福新辽宁的历史征程。民族的复兴不仅是经济的复兴，最根本的是文化的复兴。老工业基地的振兴不仅是经济的振兴，最根本的是文化的振兴。文化建设既是老工业基地振兴的保障，也是振兴的内容和题中之义；既要为振兴提供精神动力和文化条件，也要实现自身发展，为振兴做出应有的贡献。站在新的历史起点上，我们组织编写出版辽宁文化记忆丛书，向世人展示辽宁文化的发展轨迹和独特风貌，正是为了在更高起点上重新审视辽宁文化的悠久历史、丰富内涵和重要价值，更加深刻地认知辽宁文化在整个中华民族文化中的地位、作用及其重要贡献，自觉传承和弘扬优秀传统文化，扩大辽宁文化的影响力，提高辽宁人民的自信心和自豪感，为建设文化强省、实现辽宁老工业基地全面振兴服务，为实现中华民族伟大复兴的中国梦做贡献。

此次编写出版的辽宁文化记忆丛书共分五卷。《辽宁文化记忆：物质文化遗产》史论结合，图文并茂，以辽宁历史发展脉络为纲要，以重要历史时期、重大历史事件、重点历史人物为线索，以珍贵文物古迹、馆藏文物为节点，全面、系统、客观地反映辽宁大地自远古至近代的历史风貌，展现辽河文明和辽河文化的博大精深，展示辽宁文物事业的发展成果。《辽宁文化记忆：珍贵古籍》收录辽宁省内庋藏的525部古籍，包括入选《国家珍贵古籍名录》的485部珍贵古籍和40部辽宁地方文化特色鲜明的古籍。文献年代从西晋到清代，版本独特。书卷通过简明切要的文字介绍，配以雅致趣真的影像，使读者以新的视角、新的方式了解古籍内涵，感受古籍魅力。《辽宁文化记忆：非物质文化遗产》选取辽宁159项最具代表性的非物质文化遗产项目，详细介绍各项目的历史渊源、地理区域、内容特色、表现形态、传承脉络、文化内涵等，多视角地诠释辽宁非物质文化遗产的存在状态和个性特征，图文并重，知趣俱佳，堪当全省非物质文化遗产保护成果一次深入有序的整合和展示。《辽宁文化记忆：舞台艺术》对十余个辽宁特色鲜明、成绩突出的代表性舞台艺术种类进行了记述，对著名专业艺术团体、重要艺术作品和重点艺术人物进行了介绍，图文兼备，全面展示了辽宁舞台艺术的繁荣发展和辽宁作为艺术大省的风采。《辽宁文化记忆：公共文化》对公共图书馆、群众文化和博物馆的事业发展和重点公共文化建设工作进行了记述，对一级图书馆、一级文化馆、研究馆员和博物馆进行了详细介绍，图文并茂地呈现和展示了全省公共文化事业发展的全新面貌和取得的主要成就。

拥有如此美好的文化记忆，我们幸运之至；保护和传承优秀文化遗产，我们义不容辞。这套丛书的出版，既是辽宁文化建设的一大成果，又是继承和发扬辽宁优秀传统文化的重要媒介。文化的延续性在于继承，文化的包容性在于开放，文化的生命力在于创新。我们继承传统文化，当然不是守旧复古，而是在发掘传统文化的历史意义和现实价值的基础上，推陈出新，使其焕发出新的生机和活力，为经济社会发展做出新的贡献。辽宁文化记忆丛书的编写出版，无疑在这方面起到了引导和示范的作用，希望更多的有识之士参与到发掘、研究、宣传、弘扬辽宁文化的行动中来，续写无愧于先贤、无愧于时代、无愧于后世的文化新篇，共同创造辽宁文化大发展大繁荣的更加美好的明天！

凡　例

一、收录范围

本书所收录的是辽宁省入选第一至第四批《国家珍贵古籍名录》的485部古籍，以及体现辽宁地域文化特色，并具有较高历史文物性、学术资料性和艺术代表性的40部古籍。

二、编排方式

分为汉文古籍和少数民族文字古籍两部分。汉文古籍依据版本时期分为宋以前、宋代、元代、明代、清代五部分，每部分按照学术源流进行排序；少数民族文字古籍则直接按学术源流排序。

三、著录内容

1. 基本书目信息：包括题名、责任者、版本、收藏单位、《国家珍贵古籍名录》号码等信息；

2. 书影：一般以原刻正文首卷卷端（如无，则选择其他卷卷端）、牌记或刻书题记、著名藏书家批校题跋等最能体现此书版本特征的书页，一般每部古籍选择书影一至二幅；

3. 提要：包括著者简介、古籍内容介绍及版本价值等。

目录

上 册

汉文古籍

宋以前

宋 代

元代

明　代

下 册

清　代

少数民族文字古籍

附　录

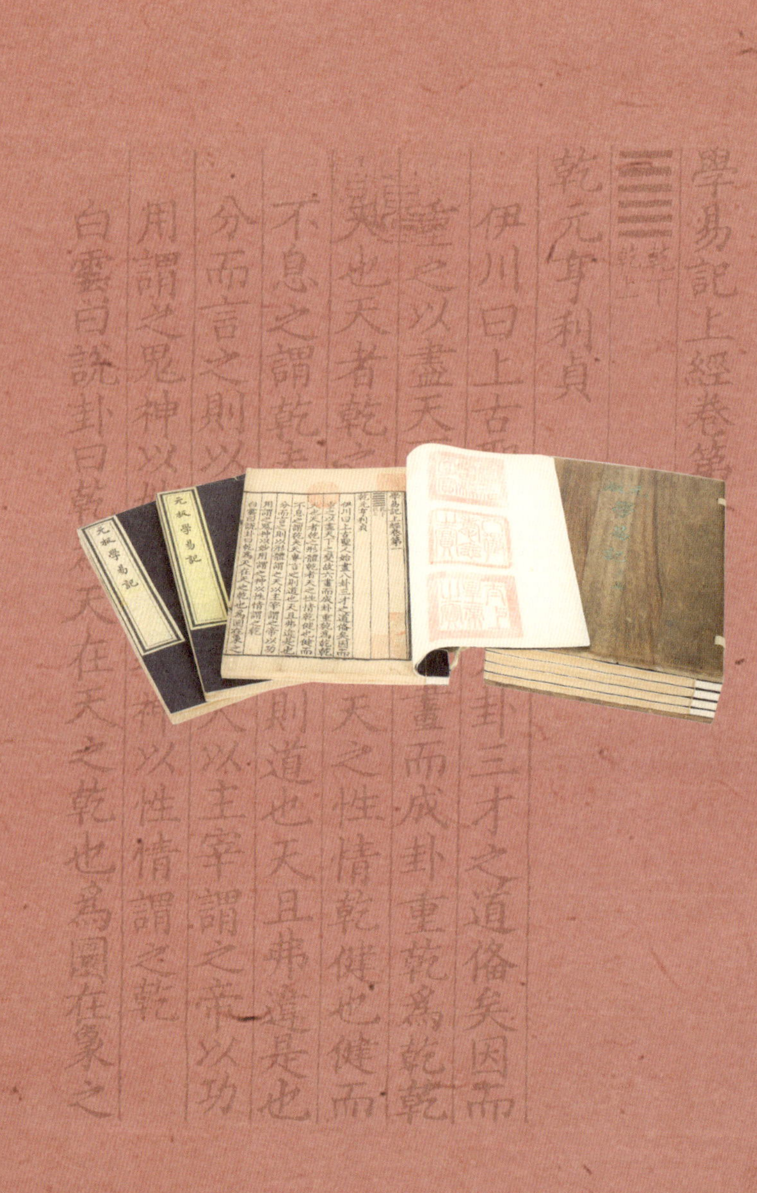

遼寧文化記憶

汉文古籍

宋以前

晋唐

轉法輪本因族姓子亦勸化吾使發道意乃至
往久遠過去世時須彌幡等佛在世教化如
等類在於十方者江河沙等如來現在其
滅度者不可久稱限皆已發心意說此語三
千大千世界六反震動箜篌樂器不鼓自鳴飛
鳥禽獸相向悲鳴自慶鳥獸值佛聖地歡踊
鬼悉得解脫心中悅豫如冥覩明
珠環相和作聲當爾之時莫不欣慶說是
法時普光世界九十載諸天及人皆得無
所從生法忍於是世界從佛威神悉聞斯法咸
共勸助代其悅豫欣喜無量彌勒菩薩亦
受此法益加恭敬於斯佛土聞是法者六
十四億諸天及人皆發無上正真道意又七
萬人僉復逮得無所從生法忍萬四千比丘意
解漏盡五百比丘尼心亦解二十六載世間人
民遠塵離諸垢法眼淨
於是釋迦文佛告彌勒菩薩仁當受此經典之
要於後末世少有信者唯以相付使得廣布彌
勒白佛唯當受之如聖所教不敢違命此經典者
若於後世所流布處若受持者德不可量若有
菩薩供養過去諸滅度佛又現十方無極
聖尊及諸發意建志學道

诸佛要集经

（西晋）释竺法护译

西晋元康六年（296）写本

存残片十二件

旅顺博物馆藏

国家珍贵古籍名录00136号

竺法护（3—4世纪），又称昙摩罗刹，月氏国人，世居敦煌郡。晋代著名译经家。八岁出家，礼印度高僧为师，随师姓“竺”。

西晋元康六年（296）《诸佛要集经》写本残卷是日本大谷探险队在其第二次西域“探险”活动中，于吐鲁番地区的吐峪沟发现的。写本一经公布即引起学术界的关注，被公认为有明确纪年的世界上最早的汉文佛经写本，是研究西晋时期书法及早期佛教写经特点的重要实物资料。

此《诸佛要集经》残片与《西域考古图谱》中著录的西晋元康六年《诸佛要集经》残卷为同一写本。

流離太子以愚癡故廢其父王自立為主復
念宿嫌多害釋種取万二千釋種諸女刵劓耳
鼻斷截手足推之坑塹時諸女人身受苦惱
作如是言南无佛陁南无佛陁我等今者无有
救護復大號咷是諸女人已於先佛種諸善
根我於尒時在竹林中聞其音聲即起慈心
諸女尒時見我来至迦毗羅城以水洗瘡以藥
傅之苦痛尋除耳鼻手足還服如本我時即
為略說法要悉令俱發阿耨多羅三藐三菩
提心即於大愛道比丘尼所出家受具足戒善
男子如来尒時實不往至迦毗羅城以水洗瘡
傅藥止苦善男子當知皆是慈善根力令彼
女人得如是事悲喜之心亦復如是善男子
以是義故菩薩摩訶薩所修慈思惟即是真實
非虛妄也善男子夫无量者不可思議菩薩
所行不可思議諸佛所行亦不可思議是大
乘典大般涅槃經亦不可思議

大般涅槃經卷第十五

大般涅槃经

卷第十五

（北凉）释昙无谶译

南北朝写本

旅顺博物馆藏

国家珍贵古籍名录06890号

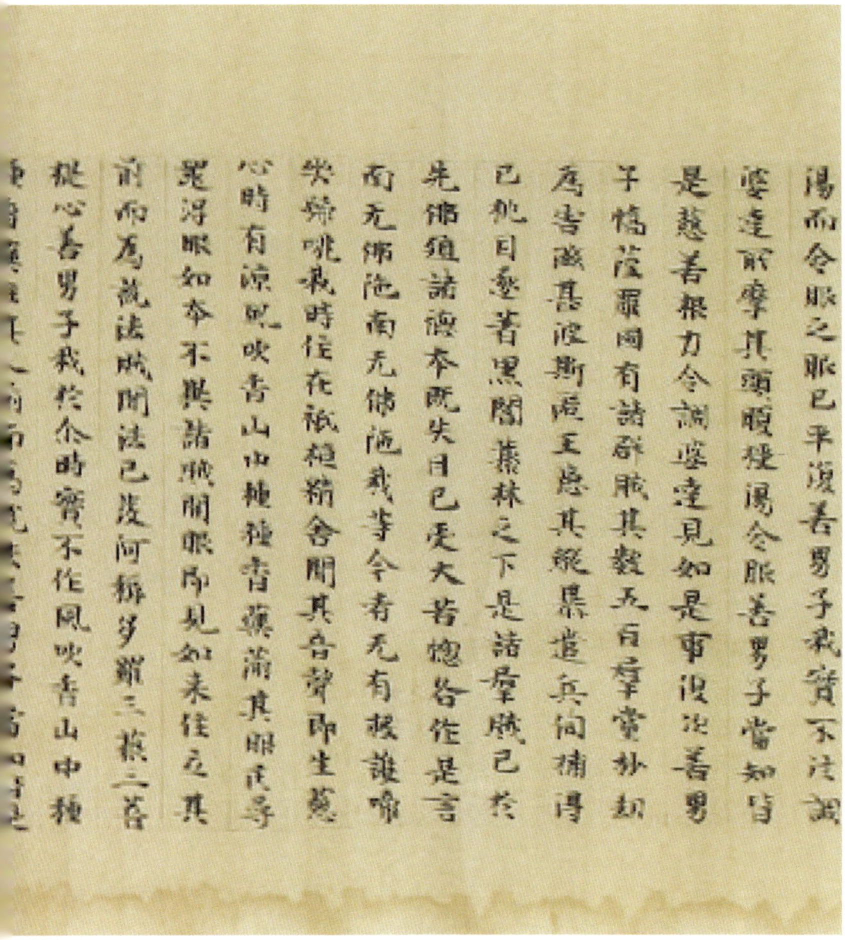

昙无谶（385—433），也译为昙摩忏、昙无忏，中天竺人。南北朝著名译经家，涅槃宗的始祖。

《大般涅槃经》亦称《大本涅槃经》或《大涅槃经》，简称《涅槃经》。全经四十卷，分寿命、金刚身等十三品。主要阐述“一切众生悉有佛性”等大乘佛教思想。

此《大般涅槃经》写本内容为卷十五“梵行品第八之一”中间至卷十六“梵行品第八之二”中间部分。1910年，大谷探险队得自敦煌藏经洞。

肇论

（后秦）释僧肇著

量处轻重仪（卷背）

（唐）释道宣辑

因缘心论释开决记

六门陀罗尼经论广释

（唐）释昙旷撰

唐写本

旅顺博物馆藏

国家珍贵古籍名录06919号

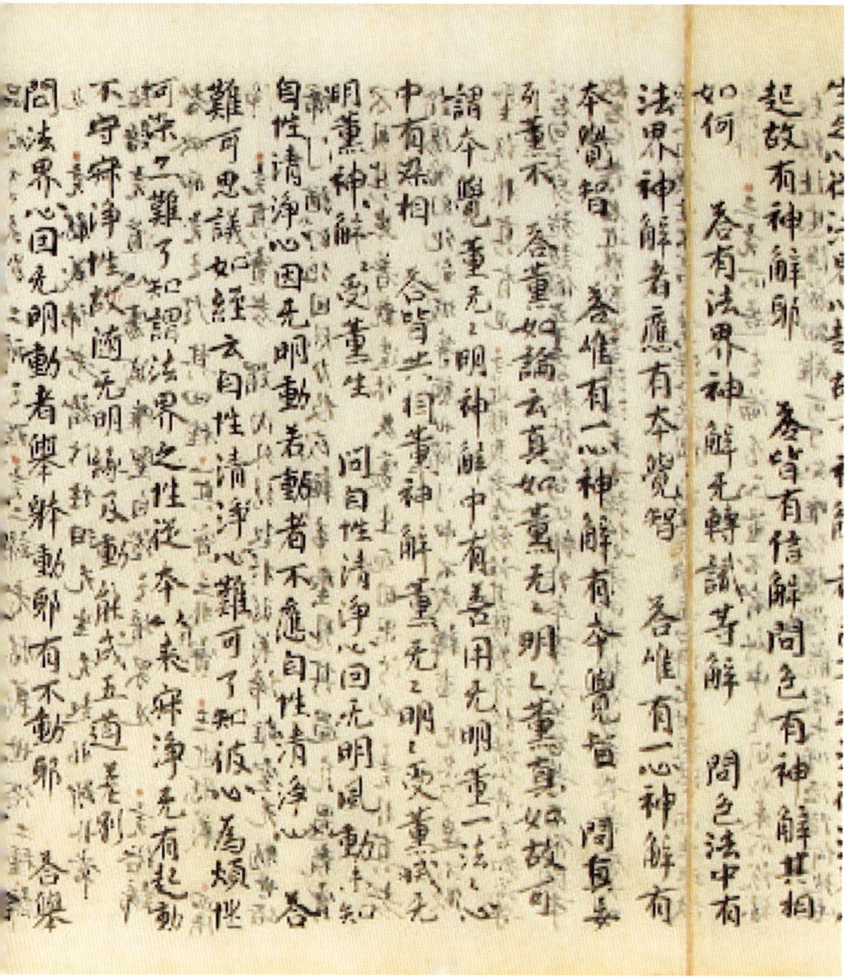

僧肇（384—414），俗姓张，京兆长安（今陕西西安）人。

《肇论》是全面系统发挥佛教般若思想的论文集，主要由四篇论文组成，即物不迁论、不真空论、般若无知论、涅槃无名论。这是首次在敦煌文书中发现《肇论》的唐代写本，此卷卷背还写有佛教文献《量处轻重仪》、《因缘心论释开决记》、《六门陀罗尼经论广释》。

南宗顿教最上大乘摩诃般若波罗蜜经六祖惠能大师于韶州大梵寺施法坛经 一卷

（唐）释法海等辑

后周显德五年（958）写本

旅顺博物馆藏

国家珍贵古籍名录06947号

《六祖坛经》记载了禅宗惠能大师一生得法传法的事迹及启导门徒的言教，是研究禅宗思想渊源的重要文献。此写本《坛经》是敦煌写本《坛经》之一，为日本大谷探险队得自敦煌藏经洞，抄写于“后周显德五年己未年(958)”。

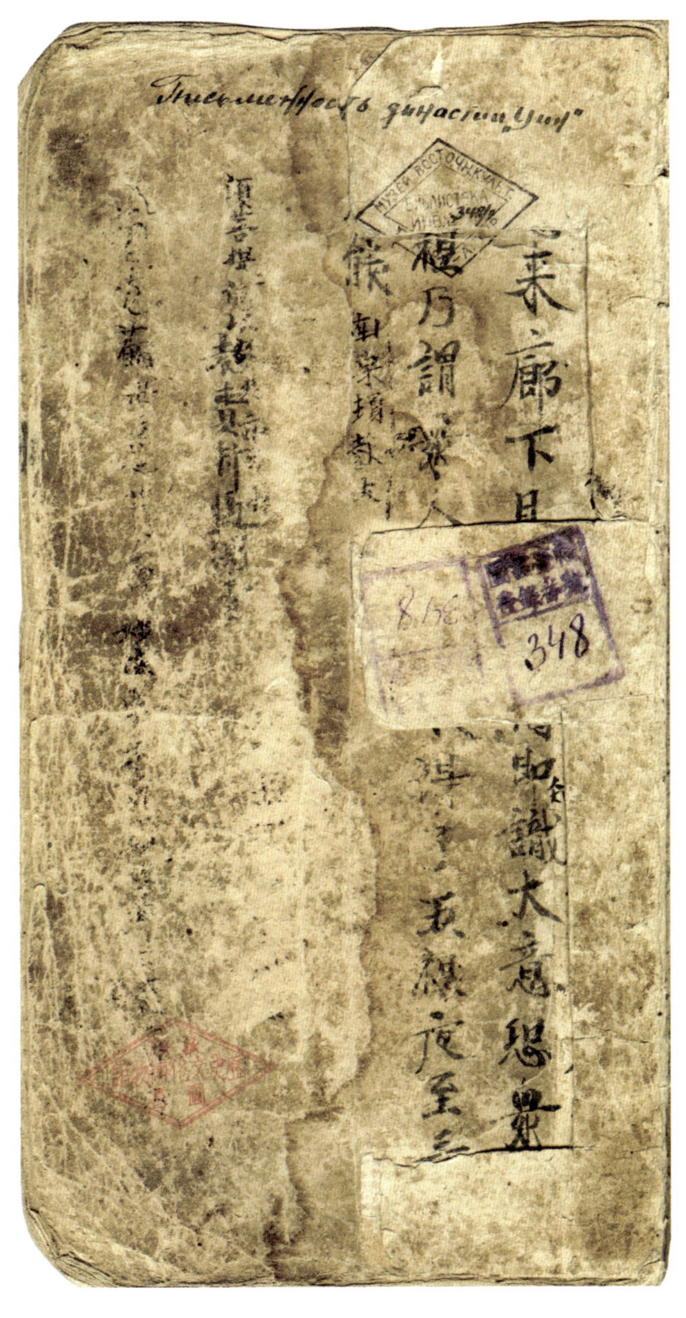

南宗頓教最上大乘摩訶般若波羅蜜經

六祖惠能大師於韶州大梵寺施法壇經一卷兼受無相

戒弘法弟子法海集記

惠能大師於大梵寺講堂中昇高座說摩訶般若波羅蜜法受無相戒其時座下僧尼道俗一万餘人韶州刺史韋據及諸官寮三十餘人儒士餘人同請大師說摩訶般若波羅蜜法刺史遂令門人僧法海集記流行後代与學道者承此宗旨遞相傳授有所依約以為稟承說此壇經能大

尒時大衆中有一菩薩名曰信相於大衆中
即從坐起整衣理服頂礼佛足而白佛言世
尊我等今者欲有所問唯願世尊當為說之
世尊所說唯大利益无量衆生尒時佛告信
相菩薩善哉善哉善男子若有所問隨意問
之吾當為汝分別解說汝所問者亦大利益
无量衆生信相菩薩白佛言世尊我念往昔
久遠過去无量世時有佛世尊名曰寶勝一
聞名者皆得生天於後不久天自在光王國
内曠野澤中有一大池其水枯涸於彼池中
有十千大魚為日所暴欲入北門有一大士
名曰流水見是大魚心生慈悲施水飲食少
日得活稻命不久即為三稱寶勝佛名是魚
聞已即便受終生忉利天以是因緣今願世
尊為是大衆及未來衆生說諸佛名及聞世
尊釋迦名号亦得无量无邊利益无邊功德

大通方广忏悔灭罪庄严成佛经 卷上

唐写本
旅顺博物馆藏
国家珍贵古籍名录06951号

地普載一切淨穢好惡是經亦如大水流除
一切穢惡不淨是經亦如大火普燒一切煩
惱穢惡不淨惡物是經亦如大風普吹一切
不淨穢惡是經亦如大日普照一切所有黑
闇是經亦如大空悉能容受所有好惡今是
大乘方廣經典廣大无對上至菩薩中至聲
聞下至有形悉能容受是故汝等受持是經
流布是經信敬是經常使汝等諸大菩薩入
佛智慧明見佛性當令汝等諸天神王及受
持經者常得見我及見未來一切諸佛轉大
法輪坐於道場

《大通方广忏悔灭罪庄严成佛经》又名《大通方广经》、《方广灭罪成佛经》。是经历代经录均判为伪经，历代大藏皆未收录。此经当产生于南北朝时期，分上、中、下三卷。此本为日本大谷探险队1910年得自敦煌藏经洞。

孔目司帖

唐建中五年（784）写本
旅顺博物馆藏
国家珍贵古籍名录06970号

唐建中五年（784）写本《孔目司帖》于1903年在克孜尔谷北断崖上洞窟发现，是认识和考察唐朝在龟兹地区统治的重要史料。文书中的孔目司，是安西大都护府属下的官府机构。孔目司之长官为孔目官，是唐朝官府差遣出行办事的吏员，其职责为行田、信使、传令、送行、押马、参与军兵部署等。

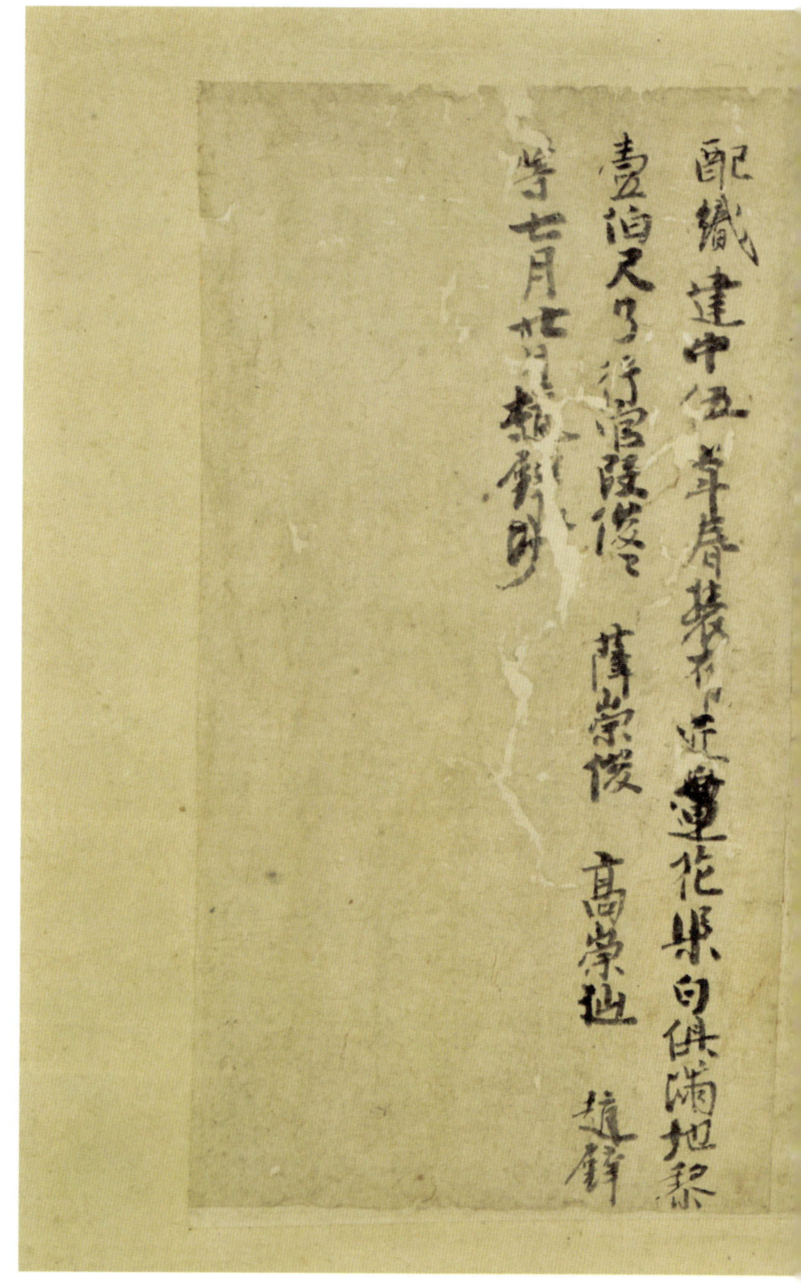
配織建中伍年春裝布[illegible]蓮花渠白俱滿地黎
壹佰尺行官段俊俊 薛崇俊 高崇辿 趙辞
等七月廿日趙[illegible]帖

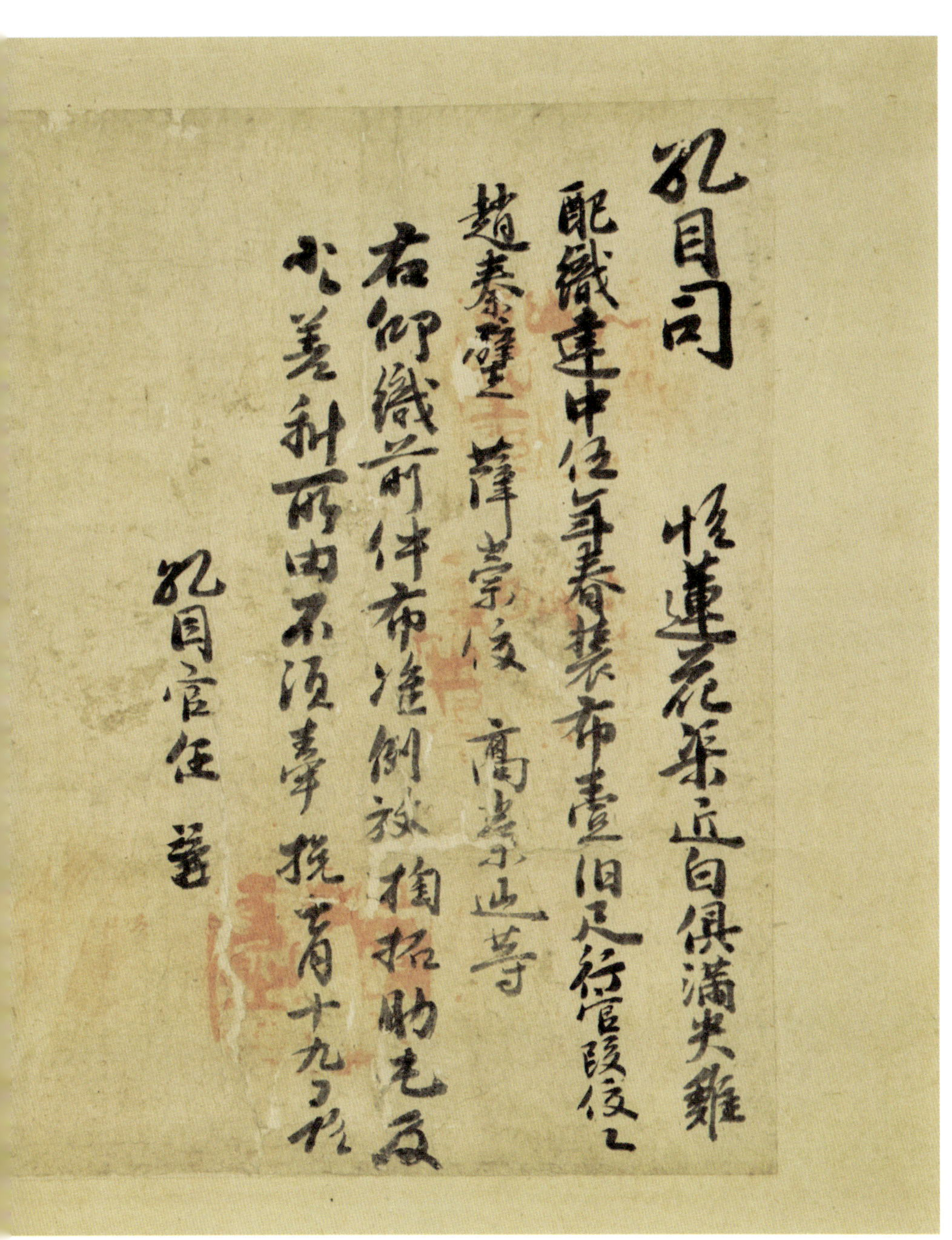

宋代

周易本义

十二卷五赞一卷筮仪一卷

（宋）朱熹撰

宋刻本

一册

存一卷（下经）

辽宁省图书馆藏

国家珍贵古籍名录09916号

朱熹（1130—1200），字元晦，一字仲晦，号晦庵，又号晦翁，别号紫阳，祖籍徽州婺源（今江西婺源）。宋绍兴十八年（1148）进士。历任提点江西刑狱、漳州知州等。著有《诗集传》、《四书章句》、《小学》、《近思录》等。

《周易本义》初稿名《易本义》，依吕祖谦《古周易》分卷，上经和下经各一卷，十翼各为一卷，合十二卷。成书定稿，朱熹改书名为《周易本义》，将原稿割裂，编为四卷。上经卷一，下经卷二，《系辞传》卷三，《说卦传》、《序卦传》、《杂卦传》卷四，《彖传》与《象传》分附于各条经文之下。故《周易本义》有十二卷与四卷本之别。

周易下經第二　朱熹本義

☶☱艮下兌上 咸亨利貞取女吉 咸，感也。兌柔在上，艮剛在下，而交相感應。又艮止則感之專，兌說則應之至。又艮以少男下於兌少女，男先於女，得男女之正，婚姻之時，故其卦爲咸。其占亨而利正，取女則吉。蓋感有必通之理，然不以正，則失其亨，而所爲皆凶矣。

初六咸其拇 拇，足大指也。咸以人身取象，感於最下，咸拇之象也。感之尚淺，欲進未能，故不言吉凶。此卦雖主於感，然六爻皆宜靜而不宜動也。

六二咸其

童溪王先生易传 三十卷

（宋）王宗传撰

宋开禧元年（1205）建安刘日新宅三桂堂刻本

二册

存六卷

辽宁省图书馆藏

国家珍贵古籍名录00205号

王宗传（生卒年不详），字景孟，号童溪，福州宁德（今福建宁德）人。宋孝宗淳熙八年（1181）进士。学问广博，尤精于《易》。王宗传为南宋以心解《易》的开启者之一。

《童溪王先生易传》又名《童溪易传》，始作于宋淳熙五年（1178），淳熙八年后成书。是书之说大概祧梁丘贺、孟喜而宗王弼，故其书惟凭心悟，力斥象数之弊。

此本为宋开禧元年（1205）建安刘日新宅三桂堂刊刻。建安刘氏系南宋建阳望族，三桂堂是建阳著名的刻书坊。

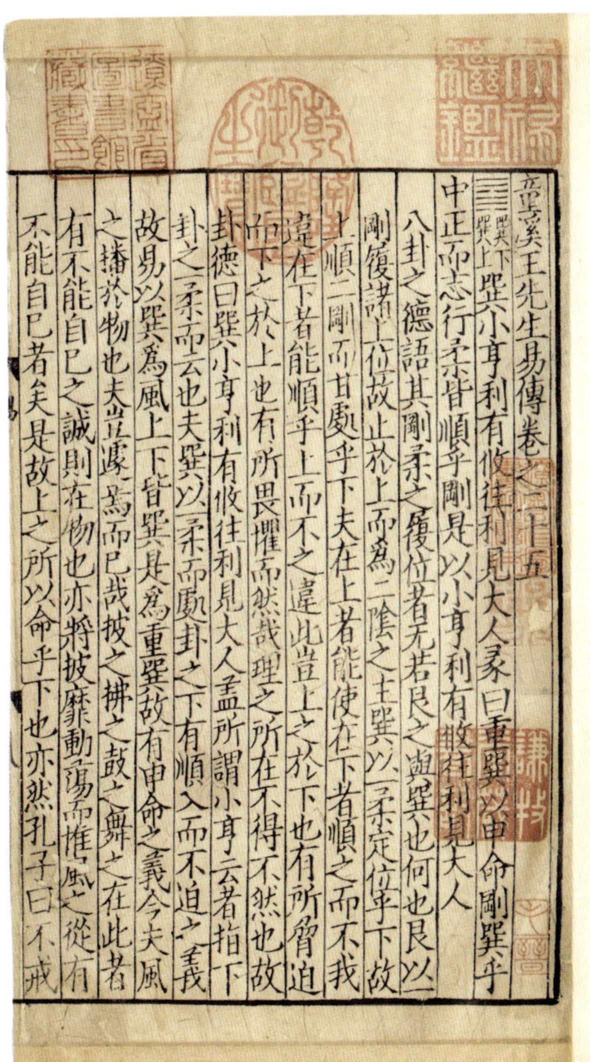

童溪王先生易傳卷之二十五

䷸巽下巽上 巽小亨利有攸往利見大人彖曰重巽以申命剛巽乎中正而志行柔皆順乎剛是以小亨利有攸往利見大人

八卦之德語其剛柔之覆位者无若艮之與巽也何也艮以一剛覆諸上位故止於上而為二陰之主巽以一柔定位乎下故上順二剛而甘處乎下夫在上者能使在下者順之而不我違在下者能順乎上而不之違此豈上之於下也有所脅迫而下之於上也有所畏懼而然哉理之所在不得不然也故卦德曰巽小亨利有攸往利見大人蓋所謂小亨云者指下卦之一柔而云也夫巽以一柔而處卦之下有順入而不迫之義故易以巽為風上下皆巽是為重巽故有申命之義今夫風之播於物也夫豈遽遽焉而已哉披之拂之鼓之舞之在此者有不能自已之誠則在物也亦將披靡動蕩而惟風之從有不能自已者矣是故上之所以命乎下也亦然孔子曰不戒

学易记 九卷 图经纲领一卷

（元）李简撰

蒙古中统刻本

七册

存四卷

辽宁省图书馆藏

国家珍贵古籍名录00217号

李简（生卒年不详），信都（今河北冀县）人。生活于宋、金、元相交的历史时期，事迹未详。

《学易记》采《子夏易传》等六十四家易学之说，仿唐代李鼎祚《周易集解》和宋代房审权《周易义海》之例而成书，今多家之原本著述已不可见，学易之说赖是书而传。

此蒙古中统刻本《学易记》系海内孤本，各家书目鲜有著录。《四库简明目录标注》著录为元刻本。今传世蒙古刻本极少，此书为蒙古刻本上乘之作。

此书曾为明末清初藏书家叶树廉所藏，后曾入藏清宫。

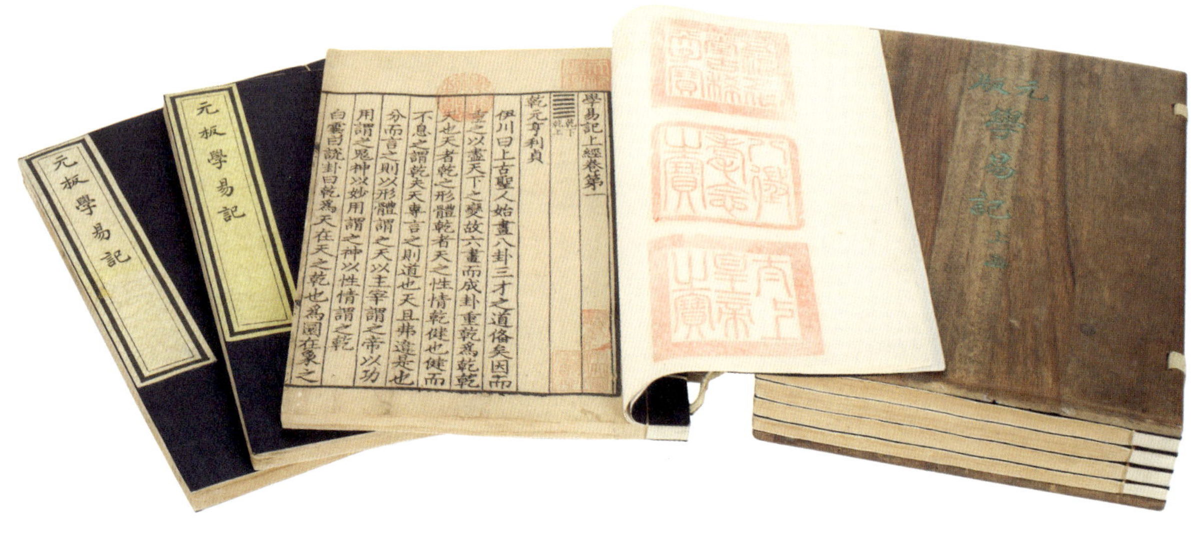

學易記上經卷第一

☰☰ 乾下乾上

乾元亨利貞

伊川曰上古聖人始畫八卦三才之道備矣因而重之以盡天下之變故六畫而成卦重乾爲乾乾天也天者乾之形體乾者天之性情乾健也健而不息之謂乾夫天專言之則道也天且弗違是也分而言之則以形體謂之天以主宰謂之帝以功用謂之鬼神以妙用謂之神以性情謂之乾

白雲曰說卦曰乾爲天在天之乾也爲圜在象之

礼记 二十卷

（汉）郑玄注
宋刻本
五册
存五卷
辽宁省图书馆藏
国家珍贵古籍名录00266号

郑玄（127—200），字康成，北海高密（今山东高密）人。东汉经学家。著有《毛诗笺》、《三礼注》。

《礼记》是孔子后学所记发挥礼的文字，西汉时戴德、戴圣删其繁重，分别选编成书。戴德选编的八十五篇叫《大戴礼记》，至唐代只剩下三十九篇。戴圣选编的四十九篇，即我们今天见到的《礼记》，也称《小戴礼记》。东汉末年，郑玄为《小戴礼记》作注。

《周礼》、《仪礼》、《礼记》向称三礼，刻书者往往同刻，宋代即有三礼本行世。是本雕印精美，版式疏朗，字大如钱，墨色精洁，为宋蜀刻大字本之上佳者。

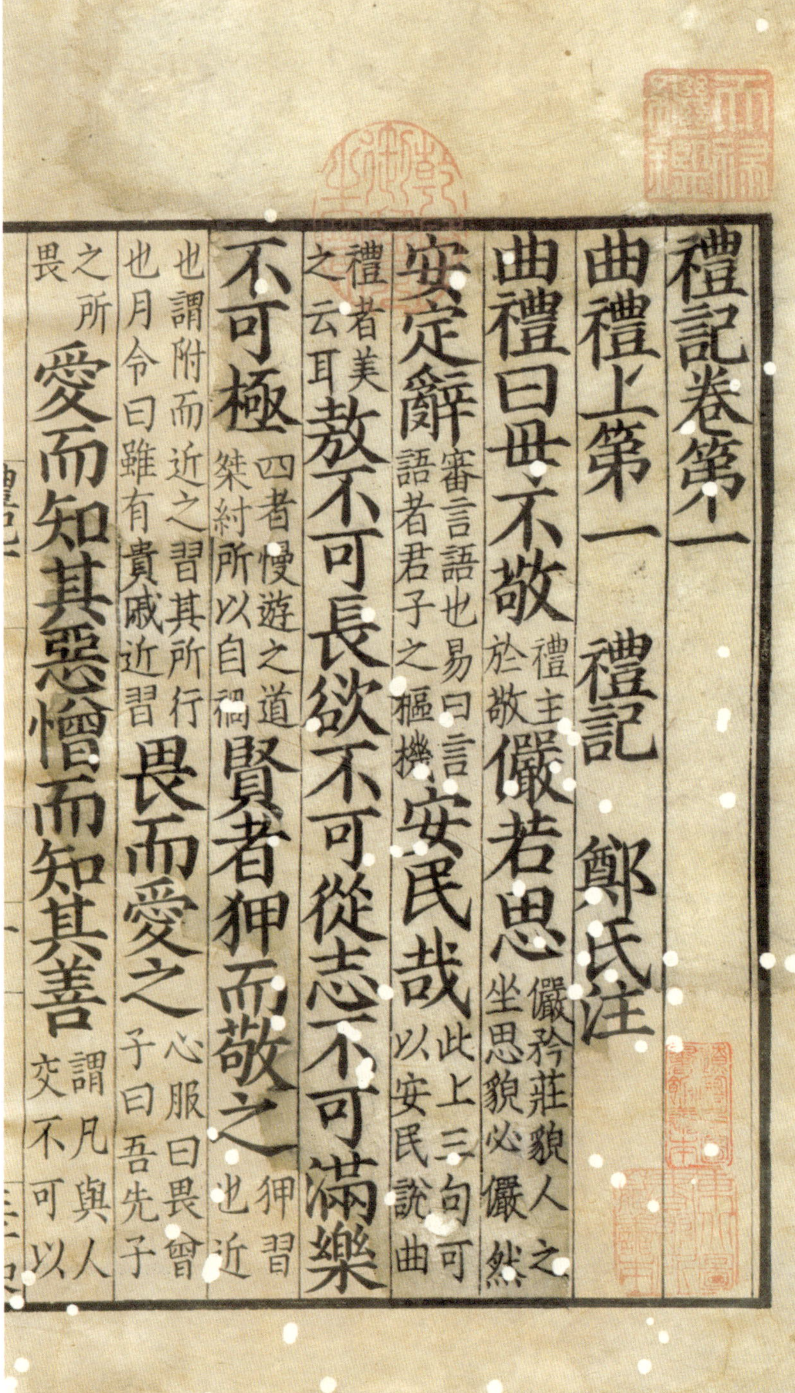

禮記卷第一

曲禮上第一　禮記　鄭氏注

曲禮曰毋不敬（禮主於敬）儼若思（儼矜莊貌人之坐思貌必儼然）安定辭（審言語也易曰言語者君子之樞機）安民哉（此上三句可以安民說曲禮者美之云耳）敖不可長欲不可從志不可滿樂不可極（四者慢遊之道桀紂所以自禍）賢者狎而敬之（狎習也近也謂附而近之習其所行也月令曰雖有貴戚近習）畏而愛之（心服曰畏曾子曰吾先子之所畏）愛而知其惡憎而知其善（謂凡與人交不可以

礼记 二十卷

（汉）郑玄注

宋刻本

一册

存一卷

沈阳故宫博物院藏

国家珍贵古籍名录06991号

此书为宋刻巾箱本《礼记》，开本狭小，行字紧凑，为宋版中绝少见者。是书曾为清宫旧藏，钤有“天禄继鉴”藏书印。

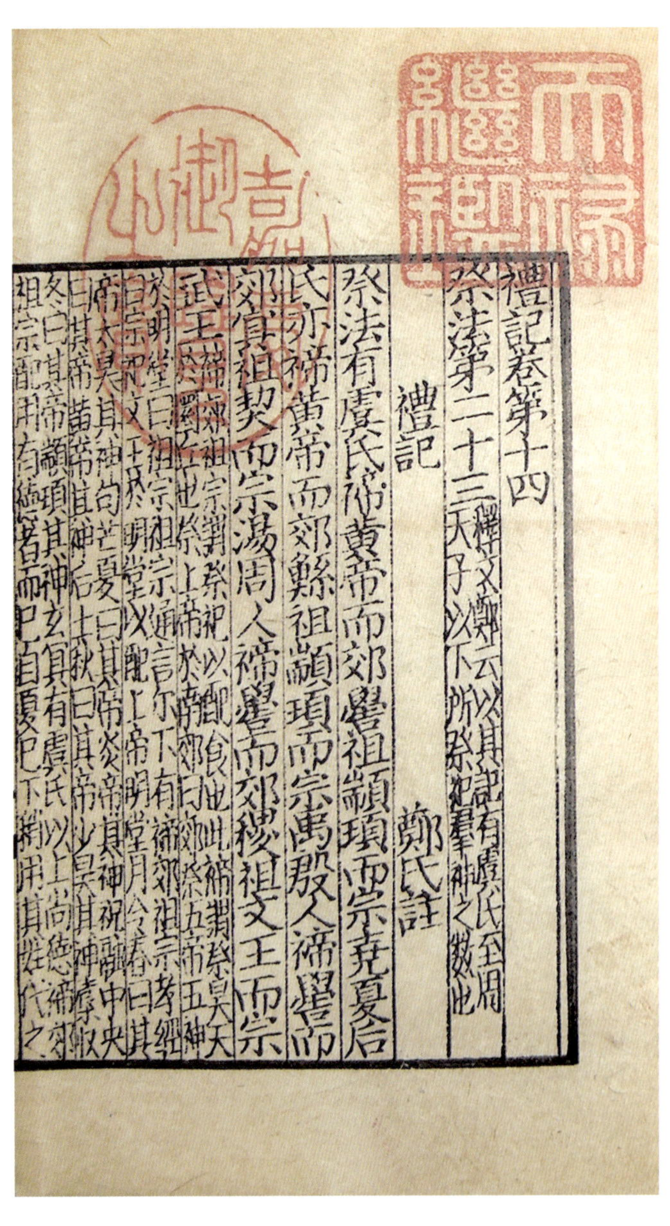
禮記卷第十四

祭法第二十三 釋文鄭云以其記有虞氏至周天子以下所祭祀羣神之數也

禮記 鄭氏註

祭法有虞氏禘黃帝而郊嚳祖顓頊而宗堯夏后氏亦禘黃帝而郊鯀祖顓頊而宗禹殷人禘嚳而郊冥祖契而宗湯周人禘嚳而郊稷祖文王而宗武王 禘郊祖宗謂祭祀以配食也此禘謂祭昊天於圜丘也祭上帝於南郊曰郊祭五帝五神於明堂曰祖宗祖宗通言爾下有禘郊祖宗孝經曰宗祀文王於明堂以配上帝明堂月令春曰其帝大皞其神句芒夏曰其帝炎帝其神祝融中央曰其帝黃帝其神后土秋曰其帝少皞其神蓐收冬曰其帝顓頊其神玄冥有虞氏以上尚德禘郊祖宗配用有德者而已自夏已下稍用其姓代之

春秋集注

十一卷纲领一卷

（宋）张洽撰

宋德祐元年（1275）

卫宗武华亭义塾刻本

八册

辽宁省图书馆藏

国家珍贵古籍名录00301号

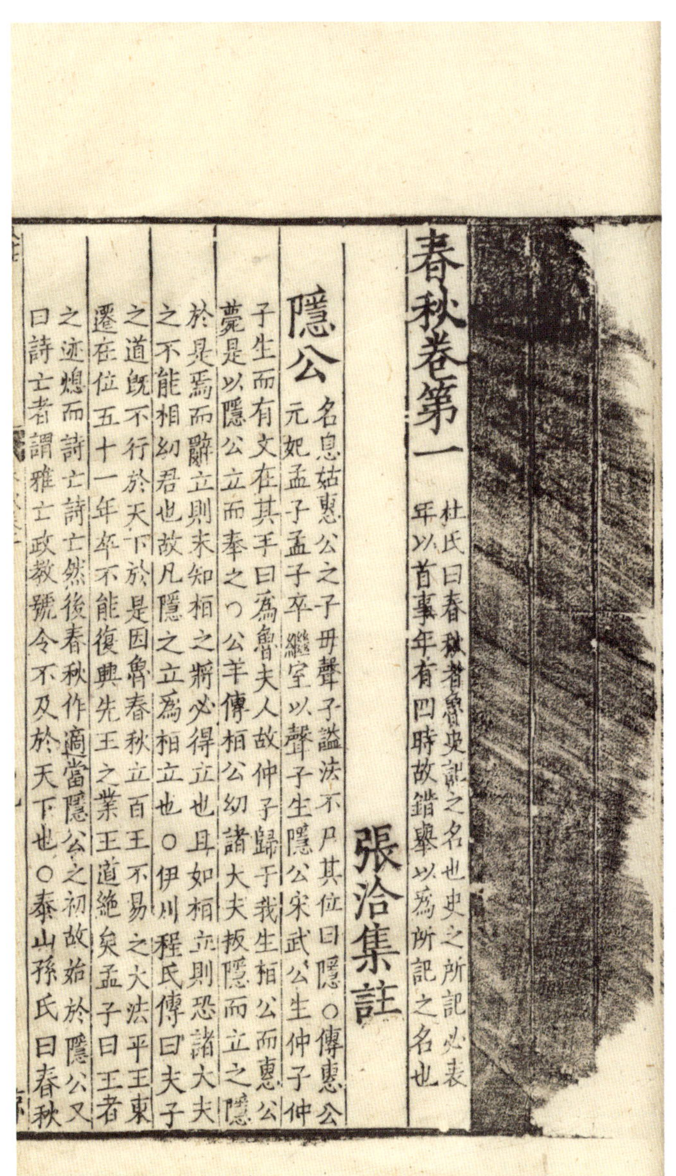
春秋卷第一　杜氏曰春秋者魯史記之名也史之所記必表年以首事年有四時故錯舉以爲所記之名也
張洽集註
隱公　名息姑惠公之子母聲子謚法不尸其位曰隱○傳惠公
元妃孟子孟子卒繼室以聲子生隱公宋武公生仲子仲
子生而有文在其手曰爲魯夫人故仲子歸于我生桓公而惠公
薨是以隱公立而奉之○公羊傳桓公幼諸大夫扳隱而立之隱
於是焉而辭立則未知桓之將必得立也且如桓立則恐諸大夫
之不能相幼君也故凡隱之立爲桓立也○伊川程氏傳曰夫子
之道既不行於天下於是因魯春秋立百王不易之大法平王東
遷在位五十一年卒不能復興先王之業王道絕矣孟子曰王者
之迹熄而詩亡詩亡然後春秋作適當隱公之初故始於隱公又
曰詩亡者謂雅亡政教號令不及於天下也○泰山孫氏曰春秋

张洽（1161—1237），字元德，号主一，江西清江人。宋嘉定元年（1208）进士，历任袁州司理参军、永新知县、池州通判。端平初，除直秘阁，主管建康崇禧观。卒谥文宪。著有《春秋集传》等。

张洽以治《春秋》知名于世，于汉、唐以来诸儒之议论，莫不详考细究，取其足以发明圣人之意者，附于每事之左，名曰《春秋集传》。既而又因此书尚属粗备，复仿先师朱熹《论语集注》、《孟子集注》等书，会其精意，诠次其说，以为《春秋集注》。

《春秋集注》宋代刻本有二：一为宋宝祐三年（1255）临江郡庠初刻本，一为宋德祐元年（1275）华亭义塾重刻本。是书为德祐重刻本。

春秋意林 二卷

（宋）刘敞撰

宋刻本

二册

辽宁省图书馆藏

国家珍贵古籍名录00295号

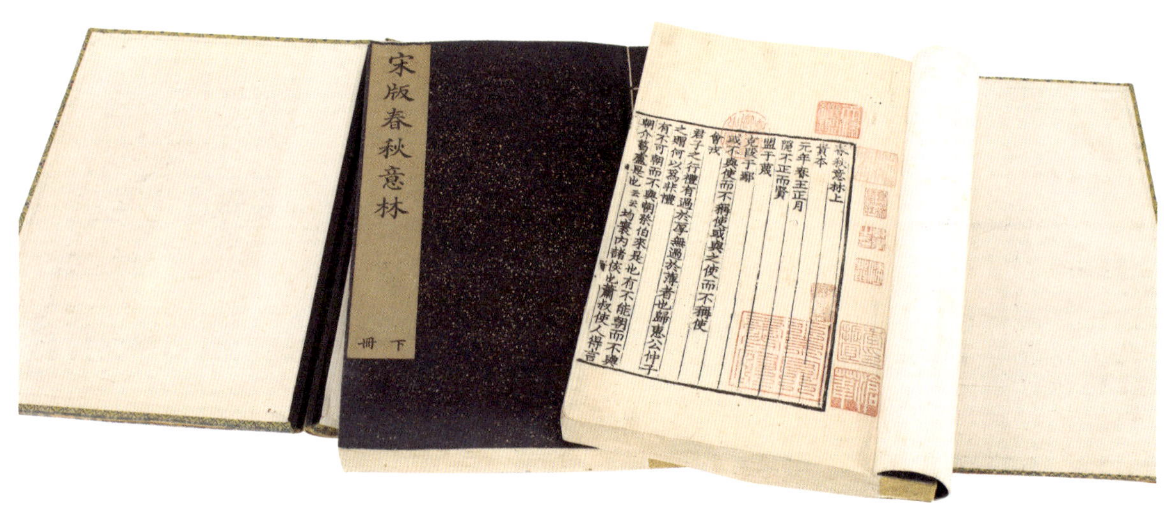

刘敞（1019—1068），字原父，号公是，世称“公是先生”，临江新喻（今江西新余）人。宋庆历六年（1046）进士，官至集贤院学士、判御史台。著有《春秋权衡》、《春秋传》等。《宋史》有传。

刘敞在春秋三传的研究方面，不拘泥于传注，开创宋人批评汉儒之先河，是当时研究《春秋》最权威学者。《春秋权衡》、《春秋意林》、《春秋传》是刘敞研治《春秋》的“三部曲”，三部书在内容上可相互衔接补充。

此书体裁上似随笔札记，学者皆推断此书为刘敞未竟之稿本。由于此书文字艰涩难读，影响了后人的使用，但保存了刘敞在《春秋权衡》一书中未及详细讨论的问题。

此本曾为明洪武太子朱标收藏，清代为季振宜、徐乾学等藏书家递藏，后入藏清宫。

春秋意林上

貴本

元年春王正月

隱不正而賢

盟于蔑

克段于鄢

或不與使而不稱使或與之使而不稱使

會戎

君子之行禮有過於厚無過於薄者也歸惠公仲子之賵何以爲非禮

有不可朝而不與朝祭伯來是也有不能朝而不與朝介葛盧是也云云

均寰内諸侯也蕭叔使人得言

韵补 五卷

（宋）吴棫撰

宋刻本

五册

辽宁省图书馆藏

国家珍贵古籍名录00376号

吴棫（约1100—1154），字才老，福建建安（今福建建瓯）人。宋宣和六年（1124）进士。召试馆职，不就，晚始得太常丞。绍兴十五年（1145）通判泉州。吴棫精通音韵训诂之学，著有《书裨传》、《韵补》等。

《韵补》是最早研究古音韵的著作，对后世音韵学研究有较大的影响。是书将古今不同读音字用反切方法注出古音，解释其义，举出例证，再按古音隶于唐宋时代通行的二百零六个韵部之下。引书凡五十种，多书今已亡佚。《韵补》传世刻本较多，然宋刻存世仅此一部。

韻補卷第一

上平聲

一東

○江 沽紅切水出岷山釋名江公也小水流入其中公共也風俗通江者貢也珍物可貢獻也晉童謠五馬浮度江一馬化爲龍又曰阿童復阿童啣刀浮渡江二凡反切皆用今音後倣此

杠 牀前横釋名杠公也衆叉所公共也急就章妻婦聘嫁齎媵僮奴婢私隸枕牀杠

○控 姑公切引也班固西都賦鳥驚觸絲獸駭值鋒機不虛掎絃不再控

古史 六十卷

（宋）苏辙撰

宋刻元明递修本

胡承珙校并跋

九册

存五十六卷

大连图书馆藏

国家珍贵古籍名录02635号

苏辙（1039—1112），字子由，自号颍滨遗老，眉州眉山（今四川眉山）人。宋嘉祐二年（1057）进士。历官御史中丞、尚书右丞等。卒谥文定。

苏辙以司马迁《史记》多不得圣人之意，遂产生追录圣贤之遗意，乃搜集上自伏羲、神农，下迄秦始皇之史事，为《本纪》七卷、《世家》十六卷、《列传》三十七卷，以补《史记》之遗缺并辨其讹误。

是书曾经胡承珙、罗振玉等收藏。

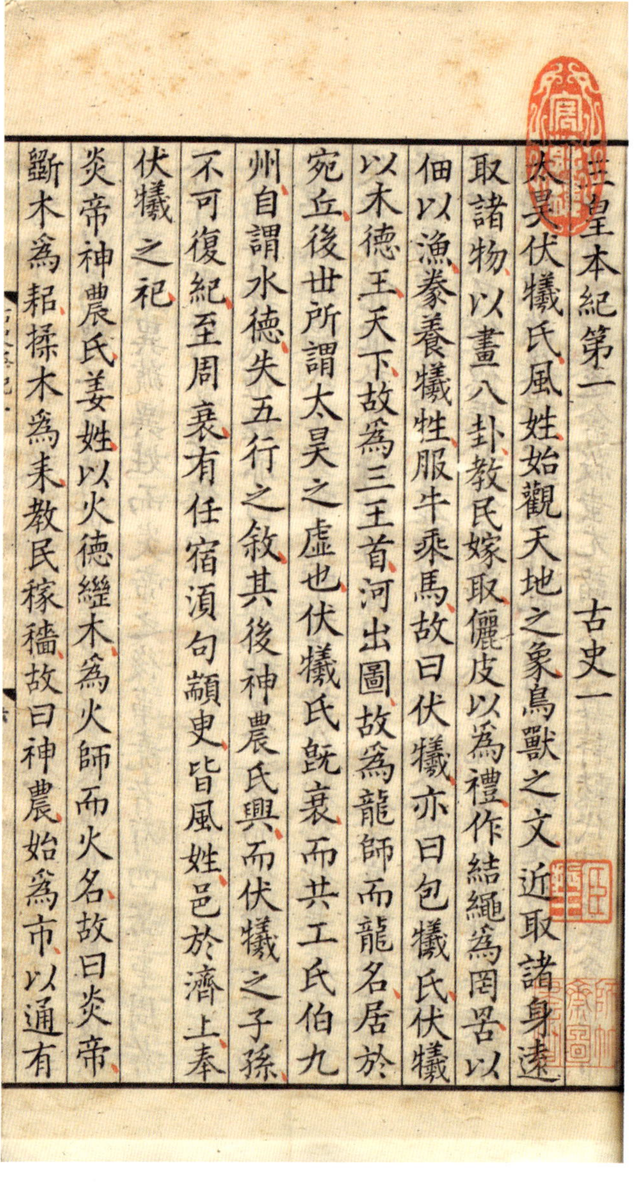
三皇本紀第一　古史一

太昊伏犧氏風姓始觀天地之象鳥獸之文近取諸身遠取諸物以畫八卦教民嫁取儷皮以爲禮作結繩爲罔罟以佃以漁豢養犧牲服牛乘馬故曰伏犧亦曰包犧氏伏犧以木德王天下故爲三王首河出圖故爲龍師而龍名居於宛丘後世所謂太昊之虚也伏犧氏既衰而共工氏伯九州自謂水德失五行之敘其後神農氏興而伏犧之子孫不可復紀至周衰有任宿須句顓臾皆風姓邑於濟上奉伏犧之祀

炎帝神農氏姜姓以火德繼木爲火師而火名故曰炎帝斲木爲耜揉木爲耒教民稼穡故曰神農始爲市以通有

南史 八十卷

（唐）李延寿撰

宋刻本

二册

存一卷

辽宁省图书馆藏

国家珍贵古籍名录02652号

列傳第六十　　南史七十

循吏

吉翰　杜驥　申怙

杜慧慶　阮長之　甄法崇 孫彬

傅琰 孫岐　虞愿　王洪軌 李珪之

沈瑀　范述曾　孫謙 從子廉

何遠　郭祖深

昔漢宣帝以爲政平訟理其惟良二千石乎前史亦云今之郡守古之諸侯也故長吏之職號曰親人至於道德齊禮移風易俗未有不由之

李延寿（生卒年不详），字遐龄，相州（治今河南安阳）人。累官至符玺郎，兼修国史。唐太宗初年至高宗初年在世。参加了《隋书》、《五代史志》、《晋书》和唐朝国史的修撰工作。

《南史》八十卷，其中本纪十卷，列传七十卷。上起宋武帝刘裕永初元年（420），下迄后主陈叔宝祯明三年（589），记南朝四国一百七十年史事。李延寿继承父志，以十六年时间完成了《南史》和《北史》。《新唐书》对两书评价颇高，称“其书颇有条理，删落酿辞，过本书远甚”。

宋书 一百卷

（梁）沈约撰

宋刻宋元明递修本

辽宁省图书馆藏

国家珍贵古籍名录02711号

大连图书馆藏

二册

存四卷

国家珍贵古籍名录02718号

沈约（441—513），字休文，吴兴武康（今浙江德清武康镇）人。历仕宋、齐、梁三朝。在宋仕记室参军、尚书度支郎。《梁书》有传。

《宋书》是记述南朝刘宋历史的纪传体史书，有本纪十卷、志三十卷、列传六十卷，合为百卷。书成沈约表上其书，谓本纪、列传缮写已毕，合志、表七十卷。今此书有纪、志、传而无表。《四库全书总目》谓："或唐以前表已佚失，今本卷帙出于后人编次，非沈约原本之旧次。"

明以来之刻本，随意窜改，多非古式。是书版虽经元明递修，尚可见宋刻遗貌。

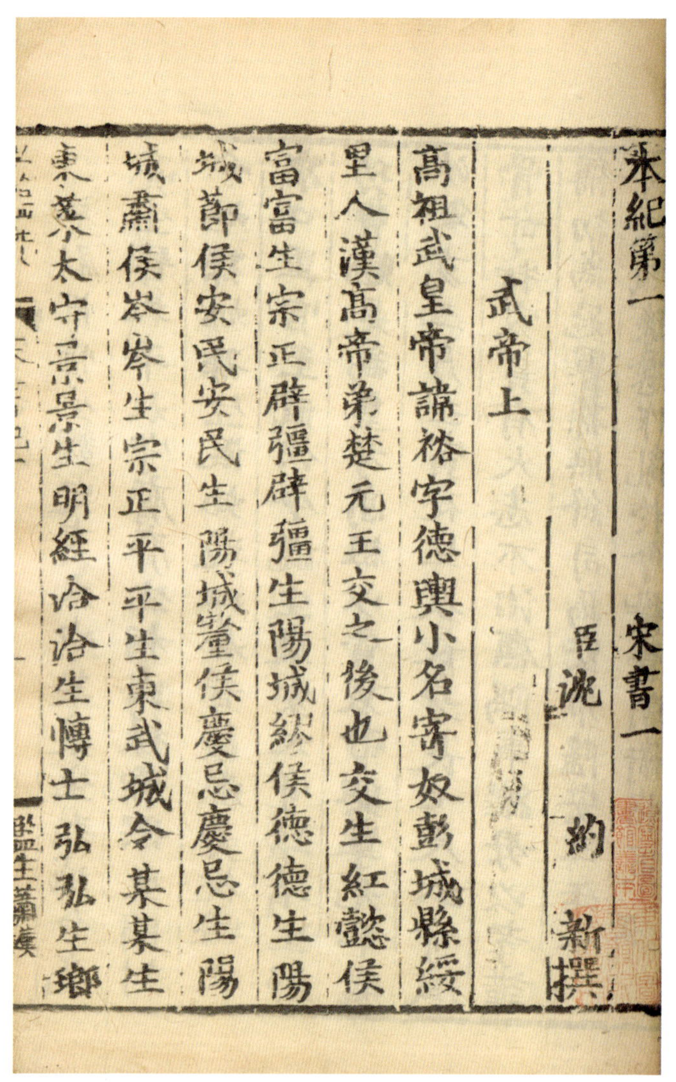

南齐书 五十九卷

（梁）萧子显撰
宋刻元明递修本
二十三册
存五十四卷
辽宁省图书馆藏
国家珍贵古籍名录02726号

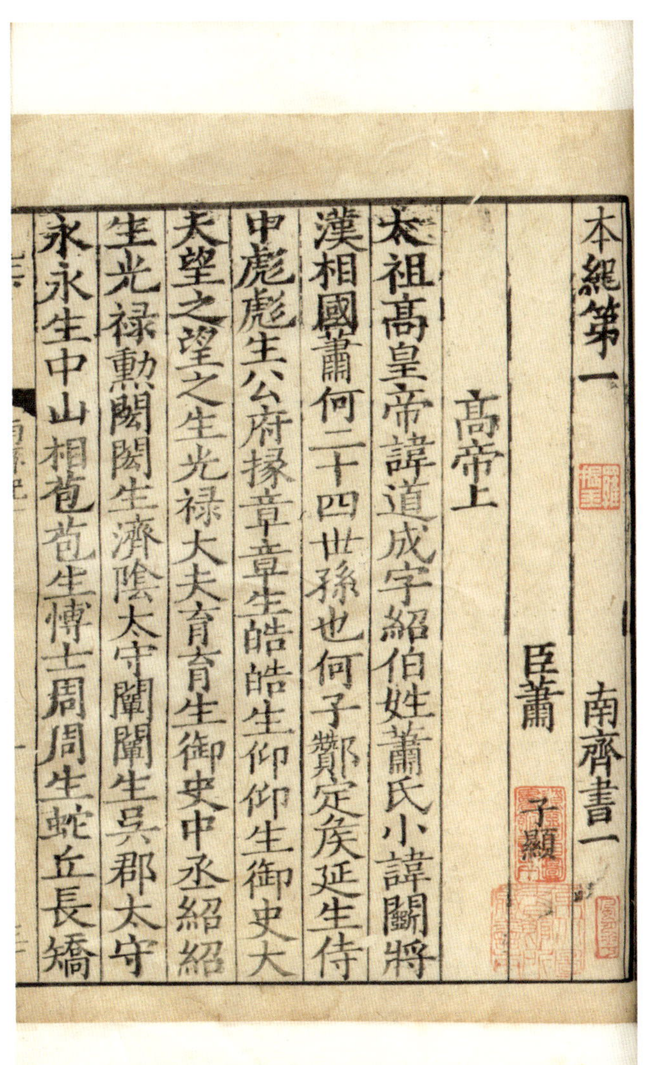
本紀第一　南齊書一
臣蕭子顯
高帝上
太祖高皇帝諱道成字紹伯姓蕭氏小諱鬬將
漢相國蕭何二十四世孫也何子酇定侯延生侍
中彪彪生公府掾章章生皓皓生仰仰生御史大
夫望之望之生光祿大夫育育生御史中丞紹紹
生光祿勳閎閎生濟陰太守闡闡生吳郡太守
永永生中山相苞苞生博士周周生蛇丘長矯

萧子显（489—537），字景阳，兰陵（今江苏武进西北）人。齐高帝萧道成孙。历任太子中舍人、国子祭酒、吏部尚书等职。著有《后汉书》等。

《南齐书》记述南朝自齐高帝建元元年（479）至和帝中兴二年（502）二十三年史事，是现存关于南齐最早的纪传体史书。《四库全书总目》疑其原书第六十卷为子显叙传，末附以表，与李延寿《北史》例同。今并其表佚之，故缺一卷。

是书曾为罗振玉旧藏，钤“玉简斋”、“风月华”、“罗振玉”等印。

魏书 一百一十四卷

（北齐）魏收撰
宋刻宋元明递修本
三十九册
大连图书馆藏
国家珍贵古籍名录02744号
大连图书馆藏
存六十册一百一十二卷
国家珍贵古籍名录07053号

魏收（506—572），字伯起，下曲阳（今河北晋州西）人。北魏骠骑大将军魏子建之子。仕魏，历官散骑常侍郎等。入北齐，官至尚书右仆射。

《魏书》记载了鲜卑拓跋部早期至550年东魏被北齐取代这一阶段的历史。有纪十二卷、列传九十二卷、志十卷。从东汉初班固修《汉书》到唐初修《五代史志》近六百年，《魏书》以外的各纪传体史书中没有志这一部分，或虽有书志，但缺少刑法、食货等重要内容，《魏书》弥补了这方面的不足。

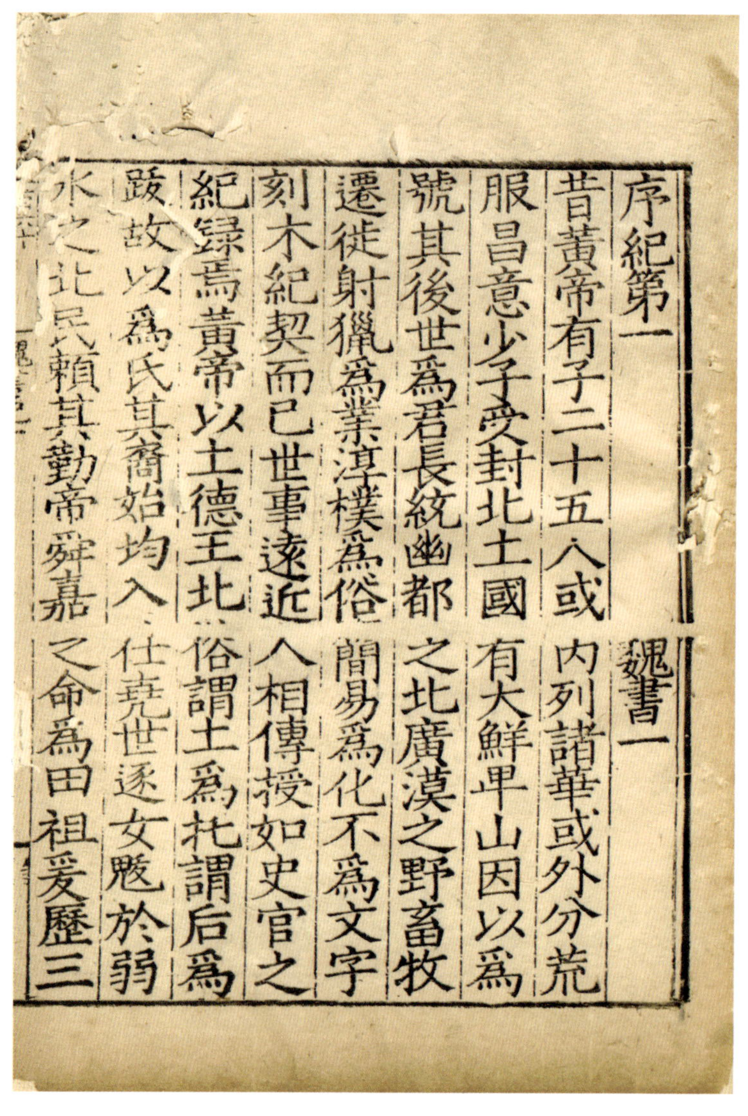

序紀第一　魏書一
昔黄帝有子二十五人或内列諸華或外分荒
服昌意少子受封北土國有大鮮卑山因以爲
號其後世爲君長統幽都之北廣漠之野畜牧
遷徙射獵爲業淳樸爲俗簡易爲化不爲文字
刻木紀契而已世事遠近人相傳授如史官之
紀録焉黄帝以土德王北俗謂土爲托謂后爲
跋故以爲氏其裔始均入仕堯世逐女魃於弱
水之北民賴其勤帝舜嘉之命爲田祖爰歷三

北齐书 五十卷

（唐）李百药撰

宋刻宋元明递修本

十六册

辽宁省图书馆藏

国家珍贵古籍名录02748号

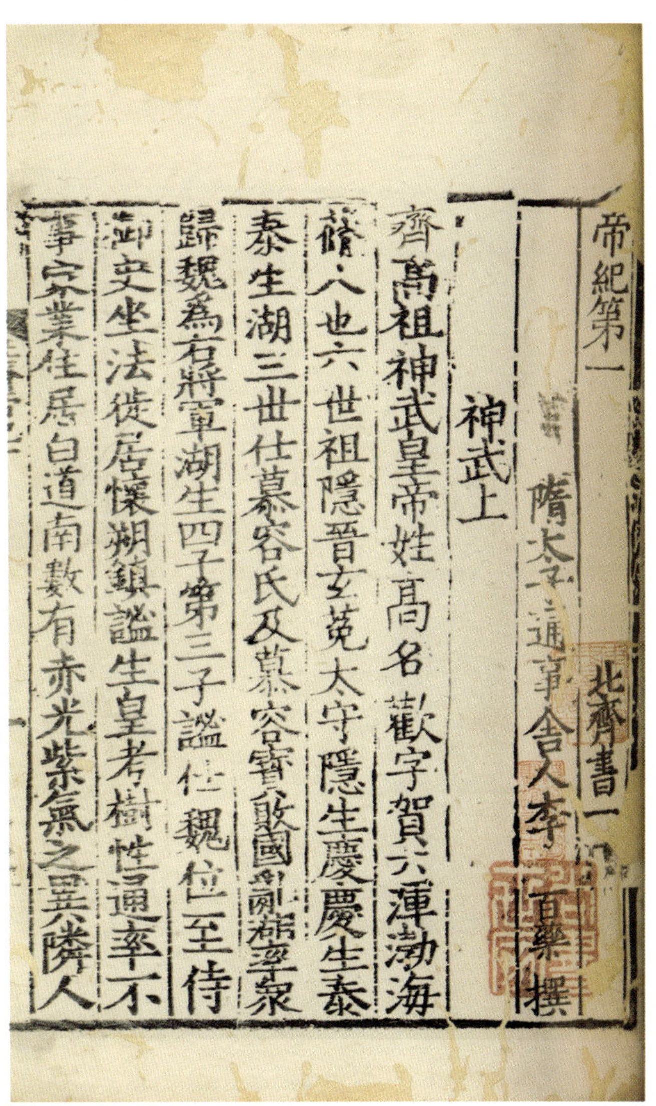
帝紀第一　隋太子通事舍人李百藥撰　北齊書一
神武上
齊高祖神武皇帝姓高名歡字賀六渾渤海
蓨人也六世祖隱晉玄菟太守隱生慶慶生泰
泰生湖三世仕慕容氏及慕容寶敗國亂湖率衆
歸魏爲右將軍湖生四子第三子謐仕魏位至侍
御史坐法徙居懷朔鎮謐生皇考樹性通率不
事家業住居白道南數有赤光紫氣之異隣人

李百药（565—648），字重规，定州安平（今河北安平）人。隋朝官桂州司马，迁建安郡丞。入唐官中书舍人、礼部侍郎、散骑常侍。

《北齐书》记述了从高欢起兵到北齐灭亡前后约八十年的历史，集中反映了东魏、北齐王朝的盛衰兴亡。唐贞观元年（627）李百药奉诏撰《齐书》，仿《后汉书》之体，成五十卷，后人为区别萧子显的《南齐书》改称为《北齐书》。南宋时期，《北齐书》仅存帝纪一卷、列传十六卷是李百药的原作，其余各卷是后人根据唐李延寿所撰《北史》抄补修成的。

周书 五十卷

（唐）令狐德棻等撰

宋刻宋元明递修本

十八册

存四十六卷

辽宁省图书馆藏

国家珍贵古籍名录02755号

六册

存三十卷

大连图书馆藏

国家珍贵古籍名录02757号

令狐德棻（583—666），宜州华原（今陕西铜川耀州区）人。隋时为药城长。入唐历任礼部侍郎、秘书少监、太常卿、国子祭酒等职。

《周书》为纪传体史书，记述了西魏及北周皇朝的史事，内容上兼顾了同时代的东魏、北齐、梁、陈等四朝的重大史事。成书于唐贞观十年（636），共五十卷，分本纪八卷、列传四十二卷。令狐德棻主持编纂，参加编写的还有岑文本和崔仁师等人。

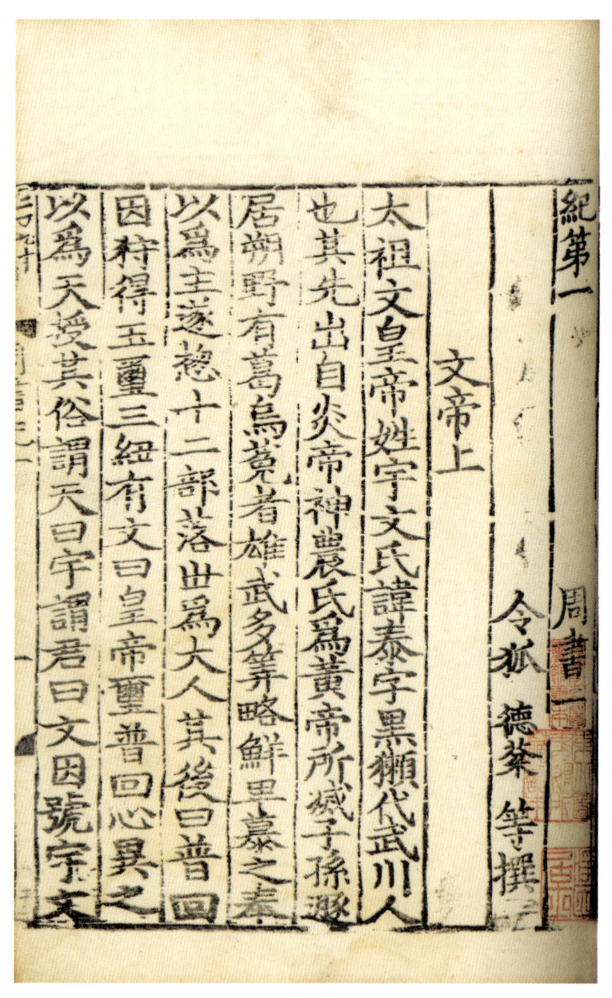

紀第一　周書一

文帝上　令狐德棻等撰

太祖文皇帝姓宇文氏諱泰字黒獺代武川人
也其先出自炎帝神農氏爲黄帝所滅子孫遯
居朔野有葛烏菟者雄武多筭略鮮卑慕之奉
以爲主遂總十二部落世爲大人其後曰普回
因狩得玉璽三紐有文曰皇帝璽普回心異之
以爲天授其俗謂天曰宇謂君曰文因號宇文

通鉴纪事本末

四十二卷

（宋）袁枢撰

宋宝祐五年（1257）赵与筹刻本

一册

存一卷

辽宁省图书馆藏

国家珍贵古籍名录02817号

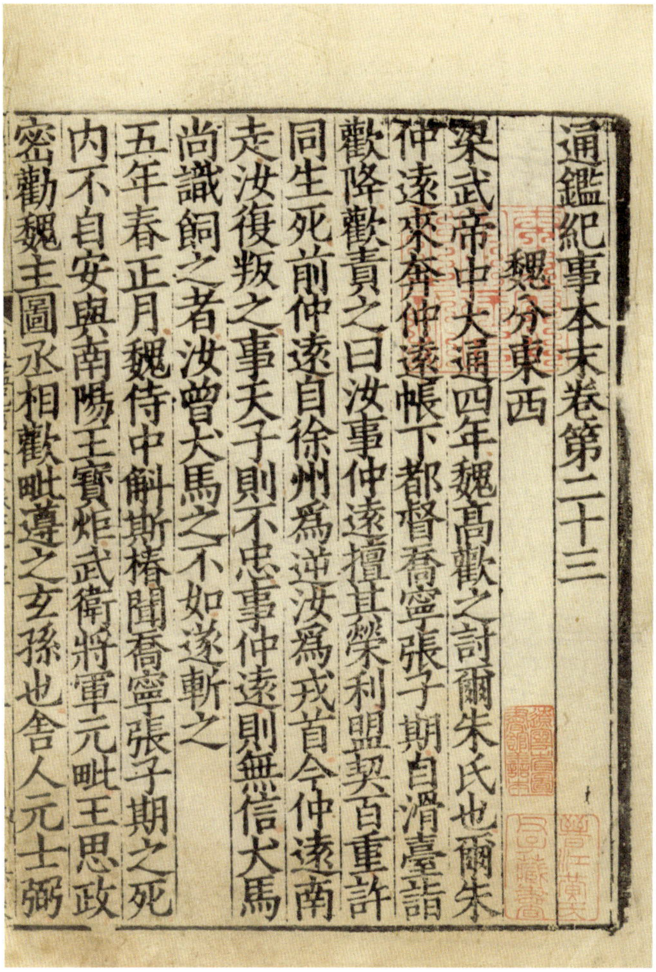
通鑑紀事本末卷第二十三

魏分東西

梁武帝中大通四年魏高歡之討爾朱氏也爾朱仲遠來奔仲遠帳下都督喬寧張子期自滑臺詣歡降歡責之曰汝事仲遠擅其榮利盟契百重許同生死前仲遠自徐州爲逆汝爲戎首今仲遠南走汝復叛之事天子則不忠事仲遠則無信犬馬尚識飼之者汝曾犬馬之不如遂斬之

五年春正月魏侍中斛斯椿聞喬寧張子期之死內不自安與南陽王寶炬武衛將軍元毗王思政密勸魏主圖丞相歡毗遵之玄孫也舍人元士弼

袁枢（1131—1205），字机仲，建州建安（今福建建瓯）人。宋孝宗隆兴元年（1163）进士。历官太府丞兼国史院编修、吏部员外郎、大理少卿等职。《宋史》有传。

袁枢喜读司马光《资治通鉴》，但苦其浩博，乃取《通鉴》所记之事，区别门目，分类编排，以成《通鉴纪事本末》四十二卷。《通鉴纪事本末》专以记事为主，每一事详书始末，首开纪事本末一体。全书共记二百三十九事，另附录六十六事。

宋淳熙二年（1175），袁枢于严州教授任所开版雕印《通鉴纪事本末》，世称严陵小字本。宝祐五年（1257），宋太祖十世孙赵与筹以旧本字小且讹，乃大书精加校雠，以私钱重刊之，世称湖州大字本。

续资治通鉴长编 一百零八卷

（宋）李焘撰

宋刻本

四十九册

存一百零六卷

辽宁省图书馆藏

国家珍贵古籍名录00461号

李焘（1115—1184），字仁甫，一字子真，号巽岩，眉州丹棱（今四川眉山丹棱）人。宋绍兴八年（1138）进士，累官至礼部侍郎，进敷文阁学士兼侍读。

李焘仿司马光《资治通鉴》之例编撰《续资治通鉴长编》，纪事起建隆，迄靖康，凡九朝一百六十八年历史。曾先后五次进书朝廷：第一次是隆兴元年（1163），第二次是乾道四年（1168），第三次是淳熙二年（1175），第四次是淳熙四年（1177），第五次是淳熙十年（1183），共计一千零六十三卷，该书至此完成。

宋刻《续资治通鉴长编》一百零八卷本，国内外现仅存三部：一部藏于国家图书馆，题名《续资治通鉴长编撮要》一百零八卷，残缺近半，用清抄本补配；一部藏于日本静嘉堂文库，题名同国图所藏，残缺过半；一部即为此宋刻本，全书仅缺七十五、七十六两卷，是现存宋刻五朝本最全者。

續資治通鑑長編卷第一

太祖啓運立極英武睿文神德聖功至明大孝皇帝

建隆元年春正月辛丑朔鎮定二州言契丹入寇北漢兵自土門東下與契丹合周帝命 太祖領宿衛諸將禦之 太祖自殿前都虞候再遷都點檢掌軍政凡六年士卒服其恩威數從世宗征伐荐立大功人望固已歸之於是主少國疑中外始有推戴之議壬寅殿前副都點檢鎮寧軍節度使大原慕容延釗延釗初以殿前都虞候見顯德五年三月不著邑里將前軍先發時都下讙言將以出軍之日策點檢為天子士民恐怖爭為逃匿之計惟內庭晏然不知癸卯大軍出愛景門紀律嚴甚衆心稍安軍校河中苗訓者號知天文見日下復有一日黑光久相磨盪指謂 太祖親吏宋城楚昭輔曰此天命也是夕次陳橋驛將士相與聚謀曰主上幼弱未能親政今我輩出死力

新刊名臣碑传琬琰之集

上集二十七卷中集五十五卷下集二十五卷

（宋）杜大珪辑

宋刻本

六册

存三十一卷

辽宁省图书馆藏

国家珍贵古籍名录02847号

杜大珪（生卒年不详），眉州（今四川眉山）人。署称进士，仕履不可考。宋光宗时在世。

《名臣碑传琬琰之集》共三集一百零七卷，主要收录北宋太祖建隆至南宋绍兴年间官修史书和诸家文集中的名臣碑版传记。其书大约随得随编，不甚拘时代体制。所录碑传之文总为二百五十四篇，被传者二百二十一人。集中墓志铭八十九篇，神道碑五十篇，摘自《隆平集》之传四十三篇，采自《实录》之传二十七篇，行状二十二篇，其余为随记、碑阴、序跋、谥议之类。

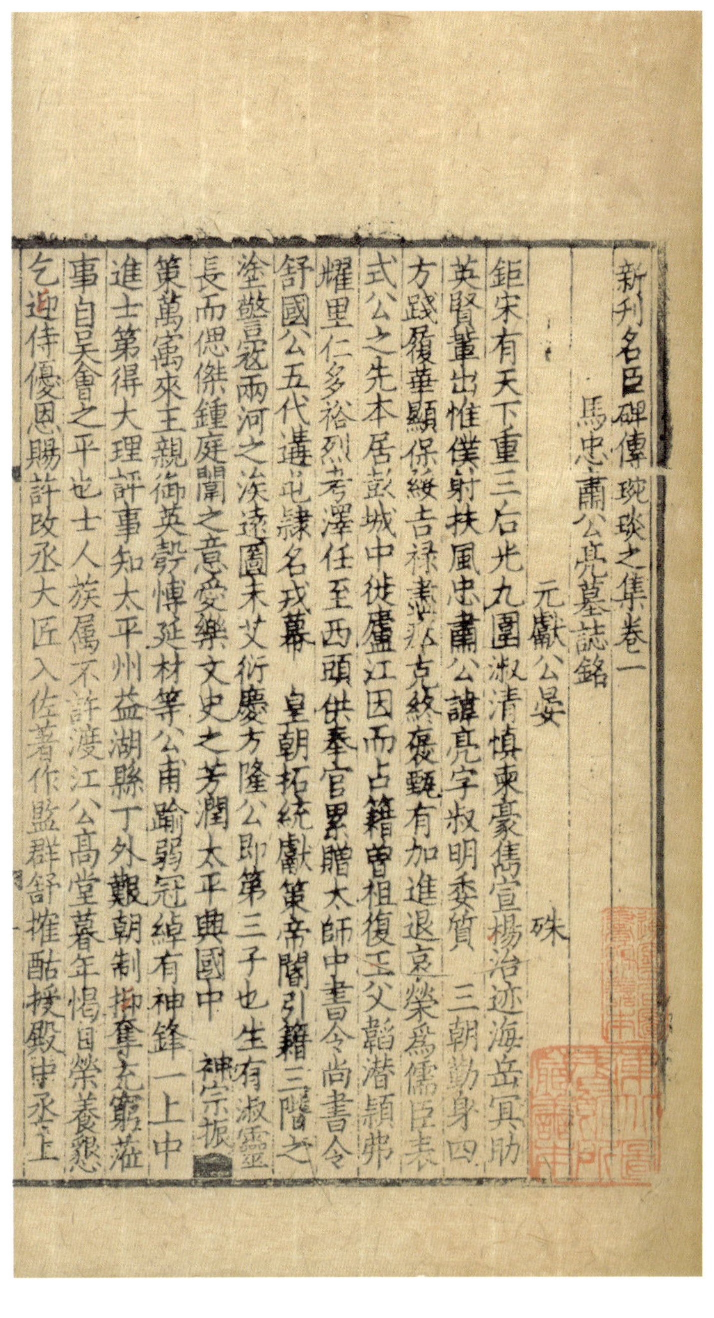
新刊名臣碑傳琬琰之集卷一
馬忠肅公亮墓誌銘
元獻公晏 殊
鉅宋有天下重三后光九圜淑清慎柬豪儁宣揚治迹海岳寘肋
英賢輩出惟僕射扶風忠肅公諱亮字叔明委質 三朝勤身四
方踐履華顯保綏吉祿壽考克終褒𧨏有加進退哀榮爲儒臣表
式公之先本居彭城中徙盧江因而占籍曾祖復王父韜潛穎弗
耀里仁多裕烈考澤任至西頭供奉官累贈太師中書令尚書令
舒國公五代遘屯隸名戎幕 皇朝拓統獻策帝閽引籍三階之
塗鑿壹寇兩河之涘逺圖未艾衍慶方隆公即第三子也生有淑靈
長而偲傑鍾庭闈之意受樂文史之芳潤太平興國中 神宗振
策萬寓來王親御英豪博延材等公甫踰弱冠綽有神鋒一上中
進士第得大理評事知太平州益湖縣丁外艱朝制抑奪充鄱蒞
事自吳會之平也士人族屬不許渡江公高堂暮年惕目榮養懇
乞迎侍優恩賜許改丞大匠入佐著作監群舒推酤授殿中丞上

分门史志通典治原之书

十五卷目录一卷

（宋）佚名辑

宋南阳子实刻本

十二册

辽宁省图书馆藏

国家珍贵古籍名录00798号

分門史志通典治原之書卷一

食貨門

食貨

總叙　史志　通典

史記平準書 太史公曰農工商交易之路通而龜貝金錢刀布之幣興焉所從來久遠自高辛氏之前尚矣靡得而記云故書道唐虞之際詩述商周之世安寧則長庠序先本絀末以禮義防于利事變多故而亦反是是以物盛則衰時極而轉一質一文終始之變也禹貢九州各因其土地所宜人民所多少而納職焉湯武承弊易變使民不倦各兢兢所以為治而稍陵遲衰微齊桓公用管仲之謀通輕重之權徼山海之業以朝諸侯用區區之齊顯成霸名魏用李克盡地力為彊君自是之後天下爭於戰國貴詐力而賤仁義先富有而後推讓故庶人之富者或累巨萬而貧者或不厭糟糠有國彊者或并羣小以臣諸侯而弱國或絶祀而滅世以至於秦卒并海内虞夏之幣金為三品或黄或白或赤或錢或布或刀或龜貝及至秦中一國

是书辑《史记》、《前汉书》、《后汉书》、《晋书》、《隋书》、《新唐书》、《新五代史》七史及《通典》中内容，成食货、礼、乐、选举、官制、艺文、兵、刑法、祭祀、舆服、律、历、五行、天文、地理、沟洫等十六门，每门皆分“史志”、“通典”两部分，之下再按类依时排次资料。每门之末为“诸儒考论”，引名家对此门内容的论说。

《分门史志通典治原之书》，宋代仅此一刻，后代也未见有传刻。

扬子法言

十三卷

（汉）扬雄撰 （晋）李轨 （唐）柳宗元 （宋）宋咸 吴祕 司马光注

音义一卷

宋淳熙八年（1181）刻本
六册
辽宁省图书馆藏
国家珍贵古籍名录02895号

扬雄（前53—前18），字子云，蜀郡成都（今四川成都）人。曾任给事黄门郎，后召为大夫。著有《方言》。

《扬子法言》是扬雄拟《论语》体裁，以问答形式撰写，主旨在于捍卫和发扬儒家学说的著作。凡十三篇，篇各有序，通录在卷后，宋景祐初，宋咸引之以冠篇首。

自汉至北宋中期，《扬子法言》有多家注解。北宋司马光裒合当时仅存之李轨、柳宗元、宋咸、吴祕四家注解，自是以下，始有五臣注本出现。宋淳熙八年（1181）刻本《扬子法言》是五臣注现存最早的刻本。因此书的刊刻，历史上还发生过朱熹弹劾唐仲友动用公库刻书营私的一段公案。

揚子法言卷第一

李軌柳宗元注　宋咸吴祕司馬光重添注

雄見諸子各以其知舛馳顔師古曰舛相背大氐詆訾聖人即爲怪迂析辯詭辭以撓世事顔曰大氐大歸也詆訾毁也迂遠也析分也詭異也言諸子之書大歸皆非周孔之教爲巧辯異辭以撓亂時政也雖小辯終破大道而惑衆使溺於所聞而不自知其非也及太史公記六國歷楚漢訖麟止不與聖人同是非頗謬於經故人時有問

汉隽 十卷

（宋）林钺辑

宋淳熙十年（1183）象山县学刻本（卷五至六配元刻本）

五册

辽宁省图书馆藏

国家珍贵古籍名录00492号

林钺（生卒年不详），宋人。

班固《汉书》记事详赡，颜师古又广释其义为注，然文字太多，读书者不得要领，林钺所以选取《汉书》中古雅之文词语句，附颜师古对该文字语句的注释，析为五十篇，分类排纂，五篇一卷，计十卷。

是书存世的明以前的版本尚有二十多个。此书为南宋刻本。曾经明代藏书家项子京收藏，钤有印章多枚。清代入藏皇宫，钤有清宫天禄继鉴藏书玺印全套。

漢雋卷第一

稱制　三宫　羣僚

調補　掾職

稱制篇

稱制 高后紀臨朝——師古曰天子之言一曰制書二曰詔書制書者謂
其制度之命也非皇后所得稱今呂太后臨朝行天子事斷决萬機
故——詔 稱孤 因循傳俱南面——師古曰王者自稱曰孤蓋爲謙也 陛下 高帝紀大王——應劭曰陛者升堂之陛王者
必有執兵陳於階陛之側羣臣與至尊言不敢指斥故呼在——者
而告之因卑以達尊之意也若今稱殿下閤下侍者執事皆此類 朕 高紀毋敢
隱——如淳曰——我也蔡邕曰古者上下共之咎繇與帝舜言
稱——屈原曰——皇考至秦獨以爲尊稱漢遂因之而不改也 縣官 霍光傳——非
我家將軍不得至是如淳曰——謂天子東平王宇
傳——年少張晏曰不敢指斥成帝謂之——也 太上 淮南王傳欲以親戚之意望於——

画继 十卷

（宋）邓椿撰

五代名画补遗一卷

（宋）刘道醇撰

宋临安府陈道人书籍铺刻本

二册

辽宁省图书馆藏

国家珍贵古籍名录00730号

邓椿（生卒年不详），字公寿，四川双流人。生活于北宋、南宋之交。

北宋郭若虚《图画见闻志》后无人续著绘画史，邓椿乃稽考文献，兼据见闻，写成此书。《画继》记述了北宋神宗熙宁七年（1074）至南宋孝宗乾道三年（1167）共九十四年间有关绘画的见闻。《五代名画补遗》是宋刘道醇对胡峤《广梁朝名画目》的补遗，于宋嘉祐四年（1059）完成。全书收录画家二十四人，编排为人物、山水、走兽、花竹翎毛、屋木、塑作、雕木七门，每门中又按“神、妙、能”三品列传。

是书为南宋中期临安（杭州）陈起所刻。陈氏刻书在中国出版史上享有盛誉。该书曾为清藏书家揆叙旧藏，清中期入藏清宫。

畫繼卷第五
道人衲子
甘風子　王顯道　李德柔　三朶花
羅勝先　李時澤　楊大明　寶覺
眞慧　惠洪　妙善　仲仁
道臻　道宏　法能　智平
祖鑒　虛已　覺心　智源
智永　眞休
世胄婦女 附宦者
宋莊　賈公傑　郭道卿　郭游卿
高大亨　錢端回　李景孟　邵少微

五代名畫補遺

大梁劉道醇纂

人物門第一

神品四人

韓求　李祝　張圖　朱瑶

韓求（一云虬）李祝（一云柷）不知何處人皆倜儻不拘有經略才能屬唐祚陵季遂退藏不仕以丹青自污而好遊晉唐間時大唐昭宗乾寧乙卯歲乃封并州節度使李克用爲晉王城太原及天祐甲子歲秋八月梁王朱全忠不軌乃立帝子輝王祝是爲哀帝四年夏四月帝禪位于朱全忠時克用陰懷異圖窺伺神器加以左右勸進克用亦懼求祝知之乃命往陜郊畫

自警编 不分卷

（宋）赵善璙辑

宋端平元年（1234）九江郡斋初刻本

翁方纲题记

十二册

辽宁省图书馆藏

国家珍贵古籍名录00776号

三册

存三编（甲编、乙编、戊编）

辽宁省图书馆藏

国家珍贵古籍名录00777号

赵善璙（生卒年不详），字德纯，歙县（今安徽歙县）人，家住南海。宋太宗赵炅七世孙，约宋理宗绍定中前后在世。少苦学登第，为德清县簿，累官至尚书郎。

《自警编》分八类：学问类、操修类、齐家类、接物类、出处类、事君类、政事类、拾遗类。每类下均列有子目，计五十有六。文中所载乃北宋名臣大儒嘉言懿行之可为楷法者，记事至靖康止。靖康以后惟朱子议论间有采入，其他硕学巨儒言论多不甄录。

是书宋代仅此一刻，明以后颇受推崇，屡有翻刻本问世。

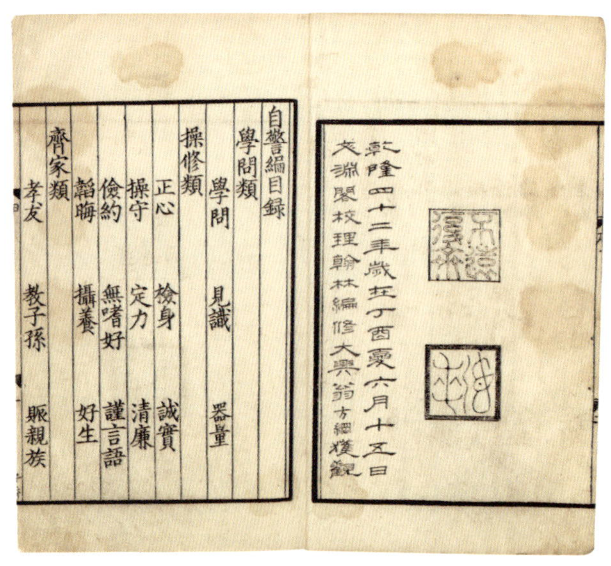
乾隆四十二年歲在丁酉夏六月十五日
文淵閣校理翰林編修大興翁方綱觀

自警編目録
學問類
學問 見識 器量
操修類
正心 檢身 誠實
操守 定力 清廉
儉約 無嗜好 謹言語
韜晦 攝養 好生
齊家類
孝友 教子孫 賑親族

自警編

學問類

學問

學問　見識　器量

范魯公質自從仕未嘗釋卷人或勉之質曰昔嘗有異人與吾言他日必當大任苟如其言無學術何以處之

太宗欲相趙普或譖之曰普山東學究惟能讀論語耳　太宗疑之以告普普曰臣實不知書但能讀論語佐　藝祖定天下纔用得半部尚有一半可以輔　陛下　太宗釋然卒相之

诚斋四六发遣膏馥 十卷

题（宋）杨万里撰
（宋）周公恕编
宋余卓刻本
四册
辽宁省图书馆藏
国家珍贵古籍名录00795号

杨万里（1127—1206），字廷秀，号诚斋，吉州吉水（今江西吉水）人。宋绍兴二十四年（1154）进士。累官至宝谟阁直学士。卒谥文节。著有《诚斋集》、《诚斋易传》。《宋史》有传。

是书采集万里文章锦词秀句，分类编次，以备挦扯。内容以“春”、“夏”、“秋”、“冬”、“颂美职业天相”、“修牍答谢”、“谢人惠书劳问”、“四六札子”等题立类。书名之“膏馥”，乃取自唐元稹所撰《杜甫墓志铭》“残膏剩馥，沾溉无穷”语也。

此书自宋代刊布以来，各家书目鲜有著录，堪称传世孤本。此本曾为明末藏书家毛晋旧藏，清代曾入藏清宫。

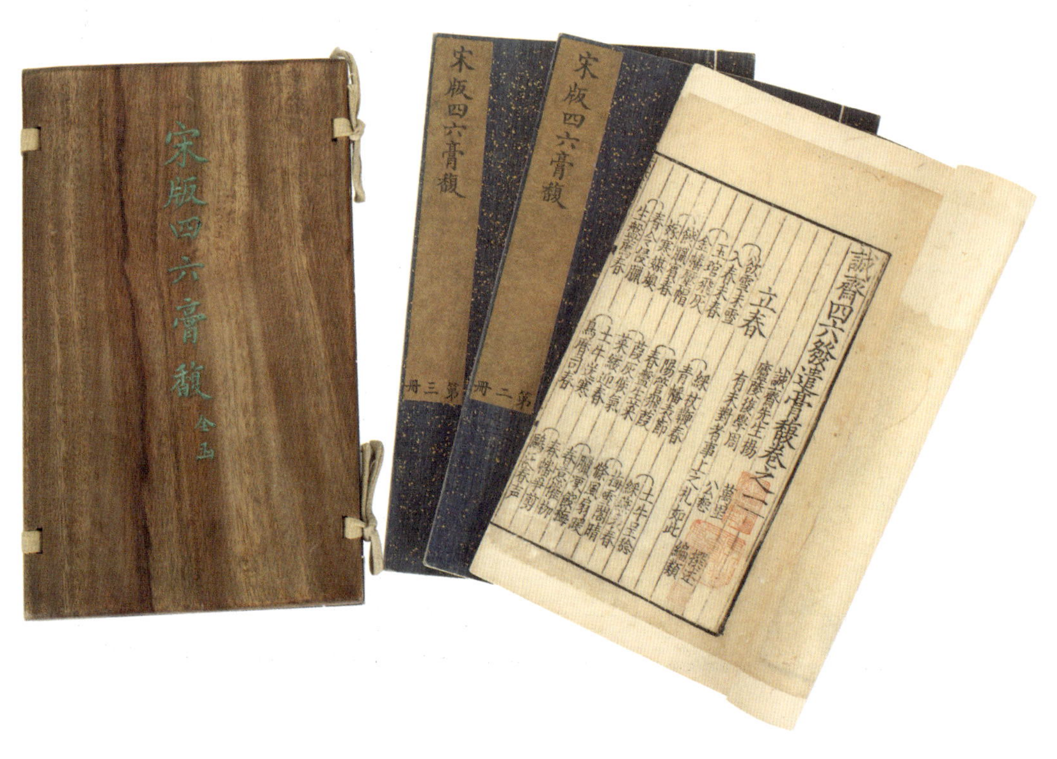

誠齋四六發遣膏馥卷之二

誠齋先生楊　萬里　撰述
廬陵後學周　公恕　編類

有未對者事上之礼如此

立春

欲雪未雪　入春未春

玉琯飛灰　金幡壓帽

餞臘賓春　嫁寒媒燠

春令侵臘　生盤薦春

綵杖鞭春　青幡表節

陽管飛葭　春盤生菜

葭灰候氣　菜縷迎春

土牛送寒　鳥曆司春

土牛呈稔　綵燕衣春

梅雪閣晴　條風扇暖

臘凍餞梅　春意催柳

春幡爭剪　鷗泛春声

记纂渊海

一百九十五卷

（宋）潘自牧辑
宋刻本
八册
存十七卷
辽宁省图书馆藏
国家珍贵古籍名录00805号

潘自牧（生卒年不详），字牧之，金华（今浙江金华）人。潘景宪之子。宋庆元元年（1195）进士。官常山、龙游县令。

《记纂渊海》书成于宋庆元六年（1200），分二十二部一百九十五卷。《记纂渊海》流传至明代，曾经胡维新、陈文燧为之补注，厘为百卷，然在部类编排上与宋刻原貌相去渐远。

是书曾为清宫入藏，钤有“天禄琳琅”、“嘉庆御览之宝”印。

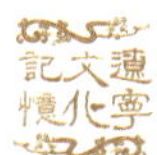

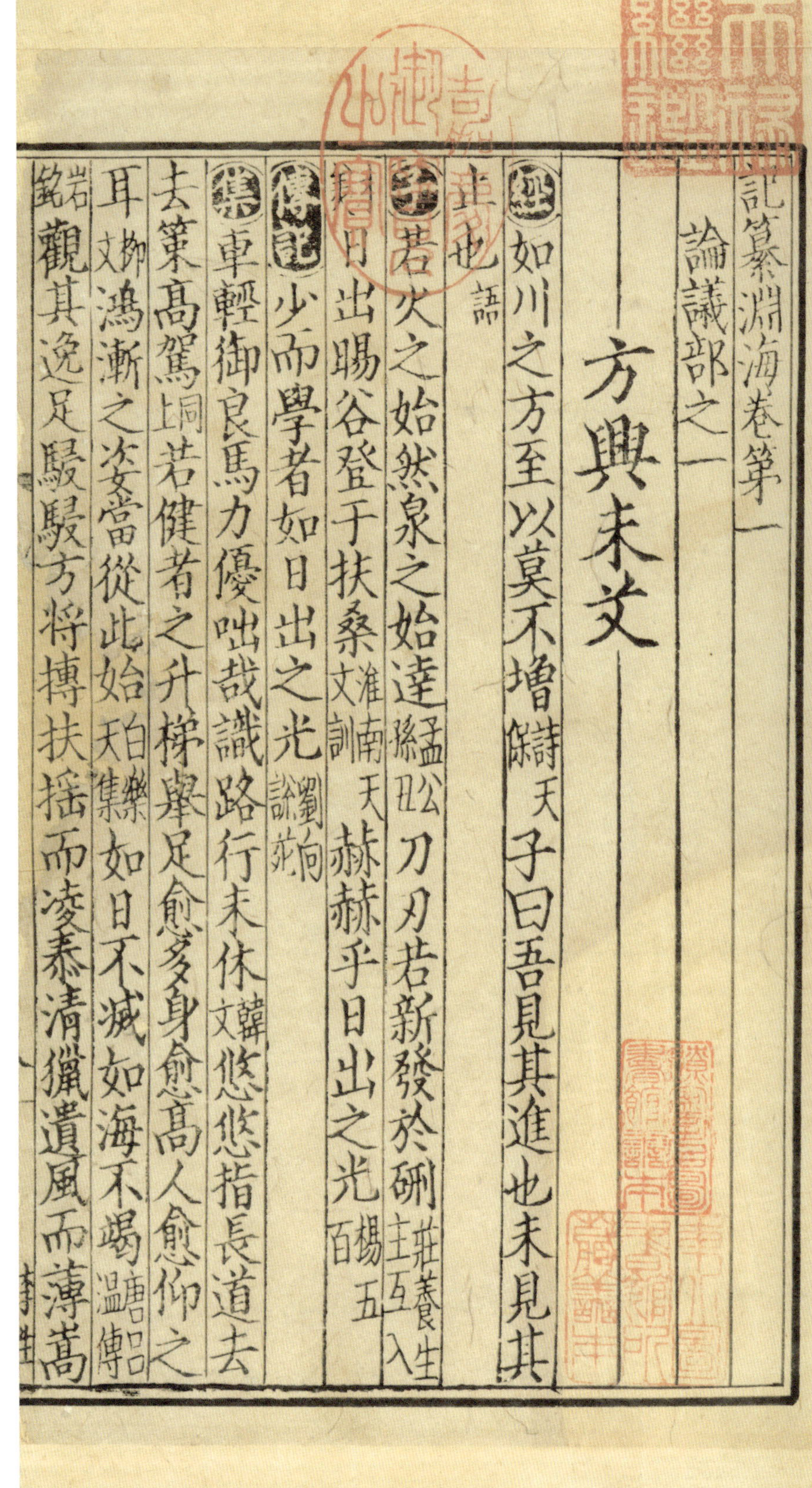

記纂淵海卷第一

論議部之一

方興未艾

【經】如川之方至以莫不增(詩天保)子曰吾見其進也未見其止也(語)

【子】若火之始然泉之始達(孟子公孫丑)刀刃若新發於硎(莊養生主互入)

時日出暘谷登于扶桑(淮南天文訓)赫赫乎日出之光(揚五百)

【傳記】少而學者如日出之光(劉向說苑)

【集】車輕御良馬力優咄哉識路行未休(韓文)悠悠指長道去去策高駕(同上)若健者之升梯舉足愈多身愈高人愈仰之耳(柳文)鴻漸之姿當從此始(白樂天集)如日不滅如海不竭(唐呂溫傳)

(岩銘)觀其逸足駸駸方將摶扶搖而凌泰清獵遺風而薄萬

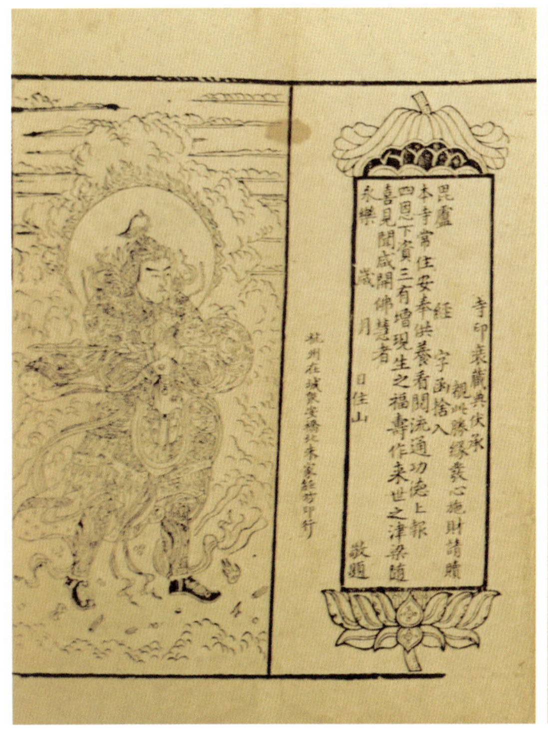

布施波羅蜜多等不可得故善現如來之心
不住四靜慮不住四無量四無色定何以故
以四靜慮等不可得故善現如來之心不住
八解脫不住八勝處九次第定十遍處何以
故以八解脫等不可得故善現如來之心不
住四念住不住四正斷四神足五根五力七
等覺支八聖道支何以故以四念住等不可
得故善現如來之心不住空解脫門不住無
相無願解脫門何以故以空解脫門等不可
得故善現如來之心不住五眼不住六神通
何以故以五眼等不可得故善現如來之心
不住佛十力不住四無所畏四無礙解大慈
大悲大喜大捨十八佛不共法何以故以佛
十力等不可得故善現如來之心不住無忘
失法不住恒住捨性何以故以無忘失法等
不可得故善現如來之心不住一切陀羅尼
門不住一切三摩地門何以故以一切陀羅
尼門等不可得故善現如來之心不住一切
智不住道相智一切相智何以故以一切智

碛砂藏

六千三百六十二卷

南宋刻元补明递修朱家经坊印本

三百四十二册

存三百四十二卷

辽宁省图书馆藏

国家珍贵古籍名录02965号

《碛砂藏》开雕于平江府（今苏州）碛砂延圣寺，全称《宋碛砂延圣寺刻本藏经》。《碛砂藏》初刻于南宋理宗绍定二年（1229），到元英宗至治二年（1322）雕刊完毕，历时九十三年。《碛砂藏》的愿主和起源已不详，碛砂禅寺僧人清圭、清宇等人曾先后主持过《碛砂藏》的雕版刻印工作。全藏按《千字文》编册号，始于“天”字，止于“终”字，收录佛教典籍一千五百三十二部，计六千三百六十二卷。

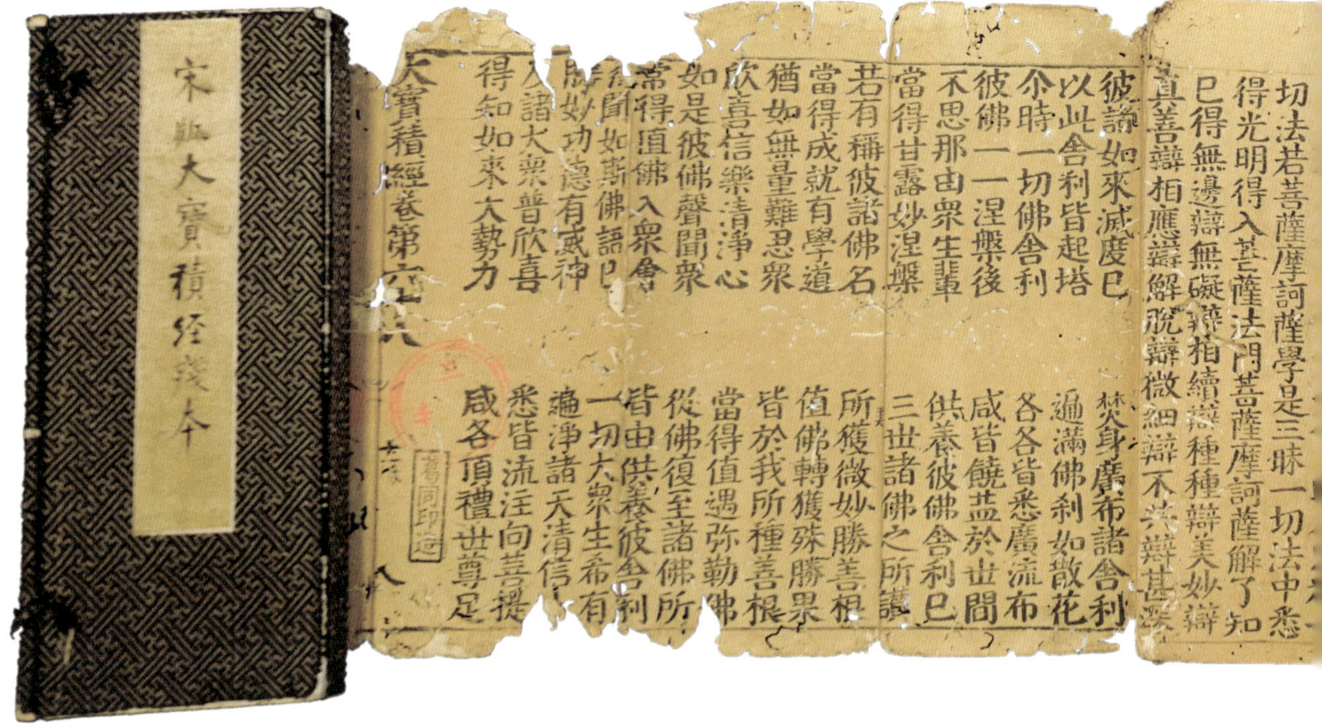
宋版大寶積经殘本
大寶積經卷第六

大宝积经

一百二十卷

（北齐）释那连提耶舍译

北宋元丰三年至政和二年（1080—1112）刻南宋绍兴二十六年（1156）士衎重修崇宁万寿大藏经本

徐森玉题记

一册

存一卷

辽宁省图书馆藏

国家珍贵古籍名录02937号

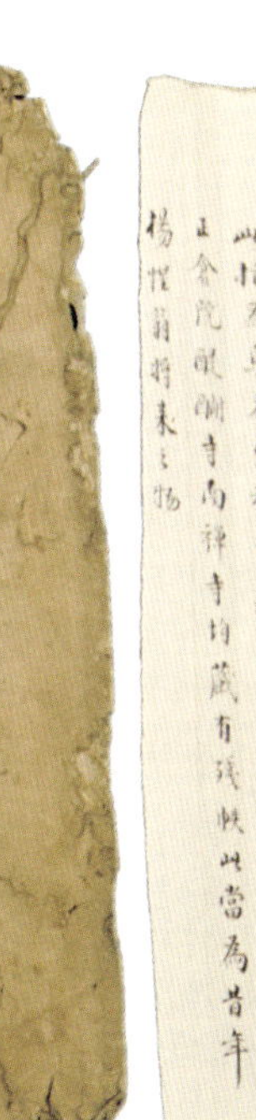

那连提耶舍（生卒年不详），北天竺乌场国人。北朝时期高齐著名译经师。

《大宝积经》为佛经五大经籍之一。宝积，即“积集法宝”之意。全经计收四十九会（部），每一会相当于一部经。

此经为《万寿藏》零种。钤有“杉邨勇造”印。

遼寧文化記憶

大般若波罗蜜多经 六百卷

（唐）释玄奘译

北宋元丰三年至政和二年（1080—1112）刻福州东禅等觉禅院崇宁万寿大藏经本

一册

存一卷

辽宁省图书馆藏

国家珍贵古籍名录02936号

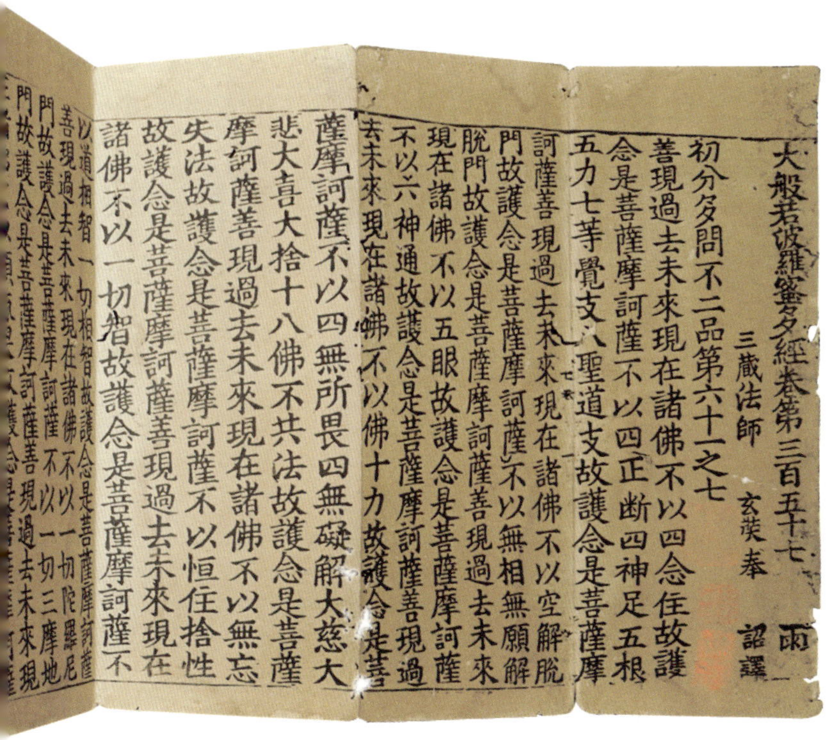

此经为《万寿藏》零种。《崇宁藏》刊雕于福州东禅寺等觉禅院，又称《崇宁万寿大藏》。刊刻时间约在北宋神宗、徽宗间，至崇宁三年（1104）竣工。卷端有绍圣二年（1095）智贤发愿刊经记。全藏五百八十函，一千四百四十部，六千一百零八卷，千字文编次由“天”字起至“虢”字止。《崇宁藏》版式对后代大藏经的影响甚大。

正法念处经

七十卷

（北魏）释瞿昙般若流支译

北宋元丰三年至政和二年（1080—1112）刻福州东禅等觉禅院崇宁万寿大藏经本

一册

存一卷

辽宁省图书馆藏

国家珍贵古籍名录02938号

瞿昙般若流支（生卒年不详），南印度波罗榇城人。北魏孝明帝熙平元年（516）来中国，在魏都邺地，与昙曜、菩提流志共译出《正法念处经》、《顺中论》等十四部八十五卷经书。

《正法念处经》又作《正法念经》，属于小乘佛典。凡分十善业道品、生死品、地狱品、饿鬼品、畜生品（包含阿修罗）、观天品（含四王天、三十三天、夜摩天），内容为于三界六道的因果及出家人之修行。全经内容充实，因而被后人视为小乘的华严经或百科辞典。

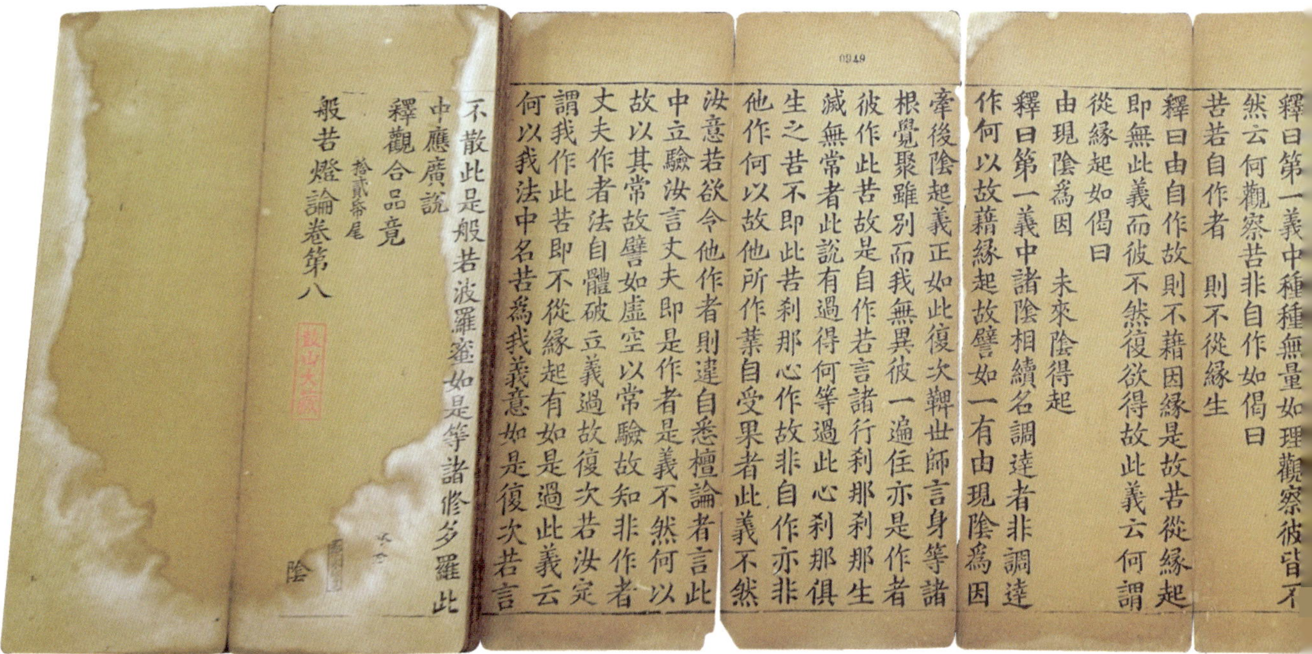
0949

釋曰第一義中種種無量如理觀察彼皆不
然云何觀察苦非自作如偈曰
苦若自作者　則不從緣生
釋曰由自作故則不藉因緣是故苦從緣起
即無此義而彼不然復欲得故此義云何謂
從緣起如偈曰
由現陰爲因　未來陰得起
釋曰第一義中諸陰相續名調達者非調達
作何以故藉緣起故譬如一有由現陰爲因
牽後陰起義正如此復次鞞世師言身等諸
根覺聚雖別而我無異彼一遍住亦是作者
彼作此苦故是自作若言諸行剎那剎那生
滅無常者此說有過得何等過此心剎那俱
生之苦不即此苦剎那心作故非自作亦非
他作何以故他所作業自受果者此義不然
汝意若欲令他作者則違自悉檀論者言此
中立驗汝言丈夫即是作者是義不然何以
故以其常故譬如虛空以常驗故知非作者
丈夫作者法自體破立義過故復次若汝定
謂我作此苦即不從緣起有如是過此義云
何以我法中名苦爲我義意如是復次若言
不散此是般若波羅蜜如是等諸修多羅此
中應廣說
釋觀合品竟
拾貳帋尾
般若燈論卷第八
陰

般若灯论

十五卷

（唐）释波罗颇迦罗蜜多罗译

北宋元丰三年至政和二年（1080—1112）刻福州东禅等觉禅院崇宁万寿大藏经本

一册

存一卷

辽宁省图书馆藏

国家珍贵古籍名录02943号

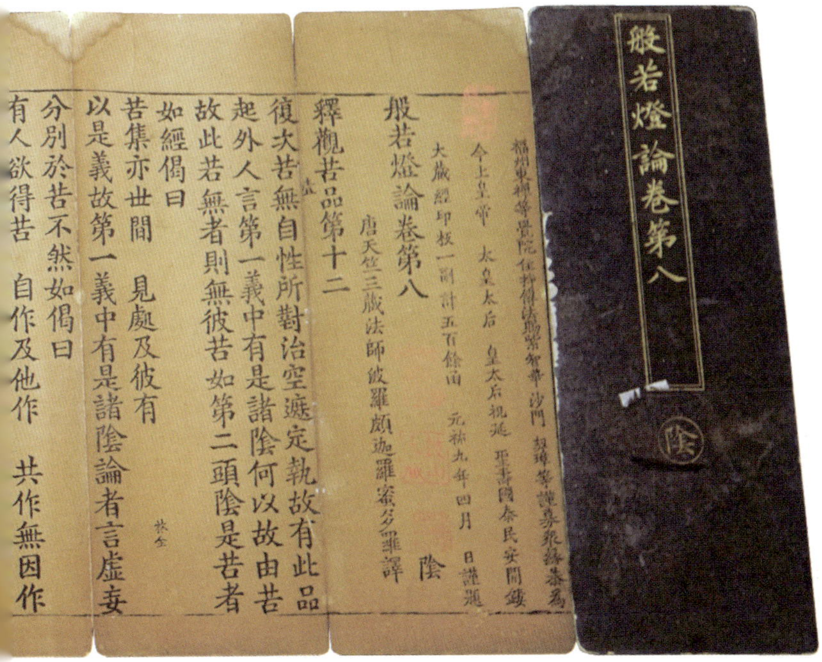

波罗颇迦罗蜜多罗，中天竺人。唐太宗时主持译经工作。

此为《万寿藏》零种。

佛说柰女耆婆经 一卷

（汉）释安世高译

北宋元丰三年至政和二年（1080—1112）刻福州东禅等觉禅院崇宁万寿大藏经本

一册

辽宁省图书馆藏

国家珍贵古籍名录02939号

安世高（生卒年不详），名清，以字行。东汉建和二年（148）至洛阳，从事译经，翻译了小乘佛教经典，是佛经汉译的创始人。

整篇佛经讲述了柰女和耆婆母子向善礼佛及前世今生的因果关系的故事。耆婆是与释迦牟尼同时代的印度名医，印度早就流传着关于神医耆婆的传说。

大般若波罗蜜多经 六百卷

（唐）释玄奘译

宋福州开元寺刻毗卢藏本

三册

存二卷

旅顺博物馆藏

国家珍贵古籍名录07157号

無願解脫門而取無上正等菩提所以者何
若不取空解脫門便得無上正等菩提不取
無相無無願解脫門便得無上正等菩提故善
男子汝不應以菩薩十地而取無上正等菩
提所以者何若不取菩薩十地便得無上正
等菩提故善男子汝不應以五眼而取無上

玄奘（602—664），俗姓陈，名祎，唐洛州缑氏（今洛阳偃师缑氏镇）人。法相唯识宗创始人。

《大般若波罗蜜多经》是大乘佛教中形成最早的经典之一，由般若部类的众多经典汇编而成，它既是大乘佛教修行所要达到的目的，也是观察一切事物的准则。

此经为《毗卢藏》零种。《毗卢藏》也称《福州开元寺大藏经》，北宋政和二年（1112）开雕，至南宋绍兴二十一年（1151）竣工。全藏五百九十五函，一千四百五十一部，六千一百三十二卷，千字文编次“天”字至“颇”字。

广大宝楼阁善住秘密陀罗尼经 三卷

（唐）释菩提流志译

北宋元丰三年至政和二年（1080—1112）刻福州东禅等觉禅院崇宁万寿大藏经本

一册

存一卷

辽宁省图书馆藏

国家珍贵古籍名录02940号

菩提流志（？—727），南天竺人。唐武周长寿二年（693）到达东都洛阳，翻译佛经。神龙二年（706）开始翻译《广大宝楼阁善住秘密陀罗尼经》。

此为《万寿藏》零种。

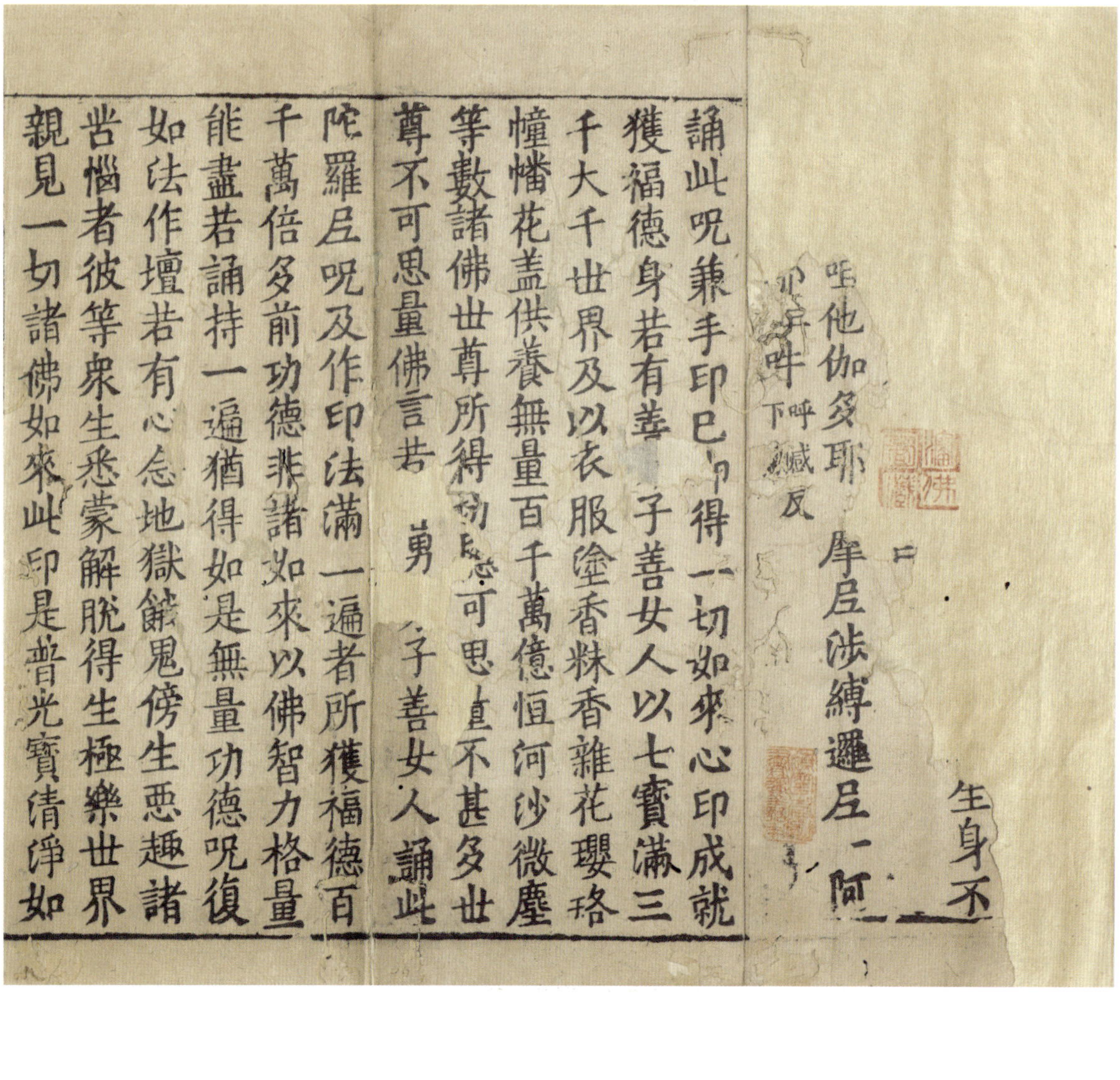

法苑珠林

一百卷

（唐）释道世撰

宋宣和三年（1121）福州开元寺刻毗卢藏本

七册

存七卷

旅顺博物馆藏

国家珍贵古籍名录07160号

述意部　飲酒部　食肉部

述意部第一

夫酒爲放逸之門大聖知其咎本所以遠酣

肆離酒緣棄醉朋近法友出昏門入惺境肉

是断大慈之種大聖知其然因所以去腥臊

淨身口噉蔬菜澄心神招慈善感延年故俗

道世（生卒年不详），字玄恽，姓韩氏，唐厥先伊阙人。自幼聪敏，受佛教影响，发愿出家于长安青龙寺。刻苦学习佛典，尤其偏好律部，以精通律学而闻名。著有《善恶业报论》、《信福论》、《大小乘禅门观》、《金刚经集注》等。

《法苑珠林》是佛教的类书，共有一百卷，于唐高宗总章元年（668）完成。全书概述佛教之思想、术语、法数等，博引诸经、律、论、纪、传等，每篇多以骈文作简介，对研究佛教富有指导意义。

一切经音义

二十五卷

（唐）释玄应撰

宋绍兴福州开元寺刻毗卢藏本

二十三册

存一百卷

旅顺博物馆藏

国家珍贵古籍名录07159号

玄应，生卒事迹无考。

《一切经音义》是一部产生于唐代贞观年间，以佛经写本中的词语为收录对象的书。其将佛经应释之字录出，注音训于下，并广引字书传说以证之，保存了大量的魏晋六朝以迄唐初的异体字资料。所释佛教经律论四百四十二部，训释所资，释典之外，征引群籍达百数十种。

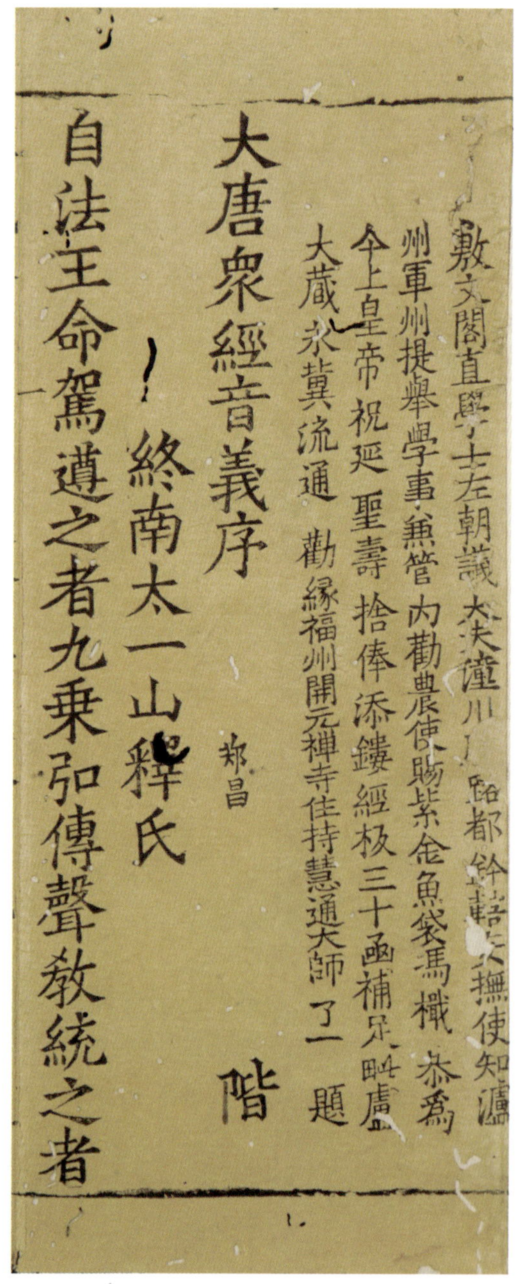
敷文閣直學士左朝議大夫潼川□路都鈐轄安撫使知瀘州軍州提舉學事兼管內勸農使賜紫金魚袋馮檝 恭為
今上皇帝祝延聖壽 捨俸添鏤經板三十函補足毗盧
大藏永冀流通 勸緣福州開元禪寺住持慧通大師了一 題

大唐衆經音義序 階

郑昌

終南太一山釋氏

自法王命駕遵之者九乘弘傳聲教統之者

古今译经图纪

四卷

（唐）释靖迈撰

宋绍兴十八年（1148）福州开元寺刻毗卢藏本

四册

旅顺博物馆藏

国家珍贵古籍名录07161号

沙門竺曇摩羅察此言法護本姓支後改姓
竺月支國人八歲出家甚有識量天性純懿
操行精苦篤志好學萬里尋師届茲未久而
博覽六經遊心七藉解三十六種書詁訓音
義無不備識日誦萬言過目咸記妙閑三藏
奉經遊方先居燉煌後詣京洛自晉武帝太

靖迈（生卒年不详），梓潼（今四川梓潼）人。唐贞观年间，玄奘自印度归来，奉敕为太穆太后于京中造弘福寺，并展开译经工作，复召十一位谙练大小乘经论而为世所尊尚者，靖迈即为其一。

《古今译经图纪》搜括自汉至唐代的佛教经典，各叙其所译之经论。是书对佛教的传播具有重要的指导意义。

集沙门不应拜俗等事 六卷

（唐）释彦悰撰

宋绍兴十八年（1148）福州开元寺刻毗卢藏本

二册

存二卷

旅顺博物馆藏

国家珍贵古籍名录07162号

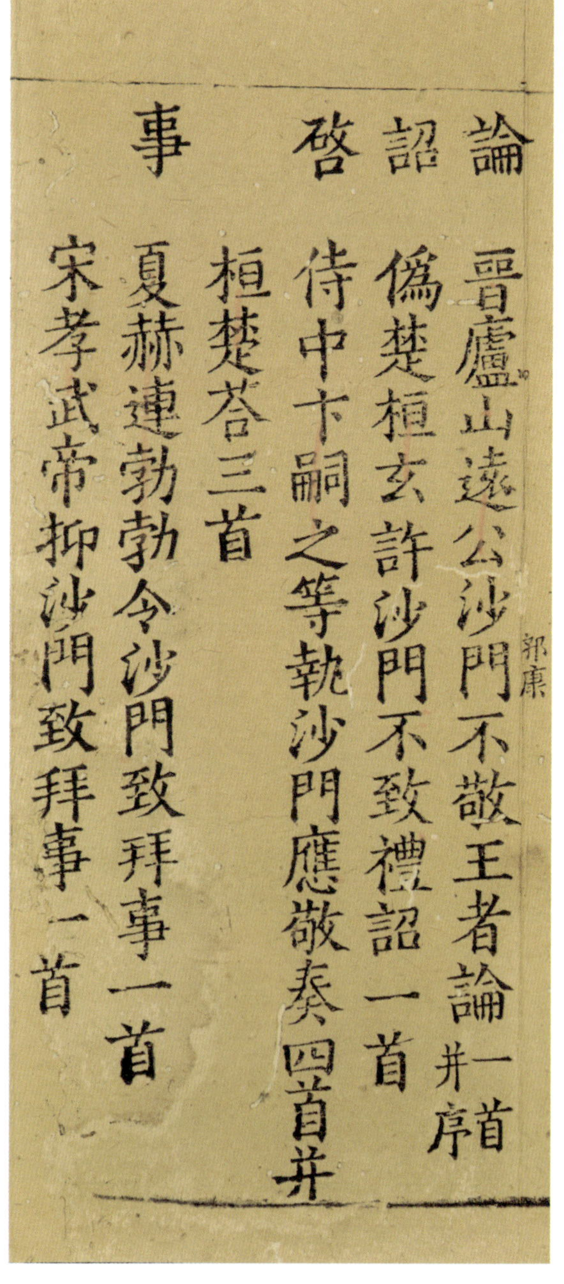

論 晉廬山遠公沙門不敬王者論一首并序

詔 僞楚桓玄許沙門不致禮詔一首

啓 侍中卞嗣之等執沙門應敬奏四首并

桓楚荅三首

事 夏赫連勃勃令沙門致拜事一首

宋孝武帝抑沙門致拜事一首

彦悰（生卒年不详），唐贞观末年，学于玄奘。著有《大唐京师寺录传》、《大慈恩寺三藏法师传》、《唐护法沙门法琳别传》等。

《集沙门不应拜俗等事》总分三篇，录东晋至唐沙门诸事。

续高僧传音义

（唐）道宣撰

宋福州开元寺刻毗卢藏本

一册

存承字函

旅顺博物馆藏

国家珍贵古籍名录07163号

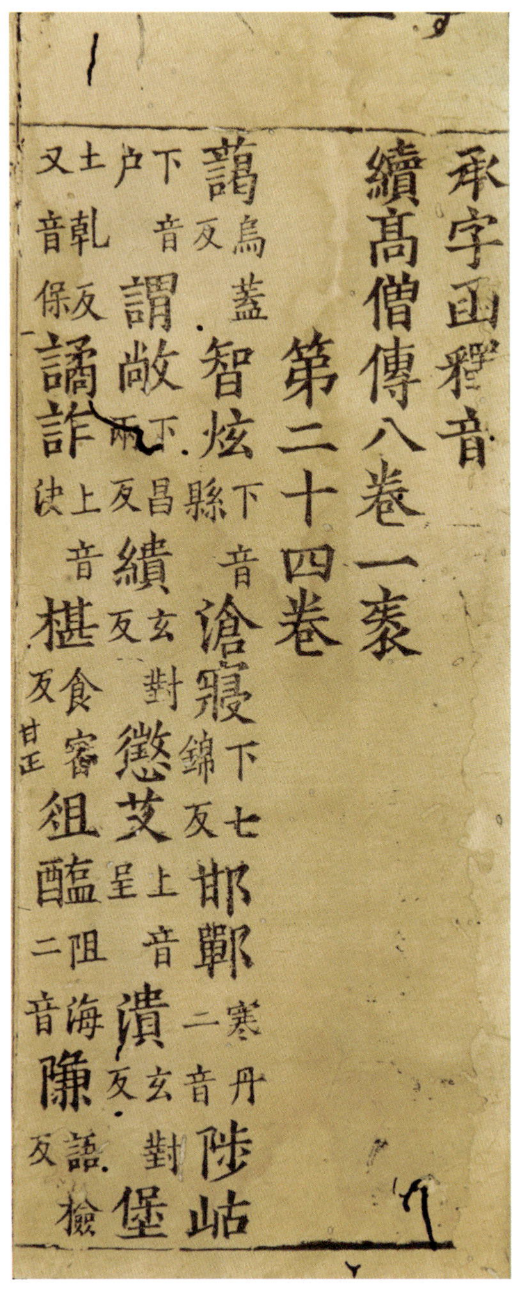
承字函釋音
續高僧傳八卷一袠
第二十四卷
藹烏蓋反 智炫下音縣 滄寢下七錦反 邯鄲寒丹二音 陟岵
下音戶 謂敞下昌兩反 繢玄對反 懲艾上音呈 潰玄對反 堡
土乾反又音保 譎詐上音決 椹食審反 甘正 組醢阻海二音 隒語檢反

道宣（596—667），俗姓钱，丹徒（今属江苏）人，一说长城（治今浙江长兴）人。十五岁出家，三十岁以后开始从事著述。唐贞观十六年（642），入终南山丰德寺，研究弘传佛教戒律，世称南山律师。著有《释迦方志》、《广弘明集》等。

《续高僧传》成于唐贞观十九年（645），记载了自南朝梁至唐初僧人译经注经、论著讲说、所学所研等方面的情况，对于研究中国佛教学者的哲学思想具有重要史料价值。

抱朴子内篇 二十卷

（晋）葛洪撰

宋绍兴二十二年（1152）临安府荣六郎家刻本（卷十一至十二、卷十七第八叶、卷十九第二叶配清初钱氏述古堂抄本）

五册

辽宁省图书馆藏

国家珍贵古籍名录01001号

葛洪（284—364或343），字稚川，号抱朴子，晋丹阳郡句容（今江苏句容）人。著有《神仙传》、《肘后备急方》、《西京杂记》等。

《抱朴子》成书于东晋建武元年（317），为葛洪隐居罗浮山时所作。书分内外篇，内篇以道家为宗，述神仙方药，鬼怪变化，养生延年，禳邪却祸之事；外篇则奉儒家之旨，论人间得失，世事臧否。

宋绍兴二十二年（1152）临安荣六郎家刻《抱朴子内篇》，是现存最早的较为完整的刻本，系海内孤本。其书后有七十五字刻书牌记，内容反映了南北宋之交，书肆从汴京南迁临安府及书肆分布的情况。钱谦益喻此牌记为“东京梦华录”。是书递经明清著名藏书家文徵明、季振宜、徐乾学等收藏。

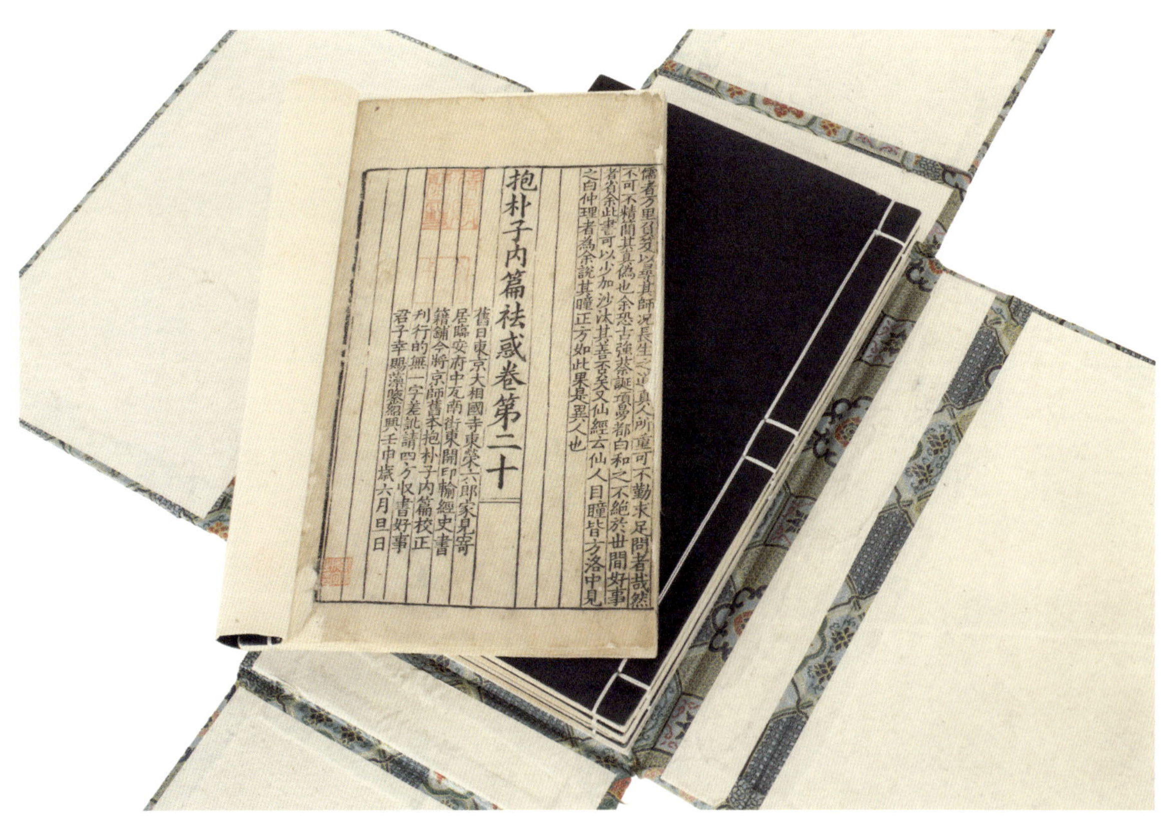

抱朴子內篇暢玄卷第一

抱朴子曰玄者自然之始祖而萬殊之大宗也眇昧乎其深也故能微焉綿邈乎其遠也故稱妙焉其高則冠蓋乎九霄其曠則籠罩乎八隅光乎日月迅乎電馳或倏爍而景逝或飄滭而星流或滉漾於淵澄或雰霏而雲浮因兆類而爲有託潛寂而爲無淪太幽而下沉凌辰極而上游金石不能比其剛湛露不能等其柔方而不矩圓而不規來焉莫見往焉莫追乾以之高坤以之卑雲以之行雨以之施胞胎元一範鑄兩儀吐納大始鼓冶億類佪旋四七匠成草昧轡策靈機吹噓四氣幽括沖默舒闡粲尉一作鬱抑濁揚清斟酌河渭增之不溢挹之不匱與之不榮奪之不瘁故玄之所在其樂不窮玄之所去器弊神逝夫五聲八音清商流徵損聰者也鮮華艷采彧麗炳爛傷明者也宴安逸豫清醪芳醴亂性者也冶容媚姿鉛華素質伐命者也其唯玄道可與爲永不知玄道者雖顧眄爲殺生之神器脣吻爲興亡之關鍵綺榭俯臨乎雲雨藻室華綠以參差組帳霧合羅幬雲離西毛陳於閑房八[illegible]曄[illegible]也清絃嘈囋以齊唱鄭舞紛繹以

朱文公校昌黎先生集 四十卷 外集十卷遗文一卷集传一卷

（唐）韩愈撰（宋）朱熹考异

南宋绍定六年（1233）临江军学刻本

三十一册

存五十卷

辽宁省图书馆藏

国家珍贵古籍名录01047号

韩愈（768—824），字退之，唐河南河阳（今河南孟州南）人。郡望为昌黎，后人称其为韩昌黎。晚年任吏部侍郎，又称韩吏部。谥号文，又称韩文公。韩愈是唐代古文运动的倡导者，在中国文学史上占有重要地位。

《昌黎先生集》四十卷，为其门人李汉编，《外集》十卷为宋人所辑。宋绍定六年（1233）临江军学刻本《朱文公校昌黎先生集》世间稀见，原书缺正集十五、十六两卷。国家图书馆藏有此二卷，原为一帙，散出，合之可成全璧。同版其他存世残卷合之不足十卷，故可视为孤本。

本书经明清藏书家文徵明、王世懋、季振宜、朱筠等递藏。清代中期归藏清宫。

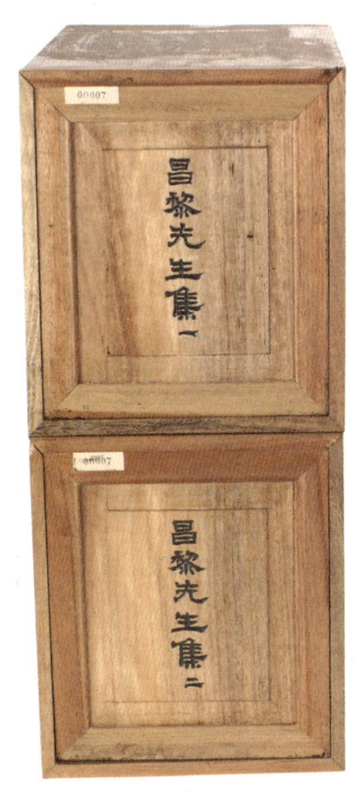

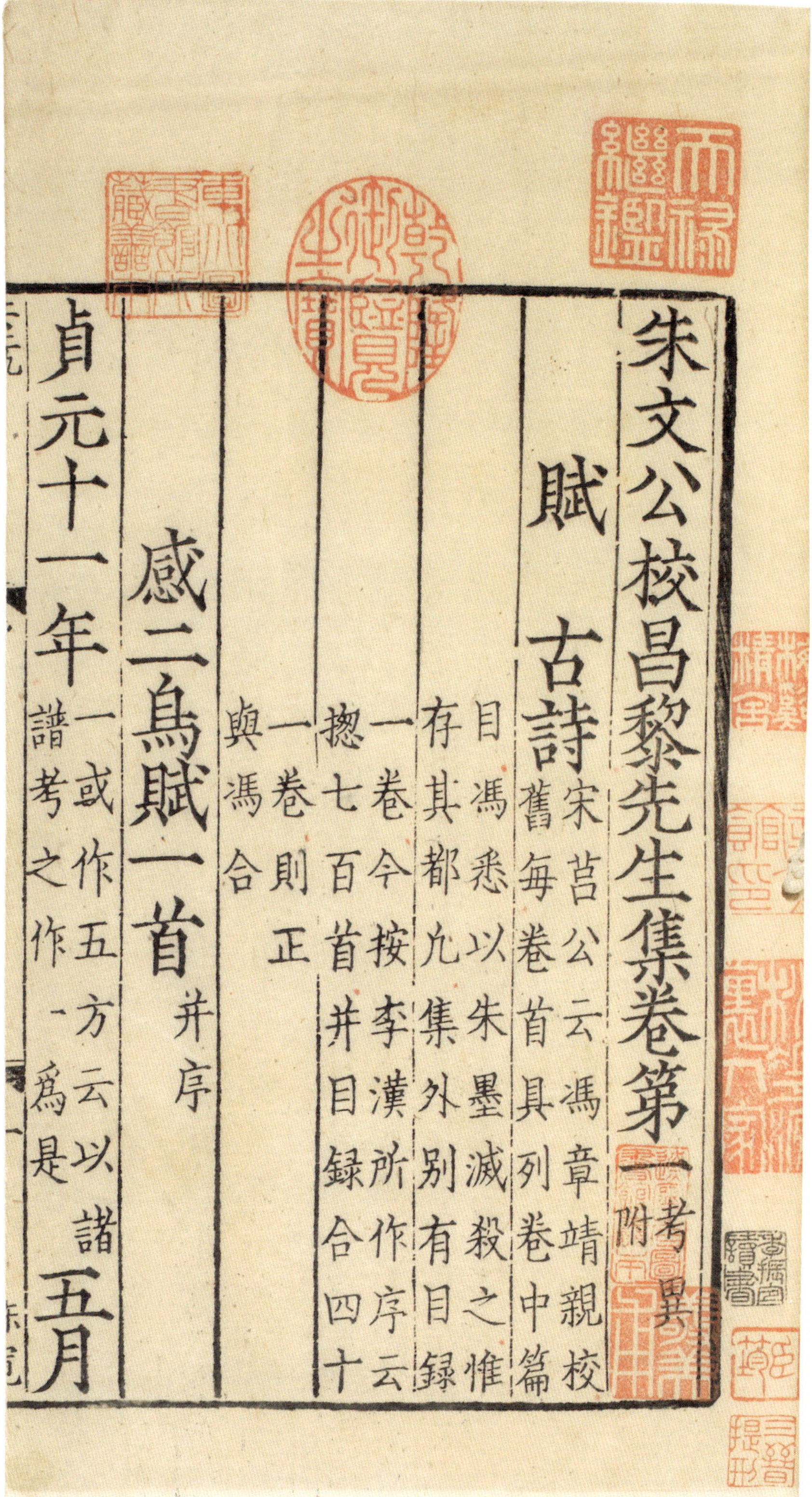

朱文公校昌黎先生集卷第一 附考異

賦　古詩 宋莒公云馮章靖親校舊每卷首具列卷中篇目馮悉以朱墨滅殺之惟存其都凡集外别有目録一卷今按李漢所作序云揔七百首并目録合四十一卷則正與馮合

感二鳥賦一首 并序

貞元十一年 一或作五方云以諸譜考之作一爲是 五月

晦庵先生朱文公文集 一百卷

（宋）朱熹撰

宋咸淳元年（1265）建安书院刻宋元明递修本

二十三册

存三十九卷

辽宁省图书馆藏

国家珍贵古籍名录03143号

此集为研究朱熹思想及程朱理学思想最基本的参考资料。文集的编刊在朱熹身后，南宋即有百卷通行本。今存有浙本和闽本两个版本系统，该书为福建刻本。

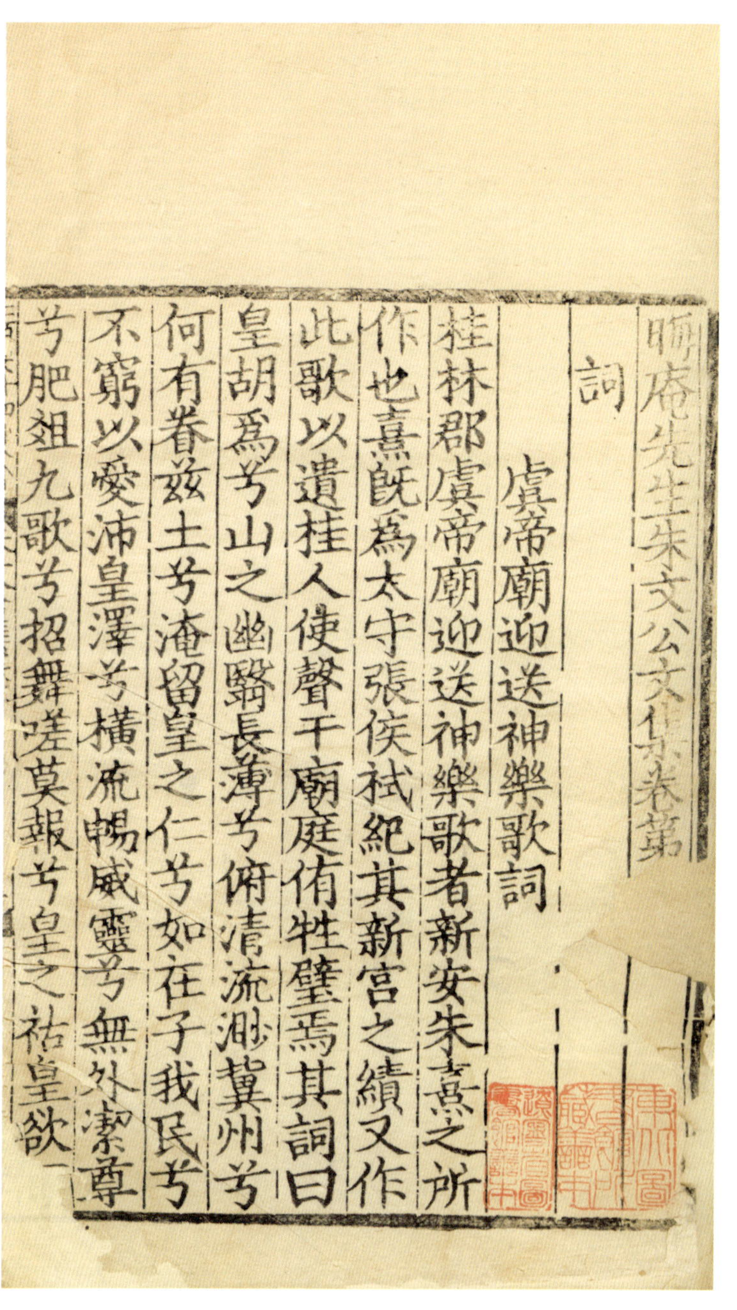
晦庵先生朱文公文集卷第
詞
虞帝廟迎送神樂歌詞
桂林郡虞帝廟迎送神樂歌者新安朱熹之所
作也熹既為太守張侯栻紀其新宮之績又作
此歌以遺桂人使聲干廟庭侑牲璧焉其詞曰
皇胡為兮山之幽翳長薄兮俯清流渺冀州兮
何有眷兹土兮淹留皇之仁兮如在子我民兮
不窮以愛沛皇澤兮橫流暢威靈兮無外潔尊
兮肥俎九歌兮招舞嗟莫報兮皇之祐皇欲

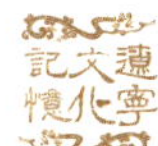

无文印 二十卷 语录四卷赞一卷偈颂一卷题跋一卷

（宋）释道璨撰

宋咸淳九年（1273）惟康刻本（卷十二至二十、语录、赞、偈颂、题跋配清抄本）

六册

辽宁省图书馆藏

国家珍贵古籍名录01161号

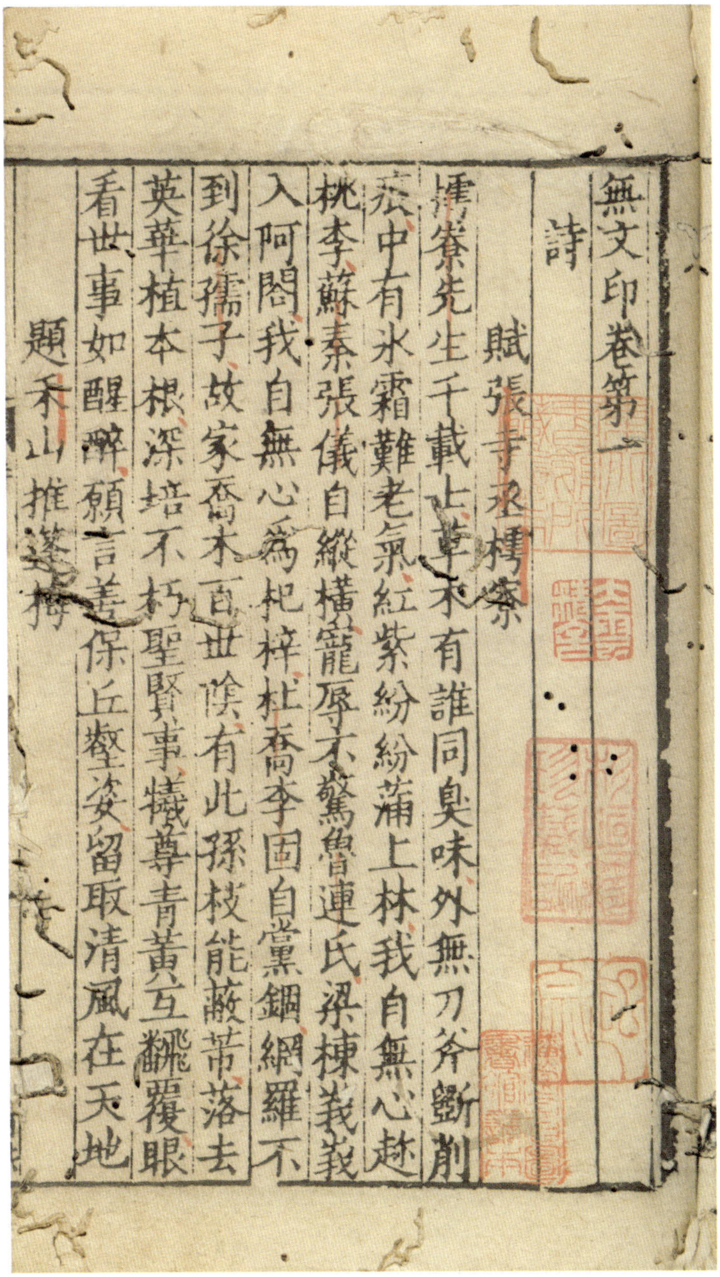
無文印卷第一

詩

賦張寺丞摶齋

摶齋先生千載上草木有誰同臭味外無刀斧斲削痕中有冰霜難老氣紅紫紛紛蒲上林我自無心趂桃李蘇秦張儀自縱橫寵辱不驚魯連氏梁棟義穀入阿閣我自無心爲杞梓杜喬李固自黨錮網羅不到徐孺子故家喬木百世陰有此孫枝能蔽芾落去英華植本根深培不朽聖賢事犧尊青黃互飜覆眼看世事如醒醉頗言善保丘壑姿留取清風在天地

題禾山推篷梅

道璨（1213—1271），号无文，俗姓陶，江西豫章（今江西南昌）人。由于科场失利，遂弃学从僧。宋理宗、度宗间曾住饶州荐福寺和庐山开先寺，僧名诗名远播。著有《柳塘外集》等。

《无文印》二十卷，凡诗集二卷，文集十八卷。作者道璨号无文，书以号名。杨守敬《日本访书志》评道璨诗文：“无文与当时名流相唱和，故其诗文皆无蔬笋气，文尤简质有法，在宋僧中固应树一帜也。”

宋刻《无文印》传本极罕，诸家书目鲜有著录。是书为宋刻孤本，也是目前海内最早最全的道璨文集。

真文忠公续文章正宗 二十卷

（宋）真德秀辑
宋刻本
三册
存四卷
辽宁省图书馆藏
国家珍贵古籍名录03175号

真德秀（1178—1235），字景元、景西、希元，号西山，福建浦城（今福建浦城仙阳）人。南宋庆元五年（1199）进士。累官至户部尚书、参知政事。著有《四书集锦》、《清源文集》、《西山文集》、《大学衍义》等。

《文章正宗》分辞令、议论、叙事、诗歌四类，录《左传》、《国语》以下，迄于唐末之作。“（真德秀）又以其本朝诸君子之文续之，编未竟而先生已捐馆。其门人梁弘斋辈，即先生所为目录，搜辑成之，是为《续文章正宗》”。总为二十卷，分为三目：一曰论理，二曰叙事，三曰论事。

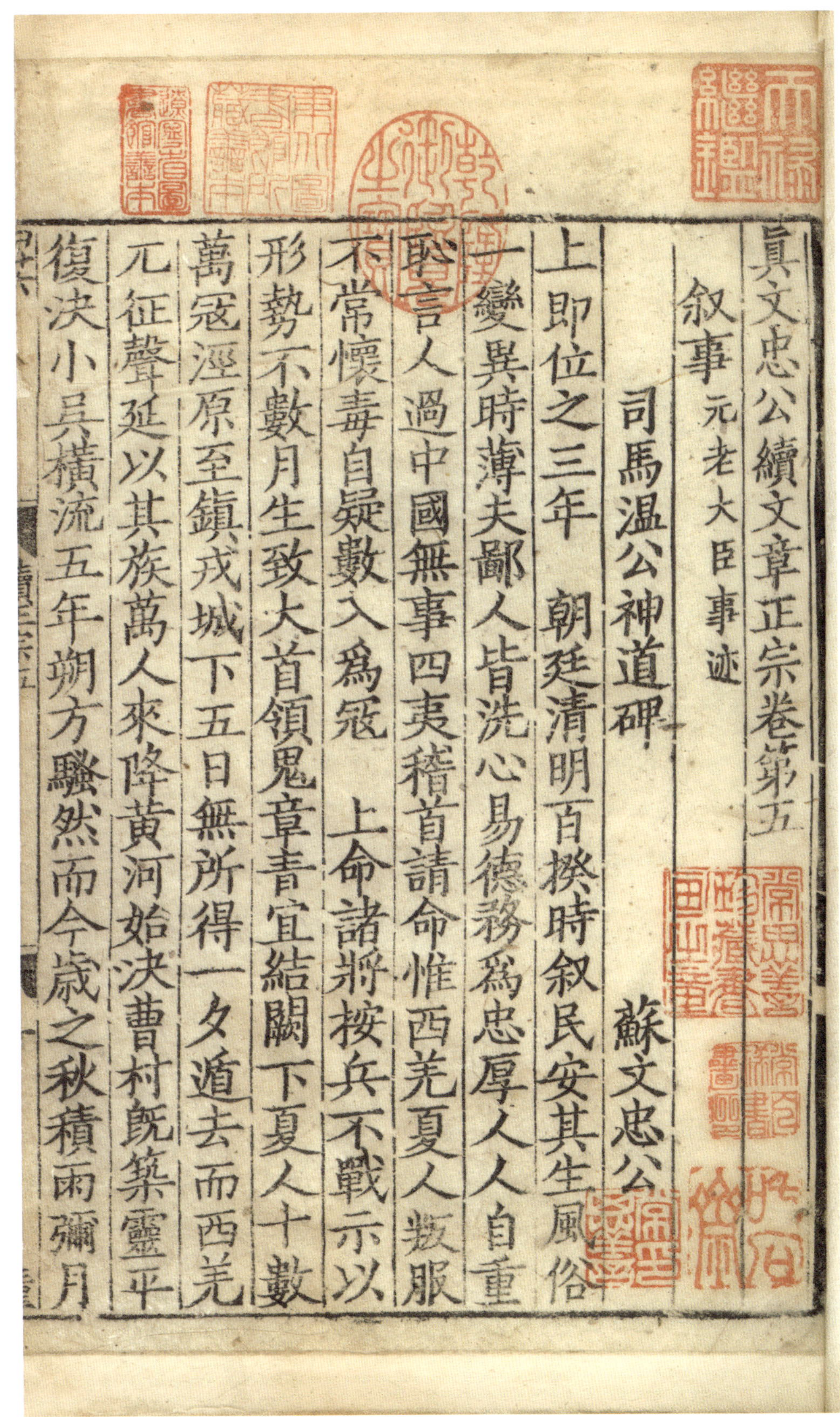

眞文忠公續文章正宗卷第五

叙事 元老大臣事迹

司馬温公神道碑

蘇文忠公

上即位之三年　朝廷清明百揆時叙民安其生風俗一變異時薄夫鄙人皆洗心易德務爲忠厚人人自重恥言人過中國無事四夷稽首請命惟西羌夏人叛服不常懷毒自疑數入爲寇　上命諸將按兵不戰示以形勢不數月生致大首領鬼章青宜結闕下夏人十數萬寇涇原至鎮戎城下五日無所得一夕遁去而西羌元征聲延以其族萬人來降黄河始決曹村既築靈平復決小吳橫流五年朔方騷然而今歲之秋積雨彌月

元代

春秋诸国统纪

六卷

（元）齐履谦撰

元延祐刻本

二册

辽宁省图书馆藏

国家珍贵古籍名录00303号

齐履谦（1263—1329），字伯恒，大名（今河北）人。幼通算术，元代自星历生累迁授时郎秋官正。武宗、仁宗时，擢国子监丞，改国子司业，立升斋、积分等法。泰定中以太史院使奉使宣抚江西、福建。著有《大学四传小注》、《中庸章句读解》、《论语言仁通旨》等。

《春秋》自三传以来专言褒贬，于诸国分合及春秋之所以为春秋，均未有言及者，故齐氏叙类此书，备诸家之缺，以成《春秋诸国统纪》。此书“内鲁尊周”，用鲁国之纪年，其余各国各认五等之爵分记其事。因楚、吴僭王号，故列之于后。又以诸小国、诸亡国厘为两篇，附录于卷末，全书共计二十二篇。

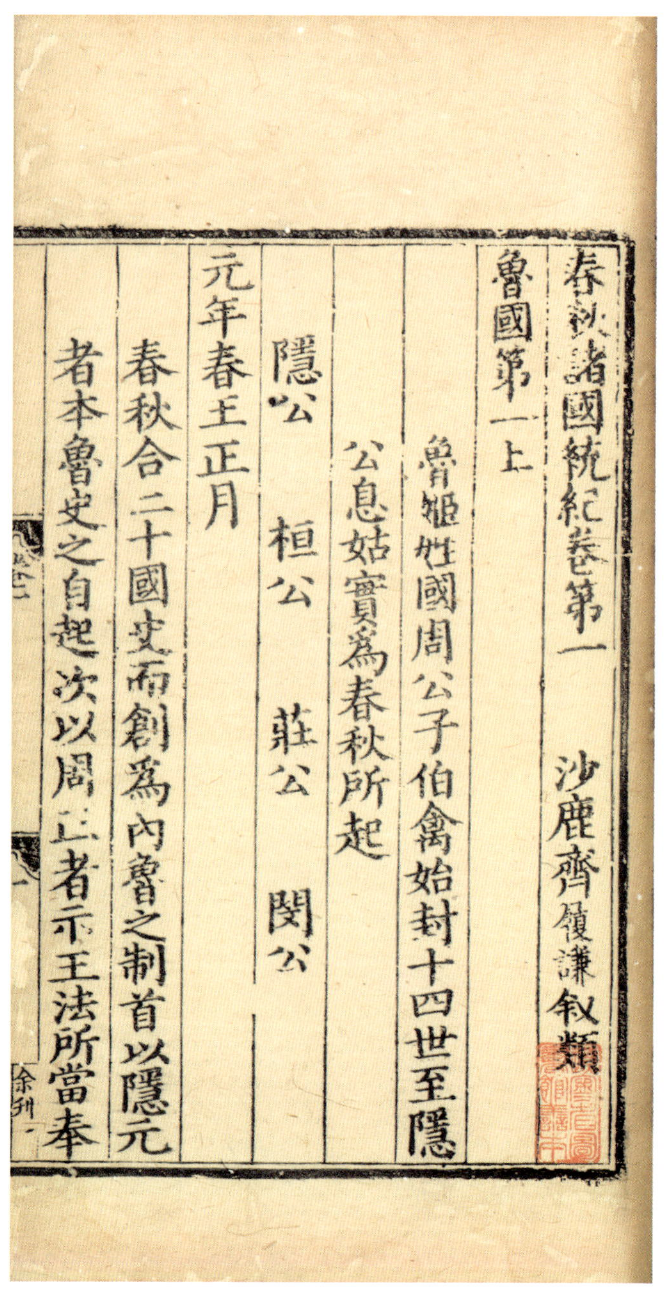
春秋諸國統紀卷第一　沙鹿齊履謙叙類
魯國第一上
魯姬姓國周公子伯禽始封十四世至隱
公息姑實爲春秋所起
隱公　桓公　莊公　閔公
元年春王正月
春秋合二十國史而創爲内魯之制首以隱元
者本魯史之自起次以周正者示王法所當奉

春秋属辞

十五卷

（元）赵汸撰

元至正二十四年（1364）休宁商山义塾刻明弘治六年（1493）高忠重修本　罗振玉、罗振常题记

八册

旅顺博物馆藏

国家珍贵古籍名录07005号

赵汸（1319—1369），字子常，休宁（今安徽休宁）人。著有《东山存稿》、《周易文诠》等。

赵汸于元至正十七年（1357）成《春秋集传》初稿，又因《礼记》经解之语，悟省《春秋》之义在于比事属辞，遂复推笔削之旨，定著此书。

是书曾为罗振玉旧藏。

春秋屬辭卷之一　　新安趙汸學

存策書之大體第一

策書者國之正史也傳述祝佗之言謂魯公分物有備物典策而韓宣子見易象與魯春秋曰周禮盡在魯矣班固藝文志因謂魯周公之國禮文備物史官有法故元凱亦以備物典策爲春秋之制而孔穎達以爲若今官程品式之類皆謂魯之舊史有周公遺法焉自伯禽以來無大喪亂史官前後相蒙有非他國可及者然古者非大事不登于策小事則簡牘載之故曰國之正史也今以春秋所書準西周末亂之時其書于策者不過公即位逆夫人朝聘會同崩薨卒葬禍福告命雩社禘嘗蒐狩城築非禮不時與夫災異慶祥之感而一國紀綱本末略具善惡亦存其中蓋策書大體不越乎此而已東遷以來王室益微諸侯背叛伯業又衰夷狄縱横大夫專政陪臣擅命於是伐國滅國圍入遷取之禍交作弑君殺大夫奔放納入之變相尋而策書常法始不足盡

通志 二百卷

（宋）郑樵撰

元大德三山郡庠刻元明递修本

一百四十四册

辽宁省博物馆藏

国家珍贵古籍名录02644号

一百零五册

存一百七十七卷

辽宁省图书馆藏

国家珍贵古籍名录02648号

郑樵（1104—1162），字渔仲，宋兴化军莆田（今福建莆田）人。不应科举，无心仕进，深居夹漈山读书、讲学三十年，人称夹漈先生。绍兴三十一年（1161）得枢密院编修。著有《氏族志》、《图书志》等。

郑樵作史敷陈古义，自成一家，晚年纂辑上古至隋唐制度，以成《通志》一书。《通志》分本纪、年谱、略、世家、例传，全书二百卷，分为帝纪十八卷、后妃传二卷、年谱四卷、二十略五十二卷、世家三卷、宗室八卷、列传一百三十卷、载记八卷。

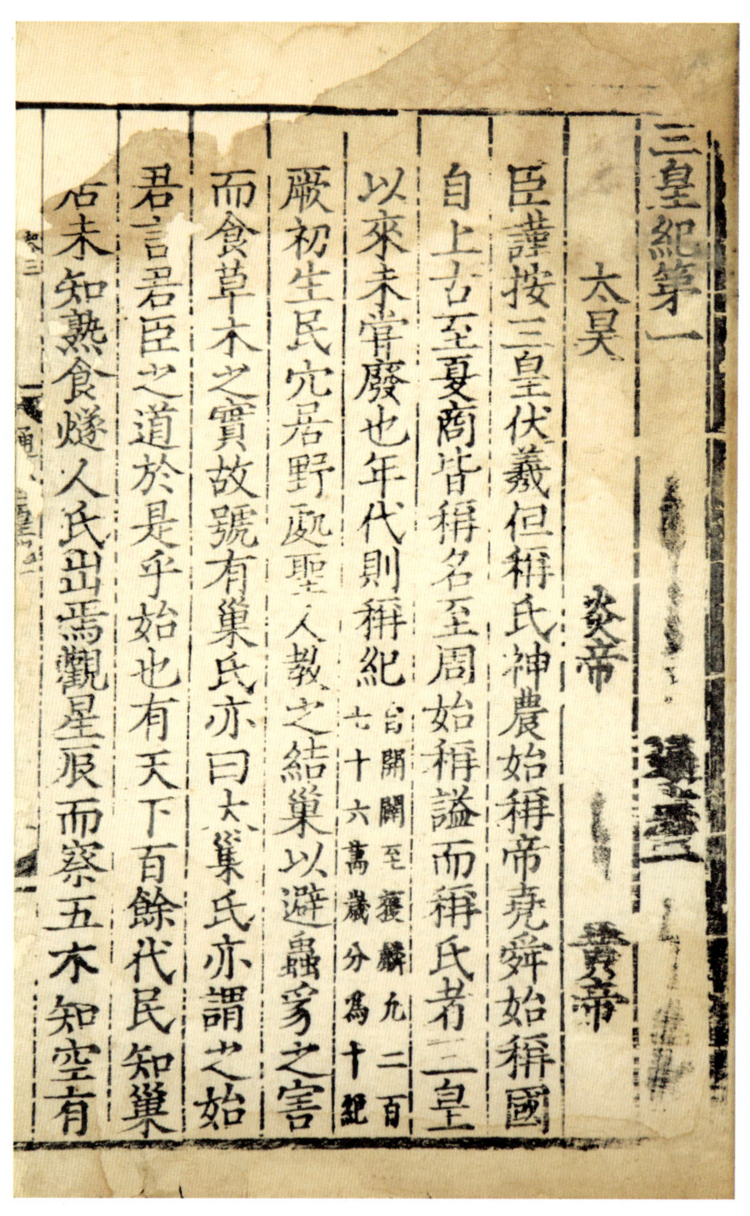

三皇紀第一

太昊　炎帝　黃帝

臣謹按三皇伏羲但稱氏神農始稱帝堯舜始稱國自上古至夏商皆稱名至周始稱謚而稱氏者三皇以來未嘗廢也年代則稱紀自開闢至獲麟凡二百七十六萬歲分爲十紀厥初生民穴居野處聖人教之結巢以避蟲豸之害而食草木之實故號有巢氏亦曰大巢氏亦謂之始君言君臣之道於是乎始也有天下百餘代民知巢居未知熟食燧人氏出焉觀星辰而察五木知空有

南史 八十卷

（唐）李延寿撰

元大德十年（1306）刻明嘉靖递修本

二十册

辽宁省图书馆藏

国家珍贵古籍名录07026号

十九册

存七十六卷

大连图书馆藏

国家珍贵古籍名录07030号

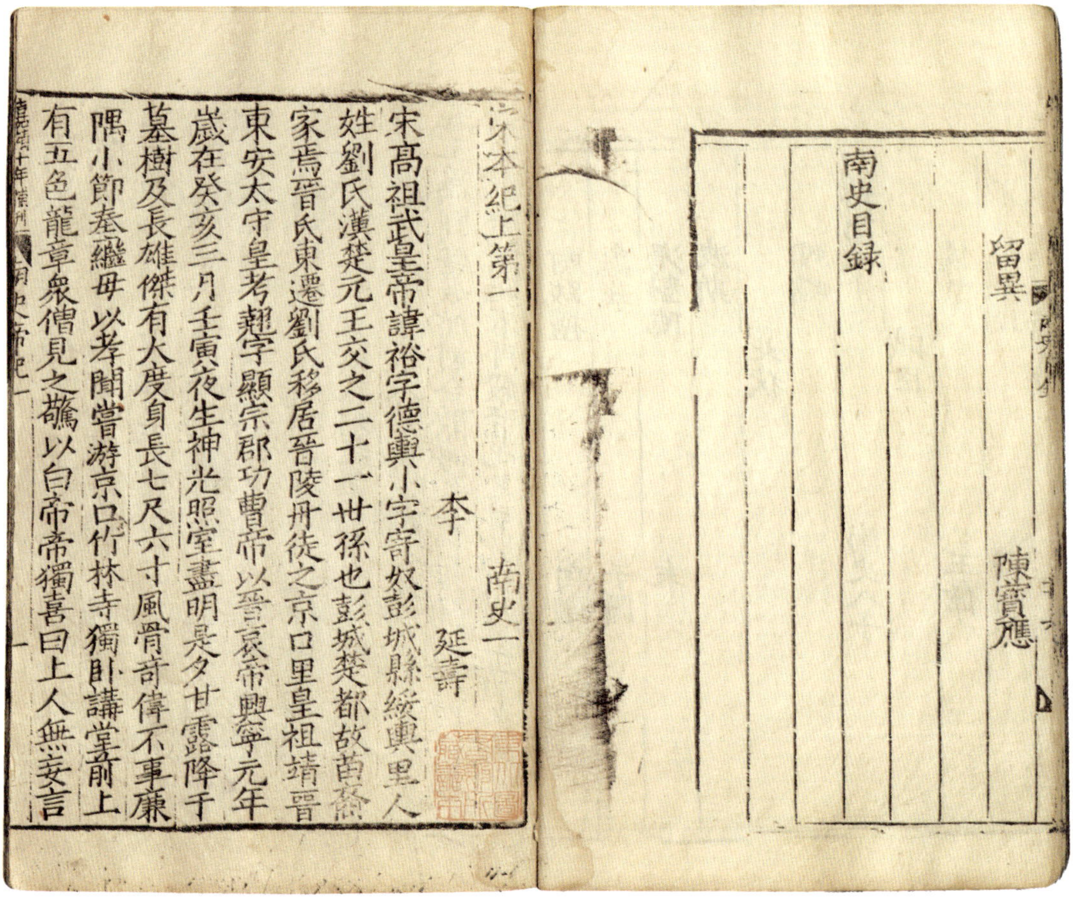

北史 一百卷

（唐）李延寿撰

元大德信州路儒学刻明嘉靖递修本（有抄配）
二十册
辽宁省图书馆藏
国家珍贵古籍名录02663号

徐波校点并跋
三十六册
存九十卷
辽宁省图书馆藏
国家珍贵古籍名录02666号

二册
存六卷
大连图书馆藏
国家珍贵古籍名录07034号

《北史》共一百卷，其中本纪十二卷，列传八十八卷。记事起自北魏登国元年（386），迄于隋恭帝义宁二年（618），记北朝魏、齐、周和隋四朝二百三十年间史事。

后汉书 九十卷

（南朝宋）范晔撰

（唐）李贤注

志三十卷

（晋）司马彪撰

（梁）刘昭注

元大德九年（1305）宁国路儒学刻明递修本

二十一册

存七十六卷

辽宁省图书馆藏

国家珍贵古籍名录02687号

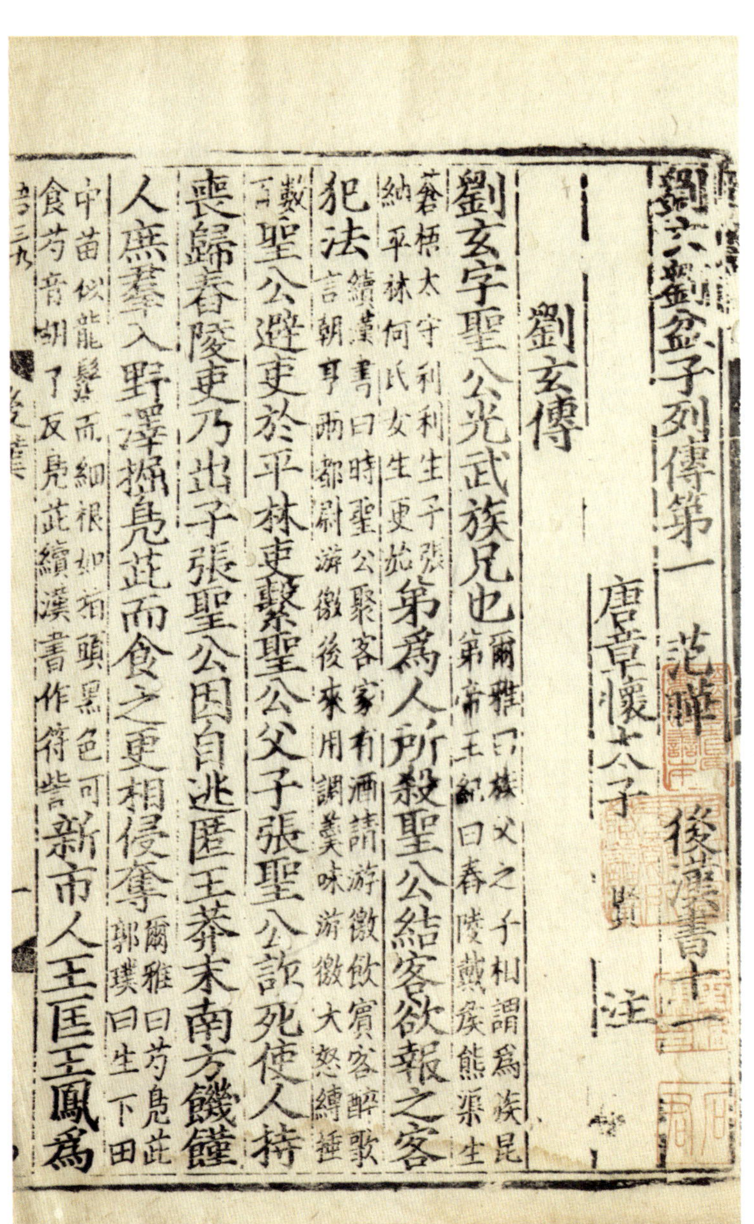
劉玄劉盆子列傳第一 范曄 後漢書十一
唐章懷太子賢注
劉玄傳
劉玄字聖公光武族兄也爾雅曰族父之子相謂為族昆弟帝王紀曰舂陵戴侯熊渠生蒼梧太守利利生子張納平林何氏女生更始弟為人所殺聖公結客欲報之客犯法續漢書曰時聖公聚客家有酒請游徼飲賓客醉歌言朝亨兩都尉游徼後來用調羹味游徼大怒縛捶數百聖公避吏於平林吏繫聖公父子張聖公詐死使人持喪歸舂陵吏乃出子張聖公因自逃匿王莽末南方饑饉人庶羣入野澤掘鳧茈而食之更相侵奪爾雅曰芍鳧茈郭璞曰生下田中苗似龍鬚而細根如指頭黑色可食芍音胡了反鳧茈續漢書作符訾新市人王匡王鳳為

范晔（398—445），字蔚宗，顺阳（今河南淅川东南）人。南朝宋人，官至左卫将军、太子詹事。

司马彪（？—约306），字绍统，河内温县（今河南温县西）人。晋武帝时，任散骑侍郎、秘书郎、秘书丞等职。

《后汉书》全书记述了上起东汉光武帝建武元年（25），下迄献帝建安二十五年（220），共一百九十五年的史事。南朝宋文帝元嘉九年（432），范晔因为“左迁宣城太守，不得志，乃删众家《后汉书》为一家之作”，二十二年（445）以罪被杀，写成了十纪、八十列传，十志未及完成。北宋时，将晋朝司马彪《续汉书》志三十卷与之合刊，成今天《后汉书》。

三国志 六十五卷

（晋）陈寿撰
（南朝宋）裴松之注
元刻明嘉靖万历南京国子监递修本
二十册
辽宁省图书馆藏
国家珍贵古籍名录02689号

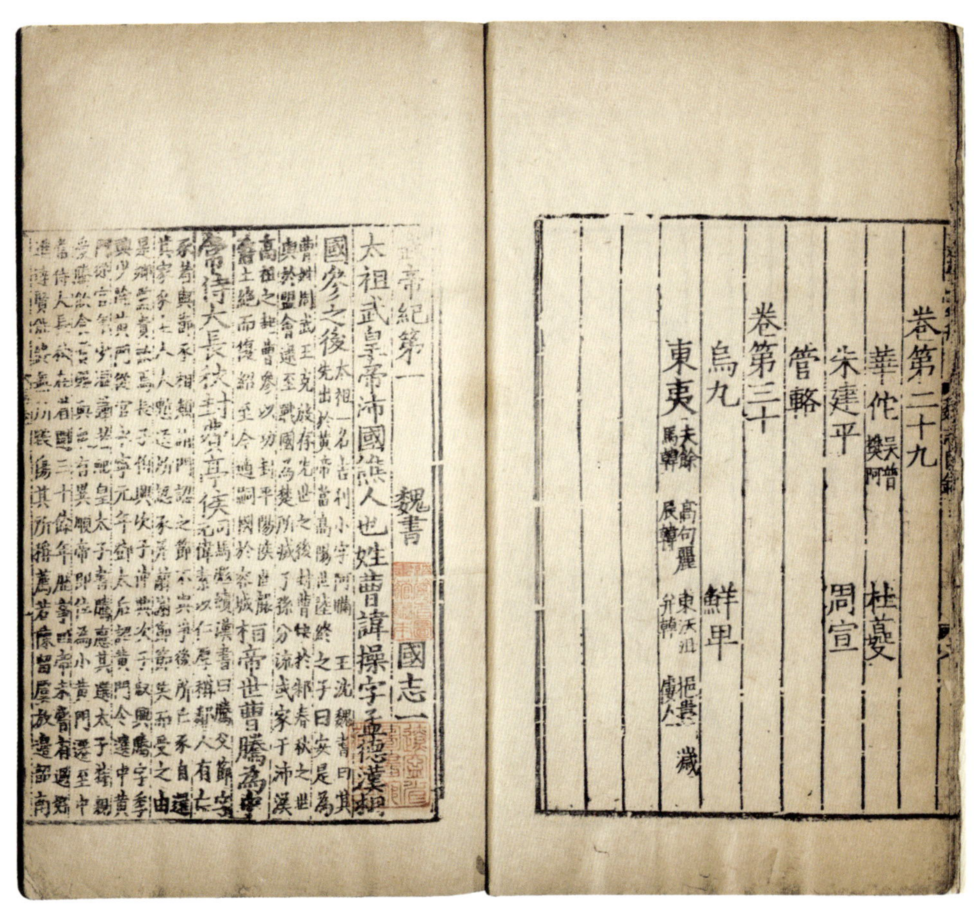

陈寿（233—297），字承祚，西晋巴西安汉（今四川南充北）人。师事同郡学者谯周，在蜀时任观阁令史。入晋，历任著作郎、治书侍御史等职。

《三国志》为二十四史之一，与《史记》、《汉书》、《后汉书》并称前四史。全书一共六十五卷，其中魏志三十卷，蜀志十五卷，吴志二十卷。《三国志》名为志实无志。魏志有本纪、列传，因晋承魏而得天下，尊魏为正统，为曹操、曹丕、曹睿分别写了武帝纪、文帝纪、明帝纪，而蜀志、吴志均只列传。

晋书 一百三十卷

（唐）房玄龄等撰

音义三卷

（唐）何超撰

元刻明正德十年（1515）司礼监嘉靖南京国子监递修本

七十八册
存一百二十六卷
辽宁省图书馆藏
国家珍贵古籍名录02702号

四十二册
存一百一十五卷
辽宁省图书馆藏
国家珍贵古籍名录02705号

四十二册
存一百零八卷
辽宁省图书馆藏
国家珍贵古籍名录02709号

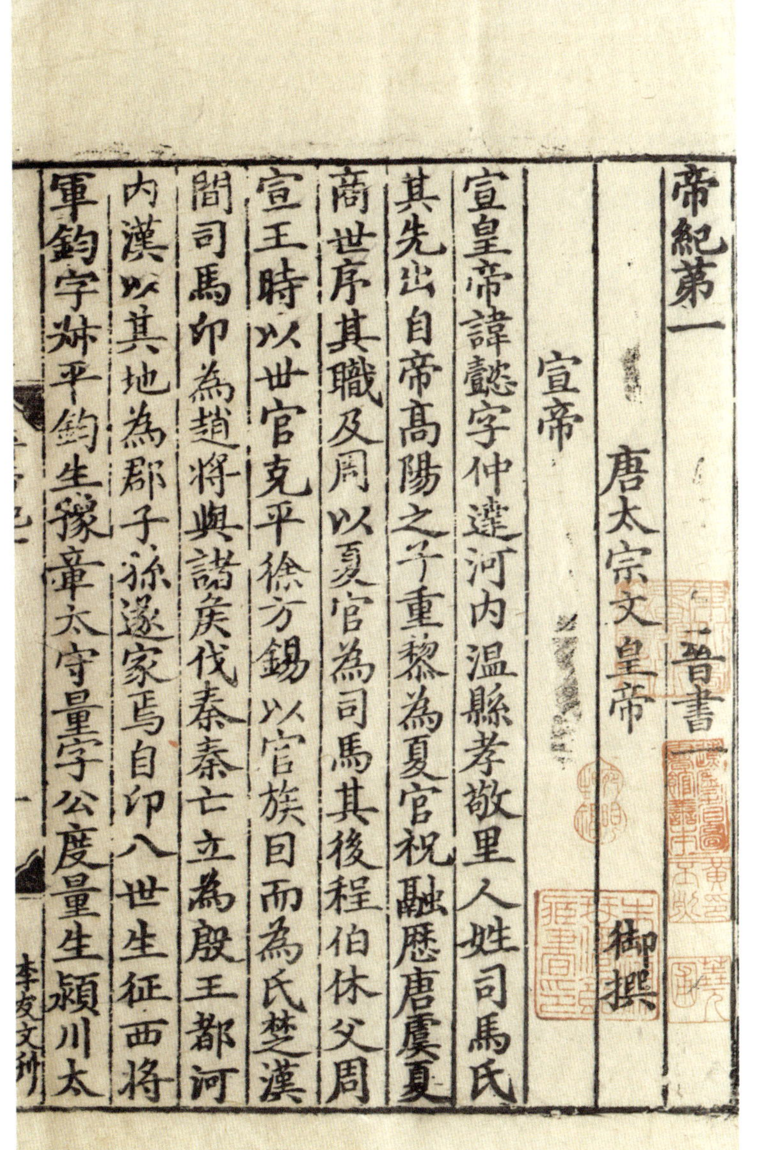

帝紀第一　晉書一

唐太宗文皇帝御撰

宣帝

宣皇帝諱懿字仲達河内温縣孝敬里人姓司馬氏其先出自帝高陽之子重黎為夏官祝融歷唐虞夏商世序其職及周以夏官為司馬其後程伯休父周宣王時以世官克平徐方錫以官族因而為氏楚漢閒司馬卬為趙將與諸侯伐秦秦亡立為殷王都河内漢以其地為郡子孫遂家焉自卬八世生征西將軍鈞字叔平鈞生豫章太守量字公度量生潁川太

房玄龄（579—648），字乔（一说名乔，字玄龄）。齐州临淄（今山东淄博）人。十八岁时本州举进士，先后授羽骑尉、隰城尉。隋末投李世民。唐太宗李世民即位，房玄龄为中书令。贞观三年（629）为尚书左仆射，监修国史。十一年（637）封梁国公。十六年（642）进位司空，仍综理朝政。

唐贞观中，因前后《晋史》十八家未能尽善，敕史官重加纂修。书成，言《晋史》者皆弃其旧史，竞从新撰。然全书略实行而奖浮华，忽正典而取小说，正史中惟此书及《宋史》后人纷纷改撰，其亦有由矣。此书记载了从司马懿开始到晋恭帝元熙二年（420）的历史，并用载记的形式兼述了十六国割据政权的兴亡。全书一百三十卷，包括帝纪十卷、志二十卷、列传七十卷、载记三十卷。

唐书 二百二十五卷

（宋）欧阳修 宋祁等撰

释音二十五卷

（宋）董衡撰

元大德九年（1305）建康路儒学刻明清递修本

三十五册

存一百六十二卷

辽宁省图书馆藏

国家珍贵古籍名录02775号

欧阳修（1007—1072），字永叔，号醉翁，晚号六一居士，宋吉州永丰（今江西永丰）人。谥号文忠，世称欧阳文忠公。与韩愈、柳宗元、王安石、苏洵、苏轼、苏辙、曾巩合称“唐宋八大家”。

《新唐书》是北宋时期欧阳修等人编撰的一部唐朝纪传体史书。全书共二百二十五卷，包括本纪十卷、志五十卷、表十五卷、列传一百五十卷。《新唐书》前后编修历经十七年，于宋仁宗嘉祐五年（1060）完成。《新唐书》问世以后，《唐书》始有新旧之分。《新唐书》首列《兵志》、《选举志》，是正史体裁的创新，为以后《宋史》等所沿袭。自司马迁创纪、表、志、传体史书后，魏晋至五代，修史者志、表缺略，至《新唐书》又恢复了《史记》的体例。

唐书二百二十五卷

（宋）欧阳修　宋祁等撰

释音二十五卷

（宋）董衡撰

元大德九年（1305）建康路儒学刻明成化弘治南京国子监递修本
（卷一百零四至一百零九抄配）
四十三册
存一百八十九卷
辽宁省图书馆藏
国家珍贵古籍名录02764号

一百二十册
辽宁省图书馆藏
国家珍贵古籍名录07064号

本紀第一　　唐書一

翰林學士兼龍圖閣學士朝散大夫給事中知制誥充史館修撰判秘閣臣歐陽脩奉　勑撰

高祖神堯大聖大光孝皇帝諱淵字叔德姓李氏隴西成紀人也其七世祖暠當晉末據秦涼以自王是爲涼武昭王暠生歆歆爲沮渠蒙遜所滅歆生重耳魏弘農太守重耳生熙金門鎮將戍于武川因留家焉熙生天賜爲幢主天賜生虎西魏時賜姓大野氏官至太尉與李弼等八人佐周代魏有功皆爲柱國號八柱國家周閔帝受魏禪虎已卒乃追録其功封唐國公謚曰襄襄公生昞襲封唐公隋安州總管柱國大將軍卒謚曰仁仁公生高祖於長安

资治通鉴

二百九十四卷

（宋）司马光撰

（元）胡三省音注

元刻本

一册

存一卷

锦州市图书馆藏

国家珍贵古籍名录 09946 号

司马光（1019—1086），字君实，号迂叟，世称涑水先生，陕州夏县（今山西夏县）人。历仕宋仁宗、英宗、神宗、哲宗四朝。著有《稽古录》、《涑水记闻》等。

《资治通鉴》是司马光主持，历时十九年编纂的一部编年体史书。宋神宗认为此书“鉴于往事，有资于治道”，定名为《资治通鉴》。《资治通鉴》记载了上起周威烈王二十三年（前 403），下迄后周显德六年（959），共一千三百六十二年的历史。全书按朝代分为十六纪。

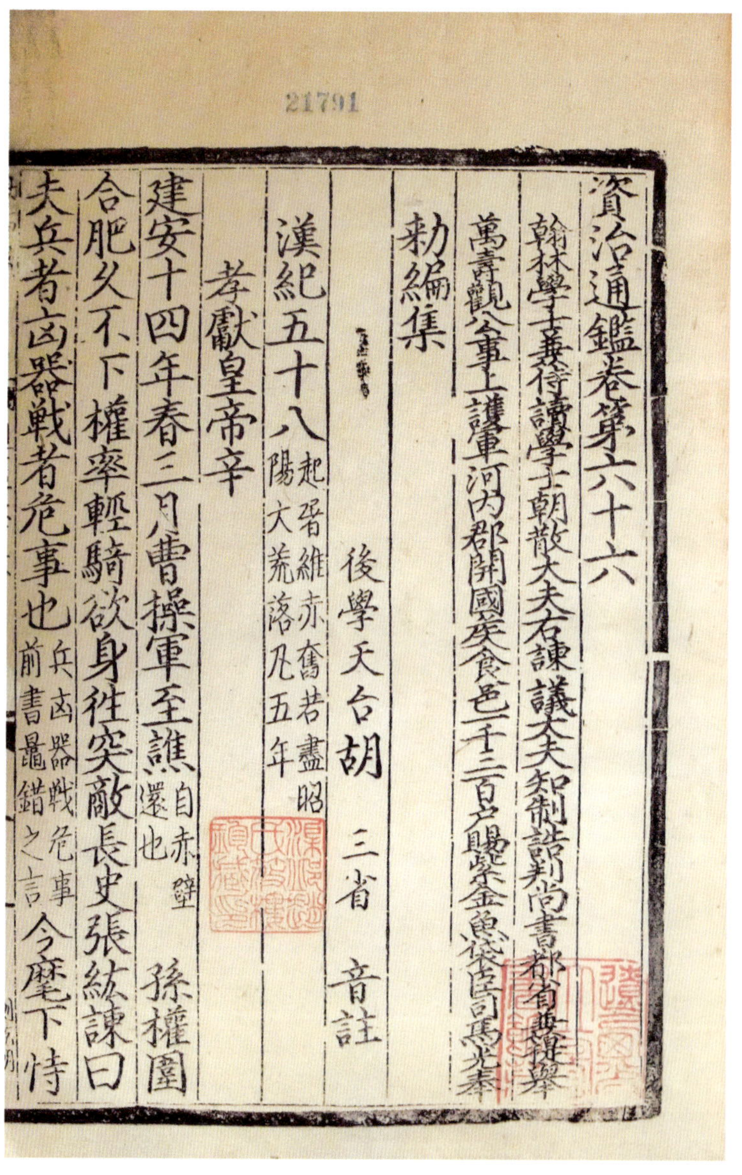
21791

資治通鑑卷第六十六

翰林學士兼侍讀學士朝散大夫右諫議大夫知制誥判尚書都省兼提舉萬壽觀公事上護軍河内郡開國侯食邑一千三百户賜紫金魚袋臣司馬光奉勅編集

後學天台胡三省音註

漢紀五十八 起屠維赤奮若盡昭陽大荒落凡五年

孝獻皇帝辛

建安十四年春三月曹操軍至譙 自赤壁還也 孫權圍合肥久不下權率輕騎欲身往突敵長史張紘諫曰夫兵者凶器戰者危事也 兵凶器戰危事前書鼂錯之言 今麾下恃

资治通鉴

二百九十四卷

（宋）司马光撰

（元）胡三省音注

通鉴释文辩误十二卷

（元）胡三省撰

元刻明弘治正德嘉靖南京国子监递修本（有抄配）

六十八册

存二百零七卷

辽宁省图书馆藏

国家珍贵古籍名录02789号

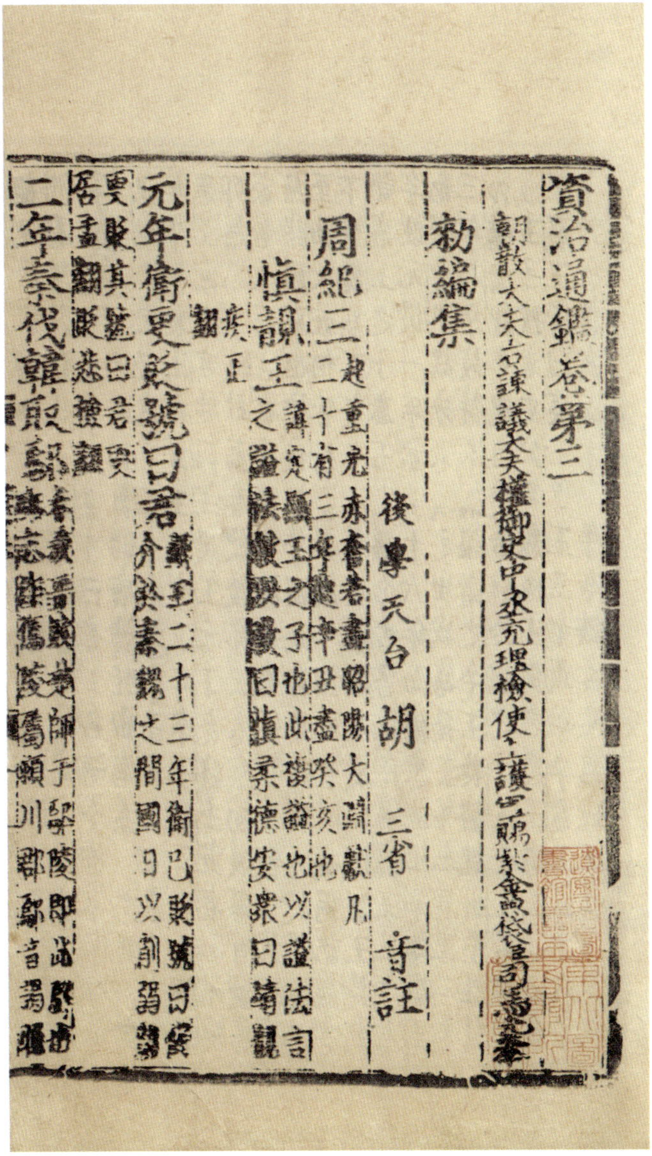

宋季三朝政要

六卷

元皇庆元年（1312）陈氏馀庆堂刻本

赵魏题识

二册

辽宁省图书馆藏

国家珍贵古籍名录02812号

《宋季三朝政要》，作者生平事迹无考。根据书中内容推断，当为宋朝遗老所作。

《宋季三朝政要》采用编年体，叙述宋理宗、度宗、恭帝（赵㬎）三朝的史迹，附录一卷记帝昰、帝昺时史事。

是书传本极少。此本经名家递藏，价值极高。

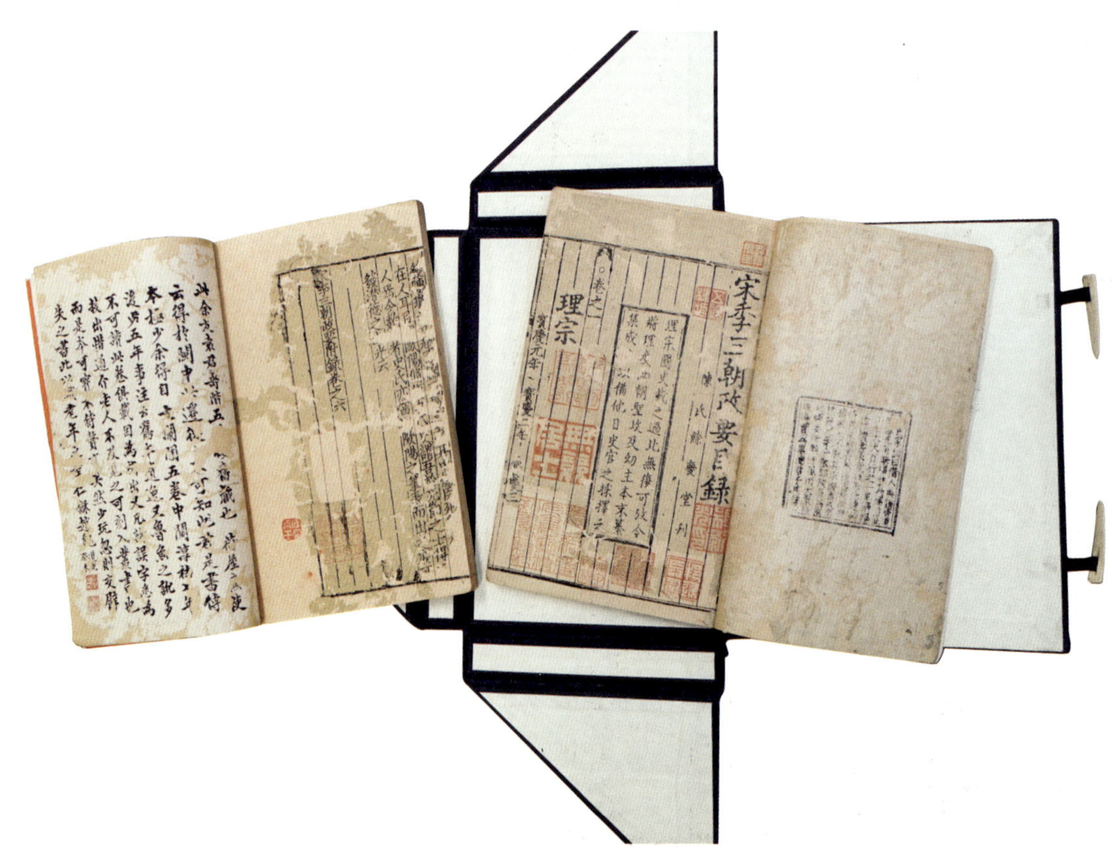

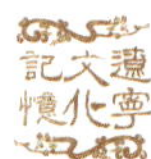

理宗

乙酉寶慶元年春正月壬戌朔詔舉賢良。上初即位與楊太后垂簾同聽政。上曰傅伯成皆先朝耆舊朕所簡記可召赴行在尋除寶學奉朝請。潘壬潘丙謀立濟王遺書李全約以二月望日舉事爲邏卒得其人并書以白彌遠彌遠改作三月以許行人以美官重賞令其以書達全至二月潘壬潘丙率太湖亡命數十人各以紅半袖爲號乘夜踰城而入至邸索王言推戴意王聞變易敝衣匿水竇中久而得王擁至州治以黄袍加身王號泣不從不獲已與之約曰汝能勿傷太后官家乎衆許諾遂發軍資庫金帛會子犒軍命守臣謝周卿率見任寄居官入賀而揭李全榜于州門言史彌遠廢立等罪且稱見率精兵二

战国策 十卷

（宋）鲍彪校注
元刻本
一册
存一卷
辽宁省图书馆藏
国家珍贵古籍名录02834号

鲍彪（生卒年不详），字文虎，龙泉（今浙江龙泉）人。宋高宗建炎二年（1128）进士，授文林郎秀州判官。累官至司封员外郎。著有《战国策注》、《杜诗注》。

《战国策》是一部国别体史书，主要记述了战国时期纵横家的政治主张和策略，是研究战国历史的重要典籍。历代学者多对其进行过整理，至宋代鲍彪改变了原书次序，对内容作了新的注释，使国别体杂史兼有了编年体特点，并把校勘、考辨、编年、注释融为一体，在《战国策》整理上是一次突破。

此本曾为清宫旧藏。

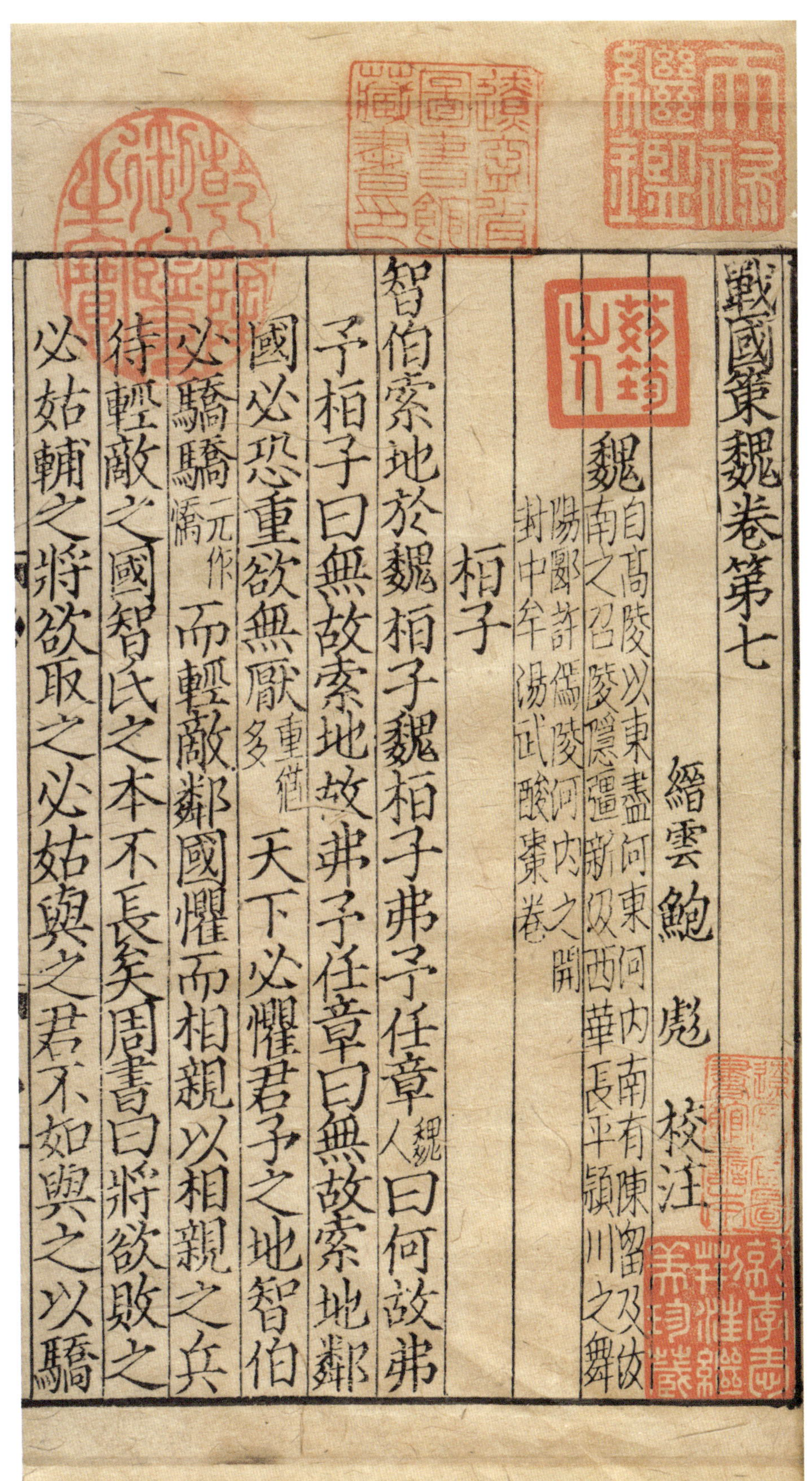

戰國策魏卷第七

縉雲　鮑　彪　校注

魏自高陵以東盡河東河內南有陳留及汝南之召陵隱彊新汲西華長平潁川之舞陽郾許傿陵河內之開封中牟湯武酸棗卷

桓子

智伯索地於魏桓子魏桓子弗予任章魏人曰何故弗予桓子曰無故索地故弗予任章曰無故索地鄰國必恐重欲無厭重猶多天下必懼君予之地智伯必驕驕一作憍而輕敵鄰國懼而相親以相親之兵待輕敵之國智氏之本不長矣周書曰將欲敗之必姑輔之將欲取之必姑與之君不如與之以驕

通鉴总类

二十卷

（宋）沈枢辑

元至正二十三年（1363）吴郡庠刻本（卷九至十配清初抄本）

三十二册

辽宁省图书馆藏

国家珍贵古籍名录02860号

沈枢（生卒年不详），字持要，德清（今浙江德清）人。宋绍兴十五年（1145）进士。官至太子詹事、光禄卿。卒谥宪敏。

《资治通鉴》浩博，世人猝难尽览。是书为沈枢致仕时所编。采摭司马光《资治通鉴》精华，仿《册府元龟》之例以成。区分事类为二百七十一门，每门各以事标题，略依时代前后为次，亦间采司马光议论附之，使考古者易于检录。《通鉴总类》宋嘉定中曾锓版潮阳，为首次刊刻，元至正中浙江行省重刊。《通鉴总类》南宋初刻本今已不传，元至正本存世也极为稀见。

纂图互注荀子

二十卷

（唐）杨倞注

元刻明修本

八册

辽宁省图书馆藏

国家珍贵古籍名录07120号

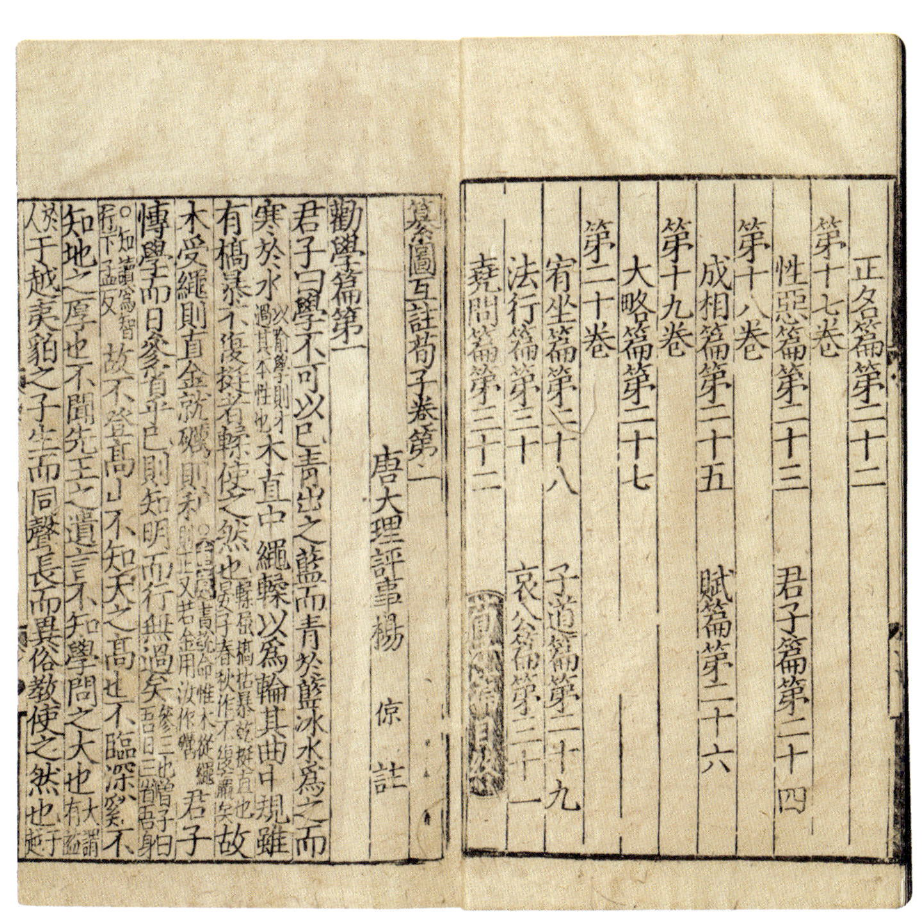

杨倞（生卒年不详），唐弘农（今河南灵宝）人。官至东川节度使、刑部尚书。与元稹、白居易同时代。

《荀子》是战国后期儒家学派最重要的著作，现存三十二篇。杨倞注本是流传至今《荀子》的最早注本。宋元时期的科举以经义取士，然由于经书、诸子书的内容往往艰涩难懂，书贾坊肆为了迎合学子的需求，便大量雕印带有“纂图”、“互注”、“重言”、“重意”和名家注释的经书和诸子书。

大学衍义

四十三卷

（宋）真德秀撰

元刻明修本

十六册

辽宁省图书馆藏

国家珍贵古籍名录02899号

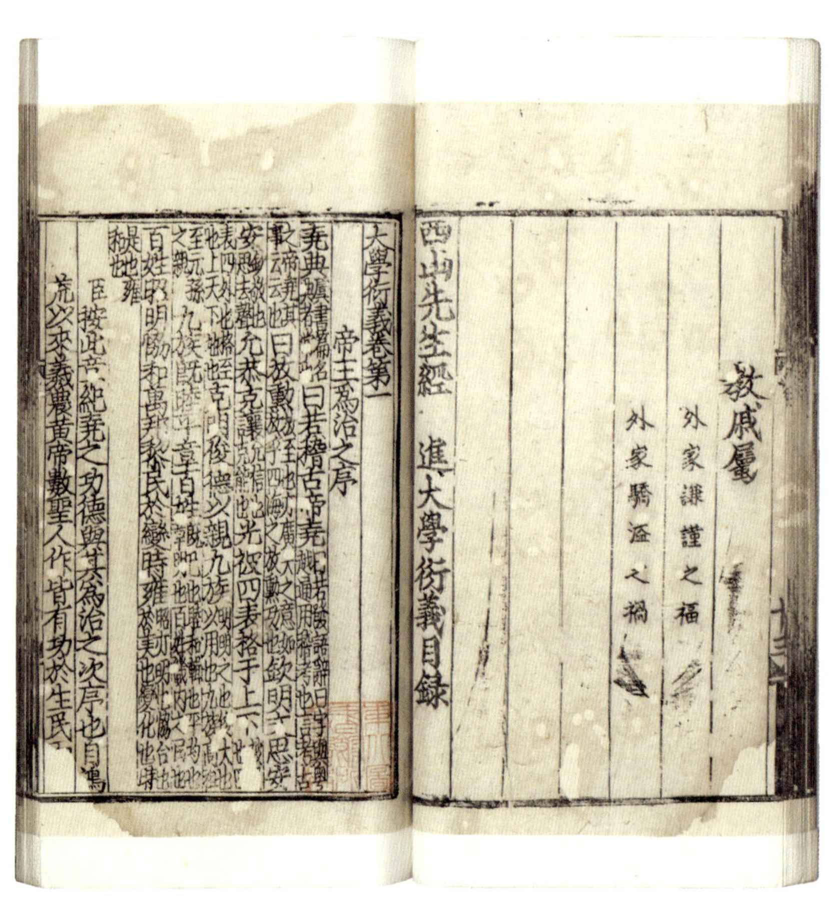

真德秀认为《大学》为“圣学之渊源”，“上下数千载间，治乱存亡皆由是出”，为推衍《大学》之义，乃作《大学衍义》。其书分格物致知、正心诚意、修身、齐家四大门类，并“援引经训，旁征史事，参以先儒之论，以明法戒”。

《大学衍义》成书后流行甚广，版本复杂。最早刊于宋末，元代渐兴，而造极于明。

大德重校圣济总录 二百卷

元大德三至四年（1299—1300）
江浙等处行中书省刻本
七册
存十卷
中国医科大学图书馆藏
国家珍贵古籍名录07138号

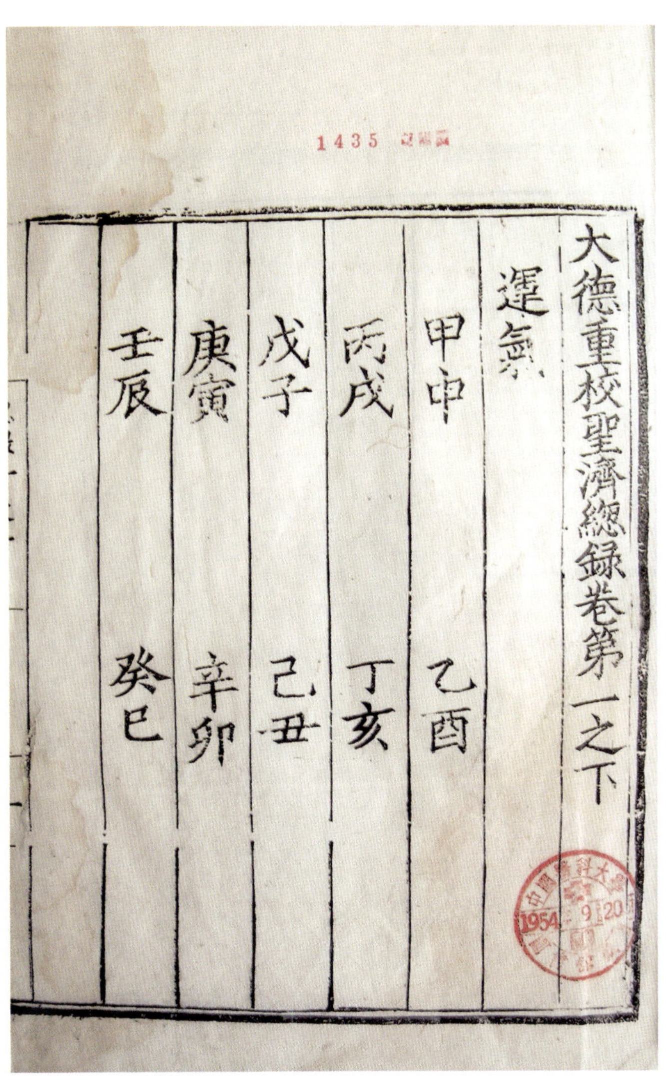

《圣济总录》是一部医方书，是集宋代以前医方大成之作，内容十分丰富。北宋政和年间，徽宗赵佶诏告天下，征集民间医方，后将医家所献大量医方及内府所藏的秘方集合在一起，由圣济殿御医整理汇编，历时七年而成书。全书包括内、外、妇、儿、五官、针灸、养生、杂治等，共六十六门。每门之中，又分若干病症，每一病症先论病因病理，次列方药治疗。

宋版《政和圣济总录》今已泯没无存，大德重校本为存世最早版本。

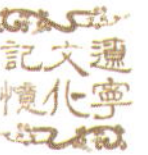

新增说文韵府群玉 二十卷

（元）阴时夫辑
（元）阴中夫注
元至正十六年（1356）刘氏日新堂刻本（有抄配）
五册
存五卷
辽宁省图书馆藏
国家珍贵古籍名录02925号

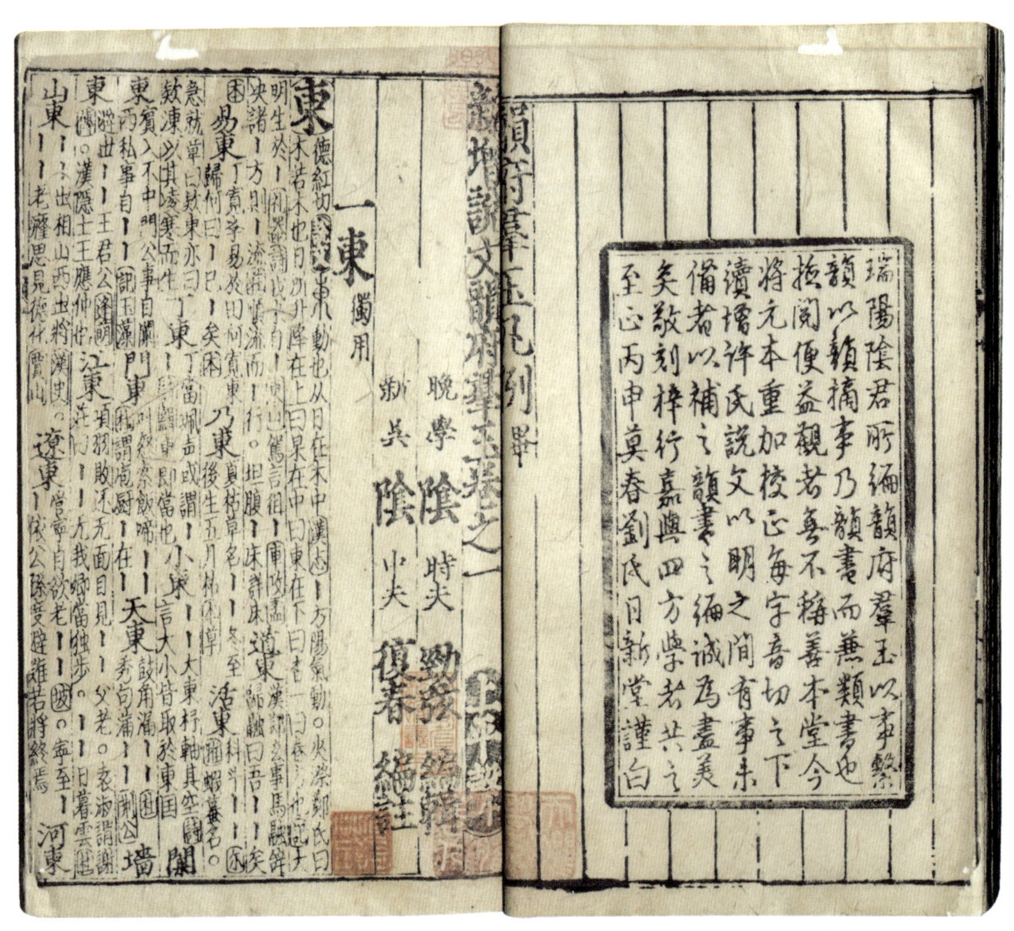

阴时夫（生卒年不详），名幼遇，亦作时遇，时夫为其字，元初江西奉新人。阴中夫（生卒年不详），名幼达，时夫兄。

《韵府群玉》是我国现存最早的一部韵书，全书共二十卷，分韵为一百零六部，按每个词语最后一字归韵。其涉及内容极其广泛，包括音切、散事、事韵、活套、卦名、书篇、诗篇、年号、岁名、地理、人名、姓氏、草木、禽兽、鳞介、昆虫、曲名、乐名等，在中国音韵学史上具有极其重要的地位。

元代刘氏日新堂刻本传世稀少，弥足珍贵。曾为清宫旧藏。

增刊校正王状元集注分类东坡先生诗

二十五卷

（宋）苏轼撰

题（宋）王十朋纂集

元建安虞平斋务本书堂刻本

三册

存三卷

辽宁省图书馆藏

国家珍贵古籍名录03134号

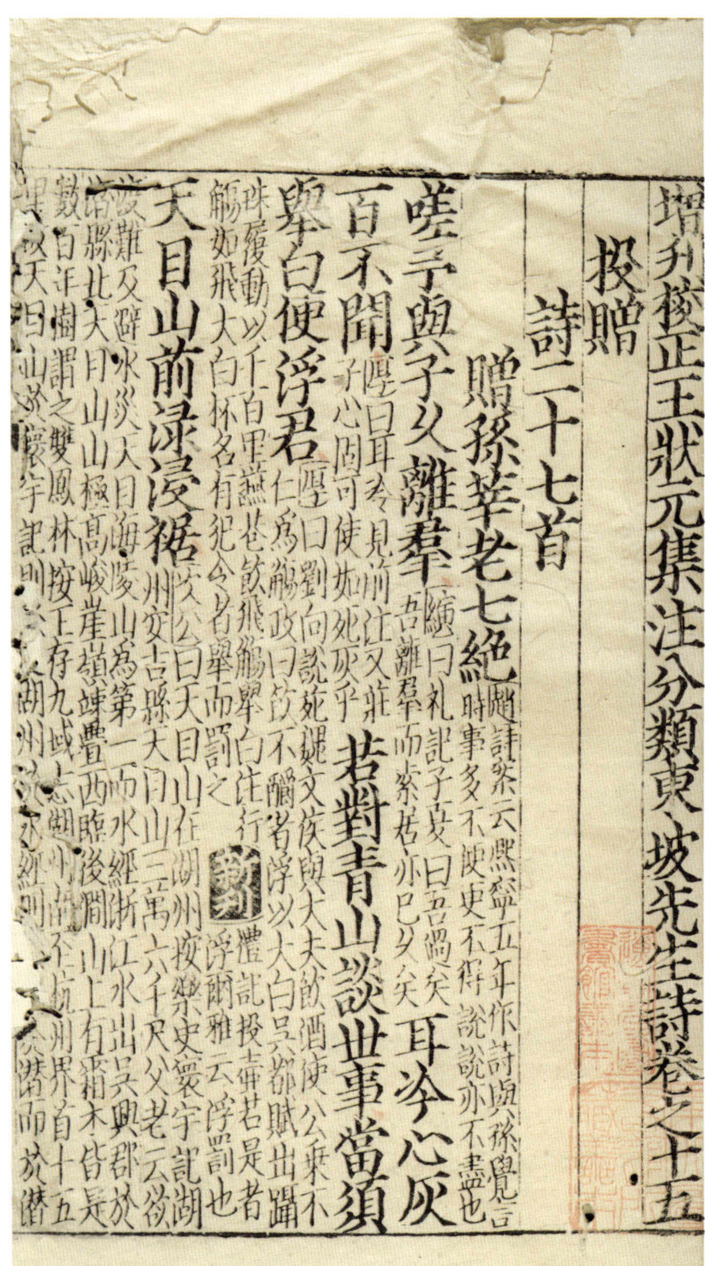

苏轼（1037—1101），字子瞻，号东坡居士，眉州眉山（今四川眉山）人。宋嘉祐二年（1057）进士。历官杭州通判、礼部郎中、中书舍人、知礼部贡举等职。著有《苏东坡全集》和《东坡乐府》等。

王十朋（1112—1171），字龟龄，号梅溪，乐清（今浙江乐清）人。宋绍兴二十七年（1157）进士，授承事郎，兼建王府小学教授。

南宋中期，产生一部名为《王状元集百家注分类东坡先生诗》的苏诗注本，影响很大。这部书是在八注、十注的基础上，“搜索诸家之释，裒而一之，划繁剔冗”而成。正文二十五卷，按诗的主题分类编排，共分七十八类。本书号称集百家注，实际上注家为九十七人。宋末元初，坊间又出现一部名为《增刊校正王状元集注分类东坡先生诗》的书。同南宋刻本相比，此书增刊了部分注释，校正了宋人旧注的疏漏，并调整了部分诗的编排次第，元建安虞平斋务本书堂本即属此系统。

此书为罗振玉旧藏。

朱文公校昌黎先生集 四十卷

（唐）韩愈撰
（宋）朱熹考异
（宋）王伯大音释
元刻本（卷二、五、十至十四配另一元刻本）
八册
存十二卷
辽宁省图书馆藏
国家珍贵古籍名录03110号

王伯大，字幼学，号留耕，福州（今福建福州）人。宋嘉定七年（1214）进士，理宗朝官至端明殿学士，拜参知政事。

韩愈文集是唐长庆四年（824）由门人李汉编辑的，计赋四、古诗二百一十、联句十一、律一百六十、杂著六十五、书启序九十六、哀辞祭文三十九、碑志七十六、笔砚鳄鱼文三、表状五十二，总七百（或作七百一十六，或作七百三十八）。朱熹《韩文考异》原为单行，此书中王伯大把它散附在各句之下，以便观览。同时王伯大又采集洪兴祖、樊汝霖、孙汝听、韩醇、祝充之说著为音释，各附篇末。后又有人把王伯大所辑音释散注各句之下。

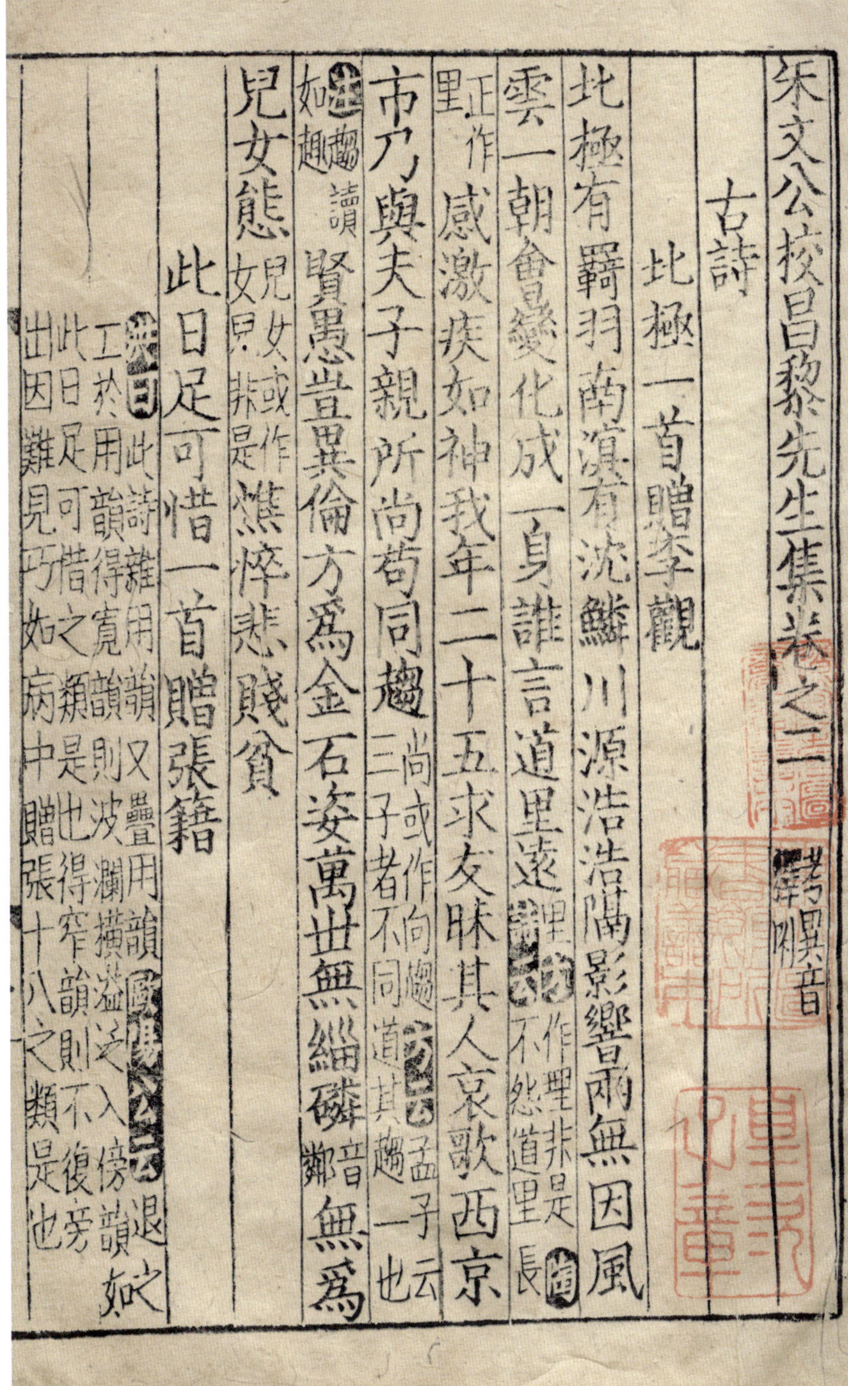

朱文公校昌黎先生集卷之二 考異附音

古詩

北極一首贈李觀

北極有羈羽南溟有沈鱗川源浩浩隔影響兩無因風雲一朝會變化成一身誰言道里遠里[illegible]作理非是[illegible]不然道里長[illegible]正作里感激疾如神我年二十五求友昧其人哀歌西京市乃與夫子親所尚苟同趨尚或作向趨[illegible]孟子云三子者不同道其趨一也[illegible]趨讀如趣賢愚豈異倫方爲金石姿萬世無緇磷音鄰無爲兒女態兒女或作女兒非是憔悴悲賤貧

此日足可惜一首贈張籍

此詩雜用韻又疊用韻歐陽公云退之工於用韻得寬韻則波瀾橫溢泛入傍韻如此日足可惜之類是也得窄韻則不復旁出因難見巧如病中贈張十八之類是也

增刊校正王状元集注分类东坡先生诗

二十五卷

（宋）苏轼撰
题（宋）王十朋纂集
（宋）刘辰翁批点

元刻本
一册
存六卷
辽宁省图书馆藏
国家珍贵古籍名录07218号

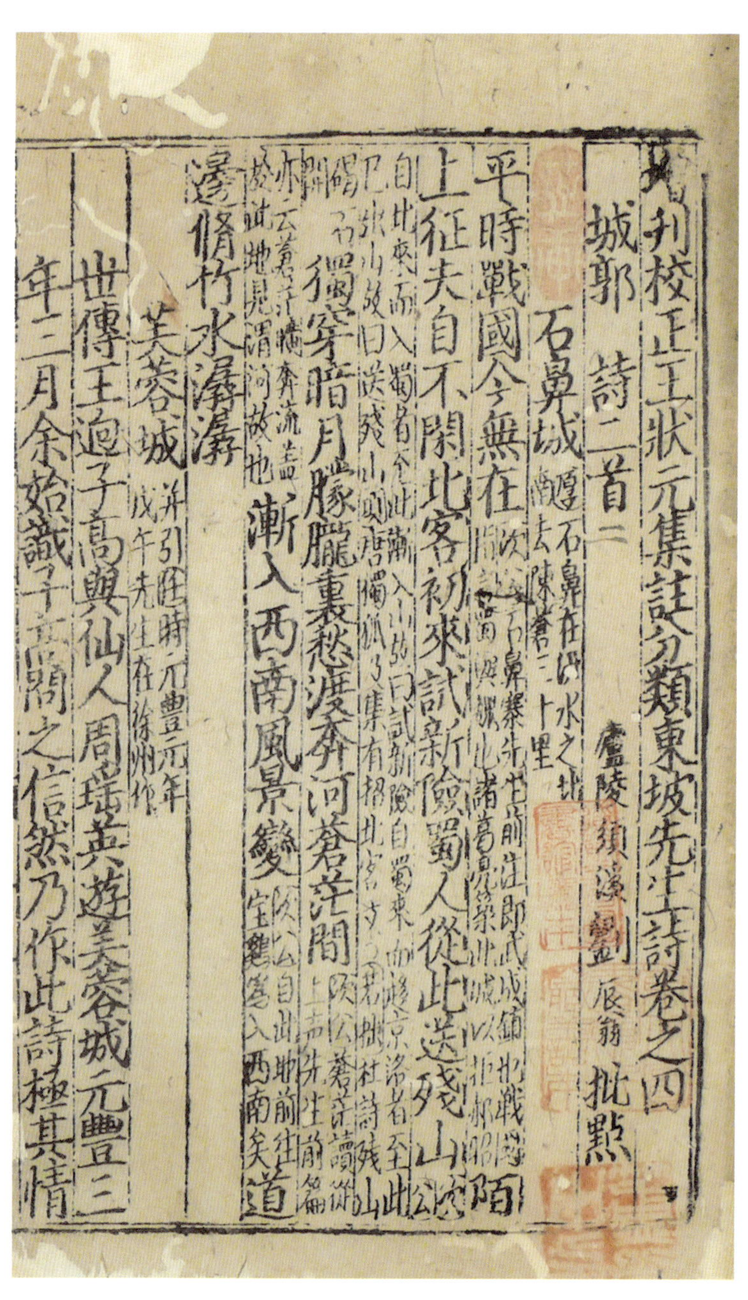

东莱标注颍滨先生文集二十二卷

（宋）苏辙撰
（宋）吕祖谦标注
元刻本
一册
存七卷
辽宁省博物馆藏
国家珍贵古籍名录01112号

吕祖谦（1137—1181），字伯恭，寿州（今安徽凤台）人。生于婺州（治今浙江金华），人称东莱先生。南宋著名理学家。

《东莱标注颍滨先生文集》为《东莱标注三苏文集》之一。据书前目录，全书二十二卷，共收文二百七十六篇。较《苏辙集》差异多处，又多与早出的宋刻本相同。《东莱标注颍滨先生文集》是一个颇有价值的苏辙文选本，在文献方面具有无可替代的价值。

是书为揆叙旧藏，后入藏清宫。

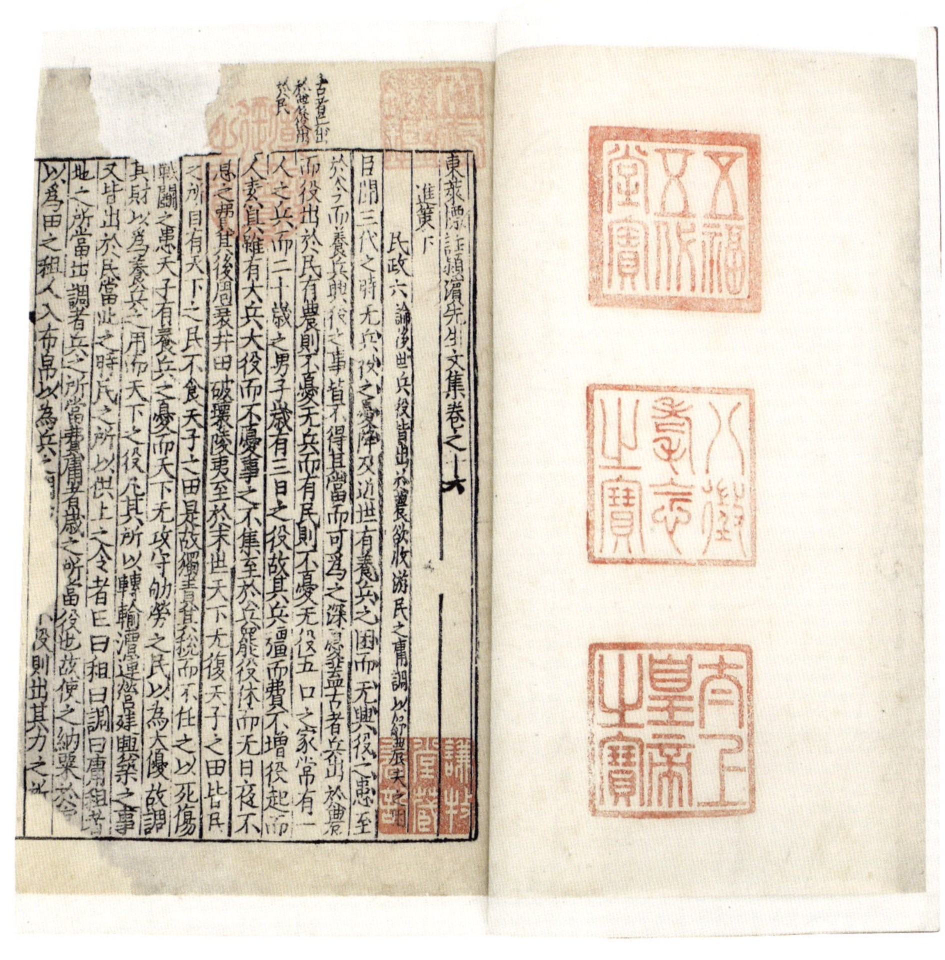

太平金镜策

八卷

（元）赵天麟撰

元刻本

一册

存二卷

旅顺博物馆藏

国家珍贵古籍名录07227号

赵天麟（生卒年不详），自称东平布衣，1310年前后在世。

《太平金镜策》为元世祖至元末时上书建言为政事宜，累数万言。所论范围广泛，包括田制、农桑、赋役、户计、义仓、冗官、服章、祭祀、军事等方面，可资研究元代各种制度参考。

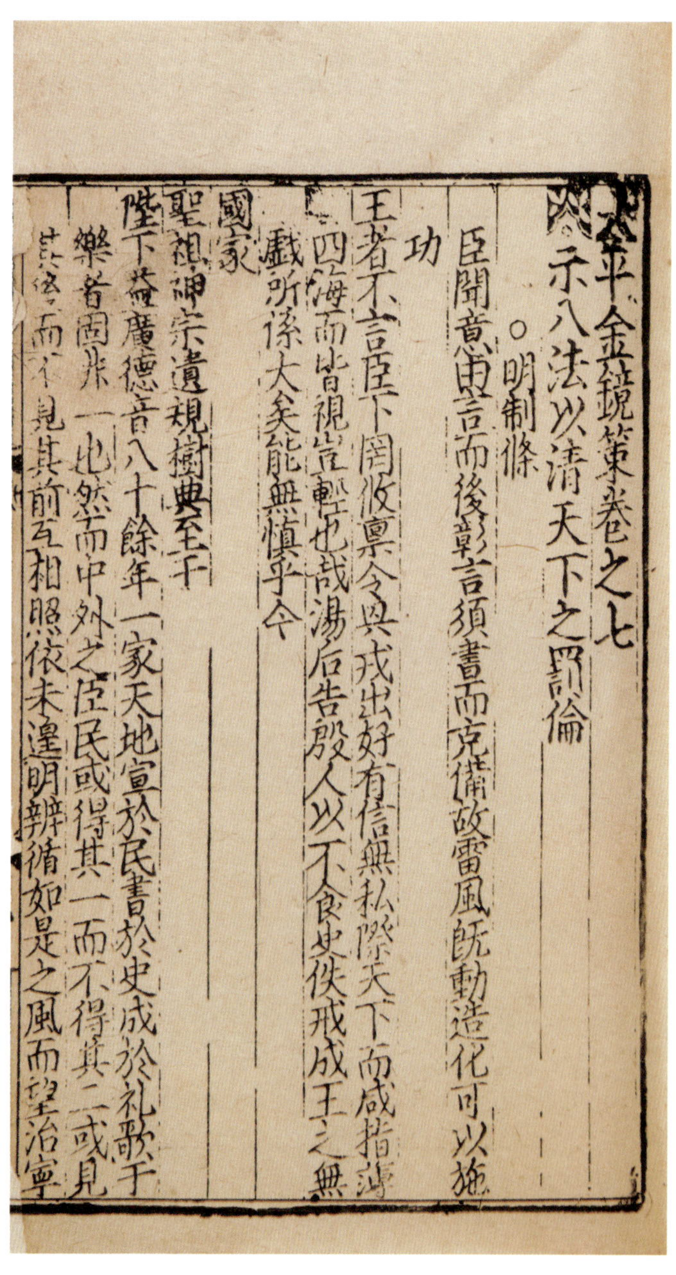

太平金鏡策卷之七
示八法以清天下之罰倫
○明制條
臣聞意由言而後彰言須書而克備故雷風既動造化可以施
功
王者不言臣下罔攸稟令與戎出好有信無私際天下而咸指導
四海而皆視詎輕也哉湯后告殷人以不食史佚戒成王之無
戲所係大矣能無慎乎今
國家
聖祖神宗遺規樹典至于
陛下發慶德音八十餘年一家天地宣於民書於史成於禮歌于
樂者固非一也然而中外之臣民或得其一而不得其二或見
其後而不見其前互相照依未逞明辨循如是之風而望治寧

国朝文类

七十卷目录三卷

（元）苏天爵辑

元至元至正间西湖书院刻明修本

钱枋跋

十六册

存二十七卷

辽宁省图书馆藏

国家珍贵古籍名录03187号

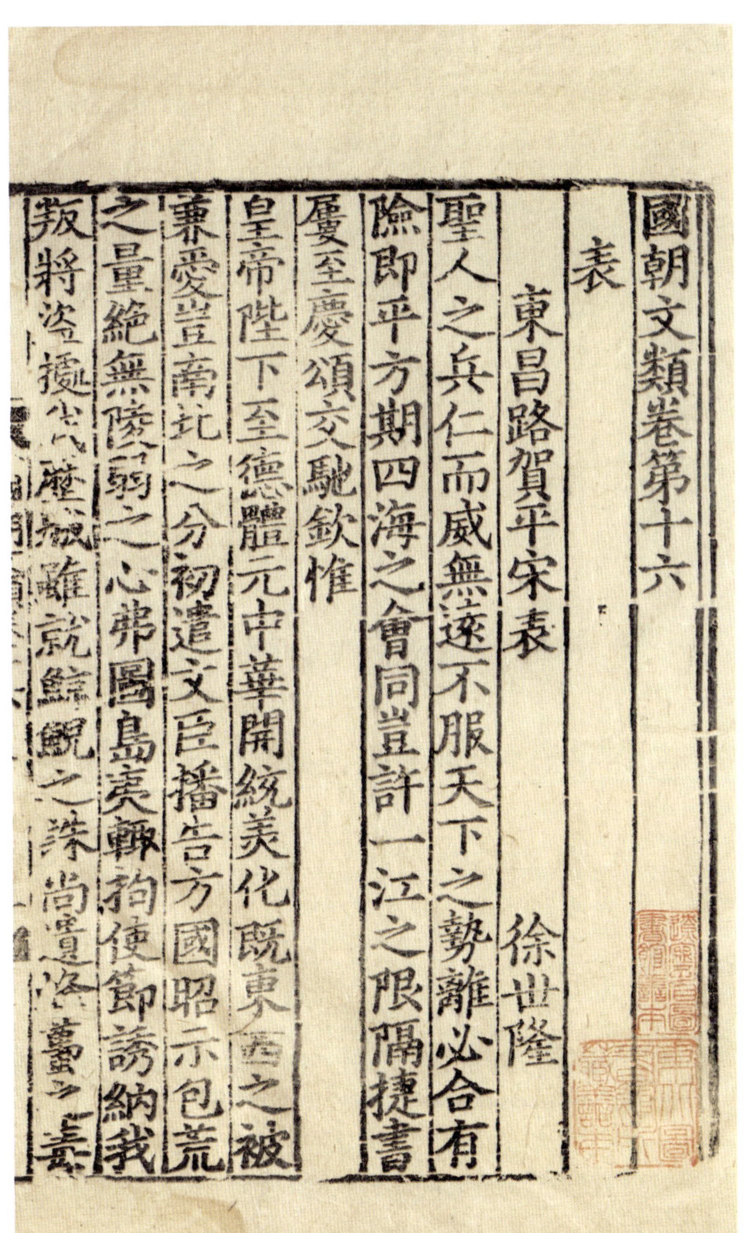
國朝文類卷第十六
表
東昌路賀平宋表　徐世隆
聖人之兵仁而威無遠不服天下之勢離必合有
險即平方期四海之會同豈許一江之限隔捷書
屢至慶頌交馳欽惟
皇帝陛下至德體元中華開統美化既東西之被
兼愛豈南北之分初遣文臣播告方國昭示包荒
之量絕無陵弱之心弗屬島夷輒拘使節謗納我
叛將恣擾[illegible]歷歲雖就鯨鯢之誅尚遺蜂蠆之毒

苏天爵（1294—1352），字伯修，真定（今河北正定）人。累官至江南行台监察御史。著有《元朝名臣事略》、《滋溪文稿》等。

《国朝文类》书成于顺帝元统二年（1334），收录窝阔台时期至元仁宗爱育黎拔力八达时期约八十年间名家诗文八百余篇，按文体分作四十三类，故名。《国朝文类》“载事为首，文章次之”，世人谓 “虽文字固富于网罗，而去取多关于政治”。元代文人文集今已不存者，部分诗文赖该书得以保存。

明代

易传 八卷

（宋）苏轼撰

王辅嗣论易一卷

（魏）王弼撰

明闵齐伋刻朱墨套印本

八册

辽宁省图书馆藏

国家珍贵古籍名录03210号

苏洵作《易传》未成而逝，苏轼尊父志以成其书。其弟辙曾作《易解》送于轼，以助其成书。是书曾以《苏氏易解》、《东坡先生易传》和《苏氏易传》等名传于世。

是书传至明末，版本系统析分为二。一为《苏氏易解》。陈所蕴从杭州卓尔康处所获八卷本《苏氏易解》，刊于万历二十二年（1594），两年后吴之鲸又以《苏长公易解》为名重刊。二为《东坡先生易传》，明焦竑从汤顺之手中得旧本，于万历二十五年（1597）刻之。此本即为卓本系统，乌程闵齐伋以朱墨板重刻，而无所校正。

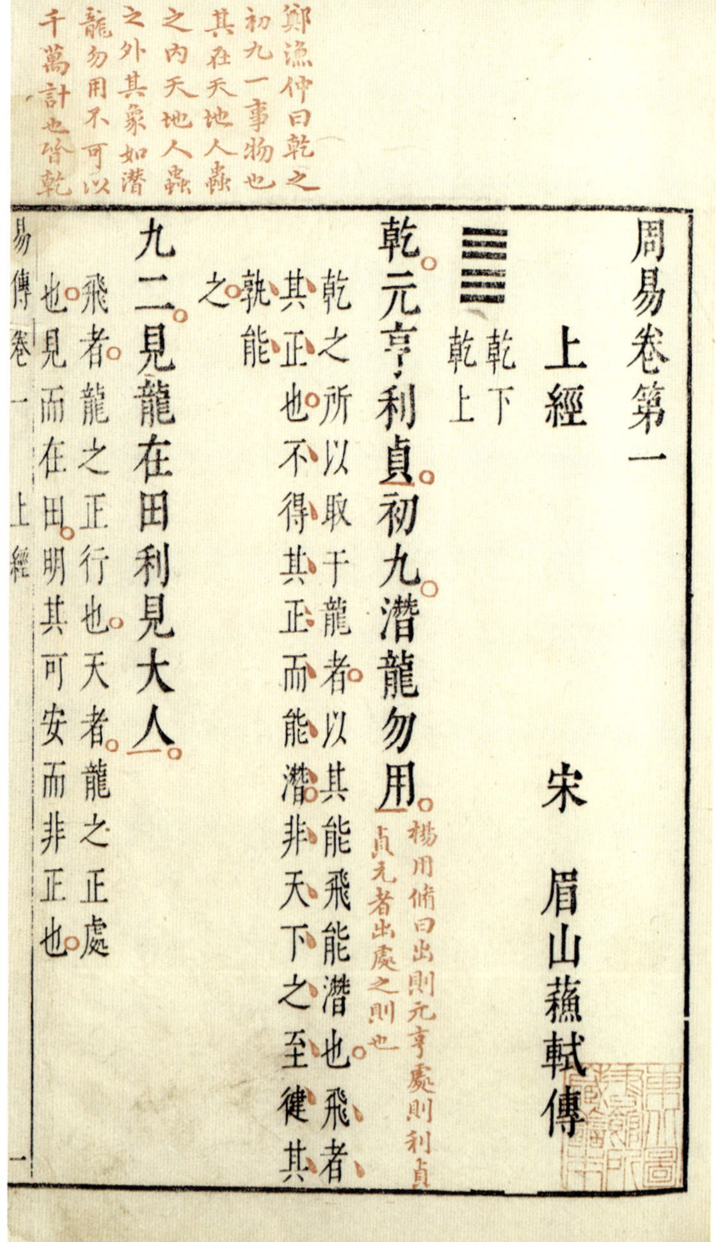
鄭澹仲曰乾之初九一事物也其在天地人蟲之內天地人蟲之外其象如潛龍勿用不可以千萬計也皆乾

周易卷第一

上經　　宋　眉山蘇軾傳

乾下
乾上

乾元亨利貞初九潛龍勿用 楊用脩曰出則元亨處則利貞貞元者出處之則也

乾之所以取于龍者以其能飛能潛也飛者其正也不得其正而能潛非天下之至健其孰能之

九二見龍在田利見大人

飛者龍之正行也天者龍之正處也見而在田明其可安而非正也

易傳卷一　上經　一

周易参义

十二卷

（元）梁寅撰

明抄本

四册

辽宁省图书馆藏

国家珍贵古籍名录07265号

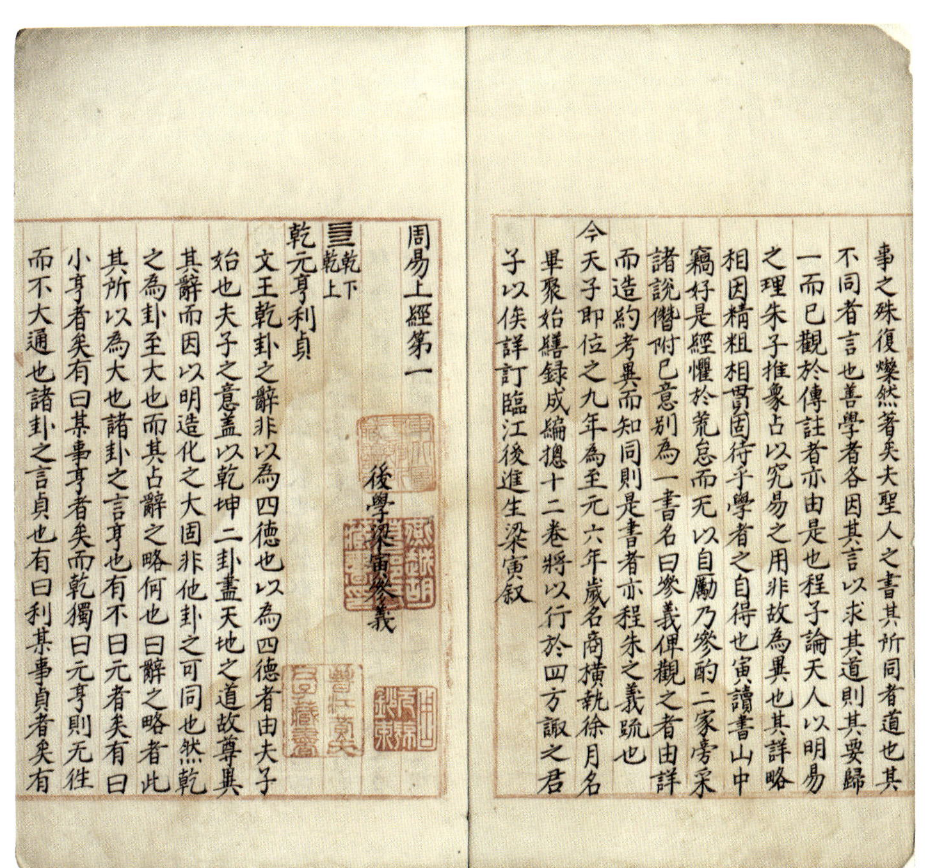
事之殊復爕然著矣夫聖人之書其所同者道也其不同者言也善學者各因其言以求其道則其要歸一而已觀於傳註者亦由是也程子論天人以明易之理朱子推象占以究易之用非故為異也其詳略相因精粗相貫固符乎學者之自得也寅讀書山中竊好是經懼於荒怠而无以自勵乃參酌二家旁采諸說儕附己意别為一書名曰參義俾觀之者由詳而造約考異而知同則是書者亦程朱之義疏也

今天子即位之九年為至元六年歲名商横執徐月名畢聚始繕録成編摠十二卷將以行於四方諏之君子以俟詳訂臨江後進生梁寅叙

周易上經第一　　後學梁寅參義

☰乾下乾上

乾元亨利貞

文王乾卦之辭非以為四德也以為四德者由夫子始也夫子之意蓋以乾坤二卦盡天地之道故尊異其辭而因以明造化之大固非他卦之可同也然乾之為卦至大也而其占辭之略何也曰辭之略者此其所以為大也諸卦之言亨也有不曰元者矣有曰小亨者矣有曰某事亨者矣而乾獨曰元亨則无往而不大通也諸卦之言貞也有曰利某事貞者矣有

梁寅（1303—1389），字孟敬，新喻（今江西新余）人。著有《礼书演义》、《周礼考注》、《春秋考义》等。

《周易义疏》成于元至元六年（1340），其书大旨以程颐《易传》主理，朱熹《周易本义》主象，稍有异同，因融会参酌，合以为一，又旁采诸儒之说以阐发之。其诠释经义，平易近人，言理而不涉虚无，言象而不涉附会，大都本日用常行之事，以示进退得失之机，简切详明。其分上下经、十翼，一依古《易》篇次。

是书曾为周元亮旧藏。

读易馀言 五卷

（明）崔铣撰

明嘉靖十五年（1536）崔氏家塾刻本

四册

辽宁省图书馆藏

国家珍贵古籍名录01285号

崔铣（1478—1541），字子钟，号后渠，安阳（今河南安阳）人。明弘治十八年（1505）进士。累官至南京礼部右侍郎。卒谥文敏。著有《洹词》。

《读易馀言》为崔铣治《易》之作。《明儒学案》称铣学以程、朱为的，然于程子之言心学者，则又删弃之。《四库全书总目》亦言是书“以程传为主，而兼采王弼、吴澄之说，与朱子《本义》颇有异同，大旨舍象数而阐义理”。

是书为蒋光煦旧藏。

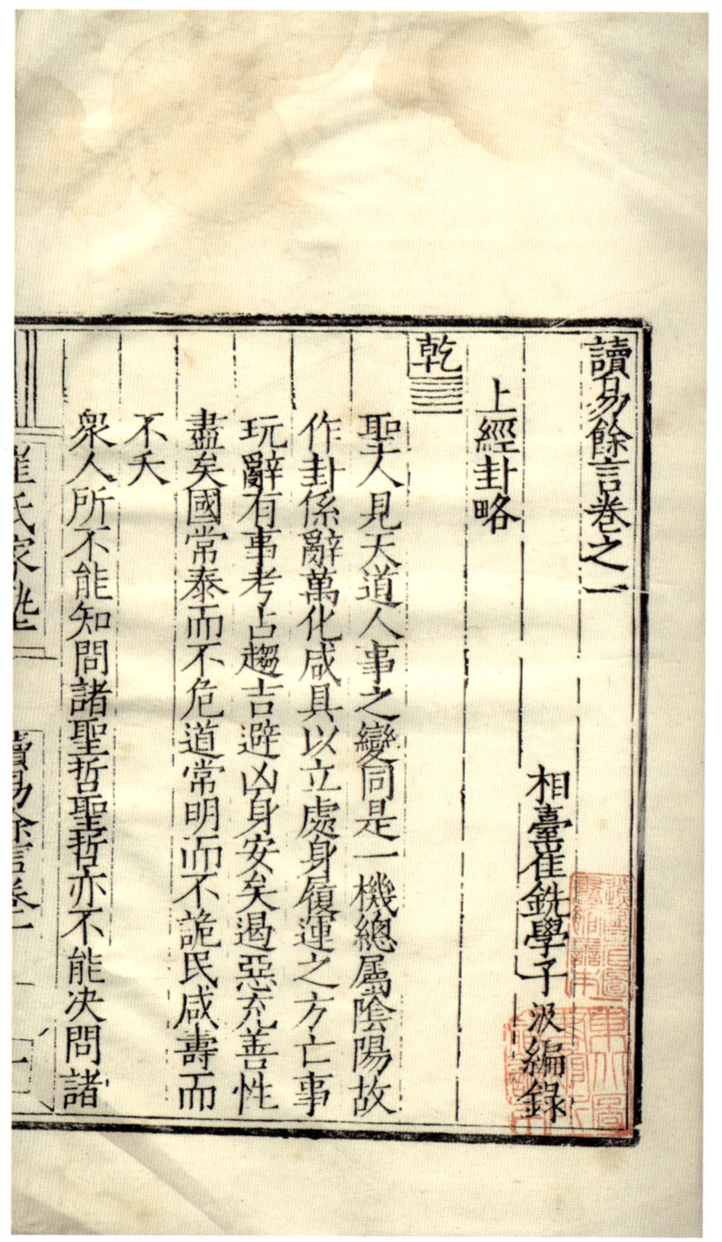

讀易餘言卷之一

相臺崔銑學子淑編録

上經卦略

乾

聖人見天道人事之變同是一機總屬陰陽故作卦係辭萬化咸具以立處身履運之方亡事玩辭有事考占趨吉避凶身安矣過惡充善性盡矣國常泰而不危道常明而不詭民咸壽而不夭

衆人所不能知問諸聖哲聖哲亦不能決問諸

崔氏家塾

讀易餘言卷一

莲谷先生读易索隐 六卷

（明）洪鼐撰

明嘉靖二十六年（1547）顺裕堂刻本

三册

辽宁省图书馆藏

国家珍贵古籍名录01289号

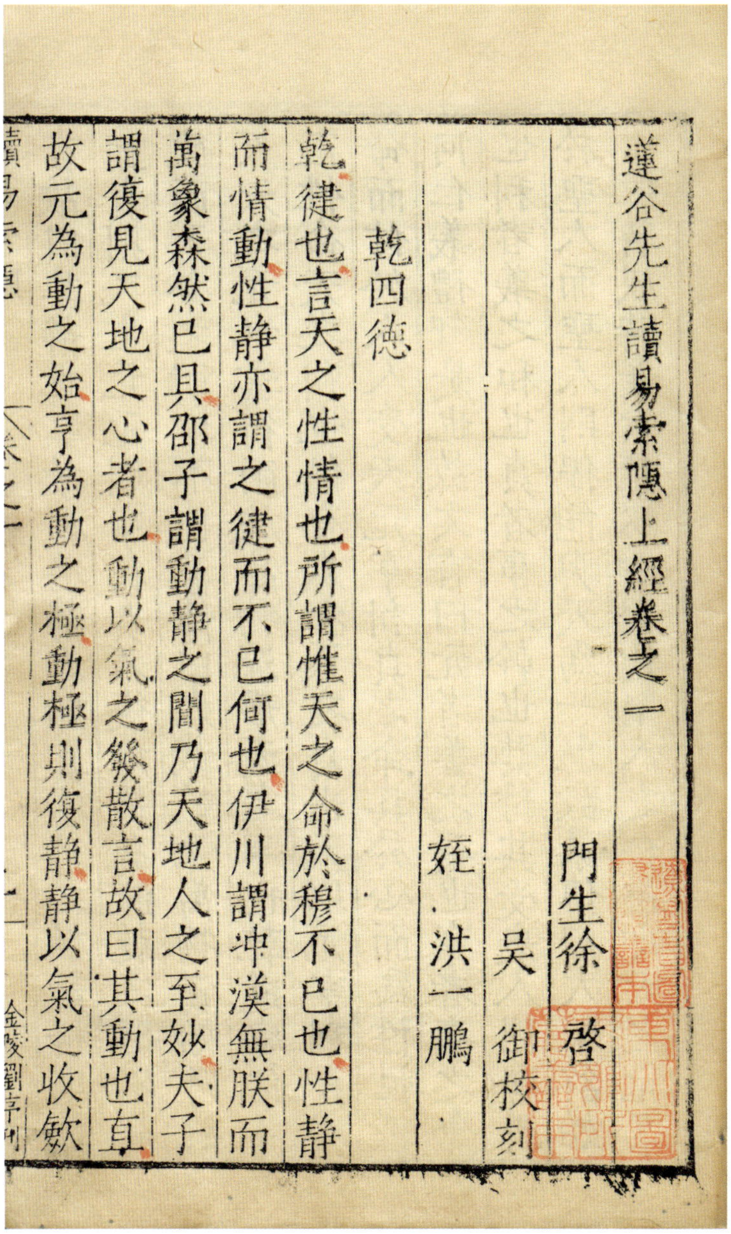

洪鼐（生卒年不详），字廷器，寿昌（今浙江建德）人。明正德举人，官国子监助教。

《莲谷先生读易索隐》流传不多，朱彝尊《经义考》著录，但曰未见。其书不载经文，只对经文某节某句有创意者说之。对朱熹的《周易本义》、蔡清的《易经蒙引》等书常有辩驳，《四库全书总目》认为是“良知”之学。

东坡书传

二十卷

（宋）苏轼撰

明凌濛初刻朱墨套印本

六册

辽宁省图书馆藏

国家珍贵古籍名录03241号

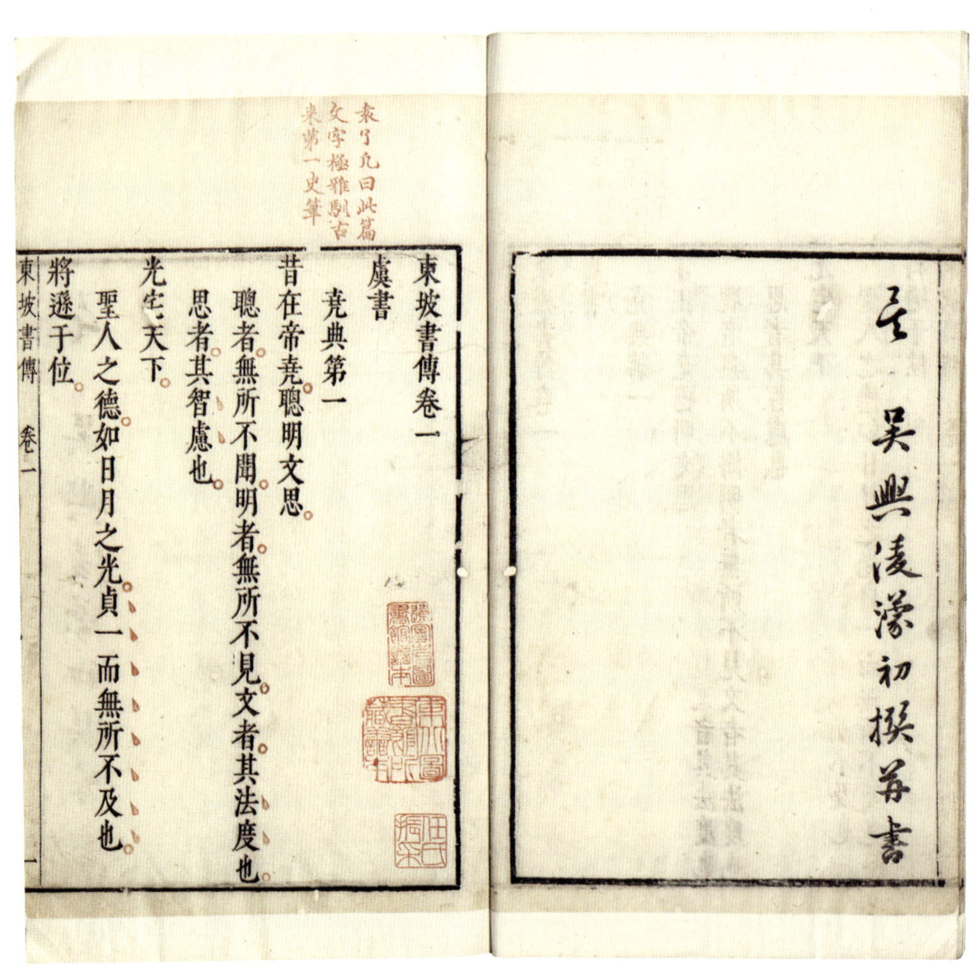
袁了凡曰此篇文字極雅馴古來第一史筆

東坡書傳卷一

虞書

堯典第一

昔在帝堯聰明文思

聰者無所不聞明者無所不見文者其法度也

思者其智慮也

光宅天下

聖人之德如日月之光貞一而無所不及也

將遜于位

東坡書傳　卷一　一

吳興淩濛初撰并書

宋元符间，苏轼谪居儋州，有感于自神宗熙宁以后，《尚书》之经解专尚王安石之说，开科取士，唯以此为标准，遂撰此书，阐发对《尚书》的见解，多驳王安石之说。苏轼《尚书》之解，明于时势，长于议论，对于治乱兴亡之道，剖析深刻，说理明畅。其说解多不采旧注，议论颇有创见。

诗经 四卷

（明）钟惺评点

明凌杜若刻朱墨套印本

三册

辽宁省图书馆藏

国家珍贵古籍名录03265号

钟惺（1574—1624），字伯敬，号退谷、止公居士，湖广竟陵（今湖北天门）人。明万历三十八年（1610）进士。历任工部主事、南京礼部祭祠司主事、南京礼部仪制司郎中、福建提学佥事等职。著有《诗经备考》、《五经纂注》、《诗经评点》等。

钟惺《诗经》评点书成之后，凌濛初评赞其“领会要旨，表章性情，摘发字句，标示指月，为言虽无多，而说《诗》诸法种种具备”。钟惺研究《诗经》著作较多，除《诗经》评点外，其他几种，谬误较多，且多疑为托名之作。

詩經

國風

周南

關關雎鳩在河之洲窈窕淑女君子好逑

參差荇菜左右流之窈窕淑女寤寐求之

不得寤寐思服悠哉悠哉輾轉反側

參差荇菜左右采之窈窕淑女琴瑟友之參差

荇菜左右芼之窈窕淑女鐘鼓樂之

詩經 周南 一

看他窈窕淑女三章說心滿

句法

竟陵鍾惺伯敬父批點

诗经 四卷 小序一卷

（明）钟惺评点

明凌杜若刻三色套印本

四册

小序一卷

辽宁省图书馆藏

国家珍贵古籍名录03268号

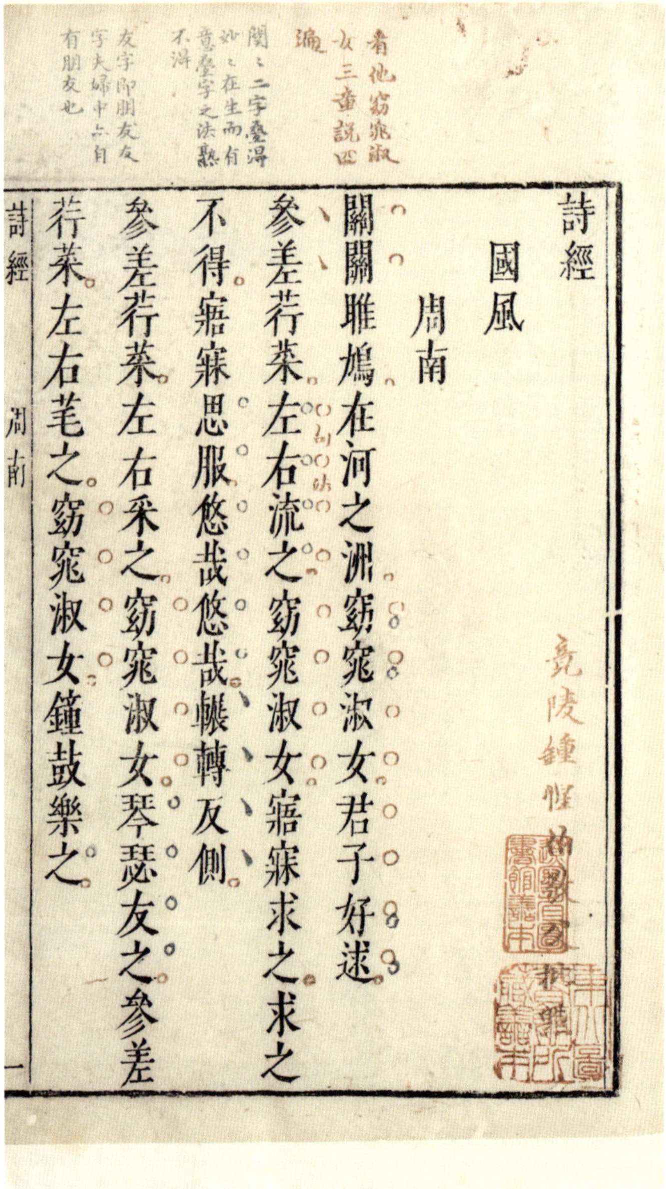

礼记集说

三十卷

(元)陈澔撰

明陈允升刻本

十册

辽宁大学图书馆藏

国家珍贵古籍名录03309号

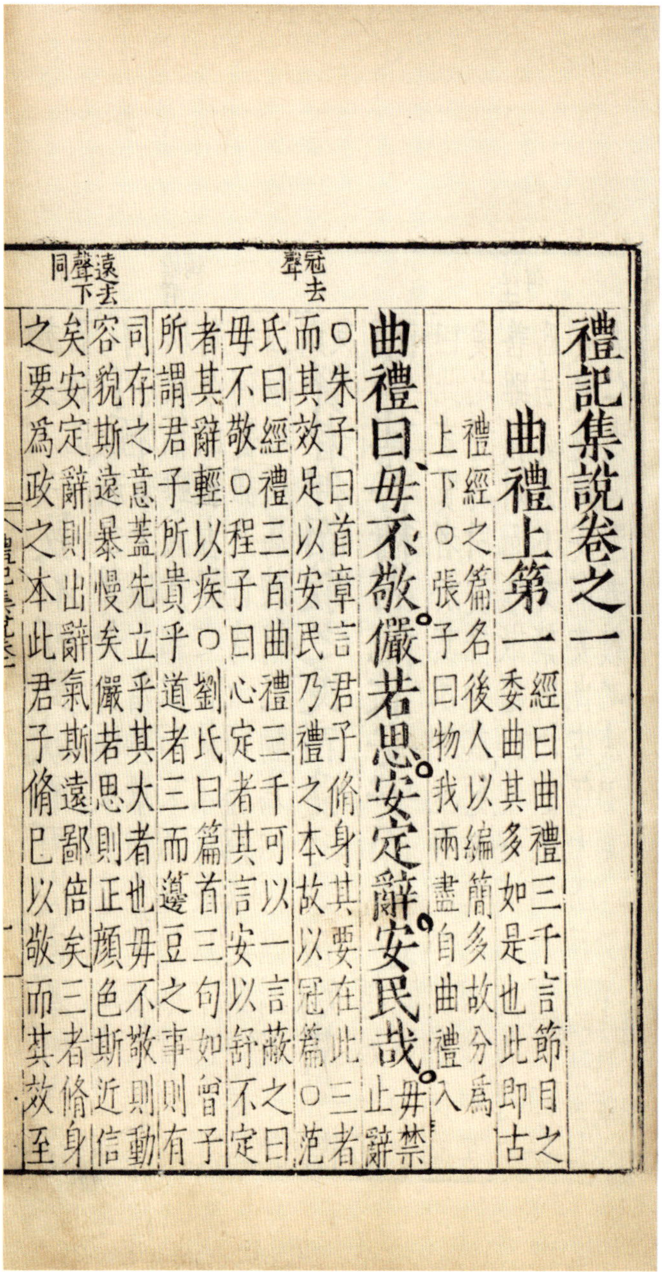
禮記集說卷之一
曲禮上第一 經曰曲禮三千言節目之委曲其多如是也此即古禮經之篇名後人以編簡多故分爲上下○張子曰物我兩盡自曲禮入
曲禮曰毋不敬儼若思安定辭安民哉 毋禁止辭
冠去聲
遠去聲下同
○朱子曰首章言君子脩身其要在此三者而其效足以安民乃禮之本故以冠篇○范氏曰經禮三百曲禮三千可以一言蔽之曰毋不敬○程子曰心定者其言安以舒不定者其辭輕以疾○劉氏曰篇首三句如曾子所謂君子所貴乎道者三而籩豆之事則有司存之意蓋先立乎其大者也毋不敬則動容貌斯遠暴慢矣儼若思則正顏色斯近信矣安定辭則出辭氣斯遠鄙倍矣三者脩身之要爲政之本此君子脩己以敬而其效至

陈澔（1260—1341），字可大，号云住，南康府都昌县（今江西都昌）人。在都昌设云住书院（亦称经归书院）讲学。

《礼记集说》成书于元至治二年（1322），明初取代郑注孔疏成为科举考试的官方教材。《续文献通考》载：“永乐间颁《四书五经大全》，废古注疏不用，《礼记》皆用陈澔集说。”陈澔为朱熹四传弟子，其《礼记集说》秉承程朱学派，其中又不乏鲜明、独到的个人见解。

此明陈允升刻《礼记集说》三十卷本系海内孤本。

礼记集传 十卷

（元）陈澔撰

明嘉靖九年（1530）湖广官刻本

十册

辽宁省博物馆藏

国家珍贵古籍名录03310号

是书为注解《礼记》之作。书分十卷，记载和论述先秦的礼制、礼仪，解释仪礼，记述修身作人的准则，门类杂多，涉及政治、法律、道德、哲学、历史、祭祀、文艺、日常生活、历法、地理等诸多方面，是研究先秦社会的重要资料。

明嘉靖九年（1530）湖广官刻《礼记集传》是现存较为完整的刻本。

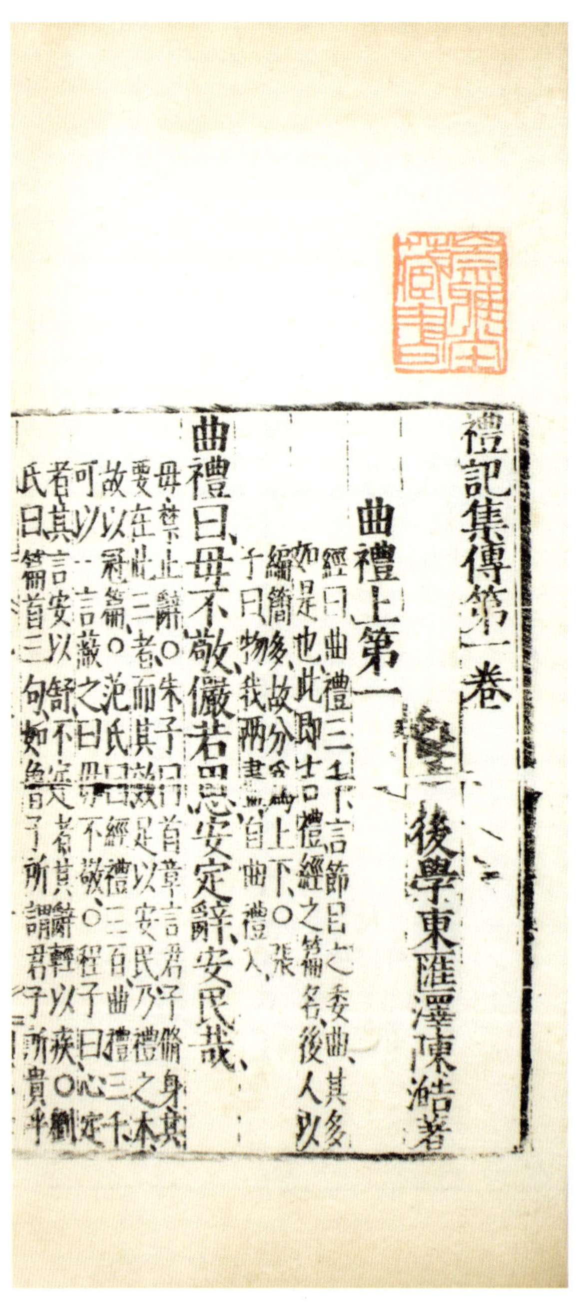
禮記集傳第一卷
後學東匯澤陳澔著
曲禮上第一
曲禮曰毋不敬儼若思安定辭安民哉

礼记集说大全

三十卷

（明）胡广等辑

明嘉靖九年（1530）安正堂刻本

二十九册

辽宁省图书馆藏

国家珍贵古籍名录03313号

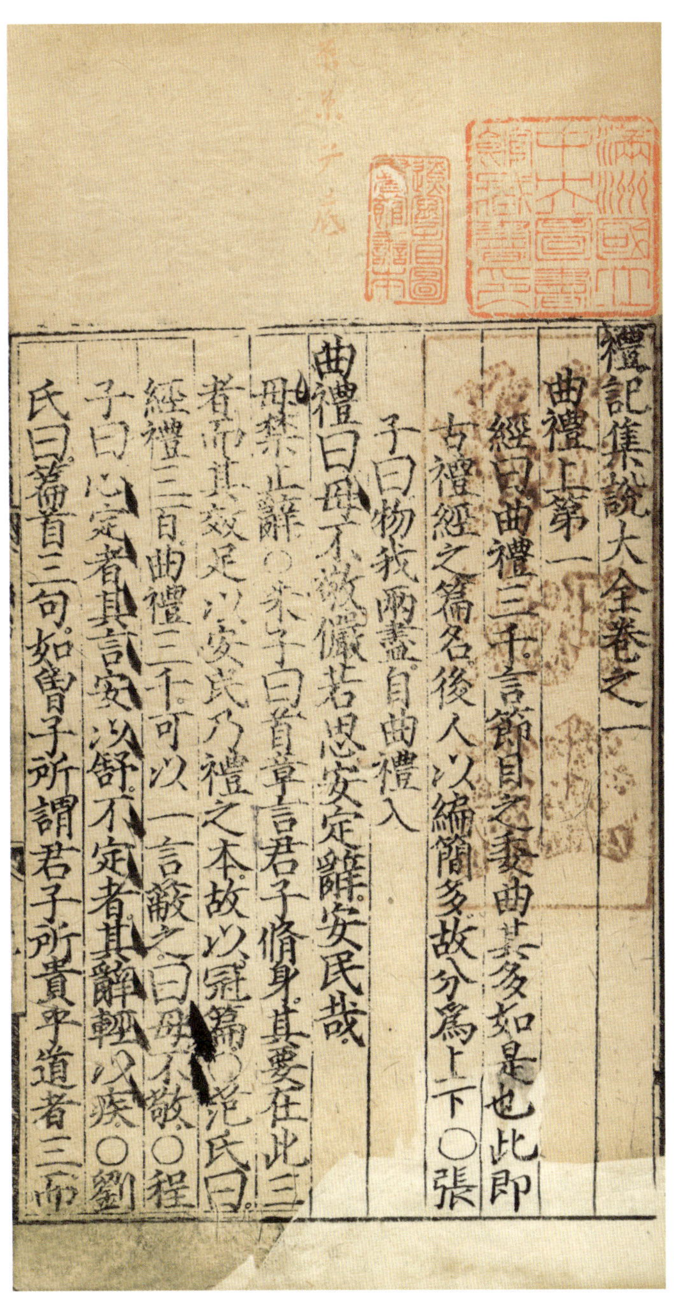

禮記集說大全卷之一

曲禮上第一

經曰曲禮三千言節目之委曲其多如是也此即

古禮經之篇名後人以編簡多故分爲上下○張

子曰物我兩盡自曲禮入

曲禮曰毋不敬儼若思安定辭安民哉

毋禁止辭○朱子曰首章言君子脩身其要在此三

者而其效足以安民乃禮之本故以冠篇○范氏曰

經禮三百曲禮三千可以一言蔽之曰毋不敬○程

子曰心定者其言安以舒不定者其辭輕以疾○劉

氏曰篇首三句如曾子所謂君子所貴乎道者三而

胡广（1370—1418），字光大，号晃庵，吉安路吉水州（今江西吉水）人。明建文二年（1400）状元。累官至文渊阁大学士。卒谥文穆。

明初胡广等修《五经大全》，《礼记》以澔注为主，取代郑注孔疏成为科举考试的官方教材，用以取士，遂诵习相沿。《四库全书总目》评曰："盖说《礼记》者，汉唐莫善于郑、孔，而郑注简奥，孔疏典赡，皆不似澔注之浅显。宋代莫善于卫湜，而卷帙繁富，亦不似澔注之简便。"

三礼考注

六十四卷

（元）吴澄撰

明成化九年（1473）谢士元校刻本

十册

辽宁省图书馆藏

国家珍贵古籍名录01353号

吴澄（1249—1333），字幼清，晚字伯清，世称草庐先生，抚州崇仁（今江西崇仁）人。著有《易纂言》、《礼记纂言》、《仪礼逸经传》等。

《三礼考注》是对《周礼》、《仪礼》、《曲礼》的考证注释。《四库全书总目》云："其书据《尚书·周官篇》以改《周礼》六官之属，分《大司徒》之半以补《冬官》，而《考工记》别为一卷。《仪礼》十七篇为正经，于大、小戴《记》中取六篇为《仪礼逸经》，取十五篇为《仪礼传》，别有《曲礼》八篇。"

此书为罗振玉旧藏。

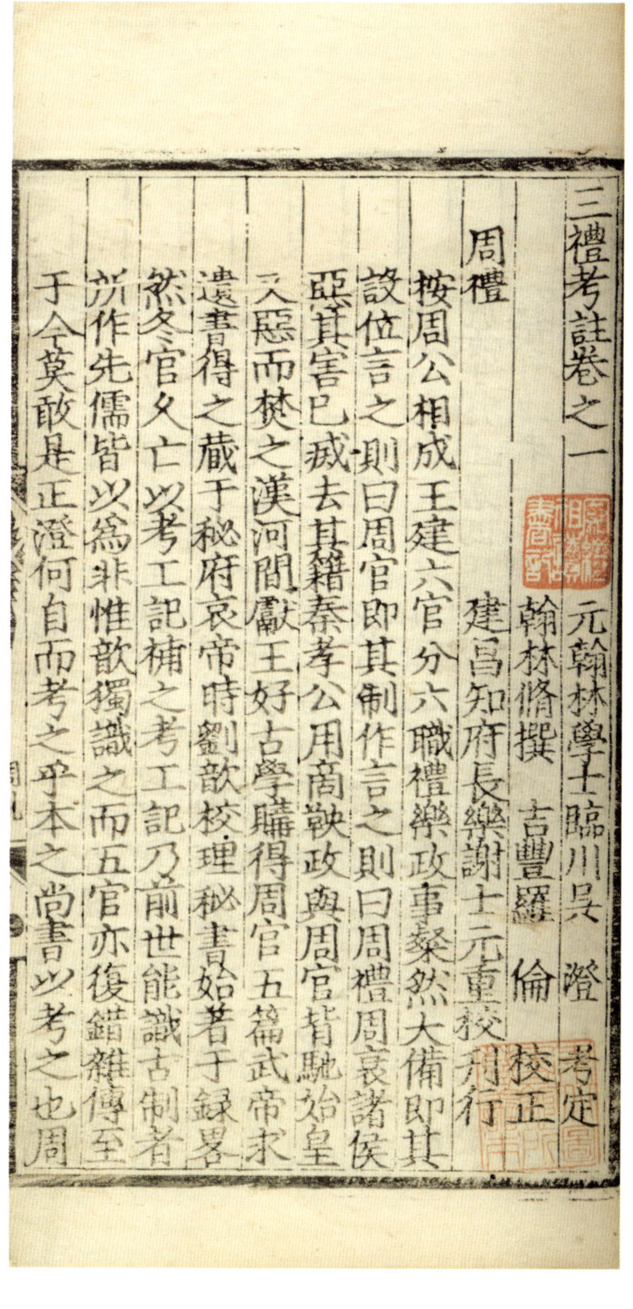

家礼集说

不分卷

（明）冯善撰

明宣德刻本

四册

沈阳故宫博物院藏

国家珍贵古籍名录01355号

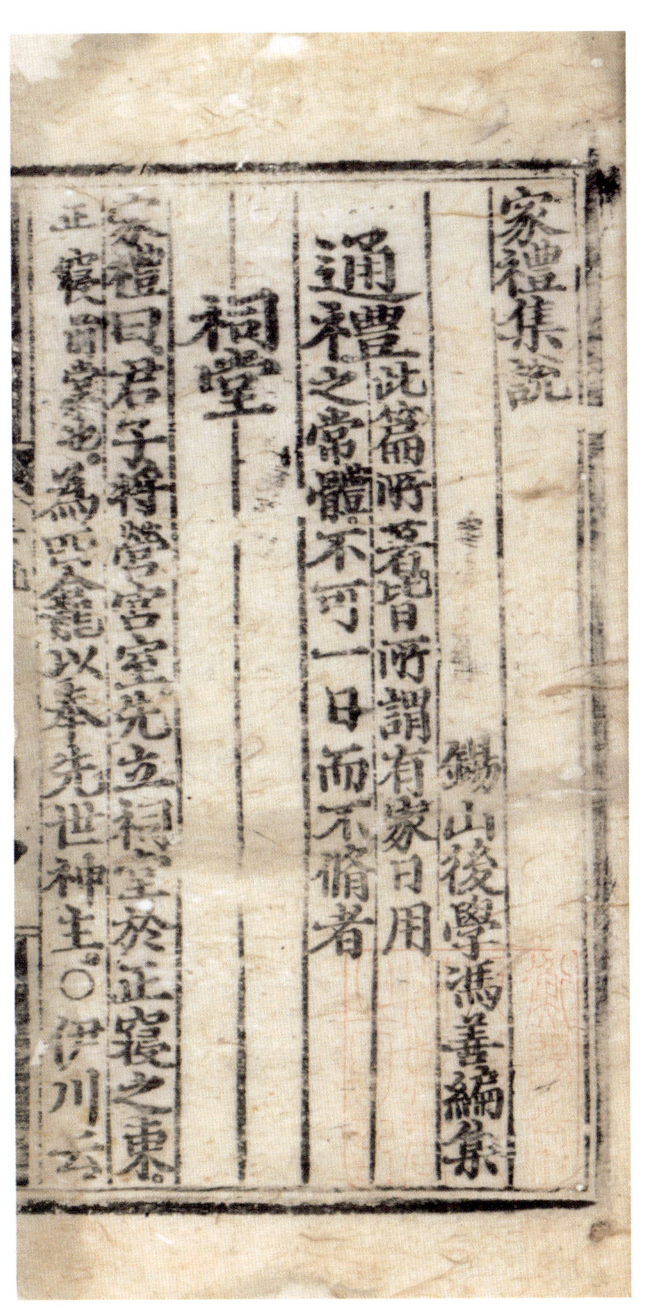
家禮集說

錫山後學馮善編集

通禮此篇所著皆所謂有家日用之常體不可一日而不脩者

祠堂

家禮曰君子將營宮室先立祠堂於正寢之東

正寢謂前堂也為四龕以奉先世神主○伊川云

冯善，生平事迹无考。

《朱子家礼》是宋代朱熹所著的纲常伦理、礼节礼仪之书，共分通礼、冠礼、昏（婚）礼、丧礼和祭礼五部分。冯善《家礼集说》是《朱子家礼》流传较广的注释本。此书以朱子晚年定论订正初论，以明朝时制补《家礼》之未及，以乡土风俗解释《家礼》。对于各条或有古今异同及须释义者，则设“或问”于下，给予明确解释。

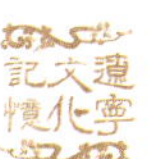

乐经元义 八卷

（明）刘濂撰

明嘉靖刻本

四册

辽宁省图书馆藏

国家珍贵古籍名录07359号

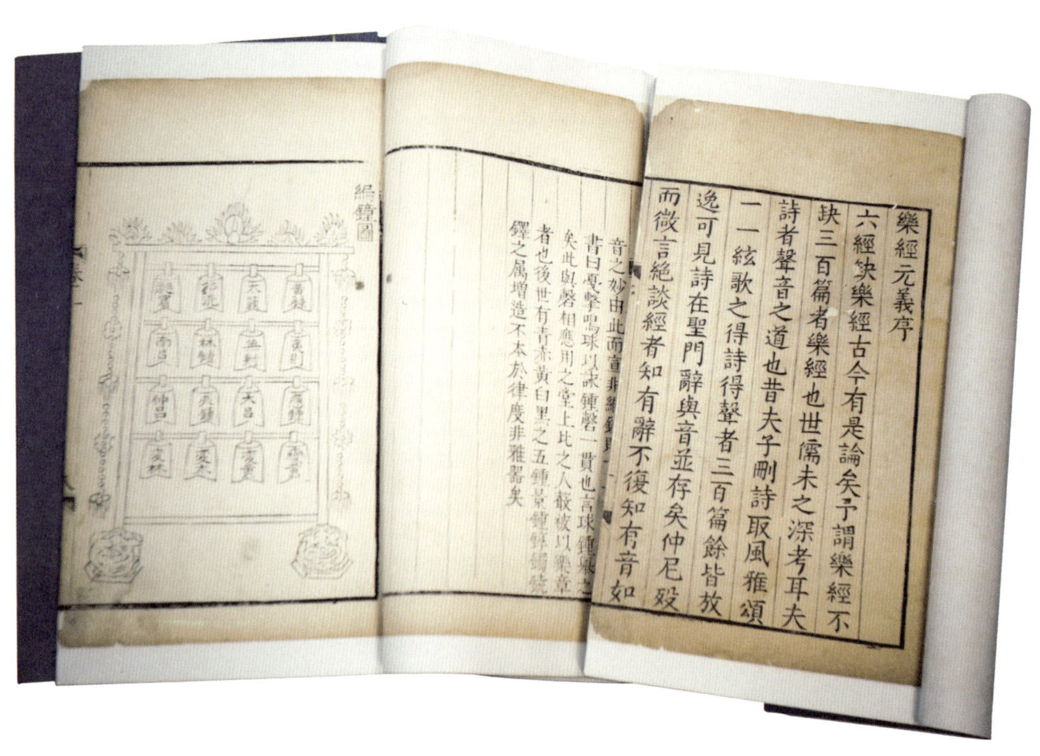

樂經元義序

六經缺樂經古今有是論矣予謂樂經不缺三百篇者樂經也世儒未之深考耳夫詩者聲音之道也昔夫子刪詩取風雅頌一一絃歌之得詩得聲者三百篇餘皆放逸可見詩在聖門辭與音並存矣仲尼歿而微言絕談經者知有辭不復知有音如

刘濂（1494—1567），字浚伯，南宫（今河北南宫）人。明正德十五年（1520）进士。官河南杞县知县，嘉靖四年（1525）升任监察御史。著有《易象解》。

是书第一卷曰《律吕篇》，二卷曰《八音篇》，三卷曰《万舞篇》，四卷至七卷曰《古诗音调篇》，八卷曰《微言篇》。刘濂云："六经缺乐经，古今有是论矣。予谓乐经不缺，三百篇者，乐经也，世儒未之深考耳。" 其论律吕，专驳《乐记》与《周礼·大司乐》。其论音调，谓《三百篇》之中宫、商近雅，徵、羽近淫。每篇每章，分出某宫某律，又于其中分别有和有乱。其论《颂》，又极驳圜钟、函钟。其论大都自任臆见，无所师承。

樂經元義卷一

南宮微山劉濂著

律呂篇

律元

書曰詩言志歌永言聲依永律和聲八音克諧無相奪倫神人以和此萬世詩樂之宗也夫人性本靜也喜怒哀樂之心感而呻吟謳嘆之事興凡詩篇歌曲莫不陳其情而敷其事故曰詩言志也歌生于言永生于歌引長其音而使之悠颺回翔累然而成節奏故曰歌永言也樂聲效歌非人歌效樂當歌之詩必和之以鍾磬琴

苑洛志乐

二十卷

（明）韩邦奇撰

明嘉靖刻本

十二册

辽宁大学图书馆藏

国家珍贵古籍名录07355号

韩邦奇（1479—1556），字汝节，号苑洛，陕西大荔人。明正德三年（1508）进士。累官至南京兵部尚书。

《苑洛志乐》叙乐器、舞步之要津，是研究中国古代礼乐礼节的重要著作。约成书于明弘治十七年（1504）。前两卷取《律吕新书》为之直解，第三卷以下为邦奇自著。

苑洛志樂卷之一

陳氏樂書曰甚哉諸儒之論律呂何其紛紛邪謂陰陽相生自黄鐘始而左旋八八爲伍管以九寸爲法者班固之說也下生倍實上生四實皆三其法而管又不專以九寸爲法者司馬遷之說也持隔九相生之說以中呂上生黄鐘不滿九寸謂之執始下生去滅上下相生終於南事十二律之外更增六八爲六十律者京房之說也本呂覽淮南王安蔡邕之說建蕤賓重生之議至於大呂夾鐘仲呂之律所生分等又皆倍焉著鄭康成之說也隔七爲上生隔八爲下生

卷一　一

春秋左传

三十卷

（晋）杜预注

（宋）林尧叟音注

明弘治十九年（1506）宗文堂刻本

（卷十八、二十一至二十二抄补）

三十册

辽宁省图书馆藏

国家珍贵古籍名录03339号

杜预（222—284），字元凯，京兆杜陵（今陕西西安东南）人。西晋时期著名的政治家、军事家。累官至司隶校尉。著有《春秋左氏经传集解》、《春秋释例》等。

《春秋》为儒家经典之一，相传由孔子据鲁国史官所编《春秋》加以整理修订而成，是中国现存最早的一部编年体史书。《春秋》记载了从鲁隐公元年（前722）到鲁哀公十四年（前481）的历史。历代注释《左传》的著作颇多，杜预撰《春秋经传集解》，把《春秋》与《左传》合为一编。后唐代孔颖达遵循杜预注而为疏，成为历史上最有影响的注释之作。

此书为罗振玉旧藏，钤有“臣振玉”、“雪翁”、“宸翰楼”等印。

春秋传 三十卷

（宋）胡安国撰
明天启刻朱墨套印本
十册
辽宁大学图书馆藏
国家珍贵古籍名录03360号

胡安国（1074—1138），字康侯，号青山，建州崇安（今福建武夷山）人。宋哲宗绍圣四年（1097）进士。历太学博士，提举湖南、成都学事。卒谥文定。著有《资治通鉴举要补遗》。

胡安国所著《春秋传》，宗程颐之学，以“六经注我”、“天理人欲”，兼取“三传”，对《春秋》作了全新的诠释。“义理”是胡安国诠释《春秋》的准则，且是其发《春秋》“微言大义”之所在。胡安国《春秋传》因这一特色，被定为官学，元、明科举考试《春秋》经义采用“三传”及胡传。

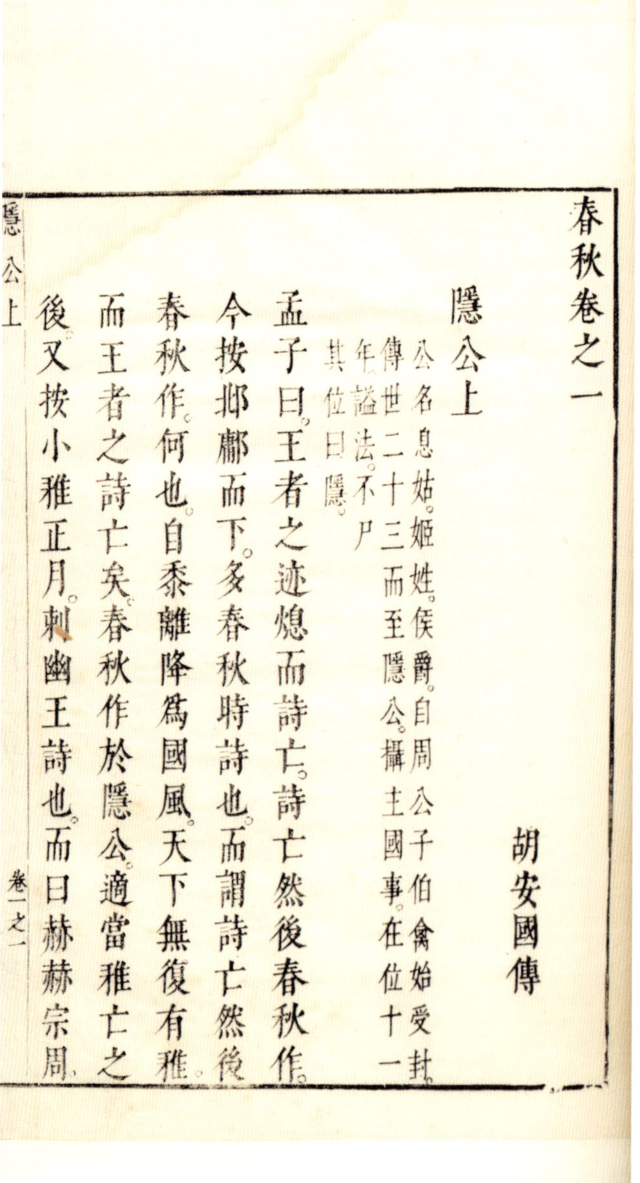
春秋卷之一
胡安國傳
隱公上
公名息姑。姬姓。侯爵。自周公子伯禽始受封。傳世二十三而至隱公。攝主國事。在位十一年。謚法。不尸其位曰隱。
孟子曰。王者之迹熄而詩亡。詩亡然後春秋作。
今按邶鄘而下。多春秋時詩也。而謂詩亡然後
春秋作。何也。自黍離降爲國風。天下無復有雅。
而王者之詩亡矣。春秋作於隱公。適當雅亡之
後。又按小雅正月。刺幽王詩也。而曰赫赫宗周。
隱公上　卷一之一

春秋集注

三十卷首一卷

（宋）胡安国撰

（宋）林尧叟音注

明嘉靖三十年（1551）逢原溪馆刻本

七册

存三十卷

大连图书馆藏

国家珍贵古籍名录01357号

是书牌记镌“嘉靖辛亥岁石笋山人梓于逢原溪馆”。

春秋年考 一卷

题天畸人撰

明末抄本（四库进呈本）

一册

辽宁省图书馆藏

国家珍贵古籍名录07385号

天畸人，生平事迹无考。

《春秋年考》，诸家书目鲜有著录。《明史·艺文志》及朱彝尊《经义考》俱未载。著者自序云："既述《春秋君臣事略》，国各为编，人各为叙，若综而絜之，不知事属何年、人属何时，于是更作《春秋年考》。"是编仿《史记》十二国年表之体，而略有异同。所撰皆本于经，综纲絜要，凡某国之事即系于某国表中，非大事则不载，大抵宗《史记》年表、《通志》年谱、《通鉴目录》之例而损益之。

绘孟 七卷

（明）戴君恩撰

明天启闵齐伋刻朱墨套印本

四册

辽宁省图书馆藏

国家珍贵古籍名录03380号

戴君恩（1570—1636），字忠甫，号紫宸，别号兰江痴叟，澧州（今湖南澧县）人。明万历四十一年（1613）进士。历工部主事、两浙水利参议兼盐法、山东参政、山西巡抚等职。著有《四书剩言》、《读风臆评》等。

此书是《孟子》评点著作。《绘孟》评点风格与《读风臆评》相近，皆以臆评。龚惟敬天启四年（1624）所作《绘孟》跋语云及刻书事：“初先生于巴，有《读风臆评》四卷，刻于蜀中。已而乌程闵遇五太学，加朱黛，为刻于吴中。”

此本钤有“萃闵堂所有书籍记”印。

尔雅 三卷

（晋）郭璞注

明刻本

罗振玉、王国维跋

二册

旅顺博物馆藏

国家珍贵古籍名录07426号

郭璞（276—324），字景纯，河东闻喜（今山西闻喜）人。博学，好古文奇字，词赋为东晋之冠，因喜阴阳历算五行卜筮之术，所占多奇验，其文学几为术数所掩。著有《尔雅注》、《尔雅音》。

《尔雅》是中国最早的一部解释词义的书，是考证古代词语的重要著作。其中“尔”是近正的意思，“雅”是“雅言”，“尔雅”就是使语言接近于官方规定的语言。

此本为罗振玉旧藏。

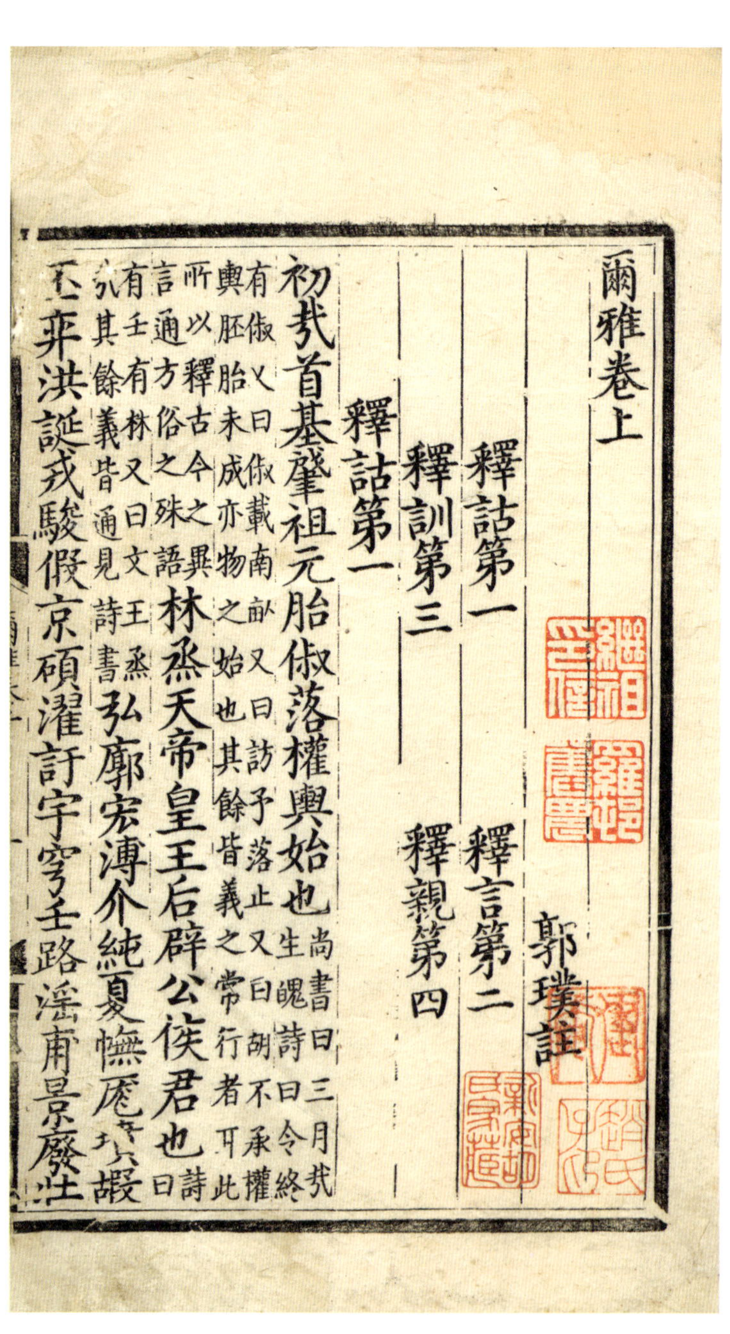
爾雅卷上

釋詁第一　釋言第二　郭璞註

釋訓第三　釋親第四

釋詁第一

初哉首基肇祖元胎俶落權輿始也尚書曰三月哉生魄詩曰令終有俶又曰俶載南畝又曰訪予落止又曰胡不承權輿胚胎未成亦物之始也其餘皆義之常行者耳此所以釋古今之異言通方俗之殊語

林烝天帝皇王后辟公侯君也詩曰有壬有林又曰文王烝哉其餘義皆通見詩書

弘廓宏溥介純夏幠厖墳嘏丕弈洪誕戎駿假京碩濯訏宇穹壬路淫甫景廢壯

从古正文 五卷
字原释义一卷

（明）黄谏撰

明嘉靖十五年（1536）李宗枢石叠山房刻本

二册

辽宁省图书馆藏

国家珍贵古籍名录03442号

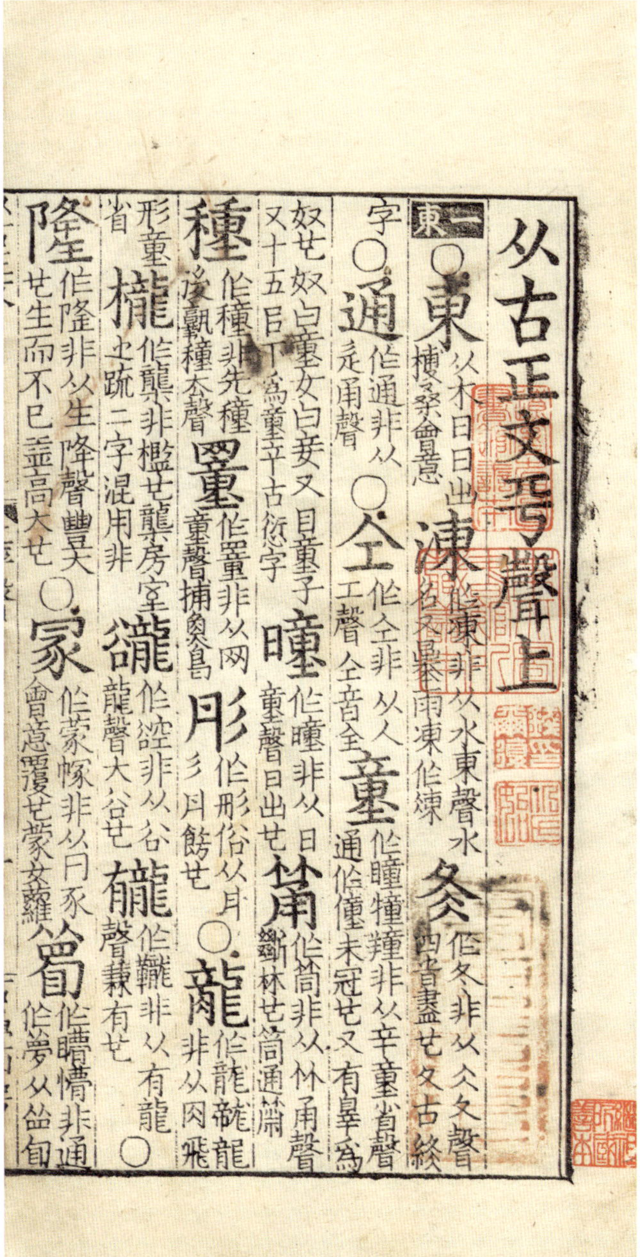

黄谏（1403—1465），字廷臣，号卓庵，又号兰坡，庄浪卫（今甘肃永登）人。明正统七年（1442）探花。授翰林院编修，迁侍读学士。

其书考正字画之讹，以《洪武正韵》隶字，每字大书正文，而分疏训诂，注“作某某非”于其下。《四库全书总目》评其书：“所推论六书之义，未尝不确。而篆变八分，八分变楷，相沿既久，势不能同。故楷之不可绳以小篆，犹小篆之不可绳以籀文。谏乃一一以小篆作楷，奇形怪态，重译乃通。而究其底蕴，实止人人习见之《说文》九千字，非僻书也。无裨义理，而有妨施用。所谓其言成理而其事必不可行者，此类是矣。”

集钟鼎古文韵选 五卷

（明）释道泰撰

明抄本

五册

大连图书馆藏

国家珍贵古籍名录01421号

道泰（生卒年不详），字来峰，泰州（今江苏泰州）人。辑有《禅林类聚》等。

《集钟鼎古文韵选》分韵集钟鼎古文，然所收颇杂。秦权、汉鉴与三代之文并载之，殊乖条贯。他如《滕公石椁铭》本属伪迹，收之已失别裁，又钩摹全非其本状，则传写失真者多矣。其分韵改“咍”为“开”，改“添”为“凡”，上平有“元”、“魂”而无“痕”，下平多“三宣”一部，皆与《广韵》不同。盖从徐锴《篆韵谱》也。（《四库全书总目》）

封叶钤“乾隆三十八年□□□政李质颖送到钟鼎韵选壹部伍”印。另钤“翰林院印”满汉合璧朱文大方印。

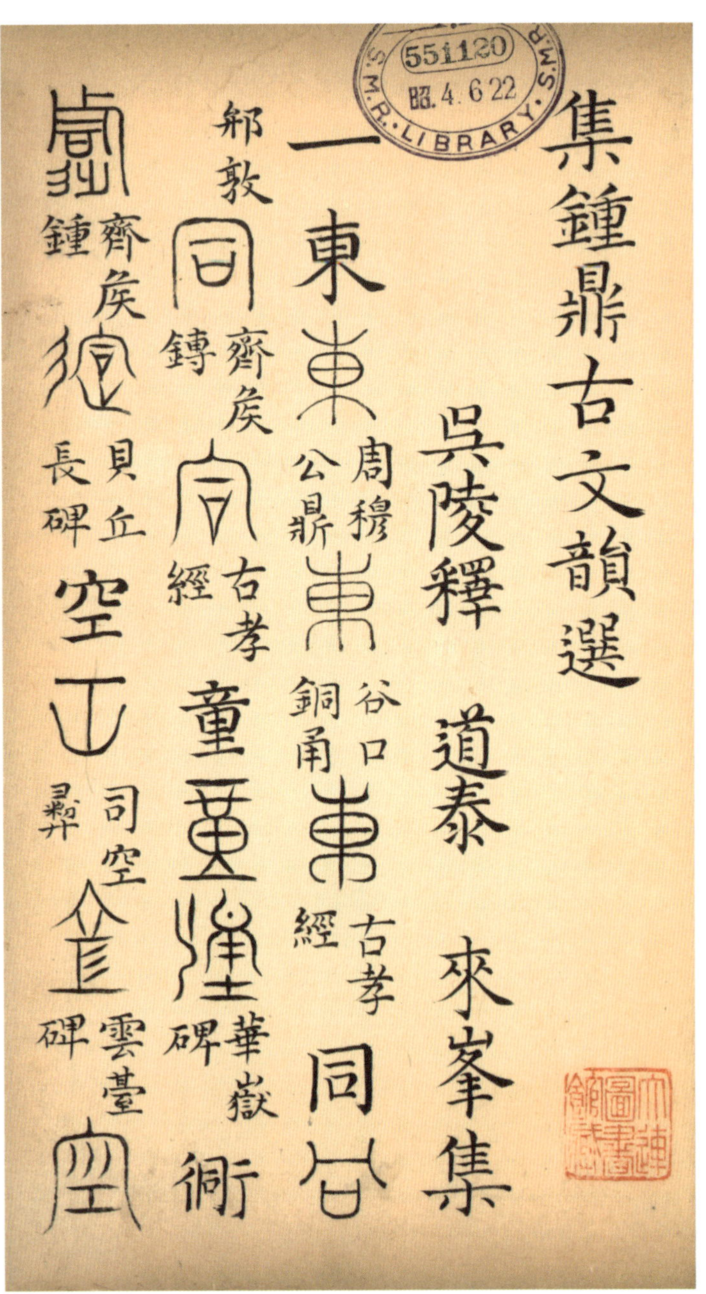

广韵 五卷

（宋）陈彭年等撰

明刻本

辽宁省图书馆藏

国家珍贵古籍名录07457号

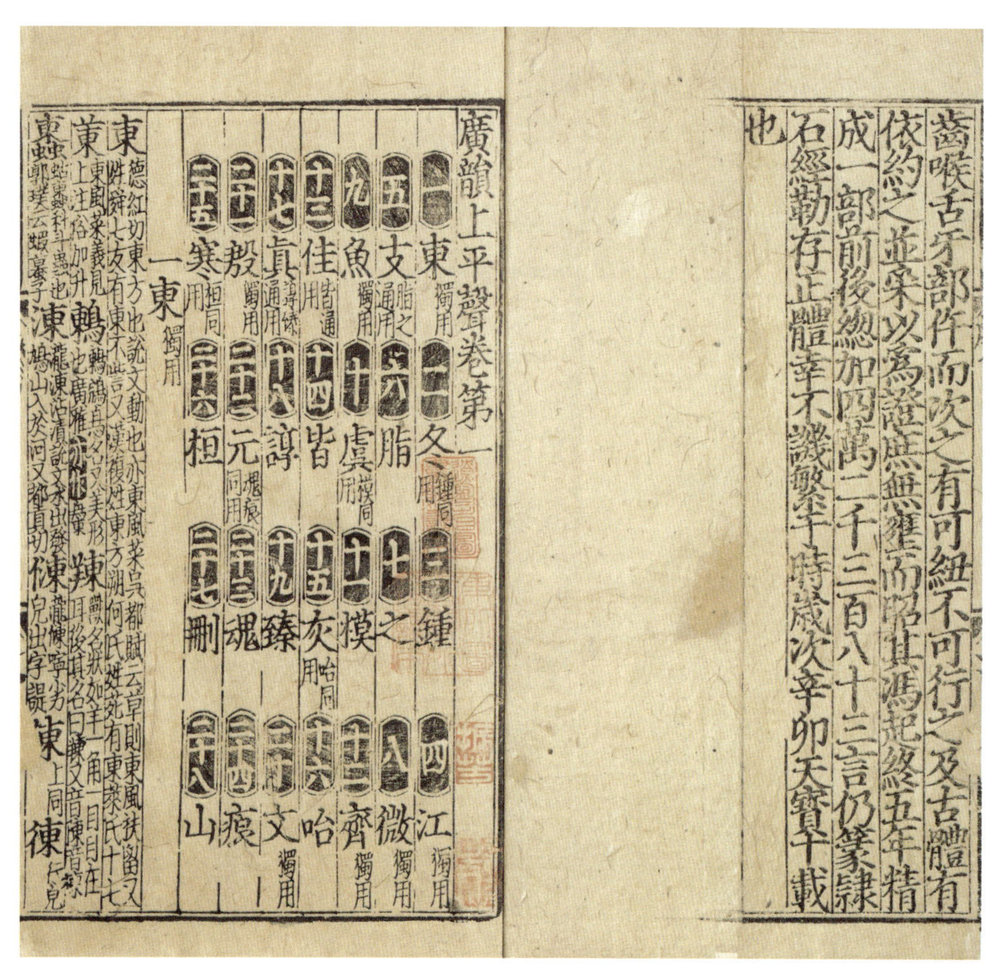
齒喉舌牙部件而次之有可紐不可行之及古體有
依約之並采以為證庶無壅而昭其馮起終五年精
成一部前後總加四萬二千三百八十三言仍篆隸
石經勒存正體幸不譏煩千時歲次辛卯天寶十載
也

廣韻上平聲卷第一

一東獨用　二冬鍾同用　三鍾　四江獨用
五支脂之同用　六脂　七之　八微獨用
九魚獨用　十虞模同用　十一模　十二齊獨用
十三佳皆同用　十四皆　十五灰咍同用　十六咍
十七真諄臻同用　十八諄　十九臻　二十文獨用
二十一殷獨用　二十二元魂痕同用　二十三魂　二十四痕
二十五寒桓同用　二十六桓　二十七刪　二十八山

一東獨用

陈彭年（961—1017），字永年，江西南城县人。宋雍熙二年（985）进士。累官至兵部侍郎。

《广韵》全称《大宋重修广韵》，是北宋官修的一部韵书。宋真宗大中祥符元年（1008），由陈彭年、丘雍等奉旨在前代韵书的基础上编修而成。原为增广《切韵》而作，除增字加注外，部目也略有增订。《广韵》共收字二万六千一百九十四个，注文共十九万一千六百九十二字。全书分二百零六韵。《广韵》是我国宋以前的韵书集大成者。

此本为项子京旧藏，后入藏清宫。

大明成化庚寅重刊改并五音集韵 十五卷

（金）韩道昭撰

明成化六年至七年（1470—1471）刻本

五册

大连图书馆藏

国家珍贵古籍名录01435号

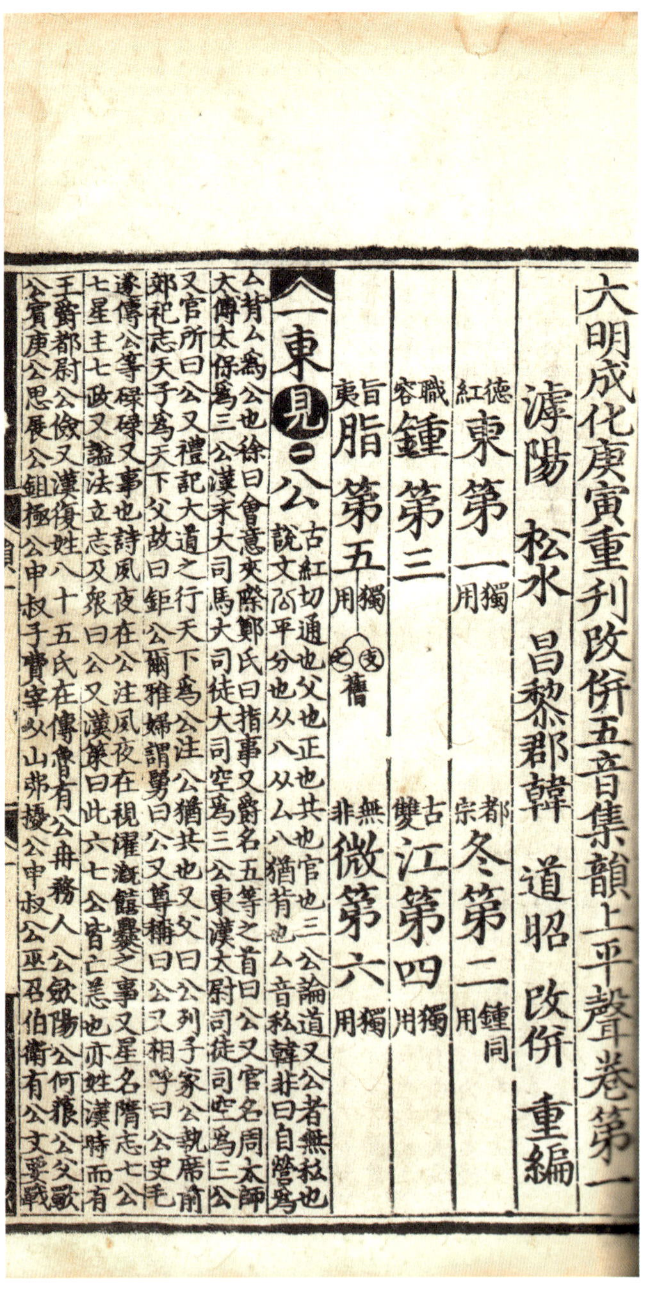

大明成化庚寅重刊改併五音集韻上平聲卷第一

滹陽 松水 昌黎郡韓 道昭 改併 重編

德紅 東第一 獨用　都宗 冬第二 鍾同用

職容 鍾第三　古雙 江第四 獨用

旨夷 脂第五 獨用　無非 微第六 獨用

韩道昭（生卒年不详），字伯晖，真定松水（今河北正定）人。金代音韵学家。

《五音集韵》成书于金泰和八年（1208）。书中所收字以《广韵》、《集韵》为基础，并选收其他有关字书内容。《五音集韵》把《广韵》二百零六韵归并为一百六十韵，其中平声四十四韵，上声四十三韵，去声四十七韵，入声二十六韵。小韵划分大致依据《广韵》，另参照《集韵》等韵书作一些补充。是书在编排体例上的变化对后代韵书编排影响较大，后出现的《韵略易通》、《五方元音》大都参照此书体例编排。

新编经史正音切韵指南 一卷

（元）刘鉴撰

明弘治九年（1496）释思宜刻本

一册

大连图书馆藏

国家珍贵古籍名录01443号

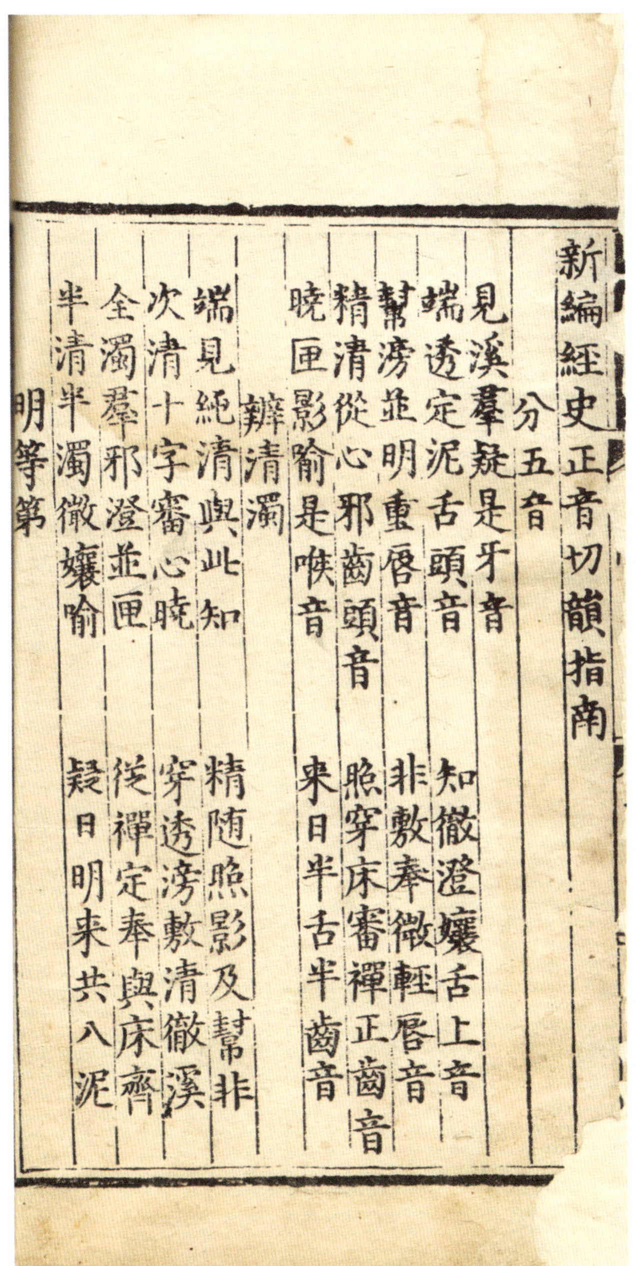

新編經史正音切韻指南

分五音

見溪羣疑是牙音　知徹澄孃舌上音

端透定泥舌頭音　非敷奉微輕唇音

幫滂並明重唇音　照穿床審禪正齒音

精清從心邪齒頭音　來日半舌半齒音

曉匣影喻是喉音

辨清濁

端見純清與此知　精隨照影及幫非

次清十字審心曉　穿透滂敷清徹溪

全濁羣邪澄並匣　從禪定奉與床齊

半清半濁微孃喻　疑日明來共入泥

明等第

刘鉴（生卒年不详），字士明，自署关中人。元代音韵学家。

《切韵指南》作于元代，当时实际语音与反映中古音系并汇合古今南北语音特点的《广韵》等韵书已经不合，故《切韵指南》韵部依据《五音集韵》作了归并。刘鉴自序云此书“与韩氏（道昭）《五音集韵》互为体用。诸韵字音，皆由此韵而出也”。

新编篇韵贯珠集 八卷

（明）释真空撰

明弘治六年（1493）刻本

一册

大连图书馆藏

国家珍贵古籍名录01455号

真空（生卒年不详），号清泉，万历中京师慈仁寺僧。

《新编篇韵贯珠集》分为《五音篇首歌诀》、《五音借部免疑海底金》、《检五音篇海捷法总目》、《贴五音类聚四声篇海捷法》、《订四声集韵卷数并韵头总例》、《贴五音四声集韵捷法总目》、《创安玉钥匙捷径门法歌诀》和《类聚杂法歌诀》等八门。《四库全书总目》评其书："大旨以《五音集韵》、《篇海》为本。二书卷帙稍繁，门目亦碎，故立捷法检寻之，无所发明考证……注中语助之词亦多误用，其难通更甚于《篇》、《韵》也。"

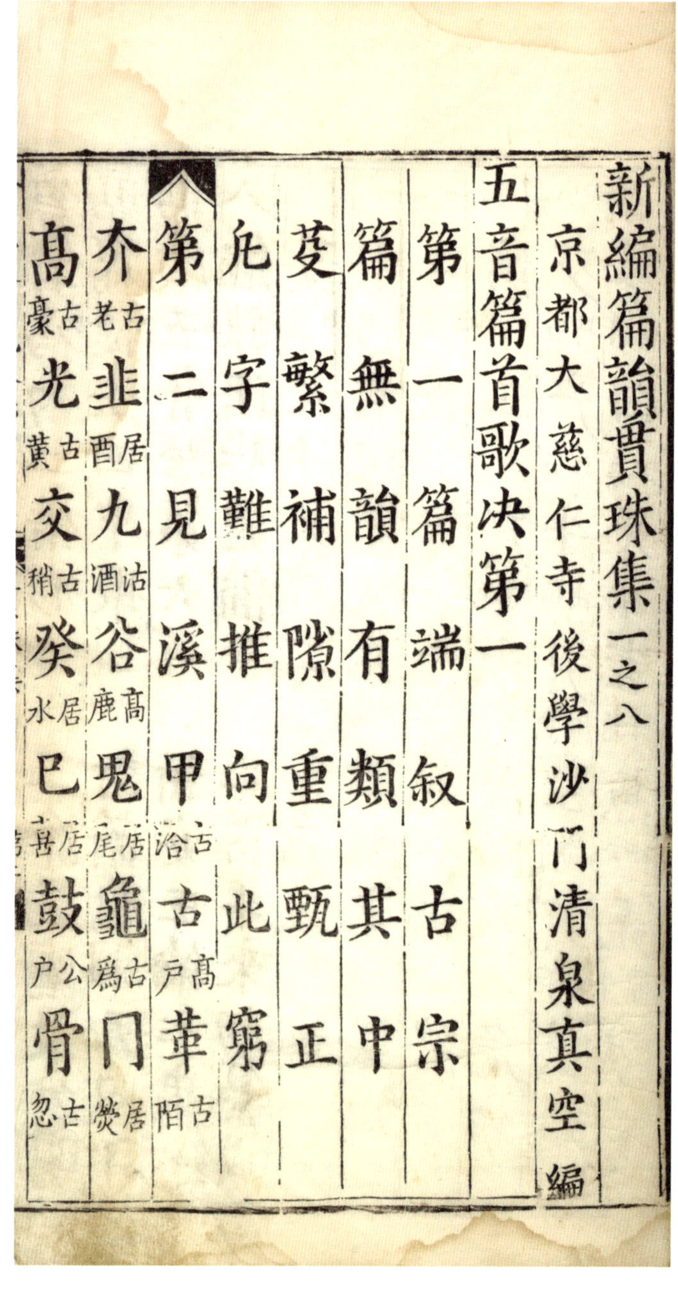

新編篇韻貫珠集一之八

京都大慈仁寺後學沙门清泉真空编

五音篇首歌决第一

第一篇端叙古宗

篇無韻有類其中

芟繁補隙重甄正

卮字難推向此窮

第二見溪甲洽古古户高華陌古

夼老古韭酉居九酒沽谷鹿高鬼尾居龜爲古门焚居

高豪古光黄古交稍古癸水居巳喜居鼓户公骨忽古

史记 一百三十卷

（汉）司马迁撰
（南朝宋）裴骃集解
（唐）司马贞索隐
（唐）张守节正义
明嘉靖十三年（1534）秦藩朱惟焯刻本
二十册
辽宁省图书馆藏
国家珍贵古籍名录03497号

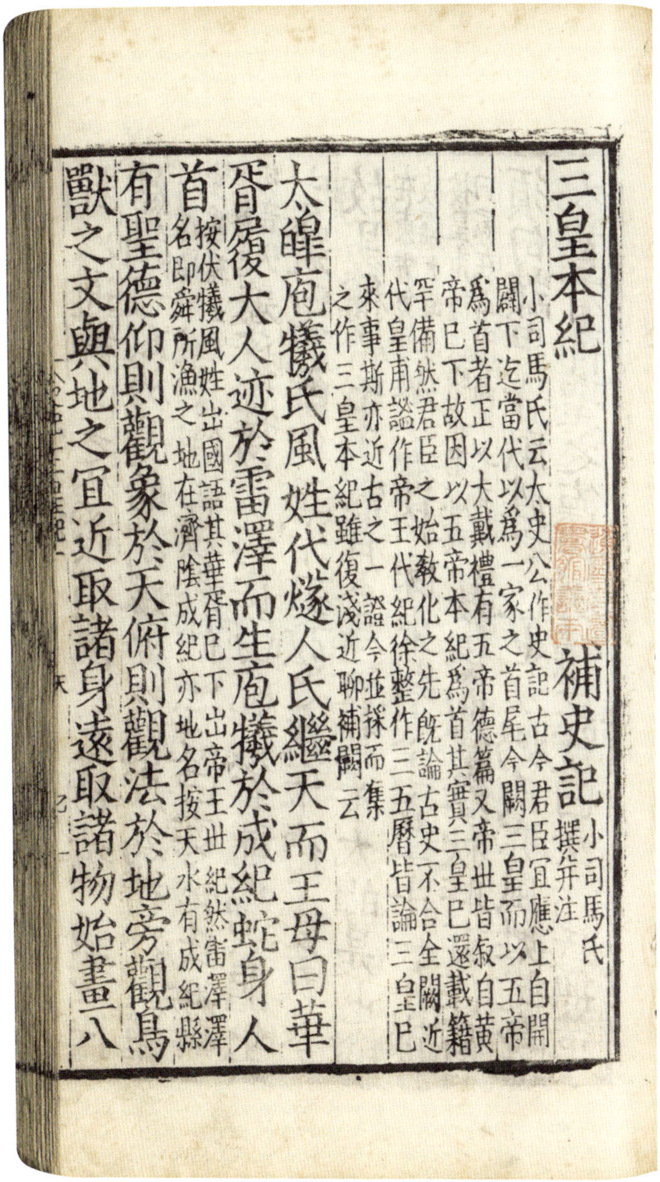
三皇本紀 補史記 小司馬氏撰并注
小司馬氏云太史公作史記古今君臣宜應上自開闢下迄當代以爲一家之首尾今闕三皇而以五帝爲首者正以大戴禮有五帝德篇又帝世皆叙自黄帝已下故因以五帝本紀爲首其實三皇已還載籍罕備然君臣之始教化之先旣論古史不合全闕近代皇甫謐作帝王代紀徐整作三五曆皆論三皇已來事斯亦近古之一證今並採而集之作三皇本紀雖復淺近聊補闕云
太皥庖犧氏風姓代燧人氏繼天而王母曰華胥履大人迹於雷澤而生庖犧於成紀蛇身人首按伏犧風姓出國語其華胥已下出帝王世紀然雷澤名即舜所漁之地在濟陰成紀亦地名按天水有成紀縣有聖德仰則觀象於天俯則觀法於地旁觀鳥獸之文與地之宜近取諸身遠取諸物始畫八

司马迁（前145或前135—前87?），字子长，夏阳（今陕西韩城南，一说山西河津）人。西汉时任太史令、中书令等职。中国古代伟大的史学家、文学家、思想家。

《史记》是中国第一部纪传体通史，记录黄帝至汉武帝三千余年历史，体制完备，史料详实，文字生动，被誉为“史家之绝唱，无韵之离骚”。宋代将刘宋裴骃集解，唐司马贞索隐、张守节正义等后人注释同《史记》正文合刻，产生了《史记》三家注本。三家注是魏晋隋唐时期《史记》注释的集大成之作，三家依次相注，互为补充，关系紧密，是后世《史记》研究的基石。

明嘉靖十三年（1534）秦藩朱惟焯刻本为翻刻宋本。

南史 八十卷

（唐）李延寿撰

明初刻明修本

十五册

存六十卷

辽宁省图书馆藏

国家珍贵古籍名录03511号

列傳第五　南史十五

李　延壽

劉穆之 曾孫祥 從子秀之　徐羨之 從孫湛之 湛之孫孝嗣

傅亮 族兄隆　檀道濟 兄韶 韶弟祗 韶孫佐

劉穆之字道和小字道人東莞莒人也世居京口初為琅邪府主簿嘗夢與宋武帝汎海遇大風驚俯視船下見二白龍挾船既而至一山山峯聳秀意甚悅及武帝剋京城從何無忌求府主簿無忌進穆之帝曰吾亦識之即馳召焉時穆之聞京城有叫聲晨出陌頭屬與信會直視不言者久之反室壞布裳為袴往見帝帝謂曰我始舉大義

藏书 六十八卷

（明）李贽撰

明万历二十七年（1599）焦竑刻本
十五册

辽宁省图书馆藏

国家珍贵古籍名录03517号

藏書世紀卷一
九國兵爭
東周西周
周烈王立十年崩弟顯王立顯王立四十八年崩子慎靚王立慎靚王立六年子赧王立先是敬王四年子朝奔楚王雖反國然以子朝餘黨多在王城乃徙都成周而王城之都廢至考王封其弟揭於王城爲周桓公自此以後東有王西有公而東西之名猶未立也及桓公生威公威公生惠公惠公之少子班又

李贽（1527—1602），初名载贽，号卓吾，又号宏甫，福建晋江人。明嘉靖三十一年（1552）举人。官共城知县、国子监博士，万历中为姚安知府。著有《焚书》、《续焚书》等。

《藏书》采摭历代正史人物事迹，编为世纪和列传两部分，共收记了八百多人，上起战国，下迄于元代。世纪一至八卷记朝代更替及帝王个人活动。列传一至六十卷分大臣传、名臣传、儒臣传、武臣传、贼臣传、亲臣传、近臣传、外臣传八类，各类中人物依时代先后排列，每类之下又分若干门。

汉书评林

一百卷

（明）凌稚隆辑

明万历九年（1581）吴兴凌稚隆刻本（有抄配）

萧梦松题识

四十八册

沈阳师范大学图书馆藏

国家珍贵古籍名录07523号

凌稚隆（生卒年不详），字以栋，号磊泉，浙江乌程（今浙江湖州）人。明代出版家。辑有《史记评林》等。

《汉书》是我国第一部纪传体断代史，对后世史学影响深远。是书汇集《班马异同》、《黄氏日抄》、《文章正宗》、《崇古文诀》等东汉以来议论汉史之文，为当时汇辑《汉书》评点的大成之作。对于散见于历代文集中点评《汉书》的文字，汇辑其论，置于相应《汉书》篇章的眉首。对一事论述相同，采其优者；对一事点评不一，则采取存疑之法。

此本为近代藏书家丁福保旧藏。

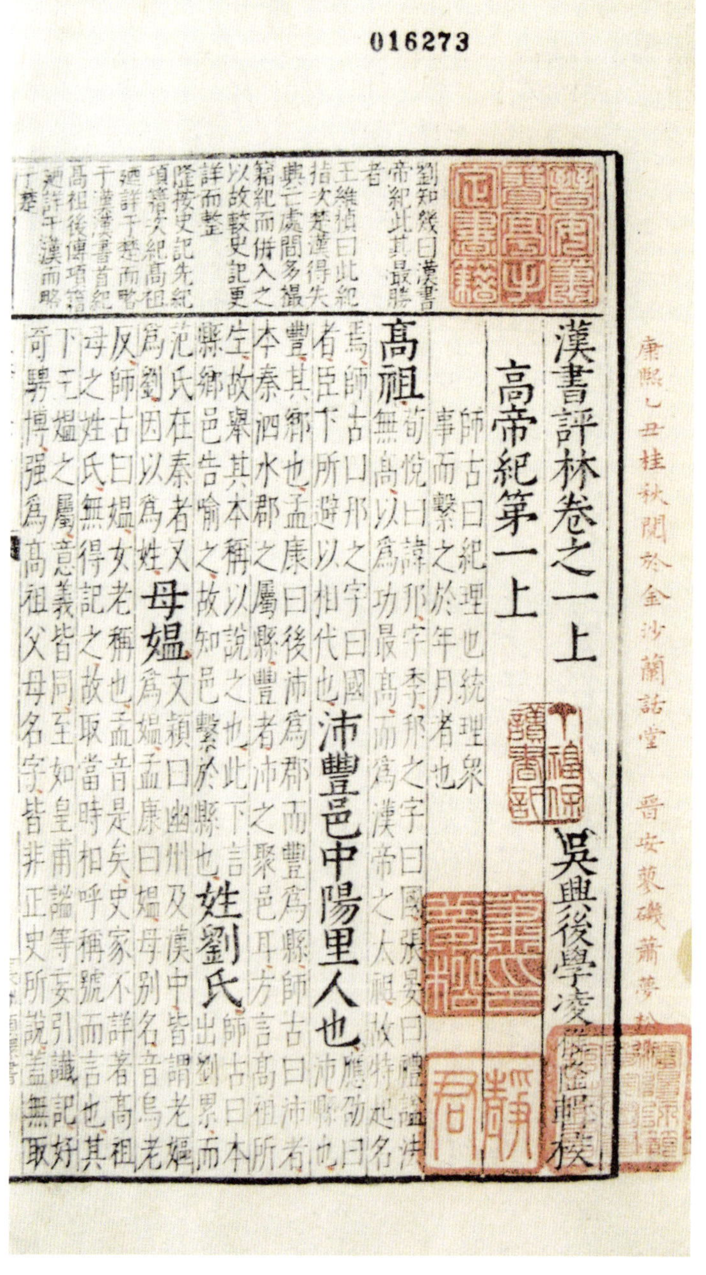

唐馀纪传

十八卷

（明）陈霆撰

明嘉靖二十三年（1544）冯焕刻本

四册

辽宁省图书馆藏

国家珍贵古籍名录03558号

陈霆（约1477—1550），字声伯，号水南，浙江德清人。明弘治十五年（1502）进士。历官刑科给事中、刑部主事、山西提学佥事。著有《水南稿》、《清山堂诗话》、《清山堂词话》等。

是书承《通鉴纲目》帝蜀之意，以南唐延继李唐为之正统。凡分图纪、列传、家人传、忠节传、义行传、隐逸传、藩附传、列女传、方技传、伶人传、别传、志略、附录。

宋史新编

二百卷

（明）柯维骐撰

明嘉靖刻本

四十二册

大连图书馆藏

国家珍贵古籍名录01478号

一百二十册

辽宁省图书馆藏

国家珍贵古籍名录03565号

柯维骐（1497—1574），字奇纯，福建莆田人。明嘉靖二年（1523）进士。一生专心做学问而不出来为官。著有《史记考要》、《续莆阳文献志》等。

《宋史新编》合宋、辽、金三史为一书，以宋为正统，辽、金附之。凡本纪十四卷、志四十卷、表四卷、列传一百四十二卷。柯氏治《宋史》用力甚勤，历时二十年，考订增补，撰为是书。《宋史新编》对《宋史》缺谬多有指正，而史料所增有限。

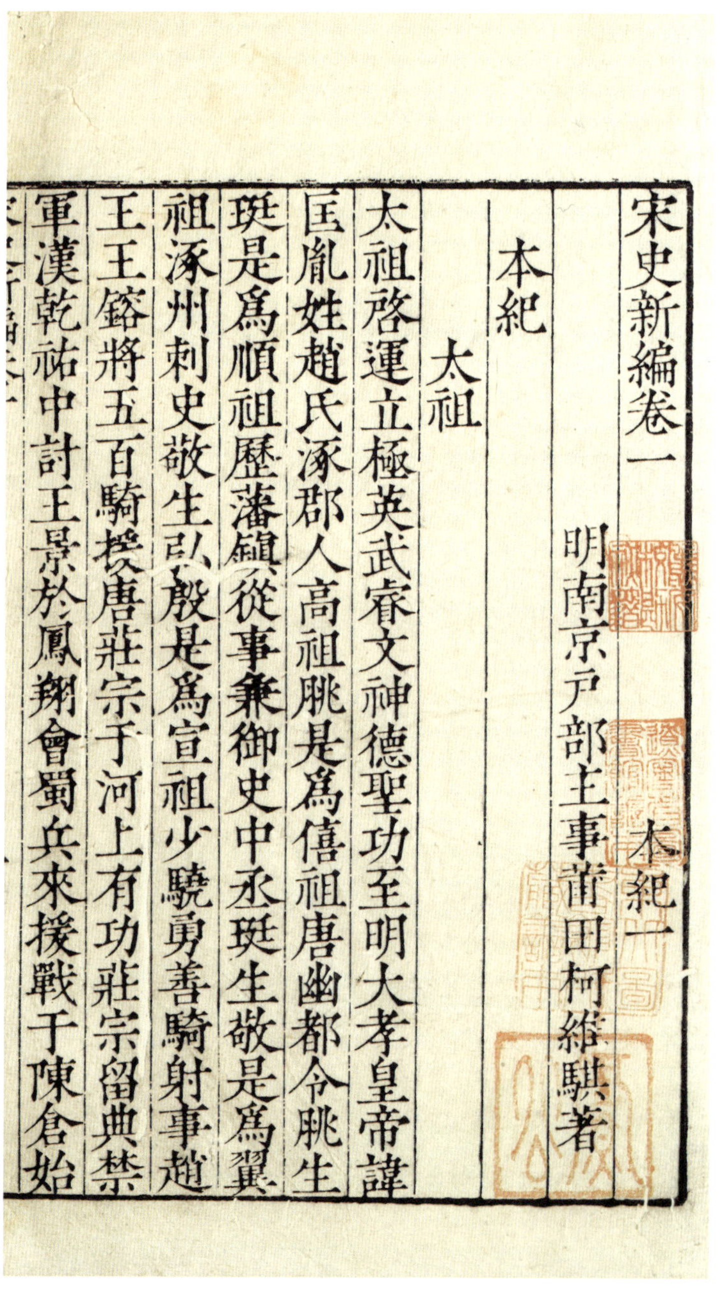
宋史新編卷一　明南京户部主事莆田柯維騏著　本紀一

本紀

太祖

太祖啓運立極英武睿文神德聖功至明大孝皇帝諱匡胤姓趙氏涿郡人高祖朓是爲僖祖唐幽都令朓生珽是爲順祖歷藩鎮從事兼御史中丞珽生敬是爲翼祖涿州刺史敬生弘殷是爲宣祖少驍勇善騎射事趙王王鎔將五百騎援唐莊宗于河上有功莊宗留典禁軍漢乾祐中討王景於鳳翔會蜀兵來援戰于陳倉始

资治通鉴纲目集览 五十九卷

（元）王幼学撰
明内府刻本
六册
辽宁省图书馆藏
国家珍贵古籍名录03651号

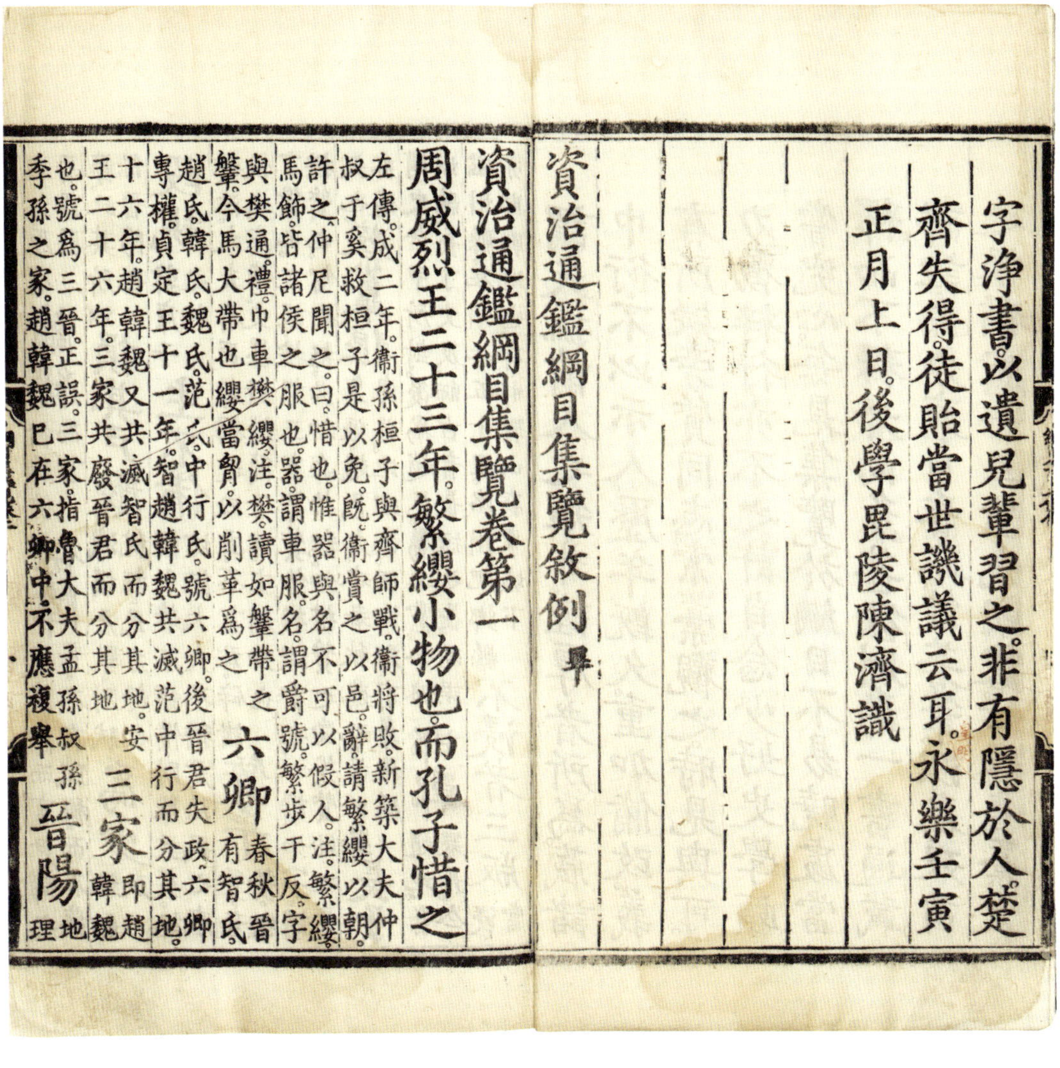

字淨書以遺兒輩習之。非有隱於人。楚齊失得徒貽當世譏議云耳。永樂壬寅正月上日。後學毘陵陳濟識

資治通鑑綱目集覽敘例 畢

資治通鑑綱目集覽卷第一

周威烈王二十三年。繁纓小物也而孔子惜之 左傳。成二年。衛孫桓子與齊師戰。衛將敗。新築大夫仲叔于奚救桓子。是以免。既。衛賞之以邑。辭。請繁纓以朝。許之。仲尼聞之。曰。惜也。惟器與名不可以假人。注。繁纓馬飾。皆諸侯之服也。器。謂車服。名。謂爵號。繁步干反。字與樊通。禮。巾車樊纓。注。樊讀如鞶帶之鞶。今馬大帶也。纓當胷。以削革為之

六卿 春秋晉有智氏。趙氏。韓氏。魏氏。范氏。中行氏。號六卿。後晉君失政。六卿專權。貞定王十一年。智趙韓魏共滅范中行而分其地。十六年。趙韓魏又共滅智氏而分其地。安王二十六年。三家共廢晉君而分其地

三家 即趙韓魏也。號為三晉。正誤。三家。指魯大夫孟孫叔孫季孫之家。趙韓魏已在六卿中。不應複舉

晉陽 地理

王幼学（1275—1368），字行卿，别号慈湖，元望江（今安徽望江）人。博学多才，终生不仕，于慈湖书院攻书讲学。

《资治通鉴纲目集览》于元大德三年（1299）始撰，取南宋朱熹《通鉴纲目》内容，悉为训诂，引喻证释，二十年时间七易其稿，纂述成书。明代永乐年间陈济为之正误，分系于《集览》各条之下。

续资治通鉴纲目 二十七卷

（明）商辂等撰
明成化十二年（1476）内府刻本
十四册
辽宁省图书馆藏
国家珍贵古籍名录03682号
二十六册
辽宁省博物馆藏
国家珍贵古籍名录03693号

商辂（1414—1486），字弘载，号素庵，浙江淳安人。明正统十年（1445）进士。历官兵部尚书、户部尚书、太子少保、吏部尚书、谨身殿大学士。卒谥文毅。著有《商文毅疏稿略》、《商文毅公集》等。

该书是明代中期商辂等奉敕所修，记自宋太祖建隆元年（960），迄于元顺帝至正二十七年（1367），共四百零八年史事。是书接续朱熹《通鉴纲目》，承朱熹"明正统、辨忠奸、正人纪"思想。

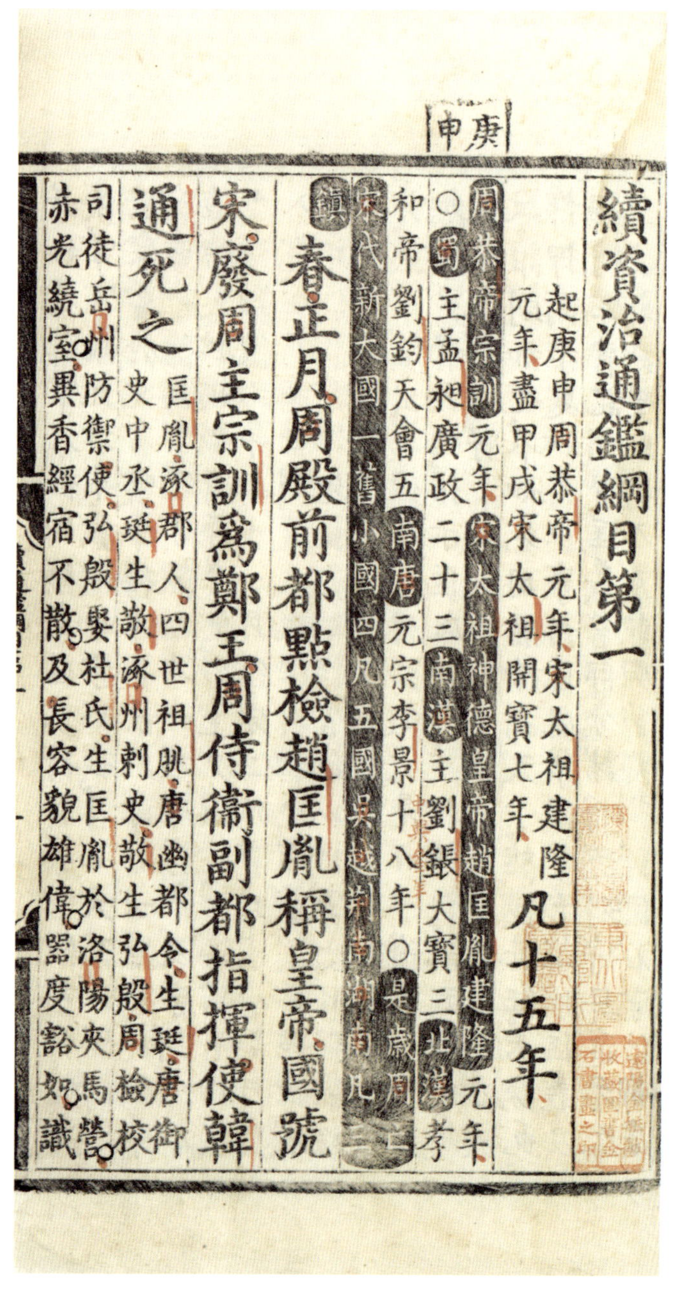

诸史会编大全

一百一十二卷

（明）金爊撰

明嘉靖四年（1525）金坛县刻本

六十册

存一百一十卷

大连图书馆藏

国家珍贵古籍名录01509号

諸史會編大全卷第一

東吳後學金爊編集

太古

盤古氏首出御世

陳氏桱曰太極生兩儀兩儀生四象四象變化而庶類繁矣相傳天地開闢首出御世者曰盤古氏又曰渾敦氏釋義曰盤古猶言盤固也渾敦未昭晰之謂也胡氏大紀曰盤古生於大荒莫知其始明天地之道達陰陽之變爲三才首君於是混茫開矣靜軒周氏曰上天立君以御世也人君立極以統衆也故易曰天地之大德曰生聖人之大寶曰位混沌之世天地始分即有盤古氏出自太極而生兩儀自兩儀而生四象變化無窮庶類繁夥由是天地始爲天地人物始爲人物而混茫開矣雖然鴻荒之世書契未立制度未備爲君者不過穴

會編卷一　一

金爊（生卒年不详），字懋光，嘉定（今属上海）人。明弘治十八年（1505）贡生，曾官浙江宁波象山儒学训导。

《诸史会编大全》是一部纲目体史书，记事上起太古，下迄元季。金爊“发凡起例，四十年始成”。全书分十九门，门下分类。

是书镌有多处刊语，如“嘉靖肆年岁次乙酉仲春望日直隶镇江府金坛县刊”。

历代通鉴纂要

九十二卷

（明）李东阳 刘机等撰

明正德二年（1507）内府刻本

六十册

辽宁省图书馆藏

国家珍贵古籍名录03736号

李东阳（1447—1516），字宾之，号西涯，湖广茶陵（今湖南茶陵）人。明天顺八年（1464）进士。累官至吏部尚书、华盖殿大学士。卒谥文正。著有《怀麓堂诗话》、《燕对录》等。

刘机（？—1522），字世衡，直隶大兴（今北京大兴）人。明成化十四年（1478）进士。累官至南京兵部尚书。

该书是李东阳等人奉敕编撰的一部编年体通史，以备经筵进请之用。全书记事起自三皇五帝，迄于元末。此书明正德二年（1507）由司礼监初刻。明代司礼监下辖经厂专门负责政府雕印书籍事。

此本钤“广运之宝”、“表章经史之宝”印。

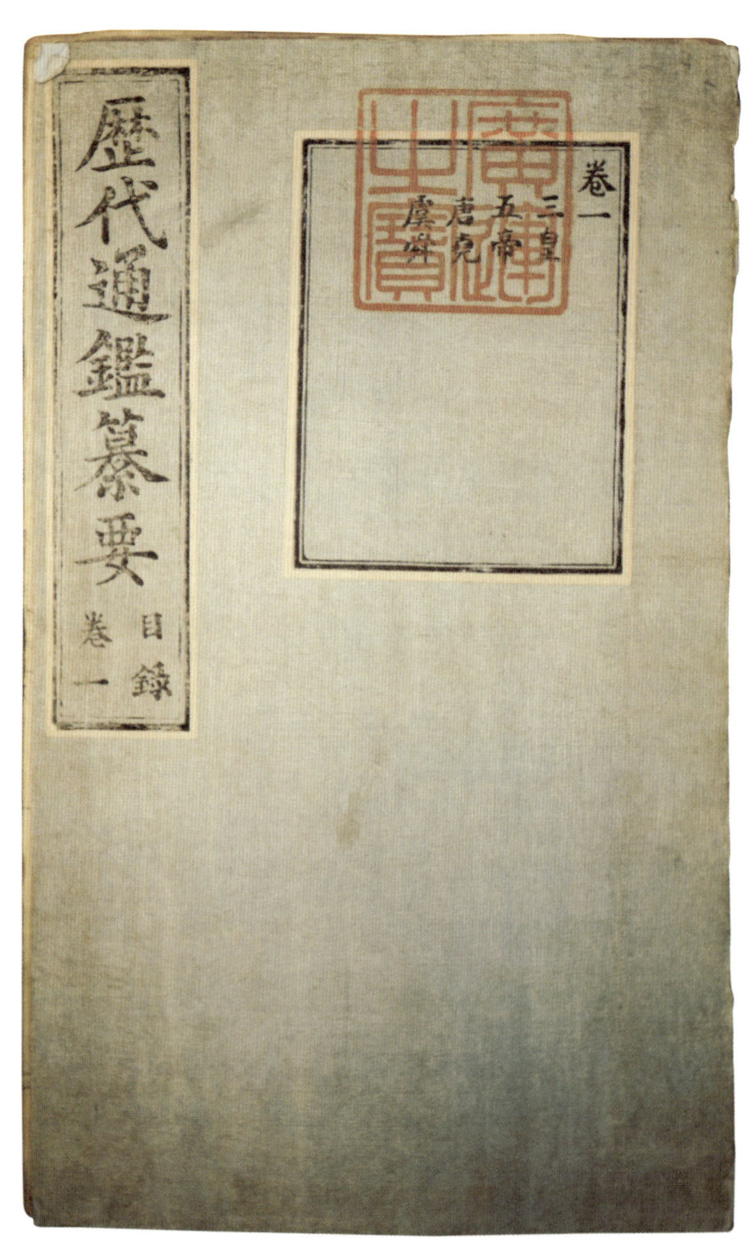

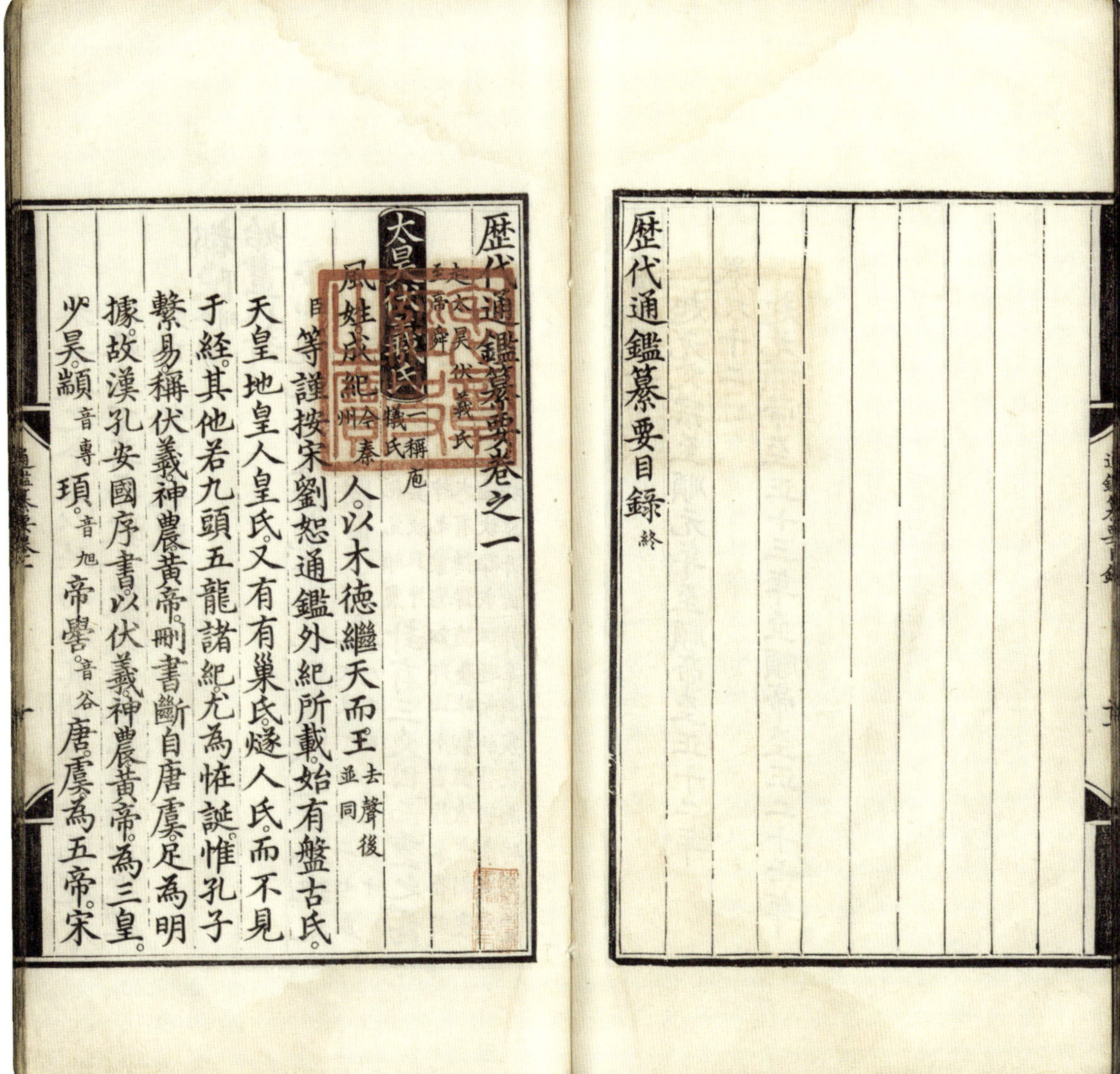

歷代通鑑纂要目錄終

歷代通鑑纂要卷之一

太昊伏羲氏（起太昊伏羲氏至帝舜）

（一稱庖犧氏）風姓成紀（今秦州）人。以木德繼天而王（去聲後並同）。

臣等謹按宋劉恕通鑑外紀所載。始有盤古氏。天皇地皇人皇氏。又有有巢氏。燧人氏。而不見于經。其他若九頭五龍諸紀。尤為恠誕。惟孔子繫易稱伏羲神農黃帝。删書斷自唐虞。足為明據。故漢孔安國序書。以伏羲神農黃帝為三皇。少昊。顓（音專）頊（音旭）帝嚳（音谷）唐虞為五帝。宋

三朝北盟会编

二百五十卷

（宋）徐梦莘撰

明抄本

三十六册

存一百八十卷

辽宁省图书馆藏

国家珍贵古籍名录07704号

徐梦莘（1126—1207），字商老，清江（今江西樟树）人。宋绍兴进士。历任南安军教授，知湘阴、宾州，累官至直秘阁。著有《北盟集补》、《读书记志》等。

《三朝北盟会编》为编年体史书，“三朝”，指宋徽宗赵佶、宋钦宗赵桓、宋高宗赵构三朝。该书记事起自北宋徽宗政和七年（1117），止于南宋高宗绍兴三十二年（1162），按年月日标出事目，加以编排，汇集了三朝有关宋金和战的史料，故称为“北盟会编”。该书引用官私著述二百余种，史料丰富，记述详赡，为研究宋、辽、金史的基本史籍之一。

该书长期仅有抄本流传，窜改甚多。清末始有通行本。

三朝北盟會編卷第五十四

朝散大夫充荆湖北路安撫司參議官賜緋魚袋臣徐夢莘編集

靖康中帙二十九

起靖康元年九月五日戊辰盡十三日丙子

五日戊辰吳敏落觀文殿學士宫祠

臣寮上言臣聞國之威柄惟賞與罰賞罰者是非之所以分而政事之所以立也若爲善者不賞有罪者不罰則是非倒置無所觀矣竊見前宰臣吳敏因上皇有内禪之意遂建白傳位于陛下曾未累日致位輔弼自惟年少不能協副衆望乃招賢能張大聲勢當是時也人皆稱之及戎虜既退寖生

两汉纪 六十卷

明嘉靖二十七年（1548）黄姬水刻本
十六册
辽宁省图书馆藏
国家珍贵古籍名录03763号

《两汉纪》是《汉纪》与《后汉纪》的合称。人们为了便于区分，也称《汉纪》为《前汉纪》。汉献帝时，荀悦受命用编年体改写《汉书》三十篇，以成《汉纪》。受荀悦《汉纪》影响，袁宏也采取编年体裁记叙东汉史事，著成《后汉纪》。

今所能见到的最早的《两汉纪》版本就是明嘉靖二十七年（1548）黄姬水所刊行的南宋王铚辑本。明神宗万历二十六年（1598），南京国子监以黄氏本作底本翻刻印行。

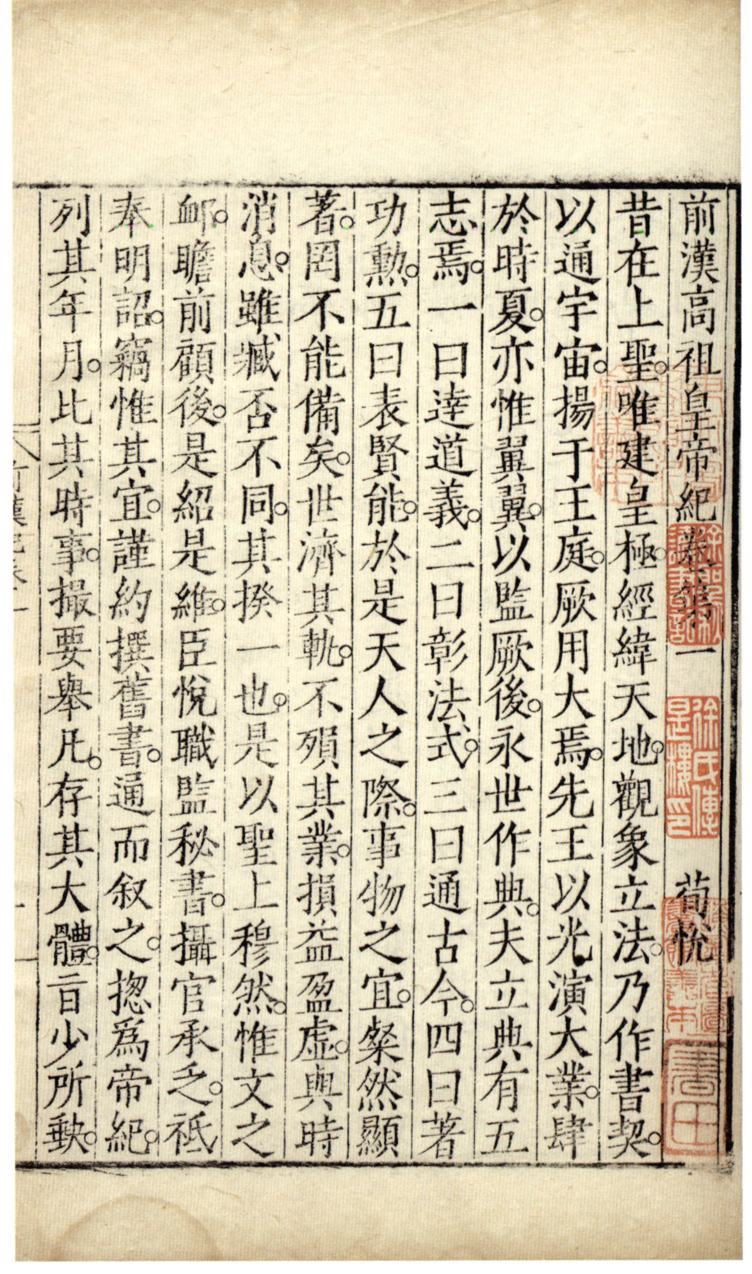

前漢高祖皇帝紀卷第一　荀悅
昔在上聖唯建皇極經緯天地觀象立法乃作書契以通宇宙揚于王庭厥用大焉先王以光演大業肆於時夏亦惟翼翼以監厥後永世作典夫立典有五志焉一曰達道義二曰彰法式三曰通古今四曰著功勳五曰表賢能於是天人之際事物之宜粲然顯著罔不能備矣世濟其軌不殞其業損益盈虛與時消息雖臧否不同其揆一也是以聖上穆然惟文之卹瞻前顧後是紹是繼臣悅職監秘書攝官承乏祗奉明詔竊惟其宜謹約撰舊書通而叙之揔爲帝紀列其年月比其時事撮要舉凡存其大體旨少所缺

大明宣宗章皇帝实录

一百一十五卷

（明）张辅　杨士奇等纂修

明抄本

罗振玉跋

三十六册

辽宁省图书馆藏

国家珍贵古籍名录07715号

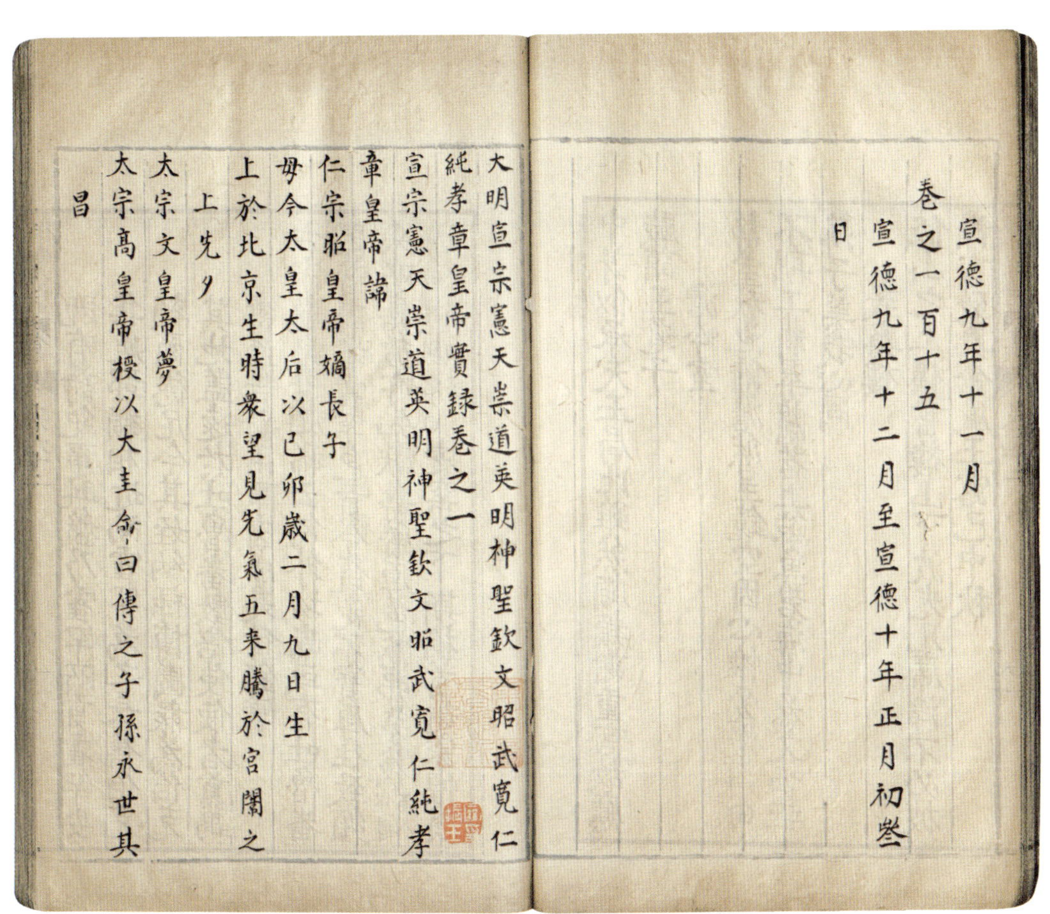

宣德九年十一月
卷之一百十五
宣德九年十二月至宣德十年正月初叅
日

大明宣宗憲天崇道英明神聖欽文昭武寬仁
純孝章皇帝實錄卷之一
宣宗憲天崇道英明神聖欽文昭武寬仁純孝
章皇帝諱
仁宗昭皇帝嫡長子
母今太皇太后以己卯歲二月九日生
上於北京生時衆望見先氣五来騰於宮闈之
上先夕
太宗文皇帝夢
太宗高皇帝授以大圭命曰傳之子孫永世其
昌

张辅（1375—1449），字文弼，明汴梁路祥符县（今河南开封县）人。袭封英国公。卒谥忠烈。

杨士奇（1365—1444），名寓，字士奇，号东里，明江西泰和（今江西泰和）人。累官至首辅大臣。卒谥文贞。

实录是编年体史书的一种，专记某一皇帝统治时期的重要事件。最早的实录是南朝梁周兴嗣撰《梁皇帝实录》和谢昊撰《梁皇帝实录》。唐朝以后，继嗣之君让史官据前朝皇帝起居注、时政记、日历等编撰实录，历代相传，沿为定制。该书记事起于明洪熙元年（1425）六月，迄于宣德十年（1435）。

是书曾为罗振玉旧藏。

鸿猷录 十六卷

（明）高岱撰

明嘉靖四十四年（1565）高思诚刻本

八册

辽宁省图书馆藏

国家珍贵古籍名录01517号

十二册

大连图书馆藏

国家珍贵古籍名录01518号

高岱（1508—1564），字宗伯，号鹿坡居士，湖广京山（今湖北京山）人。明嘉靖二十九年（1550）进士。官刑部郎中。著有《西曹集》等。

《鸿猷录》为纪事本末体史书，记朱元璋起义至嘉靖年间兵事。该书对明初及正统、成化、正德年间主要战事都有详细记述。每事各为一篇，所据多为传志、奏疏、案牍，史料比较可靠。

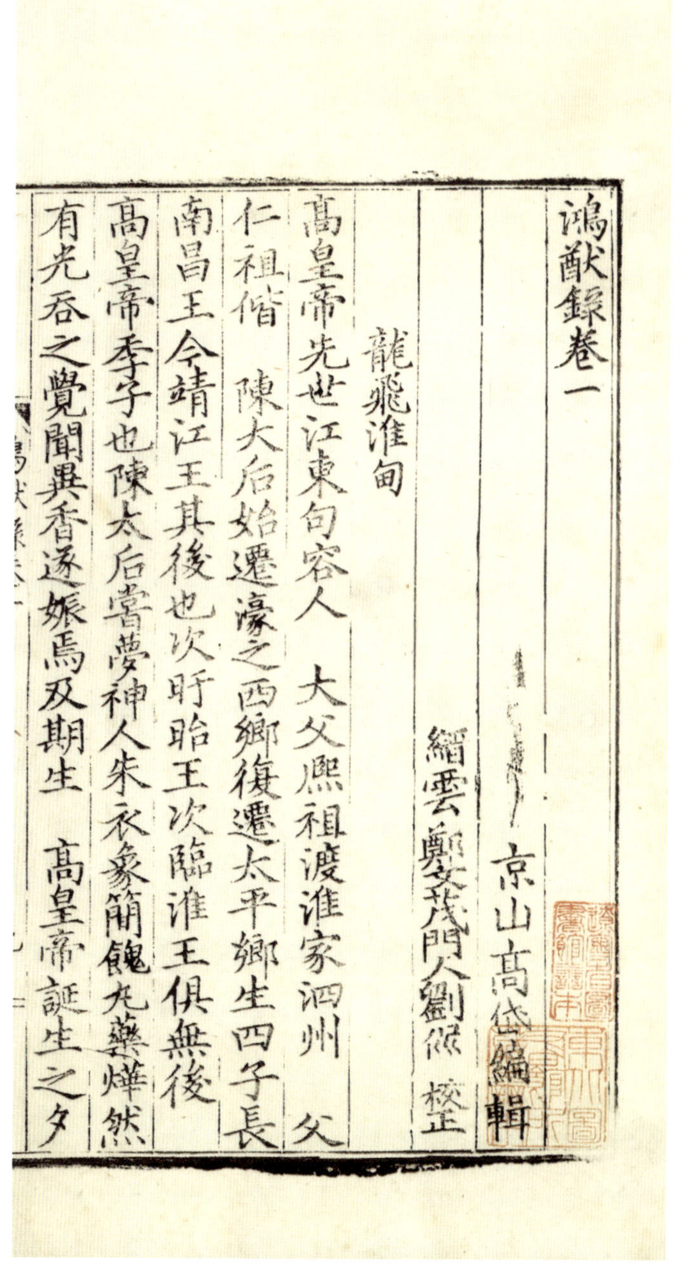
鴻猷錄卷一
京山高岱編輯
縉雲鄭文茂門人劉佖　校
龍飛淮甸
高皇帝先世江東句容人　大父熙祖渡淮家泗州　父
仁祖偕　陳太后始遷濠之西鄉復遷太平鄉生四子長
南昌王今靖江王其後也次盱眙王次臨淮王俱無後
高皇帝季子也陳太后嘗夢神人朱衣象簡餽丸藥燁然
有光吞之覺聞異香遂娠焉及期生　高皇帝誕生之夕

荒史 六卷

（明）陈士元辑

明万历二年（1574）德安府刻本

二册

辽宁省图书馆藏

国家珍贵古籍名录01519号

陈士元（1516—1597），字心叔，号养吾，又号江汉潜夫、环中愚叟，湖北应城人。明嘉靖二十三年（1544）进士。官滦州知州。著有《易象钩解》、《五经异文》等。

《荒史》是一部关于中国远古历史的史书，述洪荒开辟之事，始于盘古，止于帝挚，共为十二纪。是书以宋朝人罗泌撰写的《路史》为蓝本，兼从其他文献中博采有关中国远古的传说，仿照《史记》体例编撰。是书载有《史记》等书所不载的中国远古史，又有九十多种文献资料引注的书目，具有很高的学术参考价值。

明万历二年（1574）德安府刻本是《荒史》现存最早的版本。

鼎镌金陵三元合评选战国策狐白 四卷

（明）汤宾尹辑
（明）朱之蕃注
（明）龚三益评
明万历元年（1573）余氏自新斋刻本
一册
沈阳师范大学图书馆藏
国家珍贵古籍名录07929号

汤宾尹（1567—?），字嘉宾，号睡庵，别号霍林，安徽宣州人。明万历二十三年（1595）榜眼，授翰林院编修。

《鼎镌金陵三元合评选战国策狐白》由明朝翰林院编修与国子监祭酒三位资深文人共同合作遴选、评注、汇编而成。该书为两截版，以史论夹载史事，在上栏加写评注的方式，取《战国策》之文加以评语，融评说于叙事之中。

此书由著名书坊余氏自新斋镌刻，约成书于明万历中期。

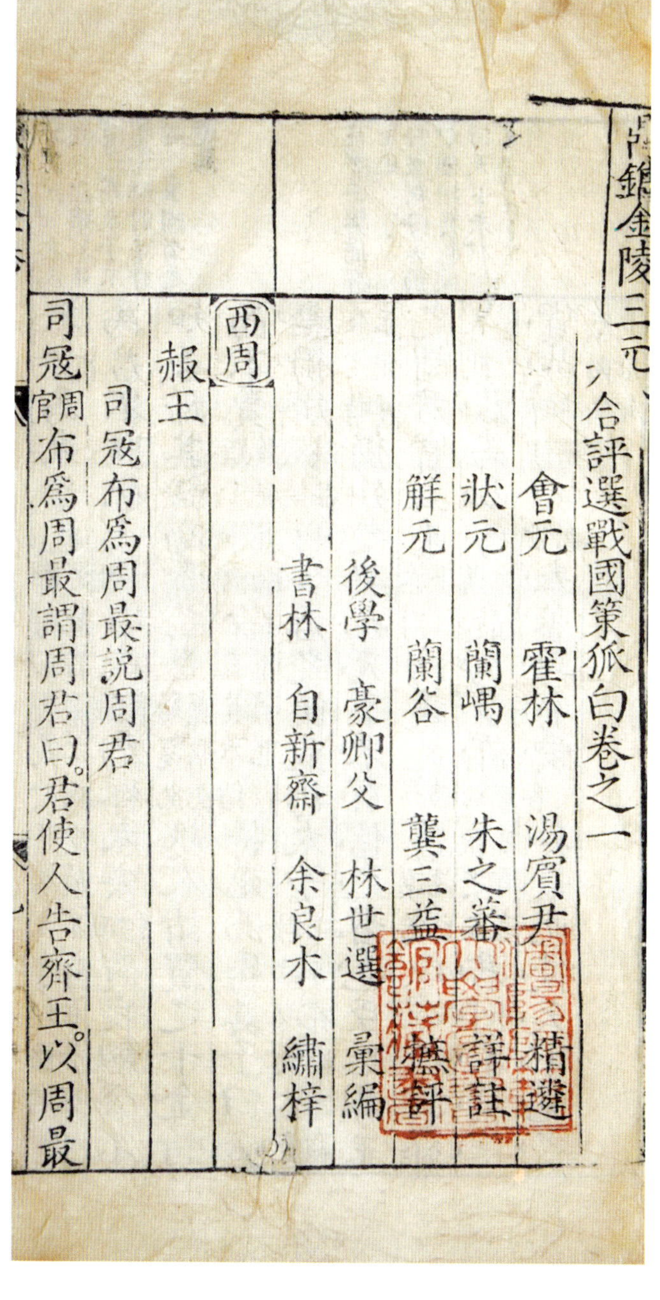
鼎鐫金陵三元合評選戰國策狐白卷之一
會元 霍林 湯賓尹 精選
狀元 蘭嵎 朱之蕃 評註
解元 蘭谷 龔三益 參評
後學 豪卿父 林世選 彙編
書林 自新齋 余良木 繡梓
西周
赧王
司寇布爲周最說周君
司寇𢓭布爲周最謂周君曰。君使人告齊王。以周最

金小史 八卷

（明）杨循吉撰
明嘉靖杨可刻本
一册
存四卷
辽宁省图书馆藏
国家珍贵古籍名录03846号

得成其虐者人也非天也循吉伏覽往跡而輒悲之以為金所關中國事至大竊因故史浩繁弗便觀於是摘其興滅之大故傍采他録屬而書之綿歷三載始克成命曰金小史削其名號章政弗書斥僞而惡其竊也惟涉宋者雖細不棄史故為中國作乎嗚呼由當時觀之則完顔氏帝也盟主也上國也由後世觀之則夷狄也禽獸也大盜賊也故循吉之為此書也所以甚金之惡而發宋之憤非為金作也

賜進士禮部儀制司主事吴郡楊循吉序

金小史卷第一

吴郡　楊循吉敘

姪可　梓行

金起自遼之屬部號女真又曰女直於夷狄中最微且賤者也世居東海上而在高麗之北有七十二部落不相統制遼興既吞諸蕃於是女真之衆有生熟二種熟女真在南生女真在北皆不得相通而生女真猶居其故地其山曰長白山江曰混同江地方千里多山林産名馬生金大珠而冬極寒其俗勇悍耐饑渴乘騎上下

杨循吉（1456—1544），字君卿，一作君谦，号南峰、雁村居士，苏州府吴县（今属江苏苏州）人。明成化二十年（1484）进士。授礼部主事。

《金小史》全书八卷，记女真部兴起至哀宗天兴三年（1234）为元所灭的历史。该书重点记述与宋、辽之间的关系及其交涉过程，内容可与正史相参校。《金小史》是明人仅有的金史著作，清修《四库全书》时，此书被列为禁书。

是书为罗振玉旧藏。

交泰录 五卷

（明）龙大有编
明嘉靖十九年（1540）自刻本
（卷一抄配）
四册
大连图书馆藏
国家珍贵古籍名录01535号

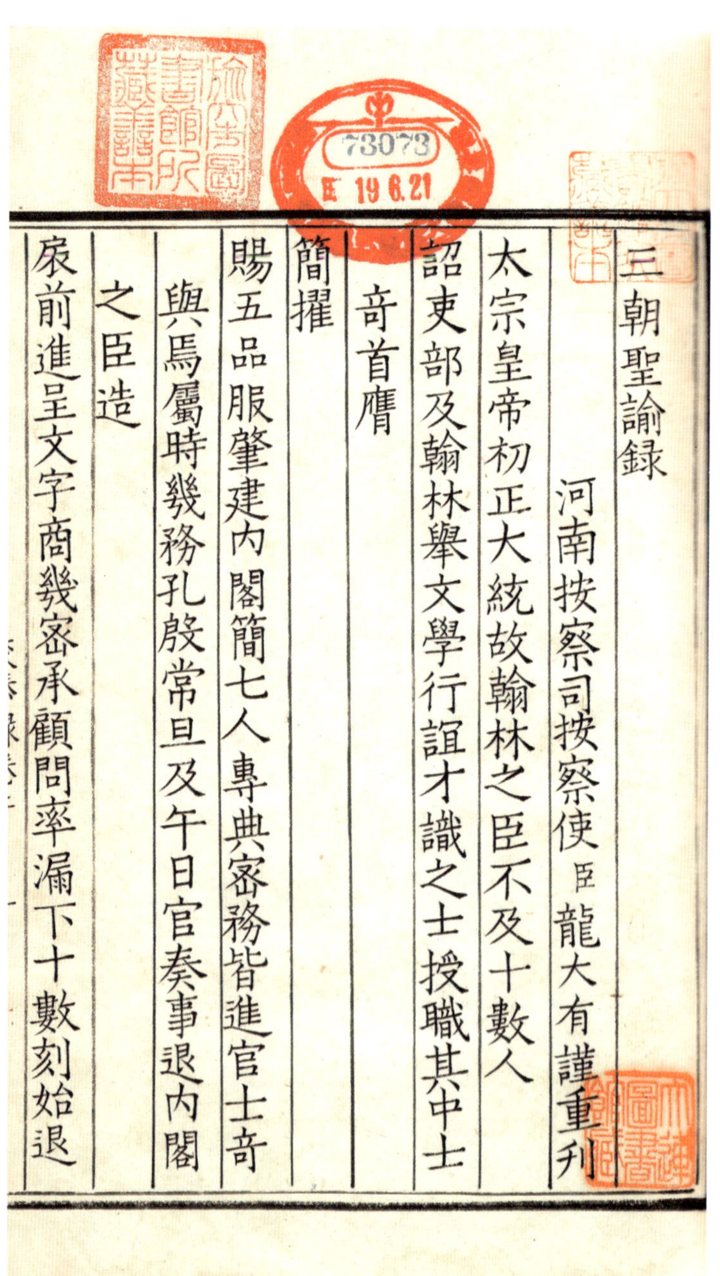
三朝聖諭録
河南按察司按察使臣龍大有謹重刊
太宗皇帝初正大統故翰林之臣不及十數人
詔吏部及翰林舉文學行誼才識之士授職其中士
奇首膺
簡擢
賜五品服肇建内閣簡七人專典密務皆進官士奇
與馬屬時幾務孔殷常旦及午日官奏事退内閣
之臣造
扆前進呈文字商幾密承顧問率漏下十數刻始退

龙大有（生卒年不详），号云东，湖广茶陵州（今湖南茶陵）人。明正德十二年（1517）进士。曾官河南布政使、副都御史、兵部右侍郎。著有《平乐政事录》、《明道书院记》、《北觐纪行》等。

是书子目：《三朝圣谕录》三卷，明杨士奇撰；《燕对录》一卷，明李东阳撰；《宸章集录》一卷，明费宏等撰。该书对明初历史研究有一定价值。如《燕对录》是李东阳入阁后多次被孝宗、武宗召对议政所作的记录，成编于明正德九年（1514），今存于《交泰录》和《国朝典故》两丛书，不易见到。

朝鲜纪事 一卷

（明）倪谦撰

明抄本

一册

辽宁省图书馆藏

国家珍贵古籍名录07768号

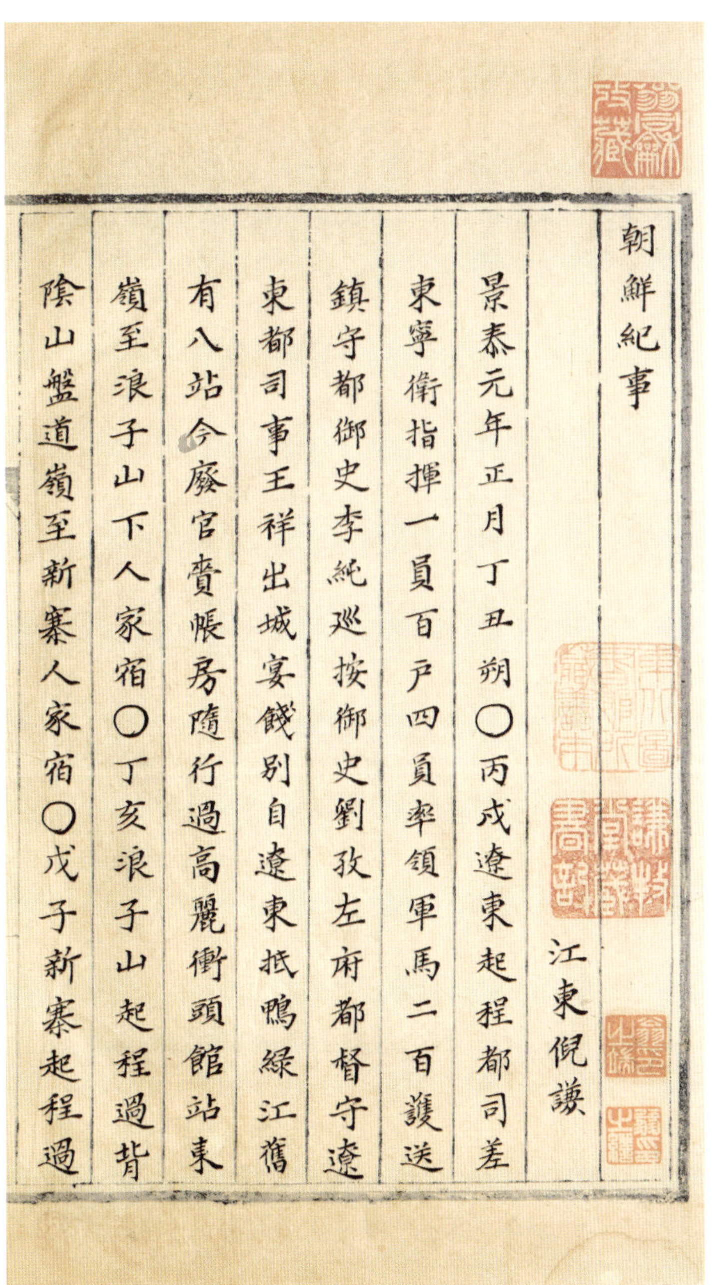

朝鲜紀事

江東倪謙

景泰元年正月丁丑朔〇丙戌遼東起程都司差東寧衛指揮一員百戶四員率領軍馬二百護送鎮守都御史李純巡按御史劉孜左府都督守遼東都司事王祥出城宴餞别自遼東抵鴨綠江舊有八站今廢官賫帳房隨行過高麗衢頭館站東嶺至浪子山下人家宿〇丁亥浪子山起程過背陰山盤道嶺至新寨人家宿〇戊子新寨起程過

倪谦（1415—1479），字克让，上元（今江苏南京）人，又说为钱塘（今浙江杭州）人。明正统四年（1439）进士。累官至南京礼部尚书。卒谥文僖。

是书乃明景泰元年（1450）倪谦奉使朝鲜颁诏纪行之作。出使所行自鸭绿江至朝鲜王城，计一千一百七十里，所历宾馆凡二十有八。《四库全书总目》评是书内容语意草略，无足以资考证。

是书经名家递藏，钤有“谦牧堂书画记”、“翁同龢收藏”等印。

太和县御寇始末 二卷

（明）吴世济撰

明抄本

一册

存一卷

辽宁省图书馆藏

国家珍贵古籍名录03854号

兵至安氏禀節去
申林科尊文
回兩散粮示節去
復懷遠高同寅柬
復蒙城李同寅書
與柴兆印書
祭李卿約文缺
辭朱廣文招大閣
薛堯儒寺審語
回潁州取鉄鍬文節去
復查駐兵文節去
復淮海道催餉揭節去
與潁上蕭同寅柬
復韓鹿邑柬
復查功績文
放豈便商示
王三任等審語
與韓鹿邑柬以上六條皆缺

太和縣禦寇始末卷上
知太和縣事歸安吳世濟著
儒學訓導無為朱之彥輯
通學生員吳律身
趙宗訓
張元棟
侯鴻功等較
行香請益示 崇禎七年八月
示諭儒學門役次日行香於文昌閣下備長櫈五六條以便諸

《太和县御寇始末》是明崇祯七年（1634）八月至八年（1635）十月，吴世济任凤阳府颍州太和县令期间的部分往来公文，包括揭帖、文移、告示、书信及艺文之汇编。书名虽为御寇始末，其实内容涉及颇多，包括捍御之具、团练之法、编查之方、储积之策、蠲缓之请等，具有较高的史料价值。此书清道光年间如皋白蒲吴氏始刊行世。

历代名臣奏议集略 四十卷

（明）欧阳一敬 魏时亮辑

明隆庆三年（1569）王廷瞻刻本

四十八册

大连图书馆藏

国家珍贵古籍名录01631号

歷代名臣奏議集畧卷之一

兵科都給事中彭澤歐陽一敬
戶科都給事中南昌魏時亮同編
巡按四川監察御史黃岡王廷瞻校正

君德

孔子對哀公曰惡惡道不能甚則其好善道亦不能甚好善道不能甚則百姓之親之也亦不能甚

桓帝問侍中爰延朕何如主對曰陛下為漢中主尚書令陳蕃任事則治中常侍黃門與政則亂是以知陛下可與為善可與為非帝曰敬聞闕矣拜五官中

欧阳一敬（1522—1569），字司直，号柏庵，彭泽（今江西彭泽）人，明嘉靖三十八年（1559）进士。官萧山知县、太常寺少卿等职。

魏时亮（？—1585），字工甫，又字敬吾，南昌（今江西南昌）人。明嘉靖三十八年（1559）进士。累官至刑部尚书。曾出使朝鲜。

《历代名臣奏议》，明永乐十四年（1416）黄淮、杨士奇等奉敕编撰。全书三百五十卷，分六十四门，收录远自殷周、近至元代的有关奏议之文。南宋后期与元代之奏议，史书多失载，而可见之于此书。此书编成之后，只有内府刻印了几百部，以后未再重刻，故流传甚少。明隆庆三年（1569），欧阳一敬与魏时亮合编节要本四十卷，称《历代名臣奏议集略》。

秦汉书疏

十八卷

明隆庆六年（1572）刻本

十册

辽宁大学图书馆藏

国家珍贵古籍名录07788号

此书不著撰者，但一般认为是徐坤所辑刻。徐绅（生卒年不详），号五台，池州建德（今安徽秋浦）人，明嘉靖二十年（1541）进士。官至都御史。

《秦汉书疏》是一部先秦两汉名臣的奏疏汇编，凡秦书疏三卷、西汉书疏六卷、东汉书疏九卷。徐绅认为“文之不古，治道之不竞，势相因也”，“欲复古治必复古文”，因此辑选先秦两汉具有代表性的奏疏汇编成书。

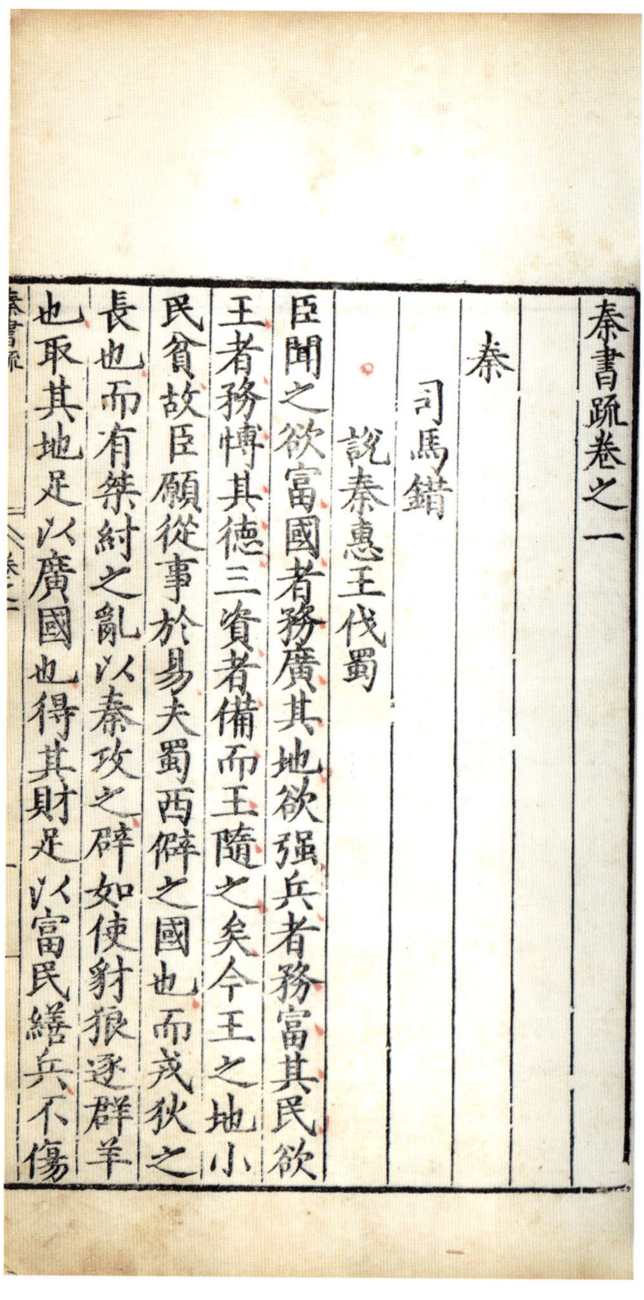
秦書疏卷之一

秦

司馬錯

說秦惠王伐蜀

臣聞之欲富國者務廣其地欲强兵者務富其民欲王者務博其德三資者備而王隨之矣今王之地小民貧故臣願從事於易夫蜀西僻之國也而戎狄之長也而有桀紂之亂以秦攻之譬如使豺狼逐群羊也取其地足以廣國也得其財足以富民繕兵不傷

秦書疏　卷之一

抚津疏草

不分卷

（明）毕自严撰

明末抄本

八册

大连图书馆藏

国家珍贵古籍名录 10252号

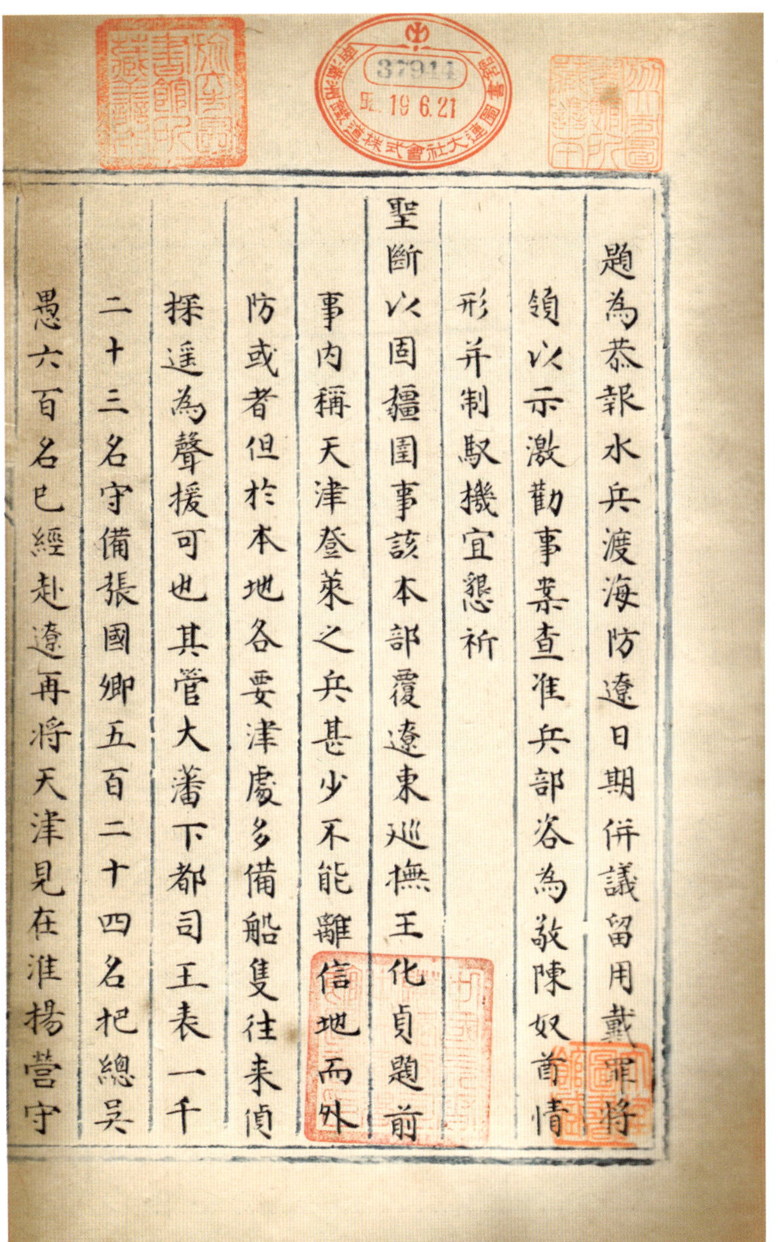

題為恭報水兵渡海防遼日期併議留用戴罪將
領以示激勸事案查准兵部咨為敬陳奴酋情
形并制馭機宜懇祈
聖斷以固疆圉事該本部覆遼東巡撫王化貞題前
事內稱天津登萊之兵甚少不能離信地而外
防或者但於本地各要津處多備船隻往来偵
探遥為聲援可也其管大藩下都司王表一千
二十三名守備張國卿五百二十四名把總吴
愚六百名已經赴遼再將天津見在淮揚營守

毕自严（1569—1638），字景曾，号白阳，济南府淄川（今山东淄博）人。明万历二十年（1592）进士。累官至户部尚书。著有《石隐园诗文藏稿》、《度支奏议堂稿》等。

此书是明天启元年（1621）毕自严升任户部右侍郎兼都察、兼管粮饷都察右佥都御史，巡抚天津时所写奏疏，时间由天启元年（1621）四月至天启二年（1622）十一月。当时辽阳失守于后金，广宁、山海关岌岌可危，从奏疏中可见，此时明朝兵力捉襟见肘，军纪亦涣散，因此他上任后大力整顿海防、建立水军、修造战船、装备武器等。此外，书中还有很多关于需索粮料、饷额的奏疏。是研究明末和清军入关前的历史以及天津地方史的重要资料。此书在清朝被列为禁毁之书。

皇明名臣经济录 十八卷

（明）陈九德辑

明嘉靖二十八年（1549）刻本

（卷四、七、十四抄配）

二十四册

大连图书馆藏

国家珍贵古籍名录01633号

陈九德（生卒年不详），字子吉，号逊斋，栾城（今河北栾城）人。明嘉靖二十年（1541）进士。官监察御史。

《皇明名臣经济录》汇集明代奏疏事迹上有关治道的内容，分为十目，编列以成书。记事自明初起，至正德末年止。

皇明名臣經濟錄卷之一
監察御史欒城陳九德刪次
翰林編修常熟嚴 訥校正
開國 洪武
陶安傳錄
乙未夏六月
太祖率師渡江取太平路安與耆儒李習率父老出
迎安見
上狀貌謂習等曰龍資鳳質非常人也我輩有主矣
上召安與語時事安因獻言曰方今四海鼎沸豪傑

注陆宣公奏议

十五卷

（唐）陆贽撰
（宋）郎晔注
明嘉靖三十四年（1555）
汪氏刻本
六册
辽宁省图书馆藏
国家珍贵古籍名录03882号

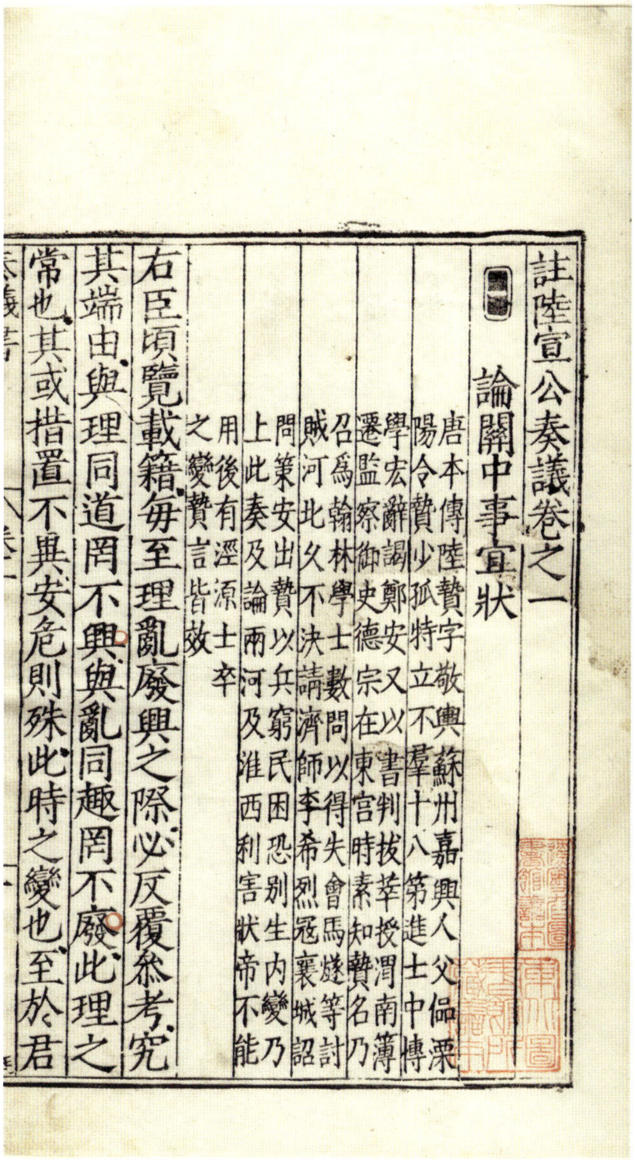
註陸宣公奏議卷之一
論關中事宜狀
唐本傳陸贄字敬輿蘇州嘉興人父侃溧陽令贄少孤特立不羣十八第進士中博學宏辭調鄭安又以書判拔萃授渭南簿遷監察御史德宗在東宮時素知贄名乃召爲翰林學士數問以得失會馬燧等討賊河北久不決請濟師李希烈冦襄城詔問策安出贄以兵窮民困恐別生內變乃上此奏及論兩河及淮西利害狀帝不能用後有涇源士卒之變贄言皆效
右臣頃覽載籍每至理亂廢興之際必反覆參考究其端由與理同道罔不興與亂同趣罔不廢此理之常也其或措置不異安危則殊此時之變也至於君

陆贽（754—805），字敬舆，嘉兴（今浙江嘉兴）人。唐大历八年（773）进士。德宗朝召充翰林学士。累官至中书侍郎、同平章事。卒谥宣。著有《陆宣公翰苑集》。

《陆宣公奏议》一名《陆宣公翰苑集》。内容为陆贽所作制诰、奏草、中书奏议之文。其中制诰为唐代贞元年间所作，奏草为任宰相前所作，中书奏议为任宰相时所作。文中涉及中唐时期的社会问题，对当时的政治、经济、军事情况，藩镇割据及与回纥、吐蕃的关系等所论多深切时弊。

陆贽所作制诰、奏议两部分原有单行刻本流布于世，宋人将两种书合编，仍用原名。南宋郎晔为之作注。

孝肃包公奏议集 十卷

（宋）包拯撰

明弘治五年（1492）合肥县刻本

四册

大连图书馆藏

国家珍贵古籍名录01636号

十册

辽宁省图书馆藏

国家珍贵古籍名录03885号

包拯（999—1062），字希仁，庐州合肥（今安徽合肥）人。宋天圣五年（1027）进士。历官监察御史、龙图阁学士知开封府、枢密副使等职。卒谥孝肃。

《孝肃包公奏议集》为包拯奏折、陈表等政论文章的合集，此书能反映其政治主张和阅世态度，是研究宋代历史的重要文献。

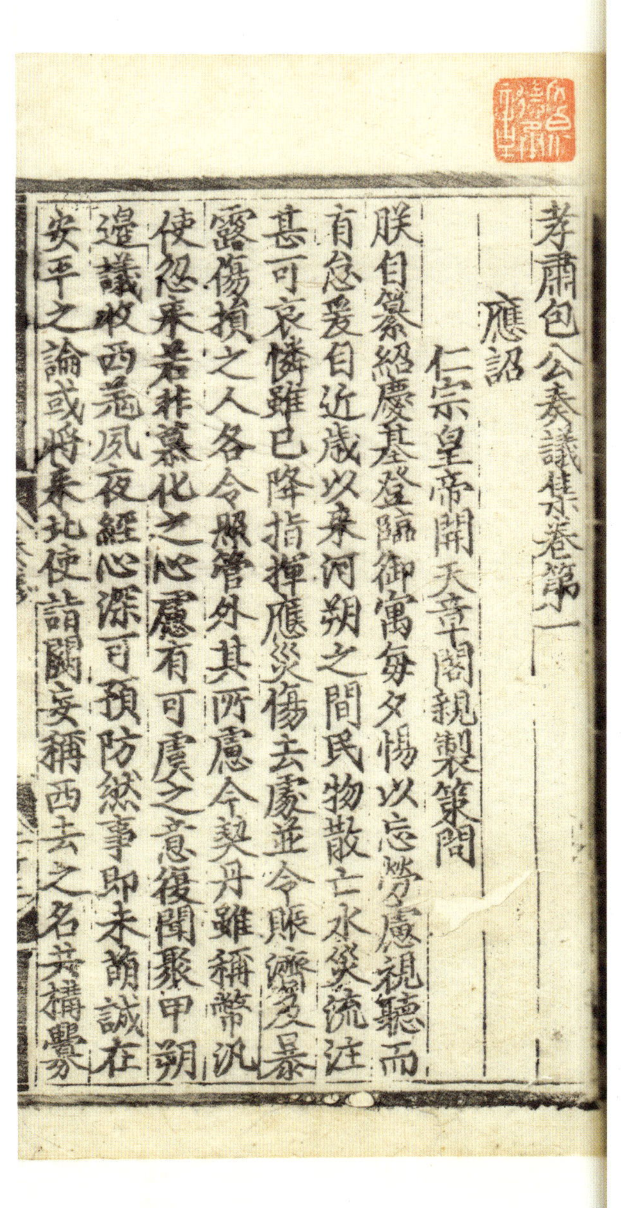
孝肅包公奏議集卷第一

應詔

仁宗皇帝開天章閣親製策問

朕自纂紹慶基登臨御寓每夕惕以忘勞慮視聽而有怠爰自近歲以來河朔之間民物散亡水災流注甚可哀憐雖已降指揮應災傷去處並令賑濟及暴露傷損之人各令照管外其所慮今契丹雖稱帑汎使忽來若非慕化之心慮有可虞之意復聞聚甲朔邊議收西羌夙夜經心深可預防然事即未萌誠在安平之論或將來北使詣闕妄稱西去之名并構釁

辞荣录 不分卷

（明）毛纪撰
明嘉靖刻本
一册
辽宁省图书馆藏
国家珍贵古籍名录03898号

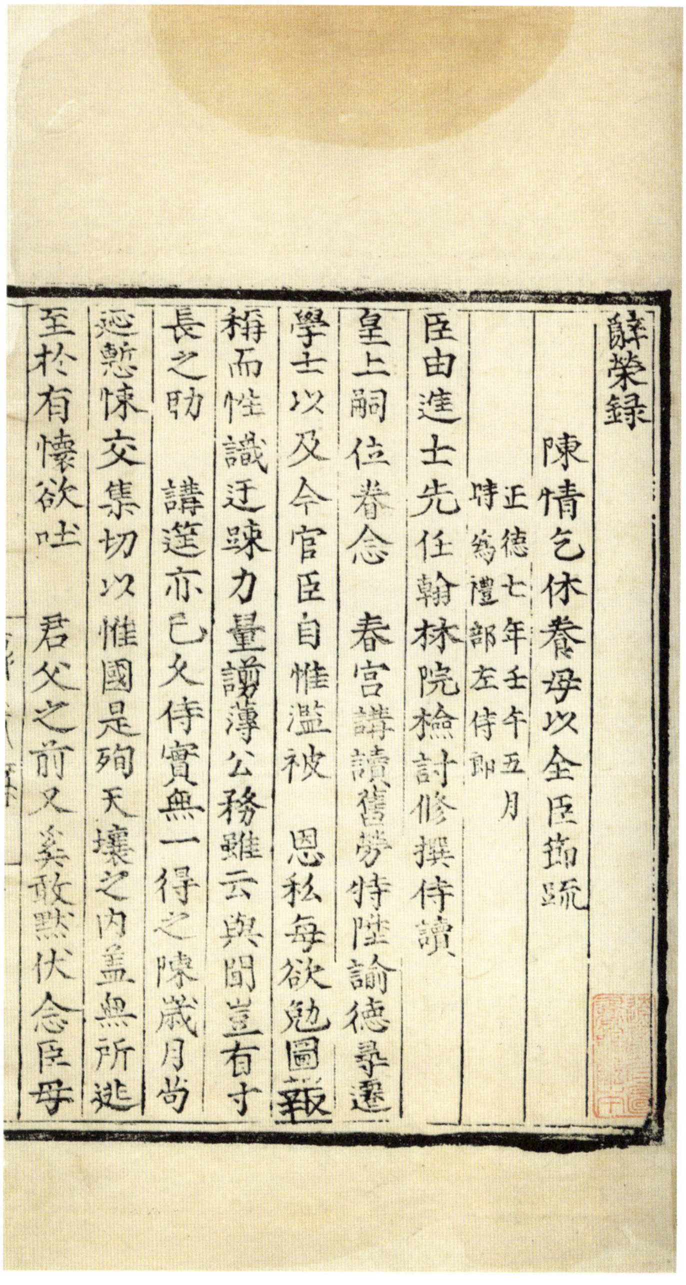
辭榮録
陳情乞休養母以全臣節疏
正德七年壬午五月
時爲禮部左侍郎
臣由進士先任翰林院檢討修撰侍讀
皇上嗣位眷念 春宮講讀舊勞特陞諭德尋遷
學士以及今官臣自惟濫被 恩私每欲勉圖報
稱而性識迂踈力量譾薄公務雖云與聞豈有寸
長之助 講筵亦已久侍實無一得之陳歲月尚
遜懇悚交集切以惟國是殉天壤之內蓋無所逃
至於有懷欲吐 君父之前又奚敢默伏念臣母

毛纪（1463—1545），字维之，号鳌峰逸叟，掖县（今山东莱州）人。明成化二十二年（1486）进士。累官至礼部尚书兼东阁大学士。著有《密勿稿》、《联句私钞》、《归田杂识》、《鳌峰类稿》等。

毛纪在朝为官，凡有朝命，必具疏陈辞。此书辑合其二十六疏，每疏俱注有年月。是书前有陈沂明嘉靖十年（1531）辛卯夏六月望辞荣疏序，后有嘉靖十年窦明跋。

守令懿范 四卷

（明）蔡国熙撰

明隆庆四年（1570）刘世昌刻本

六册

辽宁省图书馆藏

国家珍贵古籍名录03928号

蔡国熙（生卒年不详），字春台，永年（今河北永年）人。明嘉靖三十八年（1559）进士。曾官苏州知府。著有《易解》、《盐法议》等书。

是编乃其官苏州知府时，辑古来守令事迹，上自周朝下至元代。分《儒牧》、《循牧》二部分，《儒牧》收录自子游而下三十人，《循牧》收录自公孙侨而下一百一十人。

是书为天一阁旧藏。

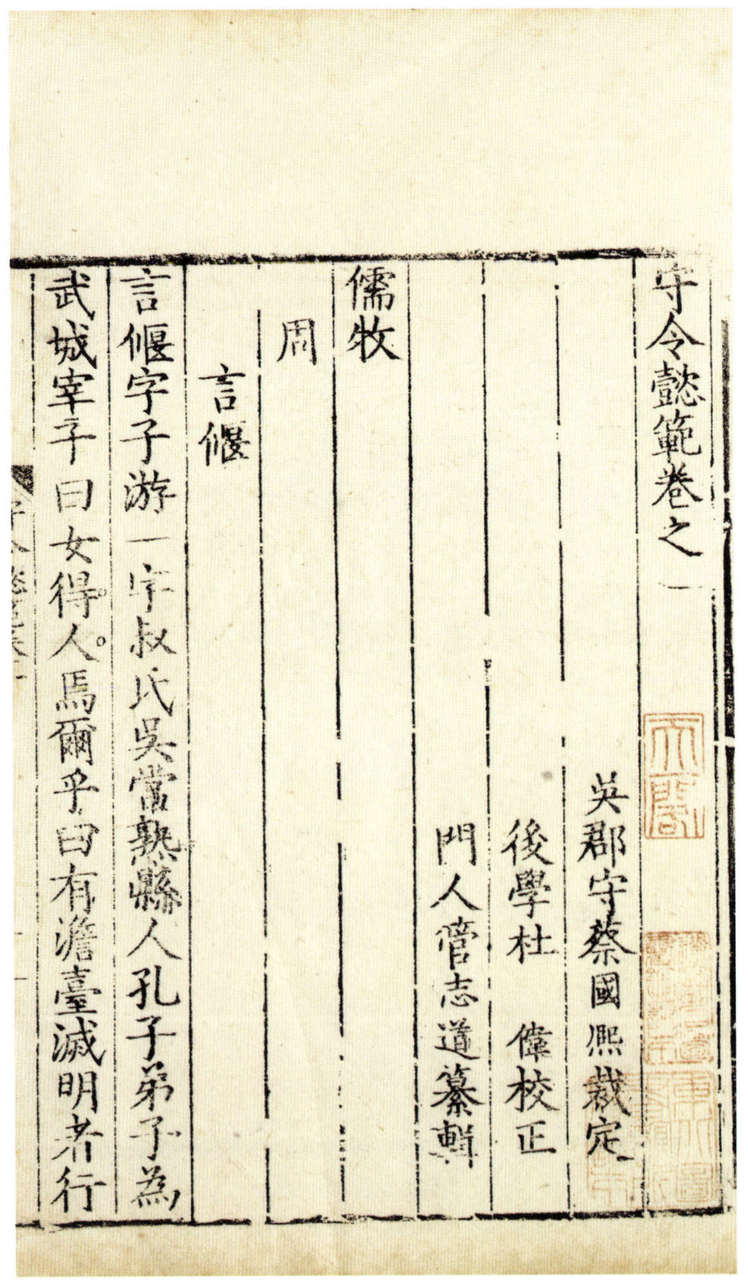
守令懿範卷之一

吳郡守蔡國熙裁定

後學杜　偉校正

門人管志道纂輯

儒牧

周

言偃

言偃字子游一字叔氏吳嘗熟縣人孔子弟子爲武城宰子曰女得人焉爾乎曰有澹臺滅明者行

古今将略 四卷

（明）冯孜撰

明万历十八年（1590）刻本

四册

辽宁省图书馆藏

国家珍贵古籍名录10412号

古今將畧卷之一

檇李馮孜輯

温陵蔡貴易校

衡陽伍　讓閱

五帝

神農氏衰諸侯相侵伐炎帝榆罔弗能征於是軒轅習用干戈以征不享諸侯咸來賓從榆罔欲侵陵諸侯諸侯益叛之軒轅修德振兵治五氣蓺五種撫萬民度四方教熊羆貔貅貙虎以與榆罔戰于阪泉之野三戰然後得其志

冯孜（生卒年不详），字原泉，桐乡（今浙江桐乡）人。明隆庆二年（1568）进士。累官至湖广布政使。

该书是兵家类书籍，分元、亨、利、贞四集，节录黄帝至明代战功卓著将帅的事迹，不立将帅全传，体例略与宋张预《百将传》相近。

古今人物志略

十二卷

（明）何璧辑

明嘉靖四十四年（1565）金陵书舍蔡前溪刻本

二册

存十卷

辽宁省图书馆藏

国家珍贵古籍名录03931号

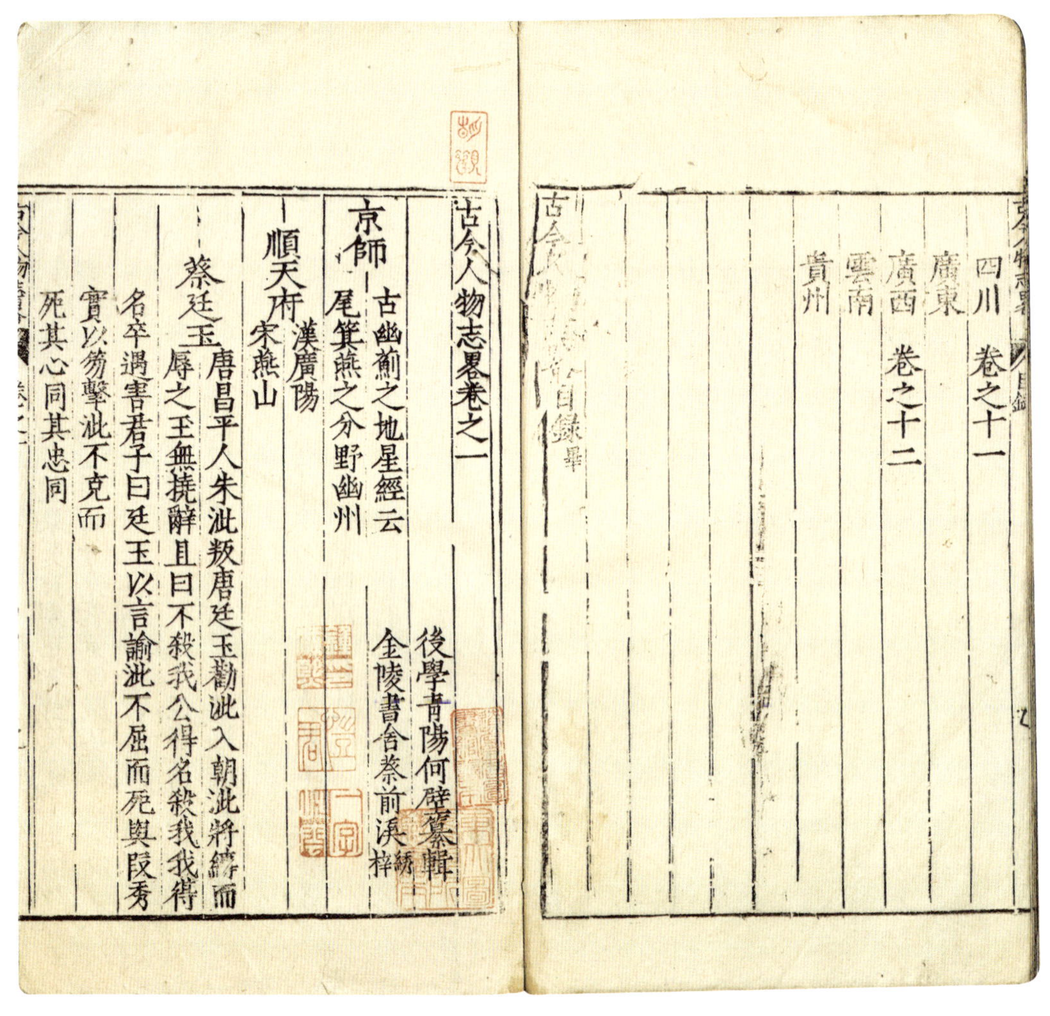

何璧（生卒年不详），字玉长，号渤海逋客，明福清（今福建龙田镇）人。著有《辽蓟吟》、《逋客集》等。

《古今人物志略》为记述古今人物事迹，以明代省级地域分类，省以下分列州府，是何璧的代表作。

明嘉靖四十四年（1565）蔡前溪刻本，首有未署年署名《古今人物志略序》，言刻书事。《中国古籍善本书目》著录辽宁省图书馆独家收藏。

殿阁词林记

二十二卷

（明）廖道南撰

明嘉靖刻本

十六册

辽宁省图书馆藏

国家珍贵古籍名录01583号

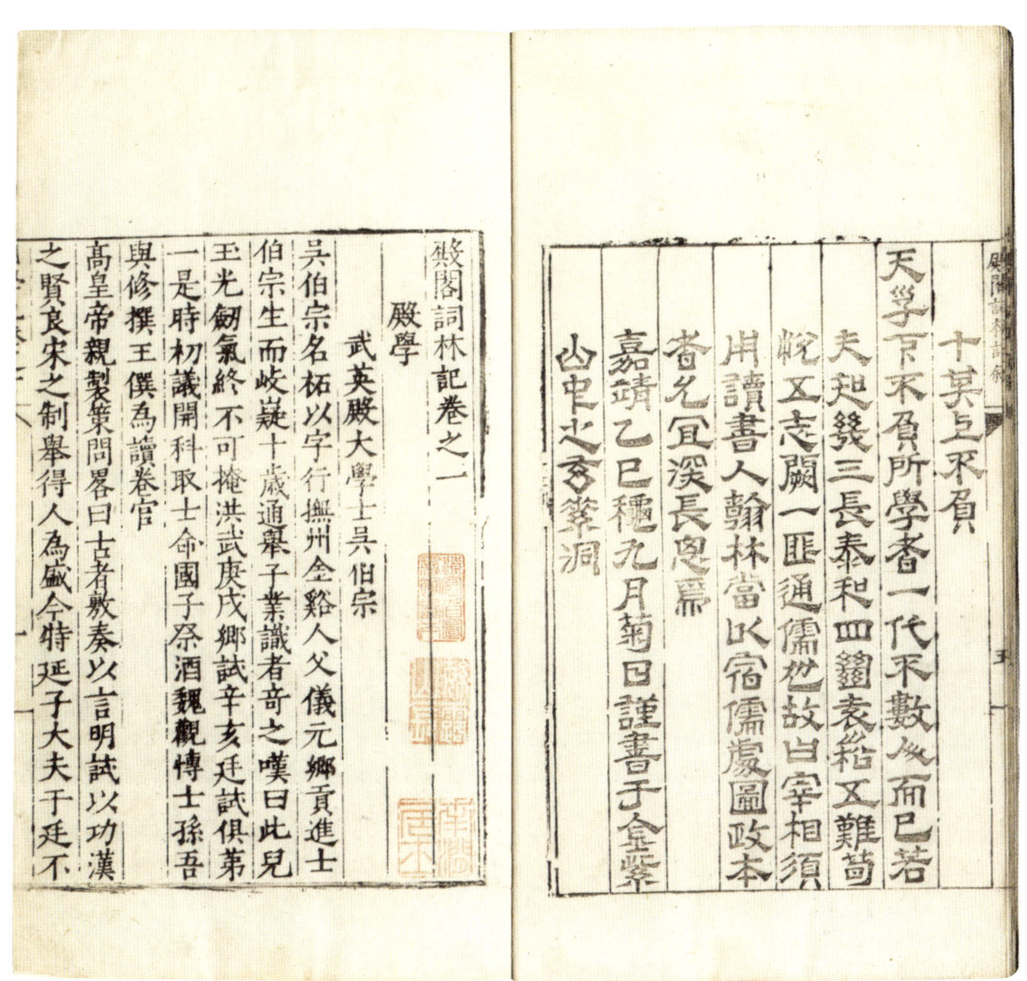

殿閣詞林記卷之一

殿學

武英殿大學士吳伯宗

吳伯宗名柘以字行撫州金谿人父儀元鄉貢進士伯宗生而岐嶷十歲通舉子業識者奇之嘆曰此兒王光劒氣終不可掩洪武庚戌鄉試辛亥廷試俱第一是時初議開科取士命國子祭酒魏觀博士孫吾與修撰王僎爲讀卷官

高皇帝親製策問畧曰古者敷奏以言明試以功漢之賢良宋之制舉得人爲盛今特延子大夫于廷不

廖道南（？—1547），字鸣吾，蒲圻（今湖北赤壁）人。明正德十六年（1521）进士。累官至侍讲学士。著有《楚纪》等。

廖道南娴习词坛掌故，“集词林殿阁宫坊台省诸臣旧事，分类记载”，以成《殿阁词林记》二十二卷。该书收罗宏富，文笔简洁。卷一至八为明华盖、文渊、文华诸臣传记，卷九以下为续记，记殿阁之设置、官吏之设立及典制、故事等，于诸学士传末，多取同时人所作铭赞系之。

建宁人物传

四卷

（明）李默撰

明嘉靖十七年（1538）李东光刻本

二册

辽宁省图书馆藏

国家珍贵古籍名录01559号

李默（？—1556），字时言，福建瓯宁（今福建建瓯）人。明正德十六年（1521）进士。累官至吏部尚书兼翰林院学士。万历时，追谥文愍。著有《群玉楼集》等。

建宁府地处福建省北部。《建宁人物传》所记为建安、瓯宁、浦城、崇安四县人物。《四库全书总目》谓此书“专记建宁人物，起唐建中，迄明景泰，凡四百十七人。以诸邑分载，而一邑之中又以时代为先后。每条之下，各注所引原书”。

是书为明嘉靖十七年（1538）建阳知县李东光刊刻。

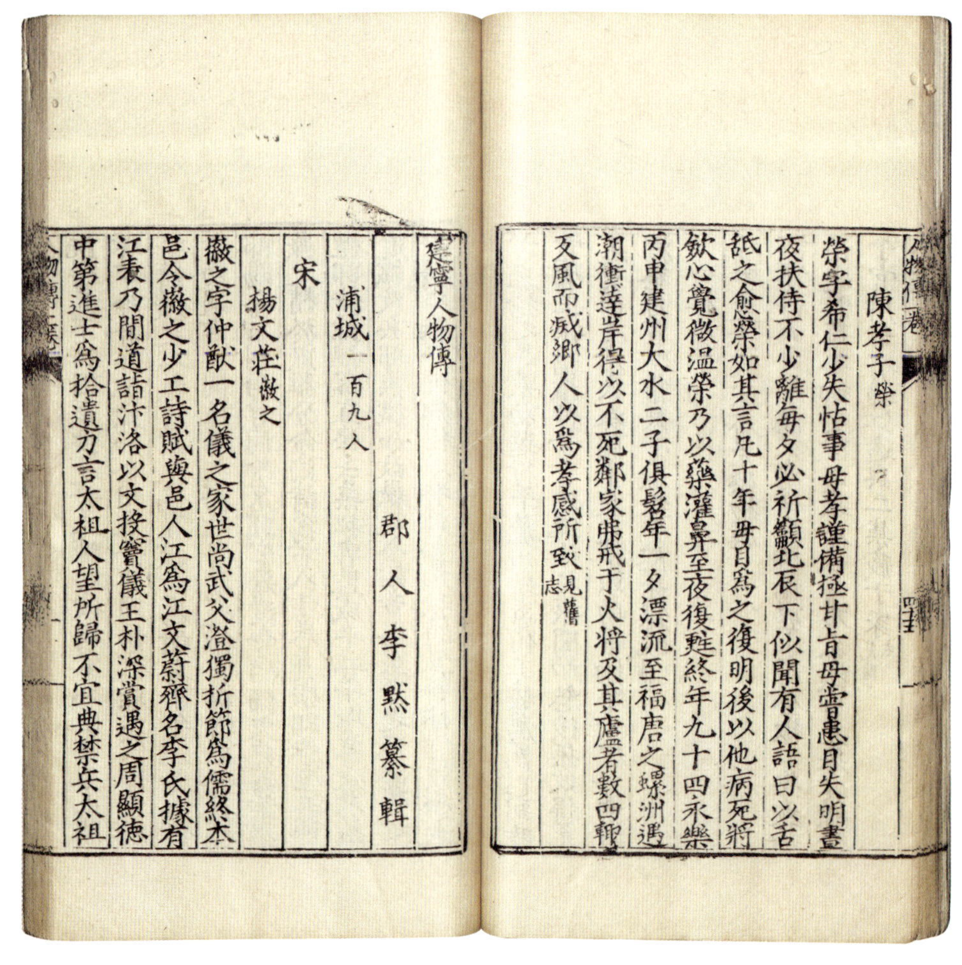
陳孝子榮
榮字希仁少失怙事母孝謹備極甘旨母嘗患目失明晝
夜扶侍不少離每夕必祈顙北辰下似聞有人語曰以舌
舐之愈榮如其言凡十年母目爲之復明後以他病死將
歛心覺微温榮乃以藥灌鼻至夜復甦終年九十四永樂
丙申建州大水二子俱溺年一夕漂流至福唐之螺洲遇
潮衝蓬岸得以不死鄰家弗戒于火將及其廬者數四輒
反風而滅鄉人以爲孝感所致見舊志

建寧人物傳
郡人李默纂輯
浦城一百九人
宋
楊文莊徽之
徽之字仲猷一名儀之家世尚武父澄獨折節爲儒終本
邑令徽之少工詩賦與邑人江爲江文蔚齊名李氏據有
江表乃間道詣汴洛以文投竇儀王朴深賞遇之周顯德
中第進士爲拾遺力言太祖人望所歸不宜典禁兵太祖

恩纶 不分卷

（明）毕自严辑
明刻蓝印本
一册
大连图书馆藏
国家珍贵古籍名录01568号

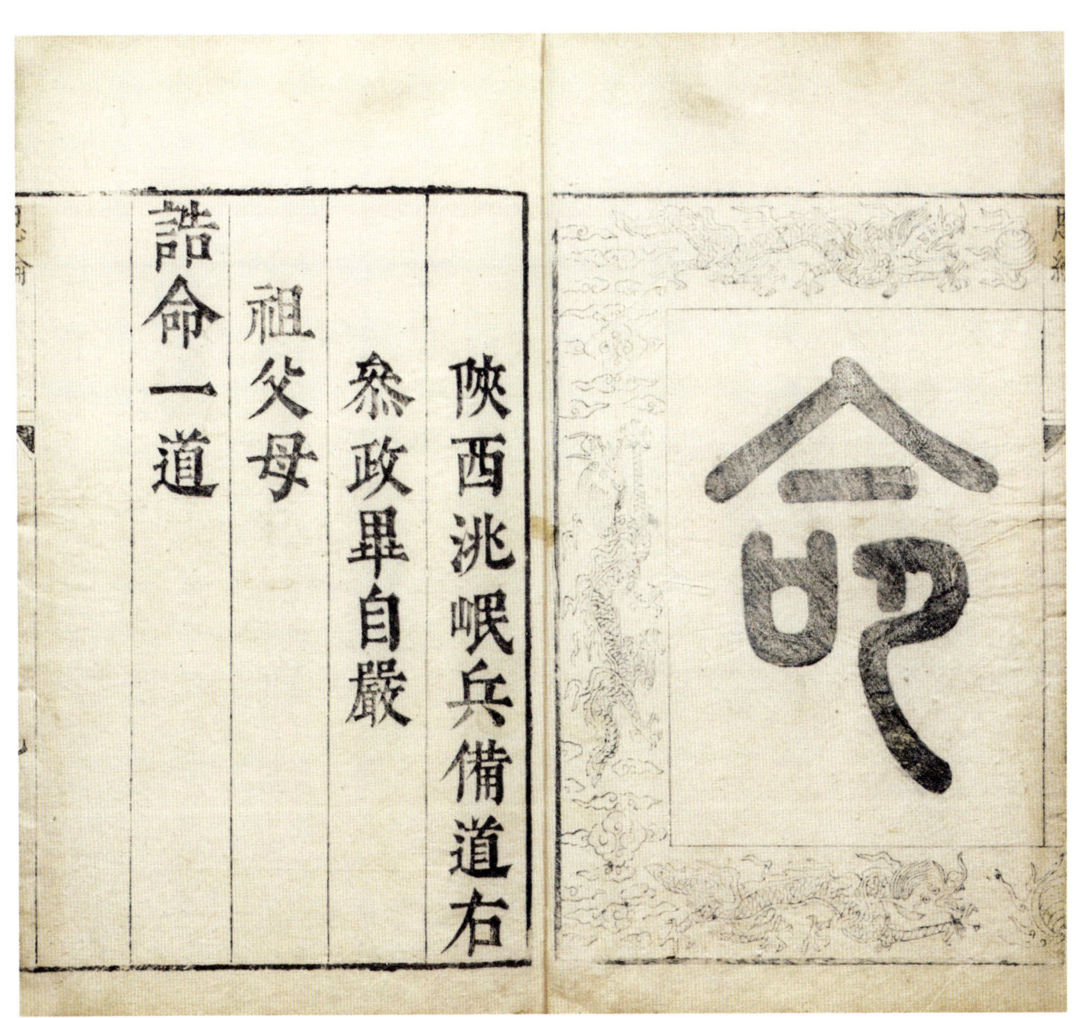

是书刻明代“圣旨”、“诰命”，始于洪武十五年（1382）嘉奖阿得投诚之圣旨，至崇祯十二年（1639）加封木懿妻之制诰，凡四十一道，尽为授职加封奖誉之文。至于例贡赐物所颁敕书，则仅载其事由，未录原文。

朱子实纪

十二卷

（明）戴铣辑

明正德八年（1513）鲍雄刻本

四册

辽宁省图书馆藏

国家珍贵古籍名录01593号

戴铣（？—1506），字宝之，婺源（今江西婺源）人。明弘治九年（1496）进士。累官至南京户部给事中。著有《翀峰文集》等。

是书详述朱熹始末，首曰《道统源流》、《世系源流》，次《年谱》，次《行状》、《本传》，次《庙宅》，次《门人》，次《褒典》，次《赞述》，次《纪题》。其书本因《朱子年谱》而作，主于以推崇褒赠、夸耀世俗为荣。

汪愈序言编刊事："《朱子实纪》凡十二卷，前南京户科给事中戴翀峰所编也。……正德丙寅编成，自为序。越二年，而先生卒。又五年，乃今正德癸酉，歙鲍雄以道氏始板行焉。"

此本曾为王懿荣旧藏。

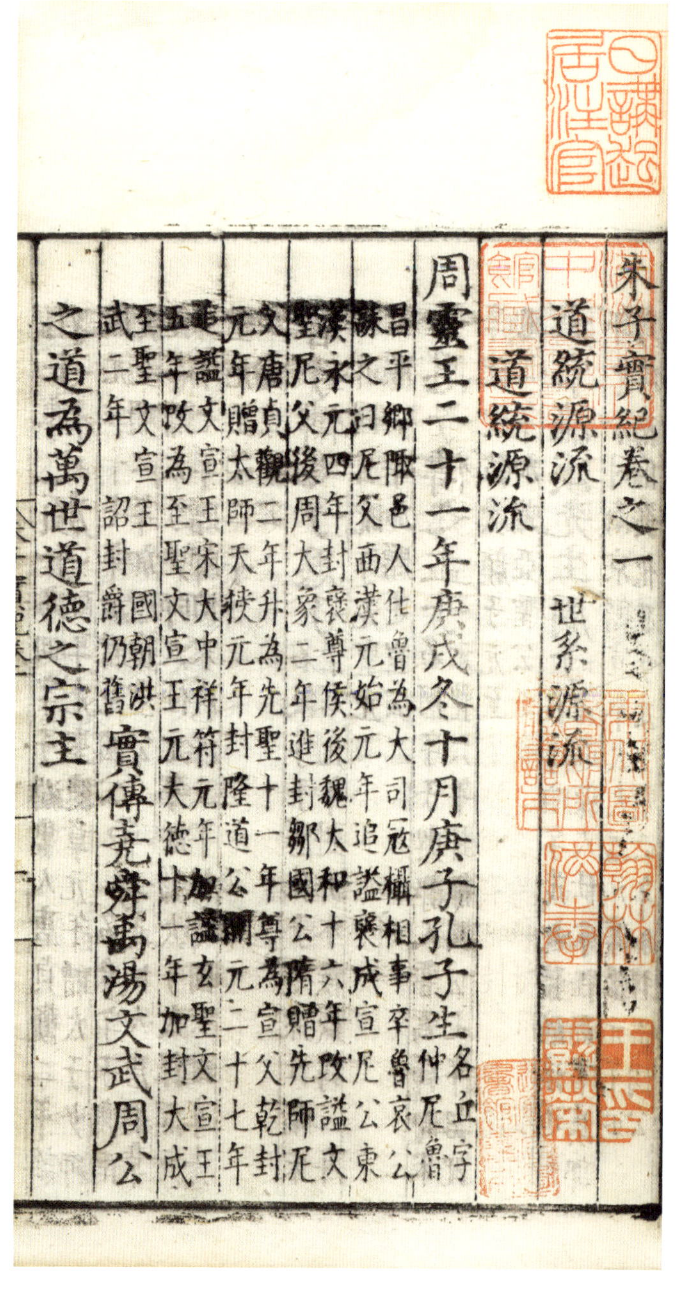

宋丞相崔清献公全录 十卷

（宋）崔与之撰
（明）崔子璲辑
（明）崔晓增辑
明嘉靖三十二年（1553）刻本
五册
辽宁省图书馆藏
国家珍贵古籍名录03966号

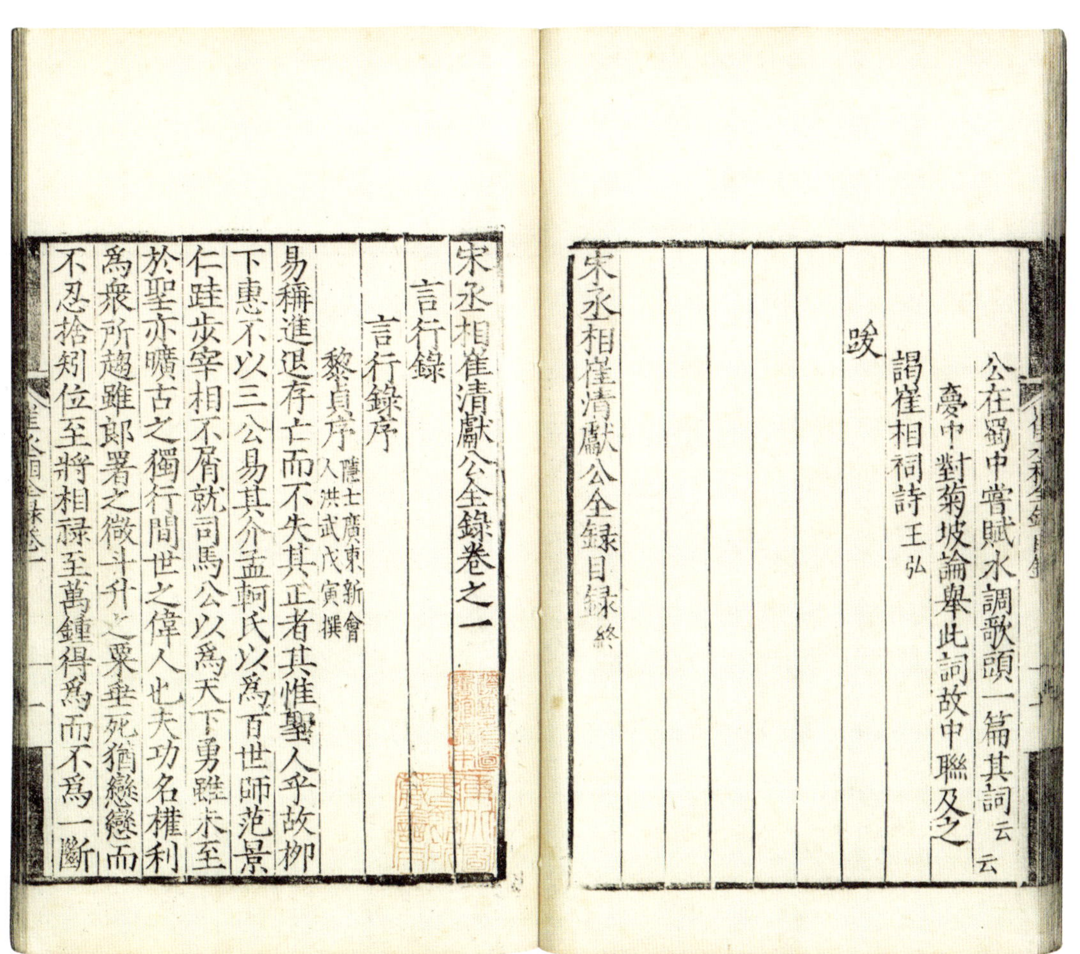

公在蜀中嘗賦水調歌頭一篇其詞云云
夔中對菊坡論舉此詞故中聯及之
謁崔相祠詩 王弘
跋
宋丞相崔清獻公全録目録終

宋丞相崔清獻公全録卷之一
言行録
言行録序
黎貞序 隱士廣東新會人洪武戊寅撰
易稱進退存亡而不失其正者其惟聖人乎故柳下惠不以三公易其介孟軻氏以爲百世師范景仁跬步宰相不屑就司馬公以爲天下勇雖未至於聖亦曠古之獨行間世之偉人也夫功名權利爲衆所趨雖郎署之微斗升之粟垂死猶戀戀而不忍捨矧位至將相禄至萬鍾得爲而不爲一斷

崔与之（1158—1239），字正子，一字正之，号菊坡，广东增城人。宋绍熙四年（1193）进士。累官至右丞相兼枢密使。卒谥清献。著有《崔清献公集》。

崔与之是南宋时期位及宰相的一代名臣，他所创立的“菊坡学派”对岭南学术思想文化的发展产生了重要的影响。是书汇集崔与之言行录、行状、奏札、诗、文等，资料完整齐备。

韩忠定公墓志铭 一卷

（明）杨一清撰

明嘉靖五年（1526）韩廷伟刻本

一册

辽宁省图书馆藏

国家珍贵古籍名录07862号

杨一清（1454—1530），字应宁，号邃庵，别号石淙，镇江府丹徒（今江苏丹徒）人。明成化八年（1472）进士。累官至内阁首辅。卒谥文襄。

韩忠定公即韩文，字贯道，号质庵，明成化二年（1466）进士，官至户部尚书。明嘉靖五年（1526）卒，谥号忠定。《韩忠定公墓志铭》记述韩忠定公生平事迹，并进行了客观评价。此墓志铭为韩文孙韩廷伟刊刻。

是书为罗振玉旧藏。

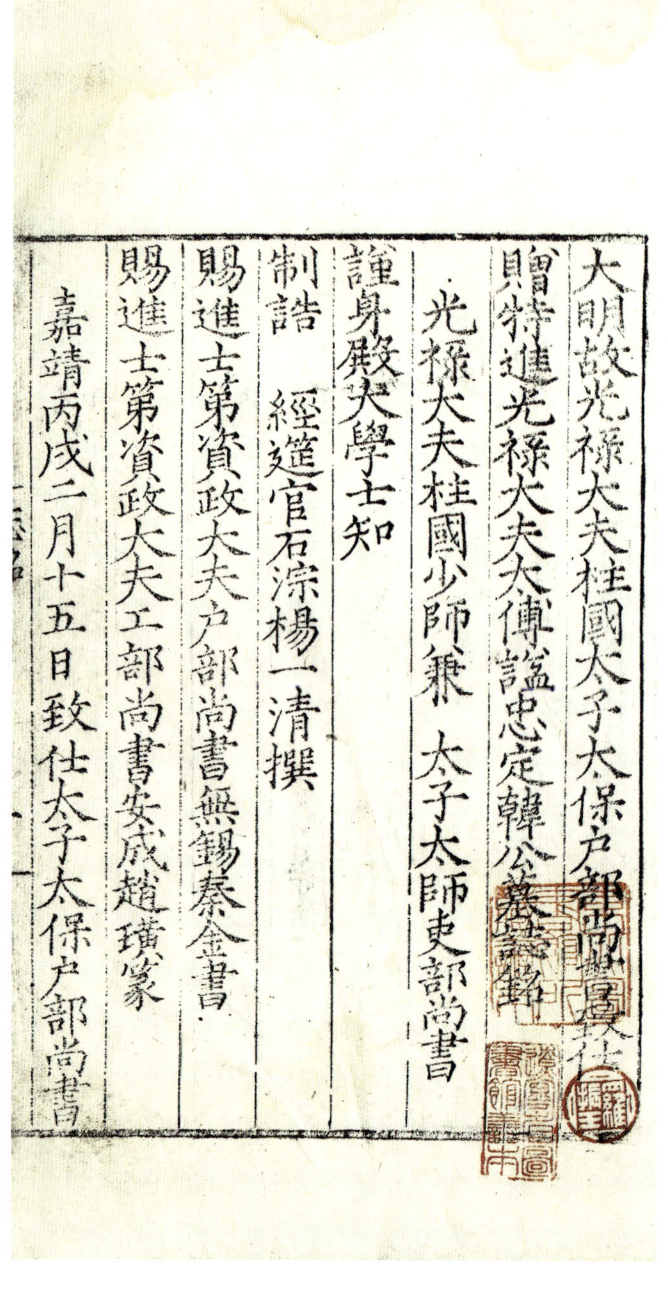
大明故光禄大夫柱國太子太保户部尚書致仕
贈特進光禄大夫太傅謚忠定韓公墓誌銘
光禄大夫柱國少師兼 太子太師吏部尚書
謹身殿大學士知
制誥 經筵官石淙楊一清撰
賜進士第資政大夫户部尚書無錫秦金書
賜進士第資政大夫工部尚書安成趙璜篆
嘉靖丙戌二月十五日致仕太子太保户部尚書

陈槐碑传 一卷

（明）魏良贵等撰

明抄本

一册

辽宁省图书馆藏

国家珍贵古籍名录03970号

谨録建入各祠文移碑傳
本府呈入鄉賢祠文移
寧波府為崇祀鄉賢以敦風化事據本府儒學廩增附生員王衡孫瑛等連名狀呈竊惟明為古郡代有聞人舊設鄉賢之祠實皆名德之選登崇惟謹風化殊深近故湖廣按察司副使陳槐才行高邁問學淵源早奪倫魁壯登甲第方其筮仕出宰松溪以廉明仁恕之德撫頑梗痌瘝之民政教兼施天人協應甘澍沛而疫息猛虎遁而民安卜善地以改築宮墻簡俊選而身親講解賢才輩出而俗學以祛科甲荐登而天荒聿破百姓懷其德頌興三異當道揭其事榜示七閩去叁月而貽清立祠越三十年而雙清勒石逮遷刑部獄尚平反繼入本科事嚴總理白李寡婦十年未雪之

陈槐（1464—1544），字公辅，号半湖。明弘治十八年（1505）进士。历官抚州知府、江西按察使副使。

此书汇集鄞县、松江县等为陈槐立祠碑文，以及宁波府并呈陈槐入乡贤祠等碑文。

是本书口题写“半湖家册”，为陈槐家抄。

重恩录 三卷

（明）严嵩辑

明嘉靖三十三年（1554）自刻本

二册

辽宁省图书馆藏

国家珍贵古籍名录03971号

严嵩（1480—1567），字惟中，号勉庵，江西新余人。明弘治十八年（1505）进士。累官至内阁首辅。著有《钤山堂集》。

是书各家书目多不载。首有吏部右侍郎、前国子祭酒李机明嘉靖三十三年（1554）所写《重恩录序》。此书为严嵩家刻，刊印精良。《中国古籍善本书目》著录辽宁省图书馆独家收藏。

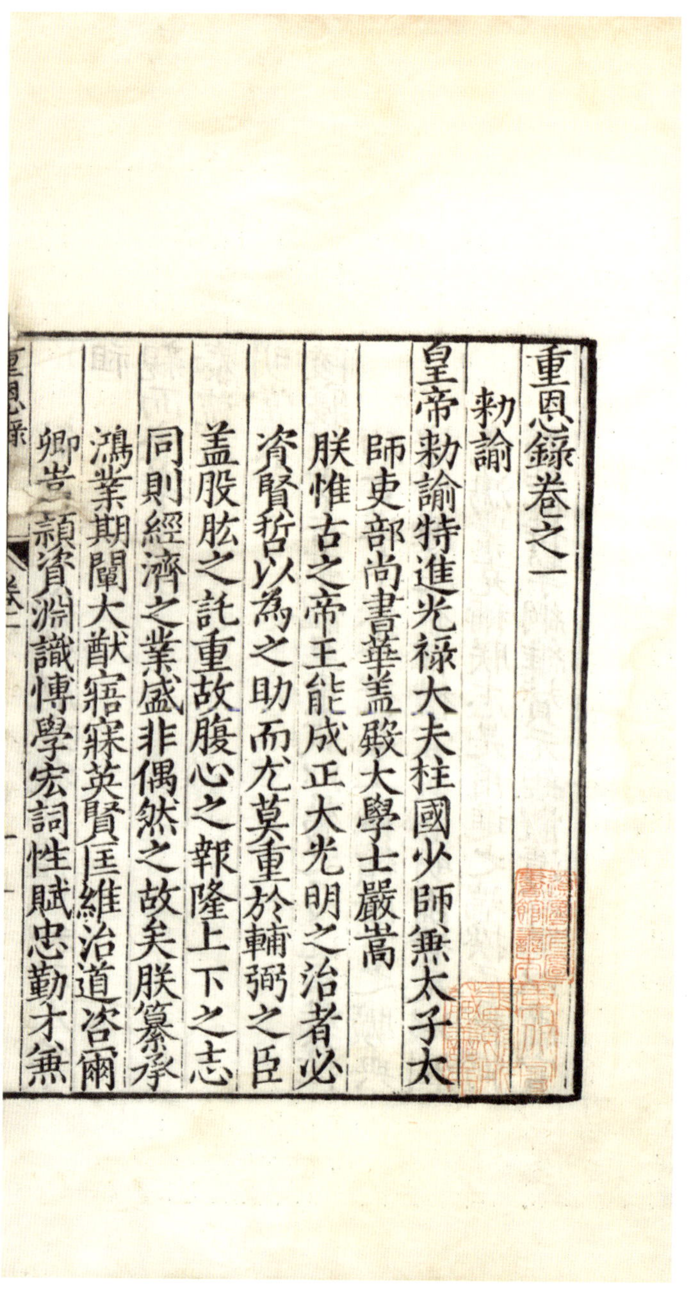

重恩錄卷之一

勑諭

皇帝勑諭特進光禄大夫柱國少師兼太子太師吏部尚書華蓋殿大學士嚴嵩

朕惟古之帝王能成正大光明之治者必資賢哲以為之助而尤莫重於輔弼之臣蓋股肱之託重故腹心之毗隆上下之志同則經濟之業盛非偶然之故矣朕纂承鴻業期闡大猷寤寐英賢匡維治道咨爾卿岦頴資淵識博學宏詞性賦忠勤才兼

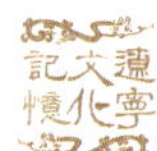

恭简欧阳公哀荣录 二卷

（明）欧阳献辑

明嘉靖二十七年（1548）刻本

二册

辽宁省图书馆藏

国家珍贵古籍名录03972号

欧阳铎（约1481—1544），字崇道，号石江、石岗，江西泰和人。明正德三年（1508）进士。累官至南京吏部右侍郎。卒谥恭简。有《欧阳恭简集》行世。

《恭简欧阳公哀荣录》为欧阳铎传记资料。明嘉靖二十七年（1548）刻本，《中国古籍善本书目》著录辽宁省图书馆独家收藏。

恩庆集 二卷

（明）廖道南辑

明嘉靖刻本

一册

辽宁省图书馆藏

国家珍贵古籍名录03973号

《恩庆集》为明代皇帝与大臣唱和诗文集。《中国古籍善本书目》著录此书为辽宁省图书馆独家收藏。曾为罗振玉旧藏。

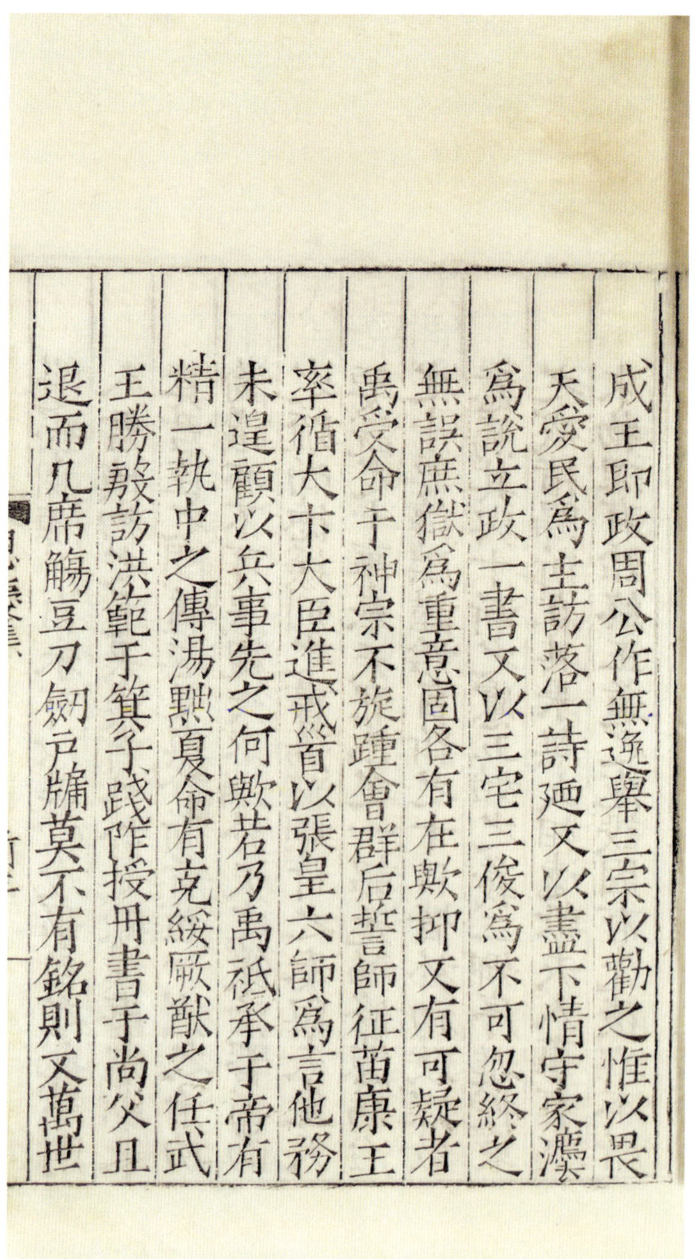
成王即政周公作無逸舉三宗以勸之惟以畏
天愛民爲主訪落一詩延又以盡下情守家灋
爲説立政一書又以三宅三俊爲不可忽終之
無誤庶獄爲重意固各有在歟抑又有可疑者
禹受命于神宗不旋踵會群后誓師征苗康王
率循大卞大臣進戒首以張皇六師爲言他務
未遑顧以兵事先之何歟若乃禹祇承于帝有
精一執中之傳湯黙夏命有克綏厥猷之任武
王勝殷訪洪範于箕子践阼授冊書于尚父且
退而几席觴豆刀劍戶牖莫不有銘則又萬世

二史会编

十六卷

（明）况叔祺辑

明嘉靖四十年（1561）刻本

三十二册

大连图书馆藏

国家珍贵古籍名录01468号

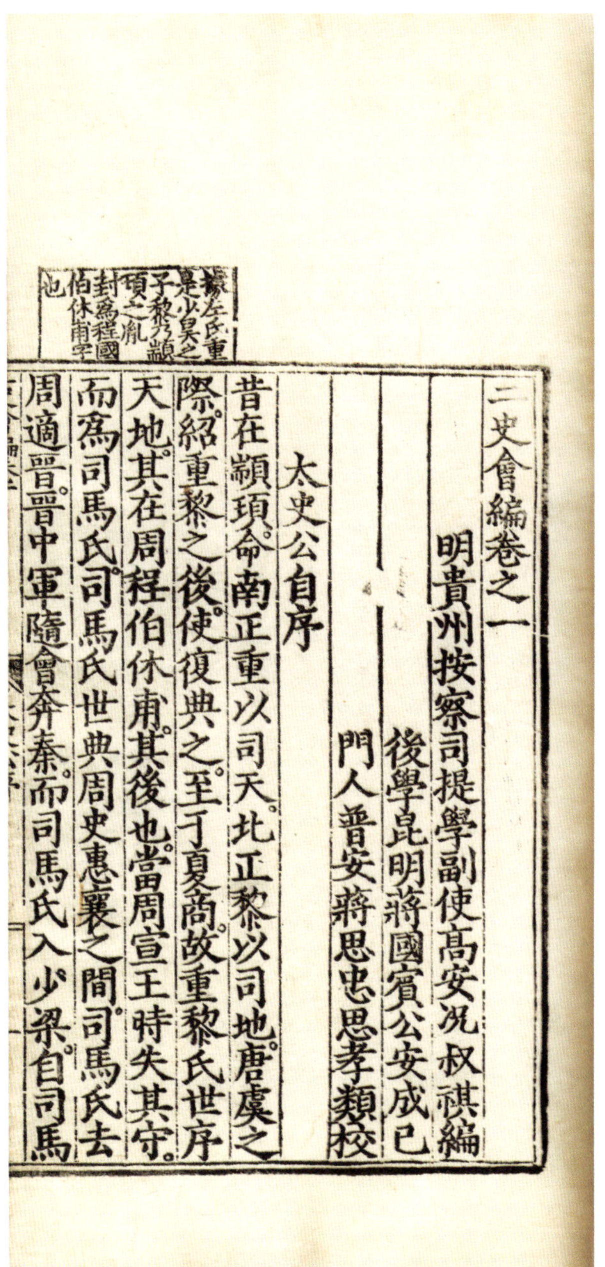

二史會編卷之一

明貴州按察司提學副使高安況叔祺編

後學昆明蔣國賓公安成已

門人晉安蔣思忠思孝類校

太史公自序

昔在顓頊命南正重以司天北正黎以司地唐虞之際紹重黎之後使復典之至于夏商故重黎氏世序天地其在周程伯休甫其後也當周宣王時失其守而爲司馬氏司馬氏世典周史惠襄之間司馬氏去周適晉晉中軍隨會奔秦而司馬氏入少梁自司馬

據左氏重是少昊之子黎乃顓頊之胤封爲程國伯休甫字也

况叔祺（生卒年不详），字吉甫，高安（今江西高安）人。明嘉靖二十九年（1550）进士。累官至贵州提学佥事。著有《大雅堂摘稿》、《考古词宗》等。

是书辑录《史记》、《汉书》中有关篇章。首有明嘉靖四十年都察院右佥都御史蒋宗鲁序，末有布政使司侯一元、云南按察司提学副使陈善跋。有刻书牌记。

嘉靖三十一年应天府乡试录

一卷

明嘉靖刻本

四册

辽宁省图书馆藏

国家珍贵古籍名录04015号

乡试是明、清时在各省省城和京城举行的科举考试。照例每三年举行一次，逢子、午、卯、酉年为正科，遇皇家有喜庆之事加科称为恩科。乡试由皇帝钦命正副主考官主持，凡获秀才身份的府、州、县学生员，监生，贡生均可参加。考试通常安排在八月举行，因此叫“秋试”。清代每科乡试结束后，除缮造题名录外，亦选刻试录进呈，内载考试题目、中式举人名次及答题佳作。此即为明嘉靖三十一年（1552）应天府乡试录。明代应天府即今南京。

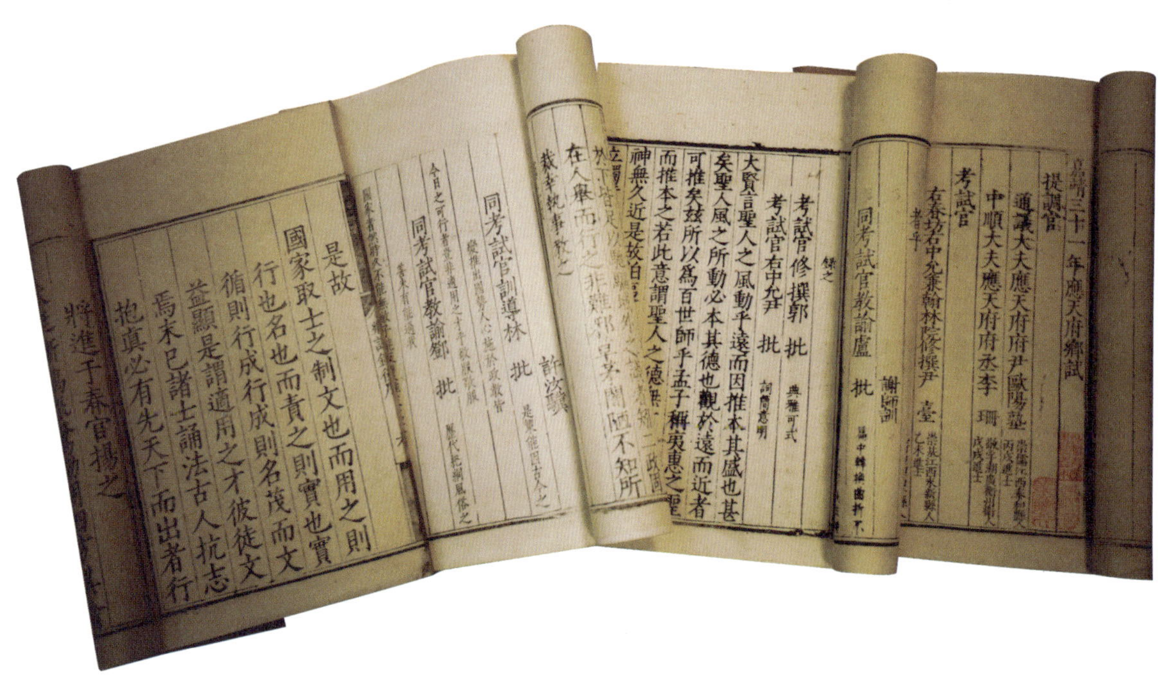

嘉靖三十一年應天府鄉試

提調官

通議大夫應天府府尹歐陽塾 崇儒江西泰和縣人丙戌進士

中順大夫應天府府丞李　珊 敬亭湖廣衡州衛人戊戌進士

考試官

右春坊右中允兼翰林院修撰尹　臺 崇基江西永新縣人乙未進士

翰林院修撰郭　鎜 允新山西高平縣人乙未進士

同考試官

山東兖州府東平州儒學學正陳　遷 于喬廣東南海縣人丁酉貢士

欧阳文忠公五代史抄 二十卷

（明）茅坤辑
明闵氏刻朱墨套印本
二册
大连图书馆藏
国家珍贵古籍名录01551号
十册
辽宁省图书馆藏
国家珍贵古籍名录04092号

茅坤（1512—1601），字顺甫，号鹿门，归安（今浙江湖州）人。明嘉靖十七年（1538）进士。著有《白华楼藏稿》、《茅鹿门集》等。

欧阳修仿效《史记》体例和《春秋》笔法，在薛居正所编《五代史》的基础上，重新编写了五代史，共成七十四卷，称《新五代史》。是书内容为茅坤从《新五代史》中辑抄而成。

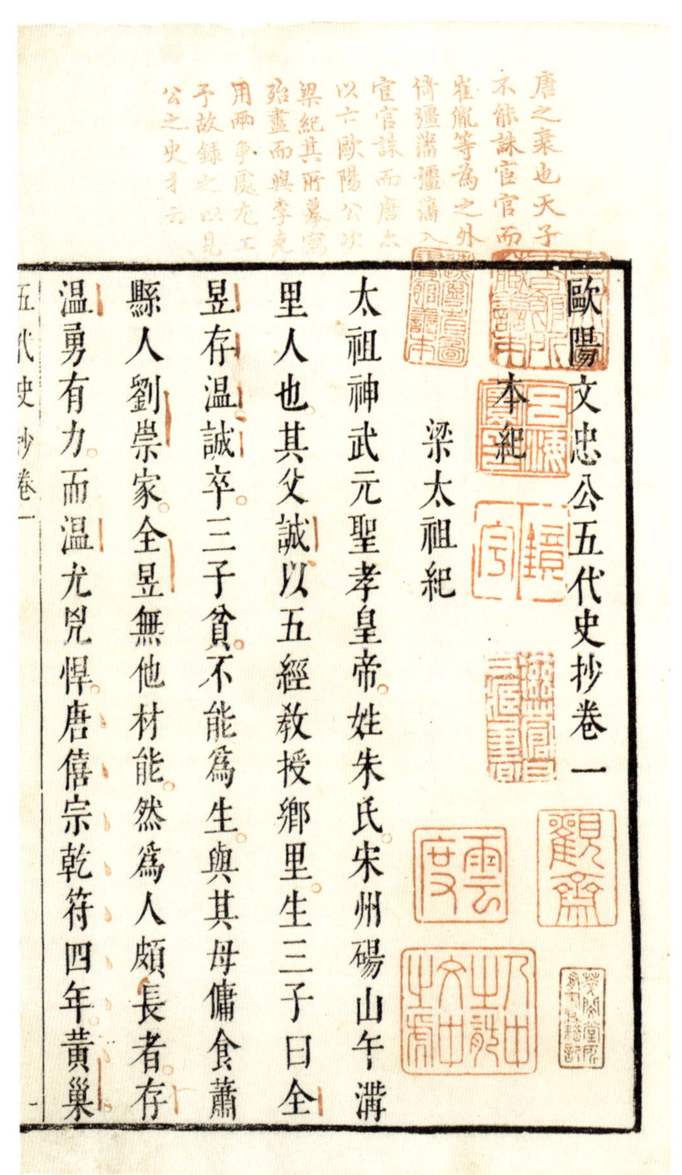

历代地理指掌图 一卷

题（宋）苏轼撰

明刻本

二册

大连图书馆藏

国家珍贵古籍名录07937号

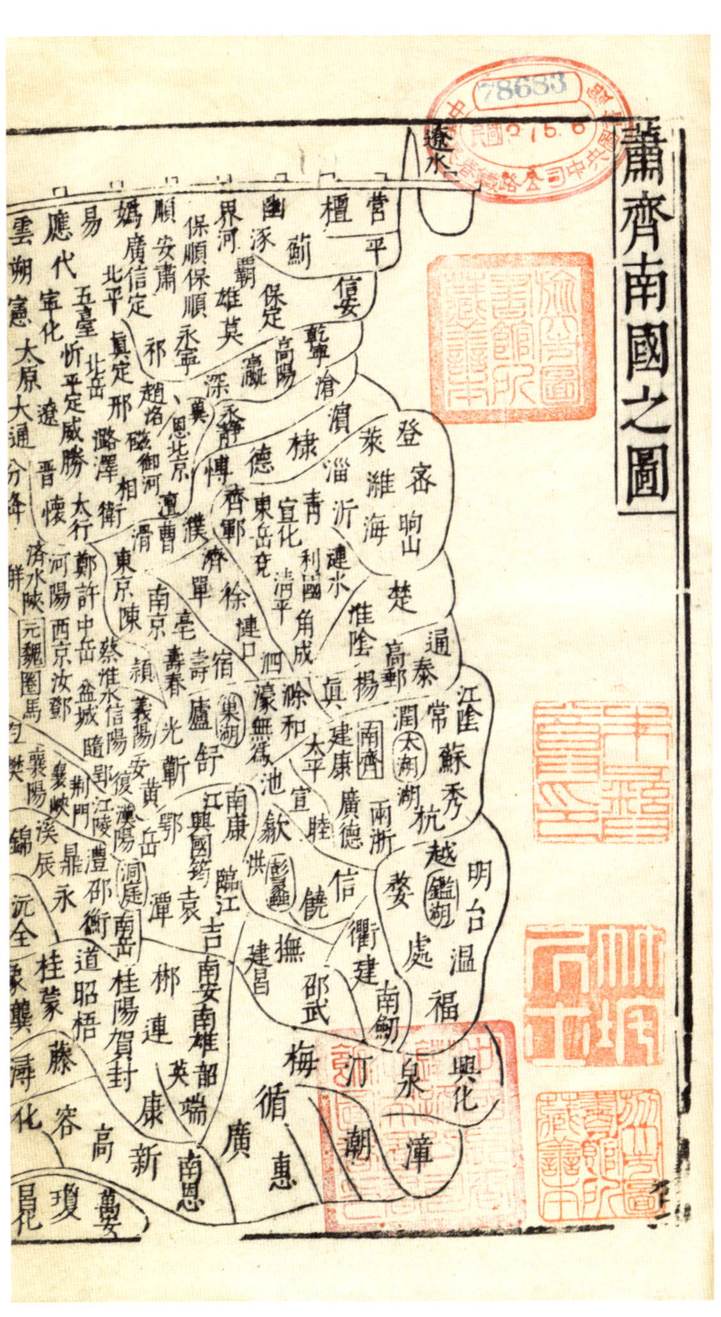

是书为中国现存最早的一部历史地图集，又称《地理指掌图》。此本题为苏轼撰，实为托名之作。证据有两点：一是此书文笔简陋，不像苏轼的文风；二是图中有崇宁以后的建置，当时苏轼已经去世。

此书共有图四十四幅，图后均附说明。上自帝喾，下至宋朝。各代地图，少则一幅，多则五幅。

此本为清朱彝尊旧藏。

大明一统志

九十卷

（明）李贤 万安等纂修

明天顺五年（1461）内府刻本

四十册

辽宁省图书馆藏

国家珍贵古籍名录07941号

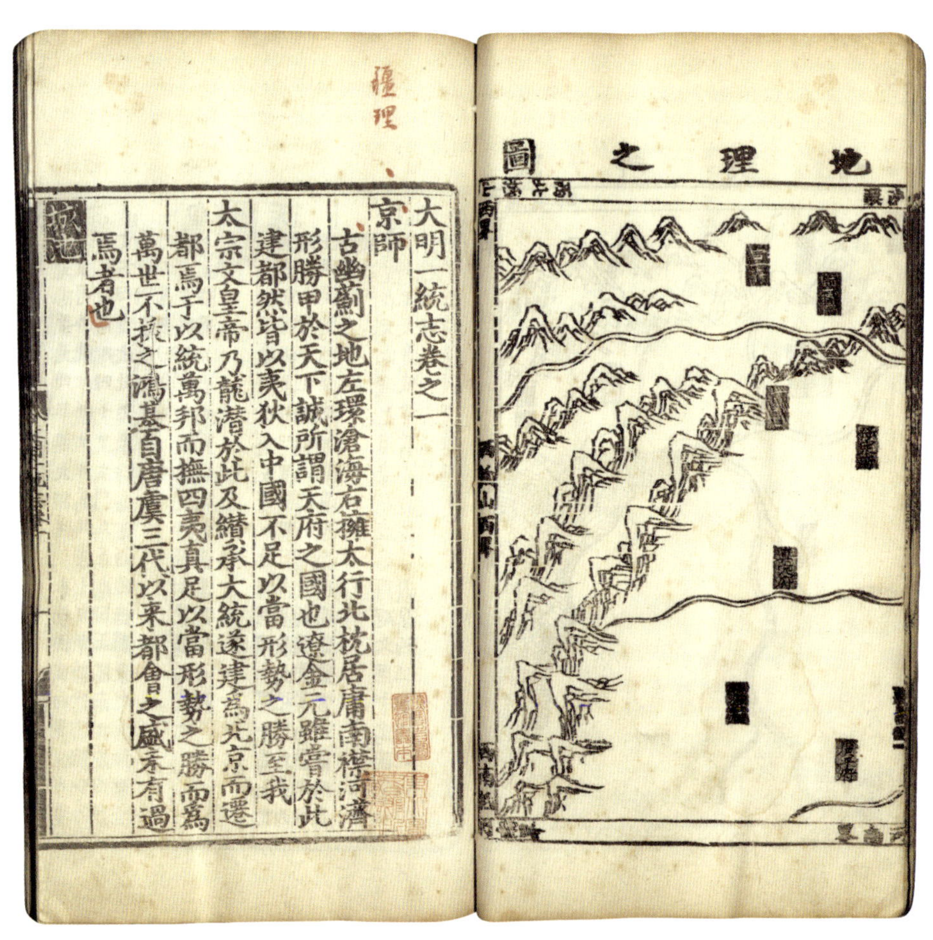

大明一統志卷之一

京師

古幽薊之地左環滄海右擁太行北枕居庸南襟河濟形勝甲於天下誠所謂天府之國也遼金元雖嘗於此建都然皆以夷狄入中國不足以當形勢之勝至我

太宗文皇帝乃龍潛於此及纘承大統遂建為北京而遷都焉于以統萬邦而撫四夷真足以當形勢之勝而為萬世不拔之鴻基自唐虞三代以來都會之盛未有過焉者也

地理之圖

李贤（1408—1466），字原德，河南邓州人。明宣德八年（1433）进士。累官为少保、吏部尚书兼华盖殿大学士知经筵事。卒谥文达。著有《鉴古录》、《体验录》、《天顺日录》等。

《大明一统志》为明代官修地理总志，成书于明天顺二年（1458），原名《寰宇通志》，同年进奏，赐名《大明一统志》。其以南北两京、十三布政使司分区，每府州分建制、郡名、名胜、风俗、古迹、人物诸目，后两卷为周边部族和邻国。该书比较系统而集中地保存了明代政区的有关地理资料。

今古舆地图

三卷

（明）吴国辅 沈定之等撰

明崇祯十六年（1643）刻朱墨套印本

六册

大连图书馆藏

国家珍贵古籍名录01697号

今古輿地圖說

昔先王體國經野以五方風氣所生剛柔輕重各有其性不相遷易故蘊理天下物其土宜條其物產達其志而通其欲齊其政而修其教自黃炎以來圖籍相踵而可知逮至成周則夏官司險掌建九州之圖地官誦訓掌方志以詔觀事春官保章以星土辨九州之地秋官職方掌天下之圖地使同其貫司徒掌邦土地之圖而冢宰掌建邦之六典實總其事又有太史以六典逆冢宰之治何其詳哉夫然故先王不下堂皇而郊甸采衞各有寧宇用能保世以滋大皇風邈逝攻伐相雄奇策材力之士飈飛電激抵掌盱衡談形勝而取世資是故蘇秦按地理而

今古輿地圖 上卷 一

吴国辅（生卒年不详），字期生，山阴（今浙江绍兴）人。

沈定之（生卒年不详），四明（今浙江宁波）人。

《今古舆地图》分上、中、下三卷，仿宋代《历代地理指掌图》之例，主要绘制了自帝喾至明代历代疆域沿革。该图以明一统图为底图，分别标出自五帝至明初疆域郡县名称。是图为明代沿革地图之代表作，是现存最早的朱墨两色套印古今对照历史地图集，其中黑字是当时的地名，红字是古称。

地图综要 三卷

（明）吴学俨等撰
明末刻本
八册
辽宁省图书馆藏
国家珍贵古籍名录07965号

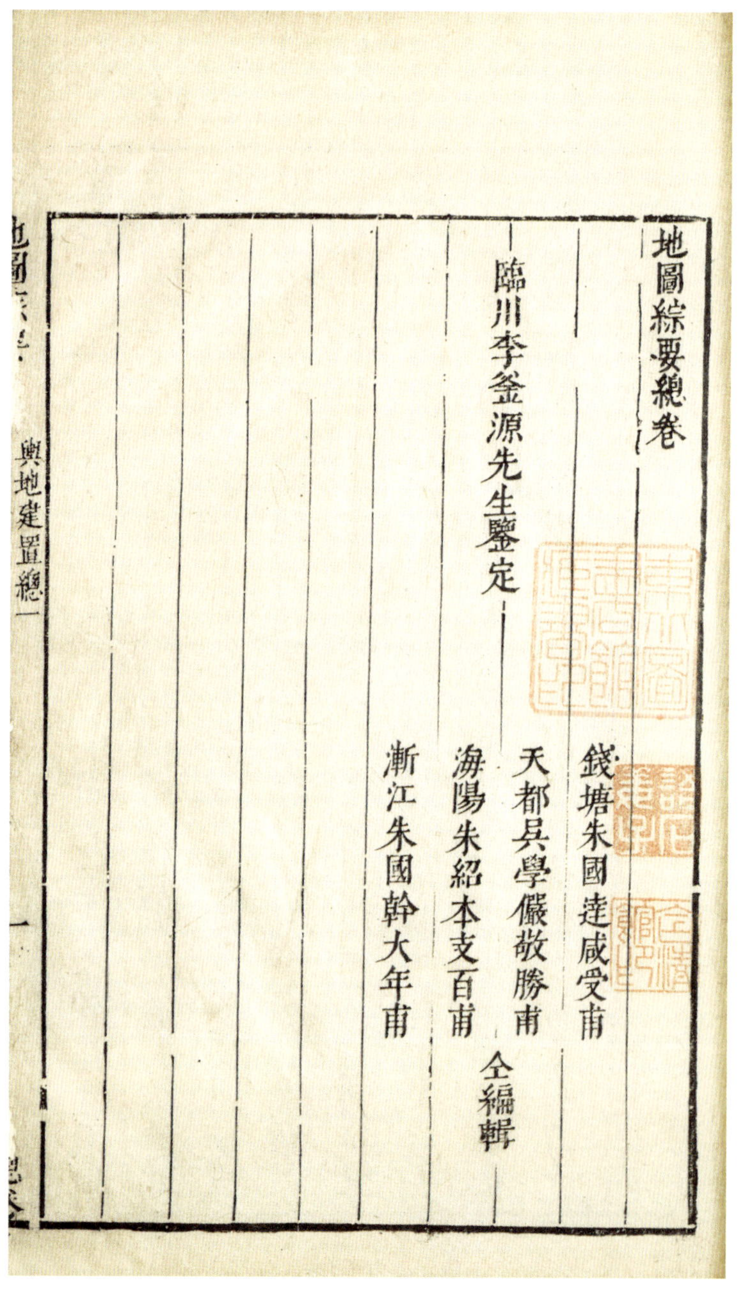

吴学俨（生卒年不详），字敬胜，天都人。

《地图综要》成书于明万历十三年（1585），吸取了罗洪先《广舆图》和桂萼《皇明舆图》的体系和绘图方法所制。全书分为总卷、内卷、外卷。总卷分十六篇，叙述明代行政区划、沿革、边疆形势、山川关隘等；内卷十五篇，详录全国两京十三省的郡邑建置、山川要塞、风俗人情、名胜古迹等；外卷包括九边、四夷，详述明代边疆要地、边陲民族及邻国情况。是书为研究明代历史地理的重要资料。

[正德]姑苏志

六十卷

（明）林世远 王鏊等纂修

明正德元年（1506）刻本

二十册

大连图书馆藏

国家珍贵古籍名录01661号

王鏊（1450—1524），字济之，号守溪，晚号拙叟，吴县（今属江苏苏州）人。明成化十一年（1475）进士。累官至户部尚书、文渊阁大学士。著有《震泽集》、《震泽长语》等。

《姑苏志》首列沿革、守令、科第三表，自沿革、分野以下分为三十一门，而人物门中又分子目十三。是书繁简得中，考核精当。《四库全书总目》评此书“在明人地志之中，犹为近古”。

姑蘇志卷第一

郡邑沿革表

蘇於禹貢爲揚州其後或爲國爲郡爲軍爲府爲路今備著之表

州	國	郡	軍	府	路
唐 揚					
虞 揚					
夏 揚					
殷 揚					

齐乘 六卷

(元)于钦纂修
明嘉靖四十三年(1564)刻本
六册
辽宁省图书馆藏
国家珍贵古籍名录01667号

于钦(1283—1333),字思容,祖籍文登(今山东文登),后定居山东益都(今山东青州)。累官至中书省兵部侍郎。

此书专记三齐舆地,记载八个方面:沿革、分野、山川、郡邑、古迹、亭馆、风土、人物。于钦为益都人,对家乡的历史多做考证。《四库全书总目》认为该书"叙述简核而淹贯,在元代地志之中最有古法","故向来推为善本"。

是书有青州知府杜思撰《校刻齐乘序》,冠于书前,言刻书事。

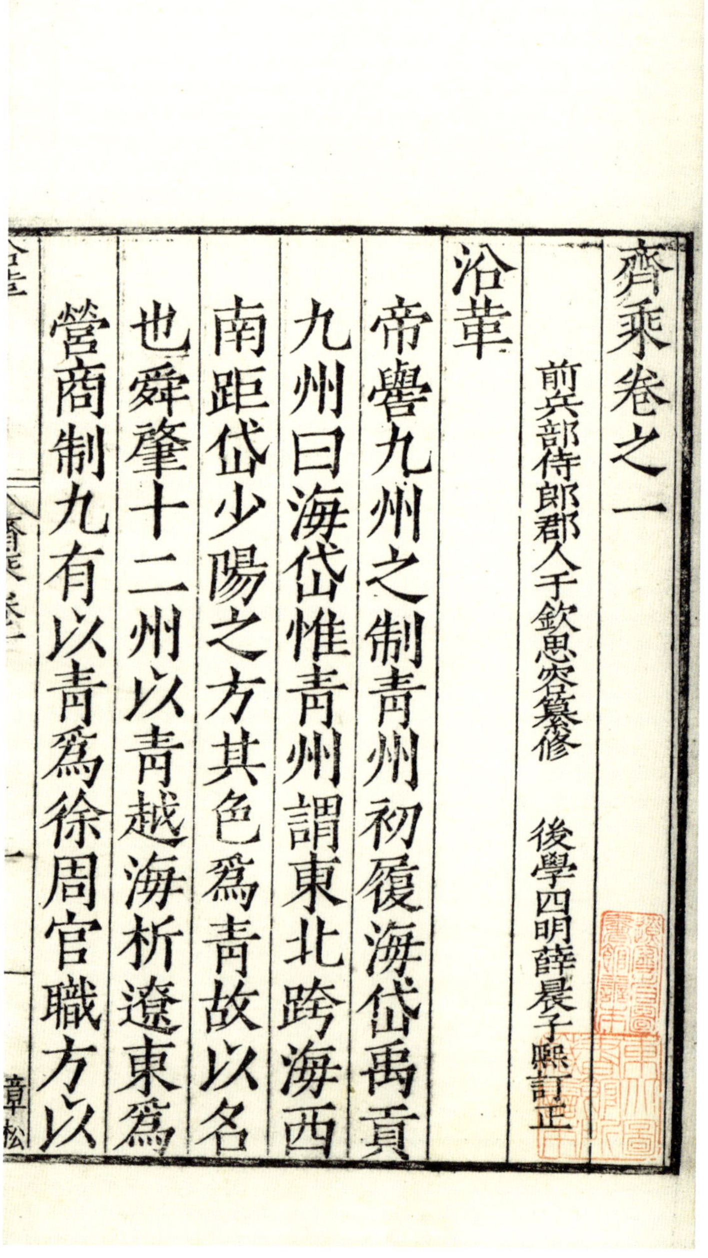
齊乘卷之一
前兵部侍郎郡人于欽思容纂修　後學四明薛晨子熙訂正
沿革
帝嚳九州之制青州初履海岱禹貢九州曰海岱惟青州謂東北跨海西南距岱少陽之方其色爲青故以名也舜肇十二州以青越海析遼東爲營商制九有以青爲徐周官職方以

[嘉靖]秦安志九卷

（明）亢世英 胡缵宗纂修
明嘉靖十四年（1535）刻本（有补刻、补抄）
四册
大连图书馆藏
国家珍贵古籍名录01676号

建置志第一 秦安志一
學生胡正宗李元纂[illegible]
胡纘宗曰三代而上以封建而治三代而下以不封建而治
不古若然郡縣而得若守令焉斯治矣故治不三代
若者又不專在於郡縣也秦安秦地也置縣雖不
甚遠然介於秦隴汧渭之間亦名地也
秦故秦州北境也故亦曰秦雖迄創自金而統
於雍州涼州隸於天水郡略陽郡者名隴西者
遠矣故自庖犧氏開闢已爲成紀地陽亢川何氏地摇[?]謁

胡缵宗（1480—1560），字孝思，又字世甫，号可泉，别号鸟鼠山人，巩昌府秦州秦安（今陕西秦安）人。明正德三年（1508）进士。历官嘉定州判官，安庆、苏州知府，山东、河南巡抚。著有《鸟鼠山人集》等。

《秦安志》是胡缵宗应知县亢世英之邀而编纂。全志九卷，依次为建置志、地理志、职官志、礼制志、学校志、人物志、田赋志、艺文志等。是志削标目琐屑之弊，平列门类，不分细目。各分志的记述，均先以小序讲缘起，后列条目，再逐一记述，内容丰富，体例完备。

江汉丛谈 二卷

（明）陈士元撰
明隆庆六年（1572）刻本
二册
辽宁省图书馆藏
国家珍贵古籍名录01683号

《江汉丛谈》是一部地理书。《四库全书总目》云："其书于楚地故实，凡众说异同者，各设为答问，以疏通证明，故曰《丛谈》。"

该书《中国古籍善本书目》未收。《增订四库简明目录标注》著录有清嘉庆刻《艺海珠尘》本。此本为明隆庆六年（1572）刻本，珍贵自不待言。

古今游名山记

十七卷总录三卷

（明）何镗辑

明嘉靖四十四年（1565）自刻本

十一册

存十四卷

大连图书馆藏

国家珍贵古籍名录01687号

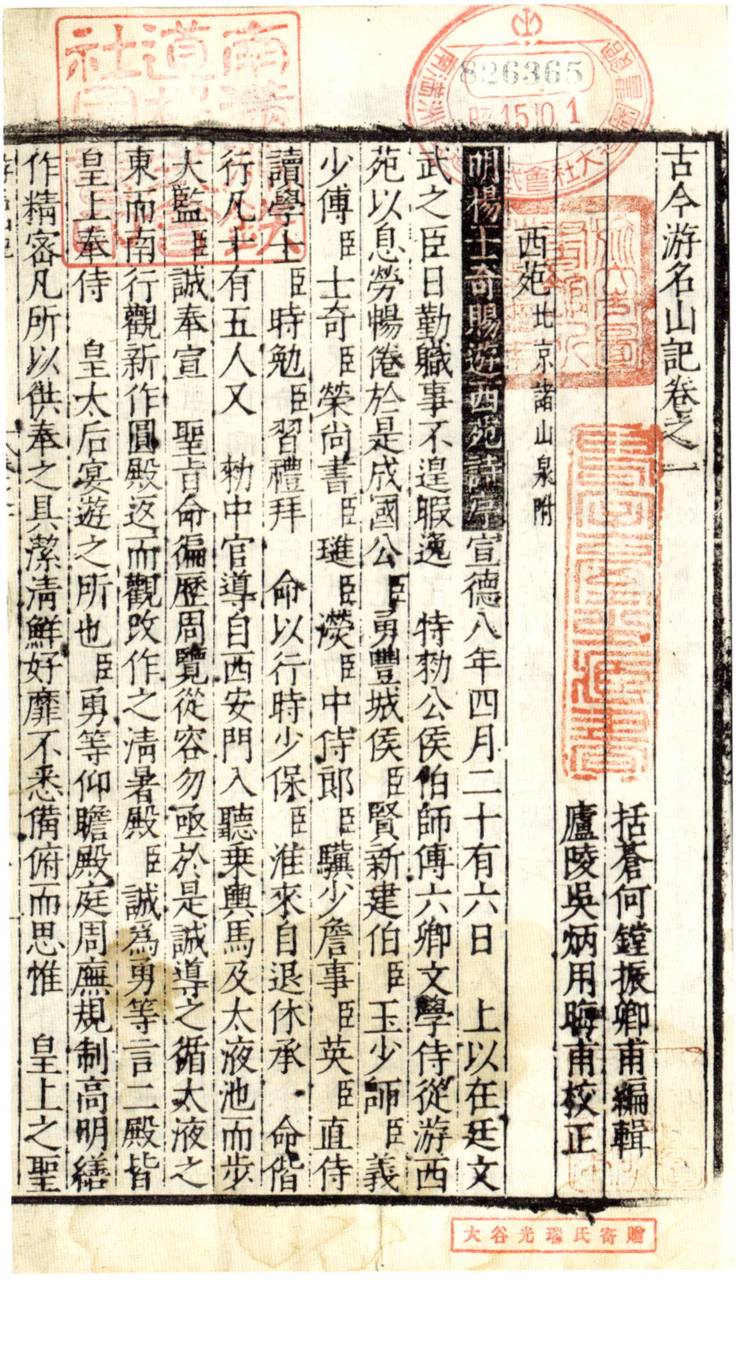

何镗（1507—1585），字振卿，号宾岩，丽水（今浙江丽水）人。明嘉靖二十六年（1547）进士。历官开封府丞、潮阳知县、江西提学佥事等职。著有《修攘通考》、《翠微阁集》等。

《古今游名山记》采集前人所作两京名山游记以及何镗自己游览之文，以类编为历代名山游记集成，资于史地考证，颇有价值。大连图书馆收藏总录、卷一至卷十四，日本龙谷大学大宫图书馆收藏卷十五至卷十七。

钤有“大谷光瑞藏记”、“大谷光瑞氏寄赠”等印。

雍录 十卷

（宋）程大昌撰

明嘉靖十一年（1532）李经刻本

六册

大连图书馆藏

国家珍贵古籍名录01685号

程大昌（1123—1195），字泰之，徽州休宁（今安徽休宁）人。宋绍兴二十一年（1151）进士。历官太平州教授、著作佐郎、国子司业兼权礼部侍郎等职。著有《禹贡论》、《易原》、《演繁露》等。

《雍录》系宋绍兴年间以《三辅黄图》、《唐六典》、《长安志》、《长安图记》及秘书省诸图书互相考证撰成。主要记载古雍州（长安）的建置、都邑、宫殿、苑囿、山原、河渠、关隘、桥梁、郊祠、寺观、陵墓、历史事件等，拟为若干专题讲述考辨，并附三十二张图，较为注重与政治制度、军事活动有关的地理位置和关隘设置。《四库全书总目》称其“搜罗既富，辨证亦详，在舆记之中，故为最善之本也”。

五代都雍總說

漢隋唐皆都渭南雖位置稍有遷改而相去不踰二三十里尚易攷矣若夫周秦兩世自初興以至遷咸屢東屢西不常厥邑若但循世次地望泛而言之則先後紛紜亦與散在史冊無異予於是立渭爲經而取兩代都地隨列渭旁人能並渭以推其方而關雍地望如指諸掌矣渭之流出隴西鳥鼠同穴山稍東則受秦水秦水者天水郡水也秦始封在此也故曰西垂也又東則大隴水入之又東爲陳倉縣秦文公於此得寶雞故又[illegible]縣也及至武功縣則受斜水矣褒斜二水分衍

百泉书院志

四卷

（明）吕颛撰

明嘉靖十二年（1533）刻本

二册

大连图书馆藏

国家珍贵古籍名录01679号

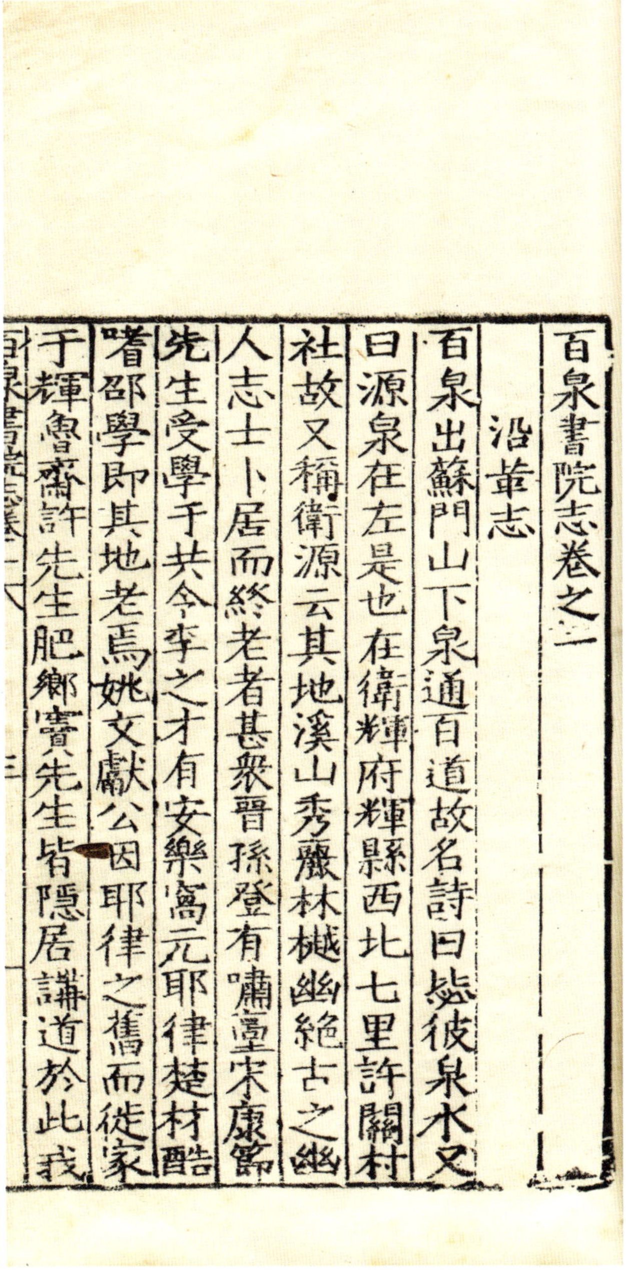
百泉書院志卷之一
沿革志
百泉出蘇門山下泉通百道故名詩曰毖彼泉水又
曰源泉在左是也在衛輝府輝縣西北七里許關村
社故又稱衛源云其地溪山秀麗林樾幽絶古之幽
人志士卜居而終老者甚衆晉孫登有嘯臺宋康節
先生受學于共令李之才有安樂窩元耶律楚材酷
嗜邵學即其地老焉姚文獻公因耶律之舊而從家
于輝魯齋許先生肥鄉竇先生皆隱居講道於此我

吕颛（生卒年不详），字幼通，又字梦宾，号定原，陕西宁州（今甘肃宁县）人。明嘉靖二年（1523）进士。历官刑部郎中、云南左布政使、应天府尹等职。著有《仕进录》、《诸子说括》等。

《百泉书院志》于明嘉靖十二年（1533）编纂刊刻。全书四卷：卷一沿革志、建造志、古迹志、田志、祀典志、名贤志、学约志；卷二文志；卷三诗志；卷四人才志、书籍志、器皿志等。

大唐六典

三十卷

（唐）玄宗李隆基撰
（唐）李林甫等注
明正德十年（1515）席书、李承勋刻本
十册
大连图书馆藏
国家珍贵古籍名录04231号

唐玄宗李隆基（685—762），亦称唐明皇。712年至756年在位。唐睿宗李旦第三子。756年李亨即位，尊为太上皇。

李林甫（683—752），唐宗室，小字哥奴。累官为中书令。

《唐六典》全称《大唐六典》，是唐朝一部行政性质的法典，也是我国现存的最早的一部行政法典。题唐玄宗撰、李林甫等注，实为张说、张九龄等人编纂，成书于开元二十六年（738），所载官制源流自唐初至开元止。六典之名出自周礼，原指治典、教典、礼典、政典、刑典、事典，后世设六部即本于此。

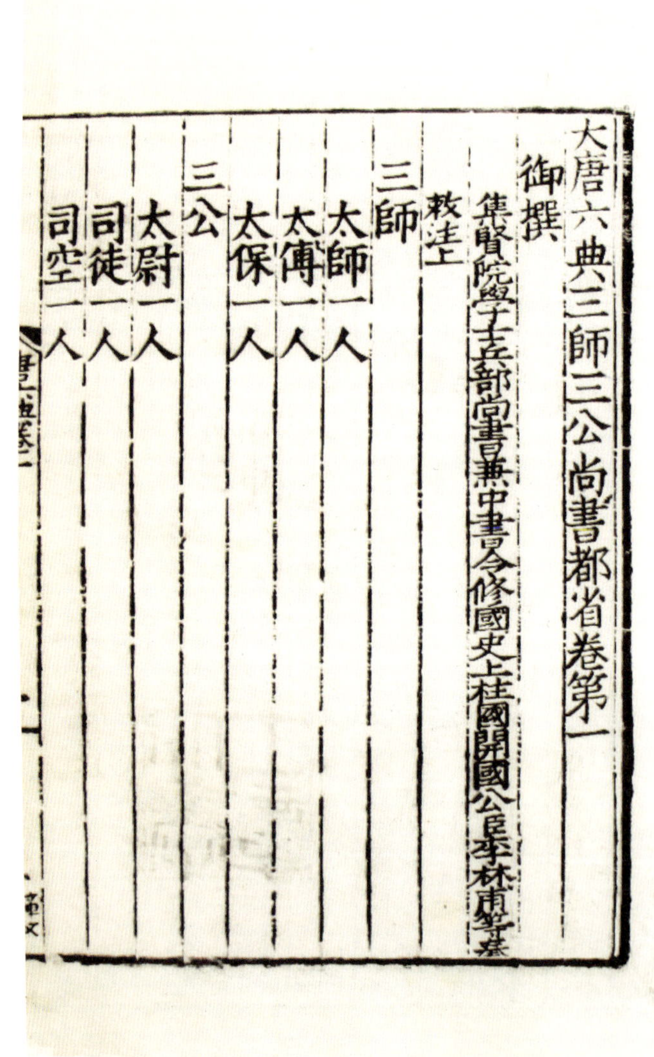
大唐六典三師三公尚書都省卷第一
御撰
集賢院學士兵部尚書兼中書令修國史上柱國開國公臣李林甫等奉
敕注
三師
太師一人
太傅一人
太保一人
三公
太尉一人
司徒一人
司空一人

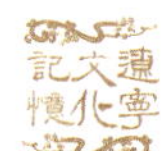

杜氏通典

二百卷

（唐）杜佑撰

明嘉靖李元阳刻本

五十册

辽宁省图书馆藏

国家珍贵古籍名录04245号

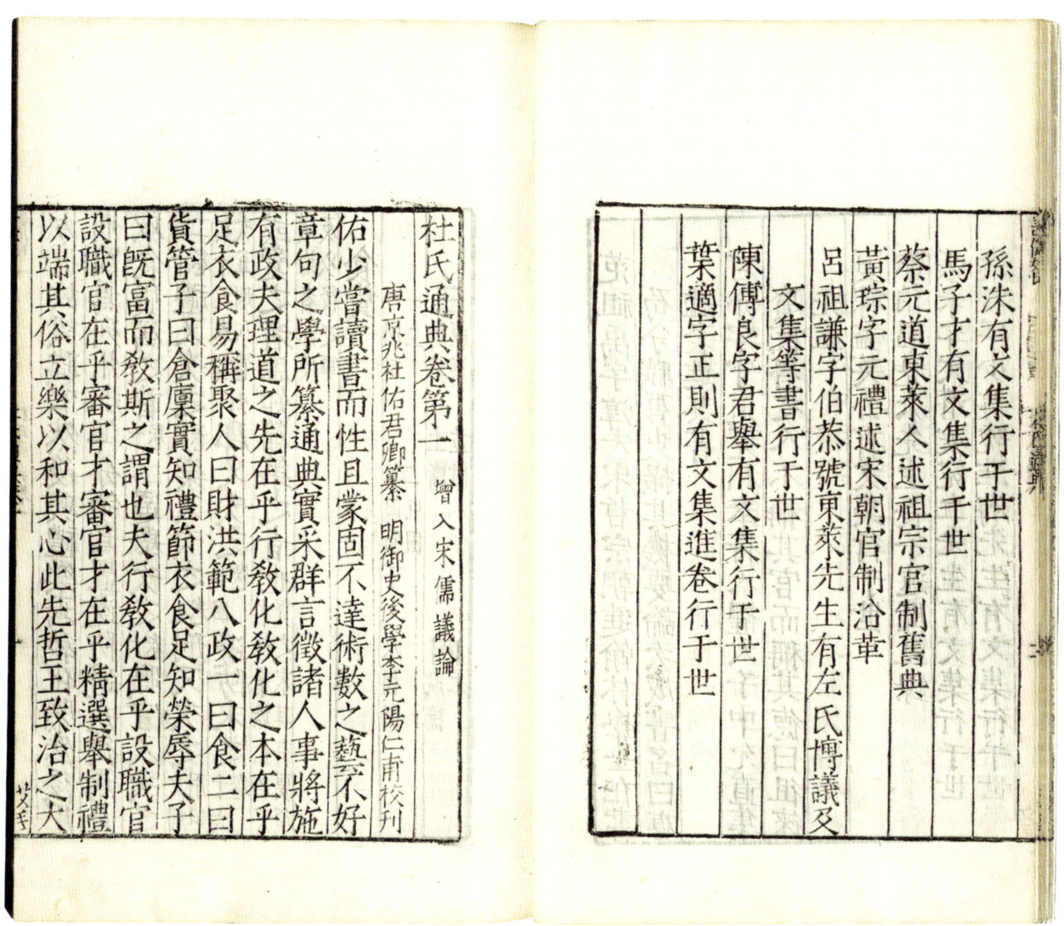
孫洙有文集行于世
馬子才有文集行于世
蔡元道東萊人述祖宗官制舊典
黃琮字元禮述宋朝官制沿革
呂祖謙字伯恭號東萊先生有左氏博議又
文集等書行于世
陳傅良字君舉有文集行于世
葉適字正則有文集進卷行于世

杜氏通典卷第一　增入宋儒議論
唐京兆杜佑君卿纂　明御史後學李元陽仁甫校刊
佑少嘗讀書而性且蒙固不達術數之藝不好
章句之學所纂通典實采群言徵諸人事將施
有政夫理道之先在乎行教化教化之本在乎
足衣食易稱聚人曰財洪範八政一曰食二曰
貨管子曰倉廩實知禮節衣食足知榮辱夫子
曰既富而教斯之謂也夫行教化在乎設職官
設職官在乎審官才審官才在乎精選舉制禮
以端其俗立樂以和其心此先哲王致治之大

杜佑（735—812），字君卿，唐京兆府万年（今陕西西安）人。历任江淮青苗使、容管经略使、水陆转运使、淮南节度使等职。

《通典》叙历代典章制度的沿革变迁，自黄帝时代起，到唐玄宗天宝末年止，是我国历史上第一部典志体史书。全书分为九类，每类又各分子目，对于历代典章制度，详细叙述源流。杜佑从代宗大历元年（766）开始编写《通典》，至德宗贞元十七年（801），历时三十五年方成书。《通典》创立了史书编纂的新体裁。

文献通考

三百四十八卷

（元）马端临撰

明正德十六年（1521）刘洪慎独斋刻本（卷一、二十、二百、二百七十九至二百八十等补抄）

一百七十一册

存三百三十八卷

大连图书馆藏

国家珍贵古籍名录01607号

马端临（约1254—1323），字贵与，元饶州乐平（今江西乐平）人。著有《大学集注》、《多识录》等。

《文献通考》记载上古至宋宁宗时期典章制度的沿革，是继《通典》、《通志》之后，规模最大的一部记述历代典章制度的史书。全书包括二十四门，于宋代典章制度尤称详备。与《通典》、《通志》合称“三通”。

是书为蒋士铨旧藏。

文献通考

三百四十八卷

（元）马端临撰

明嘉靖三年（1524）司礼监刻本

一百册

辽宁省博物馆藏

国家珍贵古籍名录04268号

文獻通考卷之一

鄱陽　馬端臨　貴與　著

田賦考

堯遭洪水。天下分絶。使禹平水土。别九州冀州。厥土白壤。無塊曰壤厥田惟中中。田第五厥賦上上錯。賦第一錯謂雜出第二之賦兖州厥土黑墳。色黑而墳起厥田惟中下。第六厥賦貞。貞正也州第九賦正與九州相當作十有三載乃同。治水十三年乃有賦法與他州同青州厥土白墳。厥田惟上下。第三厥賦中上。第四徐州厥土赤埴墳。土黏曰埴厥田惟上中。第二厥賦中中。第五揚州厥土惟塗泥。地泉濕厥田惟下下。第九厥賦下上上錯。第七雜出

大明会典

一百八十卷

（明）徐溥等纂修

明正德六年（1511）司礼监刻本

五十册

大连图书馆藏

国家珍贵古籍名录01610号

一百册

辽宁省图书馆藏

国家珍贵古籍名录08117号

徐溥（1428—1499），字时用，号谦斋，洑溪（今江苏宜兴宜城镇溪隐村）人。明景泰五年（1454）进士。累官至华盖殿大学士。卒谥文靖。

《大明会典》为记载明代典章制度的官修史书，所记以行政法规为主，成书于明弘治十五年（1502）。其以六部官制为纲，以事则为目，分述明代开国至正德之前各行政机构的建置沿革及所掌职事。

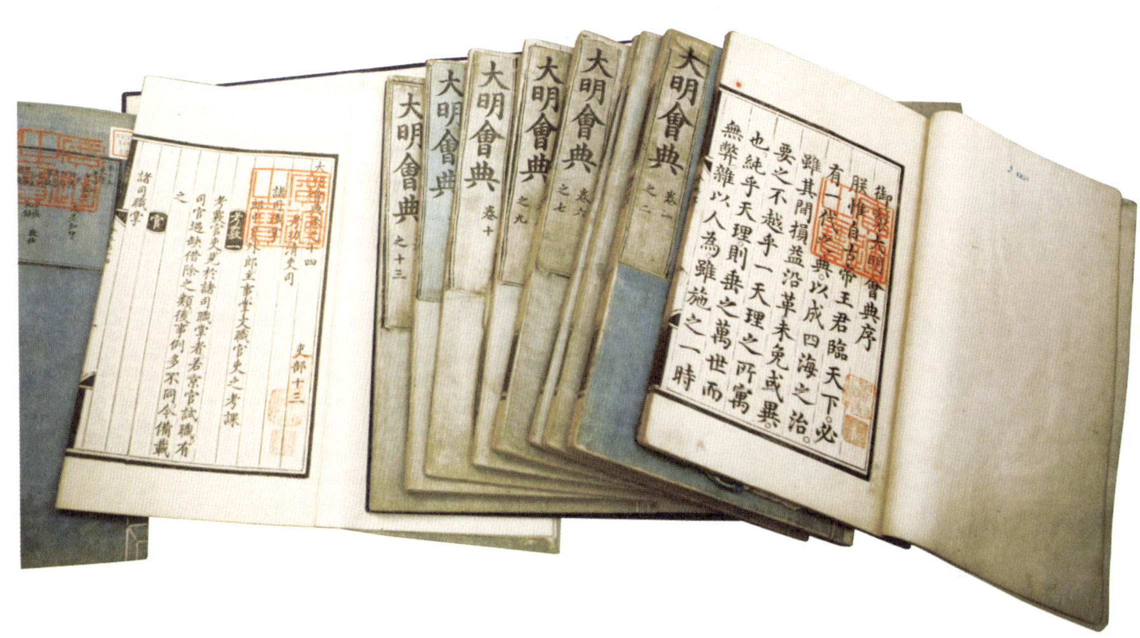

大明會典卷之一　宗人府

文職衙門

宗人府

國初置大宗正院。正一品衙門。洪武二十二年。改院為府。設宗人令。左右宗正。左右宗人。職專玉牒譜系之事。初以親王領府事。後但以勳戚大臣掌之。而不備官。永樂七年。遷都于北。置行在宗人府。十八年。除行在二字。洪熙元年。復稱行在。正統六年。復除之。以本府所領係

大明集礼

五十三卷

(明)徐一夔 梁寅等撰

明嘉靖九年（1530）内府刻本

三十六册

辽宁省图书馆藏

国家珍贵古籍名录08123号

徐一夔（1319—1398），字惟精，又字大章，号始丰，天台（今浙江天台）人。元末，尝官建宁教授。明洪武年间授翰林官。著有《始丰稿》、《艺圃搜奇》等。

《大明集礼》初修于明洪武三年（1370），由于内容未备，修而未刊，密藏内府一百六十年。至明嘉靖九年（1530），明世宗为祭礼改制，始正式刊刻。全书以吉、凶、军、宾、嘉、冠服、车辂、仪仗、卤簿、字学、乐为纲。是书为明朝第一部礼制全书，是研究明代礼制史的重要文献，对明代后期朝野产生很大影响。

此本为扬州测海楼主人吴引孙旧藏。

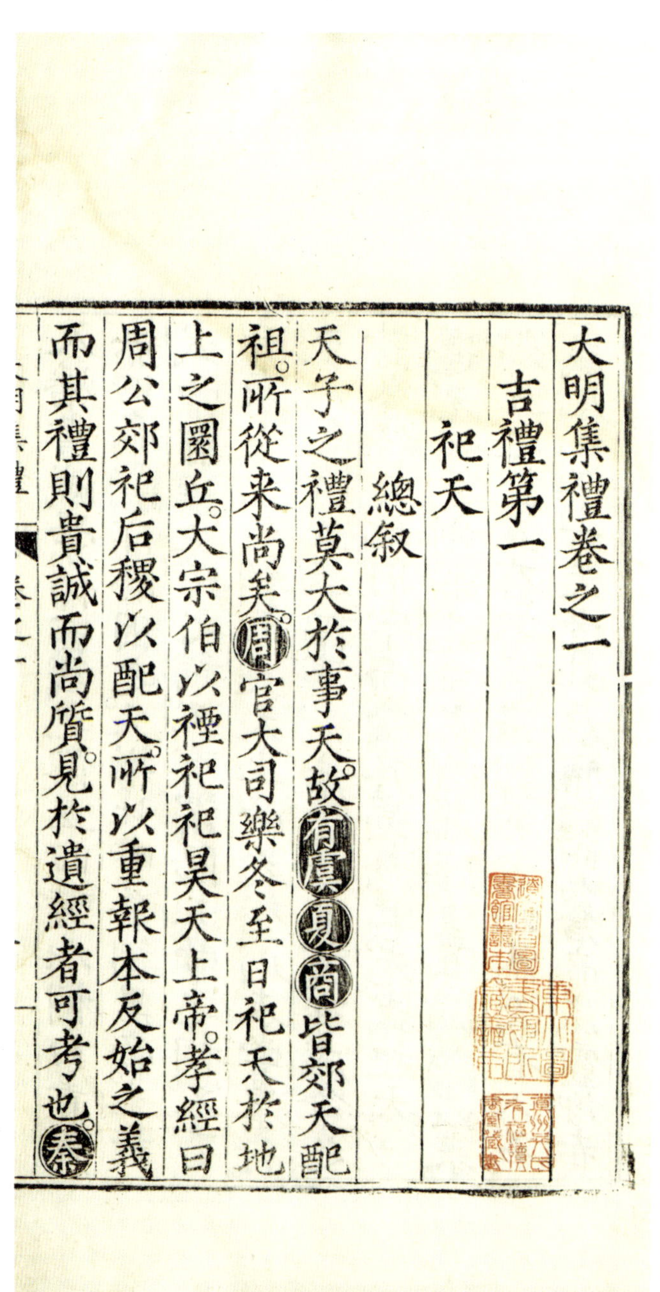
大明集禮卷之一

吉禮第一

祀天

總叙

天子之禮莫大於事天故有虞夏商皆郊天配祖所從来尚矣周官大司樂冬至日祀天於地上之圜丘大宗伯以禋祀祀昊天上帝孝經曰周公郊祀后稷以配天所以重報本反始之義而其禮則貴誠而尚質見於遺經者可考也秦

皇明典礼

不分卷

明建文刻本

二册

大连图书馆藏

国家珍贵古籍名录01612号

皇明典禮

封爵

皇太子嫡長子爲皇太孫。次子皆封郡王。女封
郡主。壻爲儀賓。

皇太孫嫡長子爲皇曾孫。次子皆授鎮國將軍。
女封縣主。壻爲儀賓。

親王嫡長子爲王世子。次子皆封郡王。女封郡
主。壻爲儀賓。

王世子嫡長子爲王世孫。次子皆授鎮國將軍。
女封縣主。壻爲儀賓。

《皇明典礼》为记录明初皇家宗室礼仪规范书籍。全书正文共分十六项，涵盖皇家宗室的各种礼仪，礼、乐章和典礼通则。对上至君臣之礼，下至各色人等的冠冕、配饰、所用器皿等日常生活诸多细节均做了详细规定，全面反映了明初的皇室生活，是研究明朝皇家礼仪制度的变迁、演进不可多得的史料。建文朝时间较短，这一时期所刻书籍流传不多，《皇明典礼》在当时官方史书中也未见提及。此本为海内孤本。

朝觐事宜 一卷

（明）朱裳撰

明嘉靖刻本

一册

辽宁省图书馆藏

国家珍贵古籍名录04303号

朱裳（1482—1539），字公垂，号安贫子、安斋，沙河（今河北沙河）人。其祖籍邢台，后移居沙河。明正德九年（1514）进士。累官至右副都御史。

明制，天下官三年一入朝。朱裳于明嘉靖十年（1531）朝觐时，所记其事，凡五十条。据书中所记，当年十月起程至次年二月方结束。

诸家谥文类编

不分卷

明抄本

一册

大连图书馆藏

国家珍贵古籍名录08129号

諸家謚文類編

蘇洵修定可行者一百六十八謚

神聖賢堯舜禹湯文

武成康獻懿元章釐同僖

景宣明昭正敬恭莊

肅穆戴翼襄烈桓威

勇強毅剛克壯果圉

魏安定簡貞節白匡

質靖真順商原夷思

考胡禹使顯和玄高

中国古代帝王、诸侯、卿大夫、大臣等死后，朝廷根据他们的生前事迹和品德，敕封一个称号以示表彰，即称为“谥法”。是书抄古谥法八家，即《苏洵修定谥法》、《郑樵谥法》、《周公谥法》、《春秋谥法》、《广谥》、《沈约谥法》、《贺琛谥法》、《扈蒙谥法》，集“谥法”之大成。

河南议处禄粮稿 一卷

明抄本

一册

辽宁省图书馆藏

国家珍贵古籍名录04308号

该书为明代河南省造册查补各府年禄粮账目。原为范氏天一阁旧藏，因战乱散失。见于阮氏《天一阁书目》卷二之二末，其“禄”字误作“课”。罗继祖发现于大云书库。

使司為查補禄粮事准陞任左布政使范　咨切
惟河南當天下之中而宗室視他省為繁歲用禄
銀仰給有司昔時尚可支持迄今遂成空匱若不
趂時計處則彼之取索日增吾之應用益蹙
勢誠宜於亟圖而事雖付於莫理蓋緣
周趙等八府原額歲泒郡王粳粟禄米共徵銀
八萬九千二十五兩八錢內
趙唐崇鄭伊汝六府銀三萬餘兩舊規則於分
封府州関支
周府銀五萬餘兩

东南防守利便

三卷

（宋）陈克 吴若撰

明崇祯八年（1635）浣花居刻本

六册

大连图书馆藏

国家珍贵古籍名录 10318号

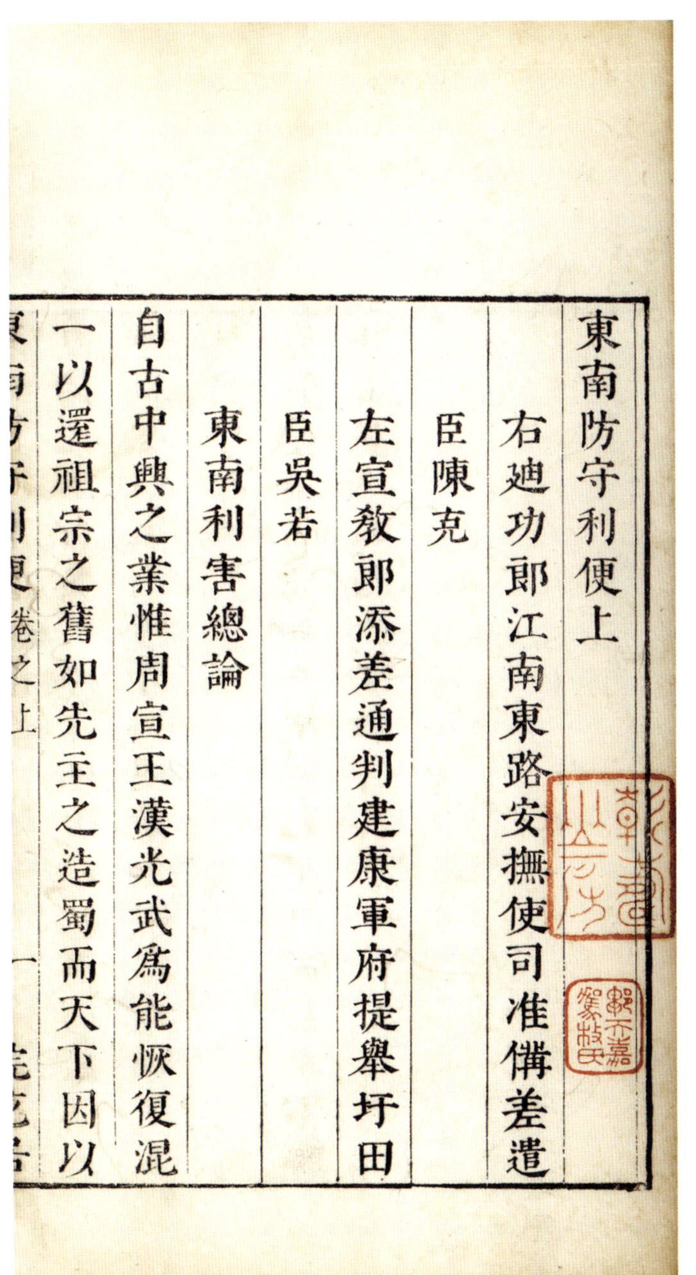

東南防守利便上

右廸功郎江南東路安撫使司准備差遣

臣陳克

左宣教郎添差通判建康軍府提舉圩田

臣吳若

東南利害總論

自古中興之業惟周宣王漢光武爲能恢復混

一以還祖宗之舊如先主之造蜀而天下因以

東南防守利便 卷之上 一

陈克（1081—1137），北宋末南宋初词人，字子高，自号赤城居士，临海（今属浙江）人。吕祉知建康府时，陈克为右承事郎。后吕祉遇害，陈克亦被贬。

此书成书于南宋绍兴三年（1133），为兵部尚书吴若和陈克共同编写。原是关于南宋防守复国方略的奏议。著者根据宋、金南北对峙的形势、江南军事地理状况、历代战争成败的经验，提出了“以建康为根本，淮甸为藩篱，连接沿江措置，庶几可以立国”的主张，分析了襄阳、武昌、九江等长江沿岸形势，反映了著者丰富的军事地理知识以及宏观运筹的战略思想。

此书明崇祯八年（1635）根据手抄本刊刻，版心有“浣花居”三字。

开原图说 二卷

（明）冯瑗撰
明抄本
二册
大连图书馆藏
国家珍贵古籍名录04184号

冯瑗（1572—1627），字德韫，号栗庵，临朐（今山东临朐）人。明万历二十三年（1595）进士。历任湖广茶陵知州、开原兵备道等职。著有《黄龙纪事》等。

《开原图说》是明代最重要的军事地理著作之一，系时任开原兵备道右参政冯瑗实地调查后的军情汇总，既有客观数据、建置的记录，也有作者主观的认知、见解，具有极高的军事地理价值。是研究辽东地区的辽北边墙、城堡、职官、军马、民屯、墩台等的第一手资料，史学价值和军事价值极高。

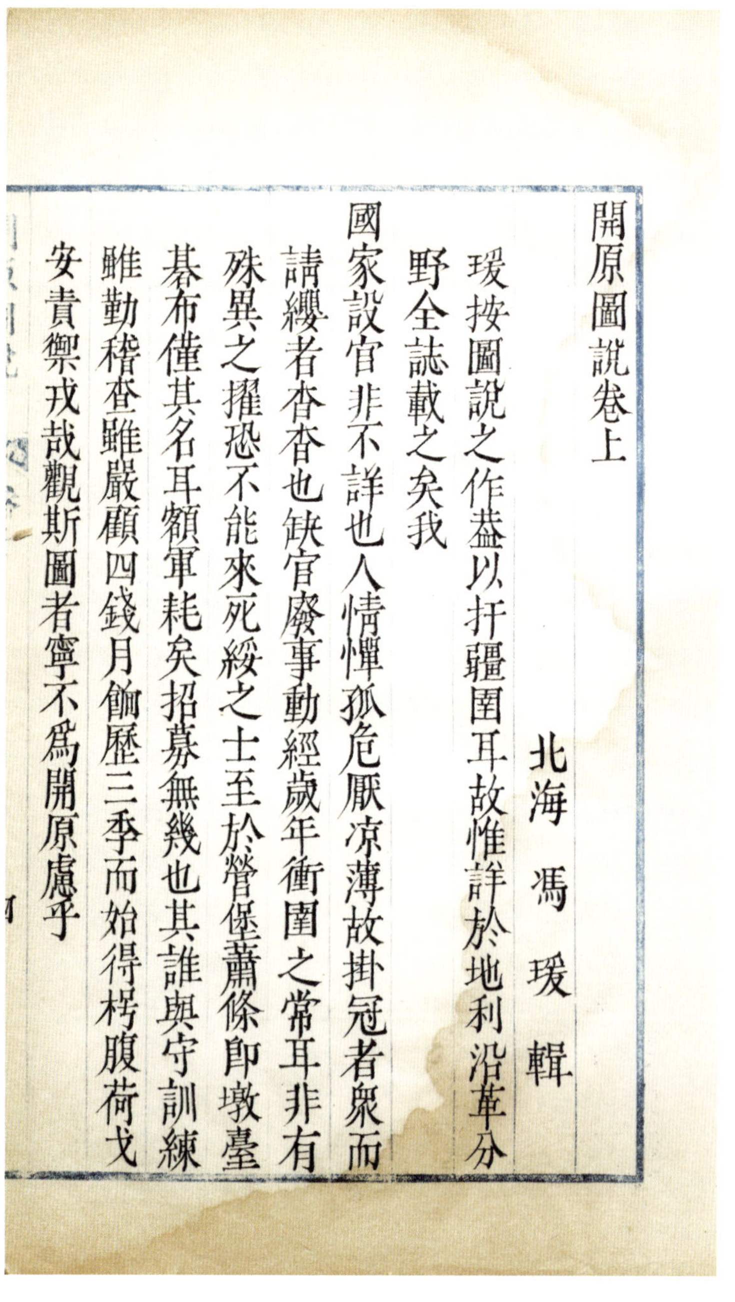
開原圖說卷上
北海 馮 瑗 輯
瑗按圖說之作葢以扞疆圉耳故惟詳於地利沿革分野全誌載之矣我
國家設官非不詳也人情憚孤危厭凉薄故掛冠者衆而請纓者杳杳也缺官廢事動經歲年衙園之常耳非有殊異之擢恐不能來死綏之士至於營堡蕭條即墩臺碁布僅其名耳額軍耗矣招募無幾也其誰與守訓練雖勤稽查雖嚴頋四錢月餉歷三季而始得枵腹荷戈安責禦戎哉覩斯圖者寧不爲開原慮乎

澹生堂藏书目

不分卷

（明）祁承㸁藏并撰

明末抄本

八册

大连图书馆藏

国家珍贵古籍名录04323号

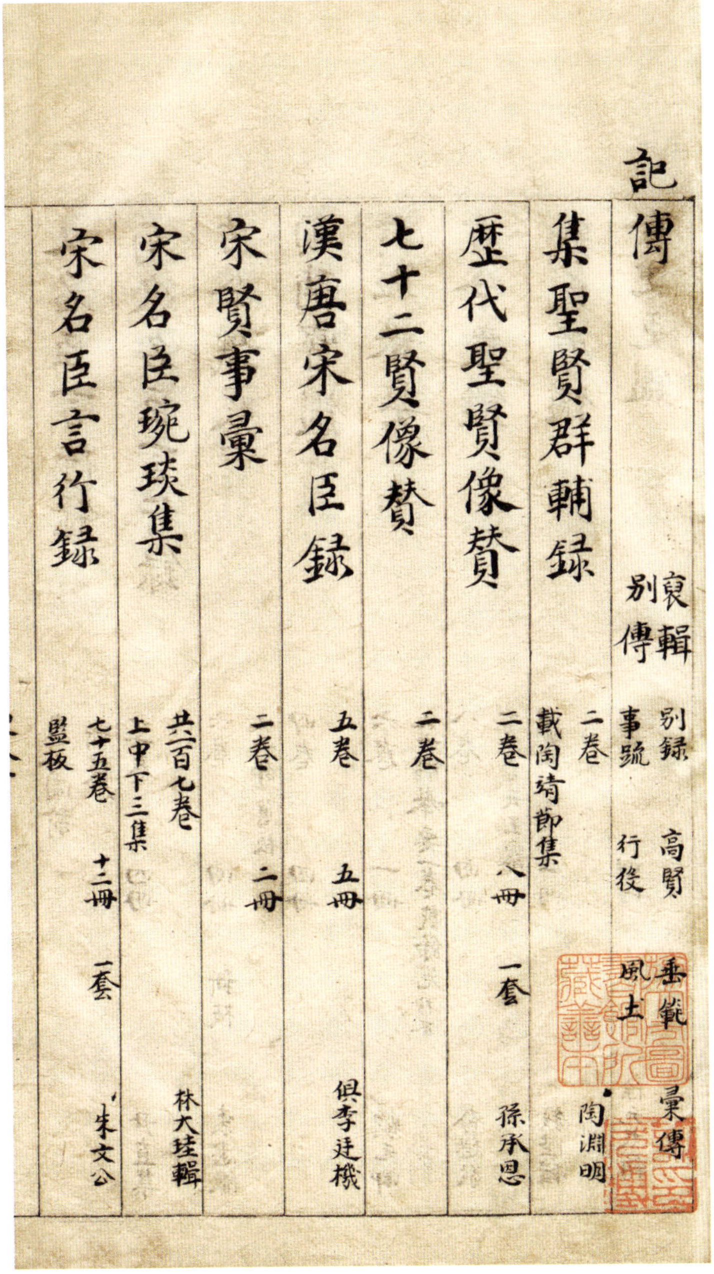

祁承㸁（1563—1628），字尔光，号夷度，又号旷翁，晚号密园老人，山阴（今浙江绍兴）人。明万历三十二年（1604）进士。累官至江西布政使右参使。

祁承㸁乐于汲古，藏书极富，多世人未见之本。初建“旷园”于梅里，另建藏书楼名“澹生堂”。《澹生堂藏书目》著录所藏图书九千余种，十万余卷。采用“互著”、“别裁”之法，分别著录其书名、卷数、著者和出处于有关各类中。《澹生堂藏书目》改制四部四十四类、二百三十五子目的图书分类体系，类目详明，增删恰当。

秦汉印范 六卷

（明）潘云杰 陆钺编辑

（明）杨当时 苏尔宣摹

明万历三十五年（1607）刻钤印本

六册

辽宁省图书馆藏

国家珍贵古籍名录04368号

潘云杰（生卒年不详），字源常，云间（今上海松江）人。

印谱的编集最早为北宋徽宗时期的《集古印格》，宋徽宗“敕撰”《宣和印谱》、《复斋印谱》等。元代有吾丘衍集的《古印》等。明清更加重视对有助于文物制度和官制研究的古印的考证，故印谱的集录与探讨更盛于前代。

该谱由荥阳潘云杰编，平原陆钺辑，杨当时、苏尔宣摹。编者潘云杰以木刻之印易模糊，以家藏铜玉古印千余制作，不足者以青田石勒补，三载始竣，且用朱砂逐方印定，辑为此谱，收秦汉印二千六百余枚。

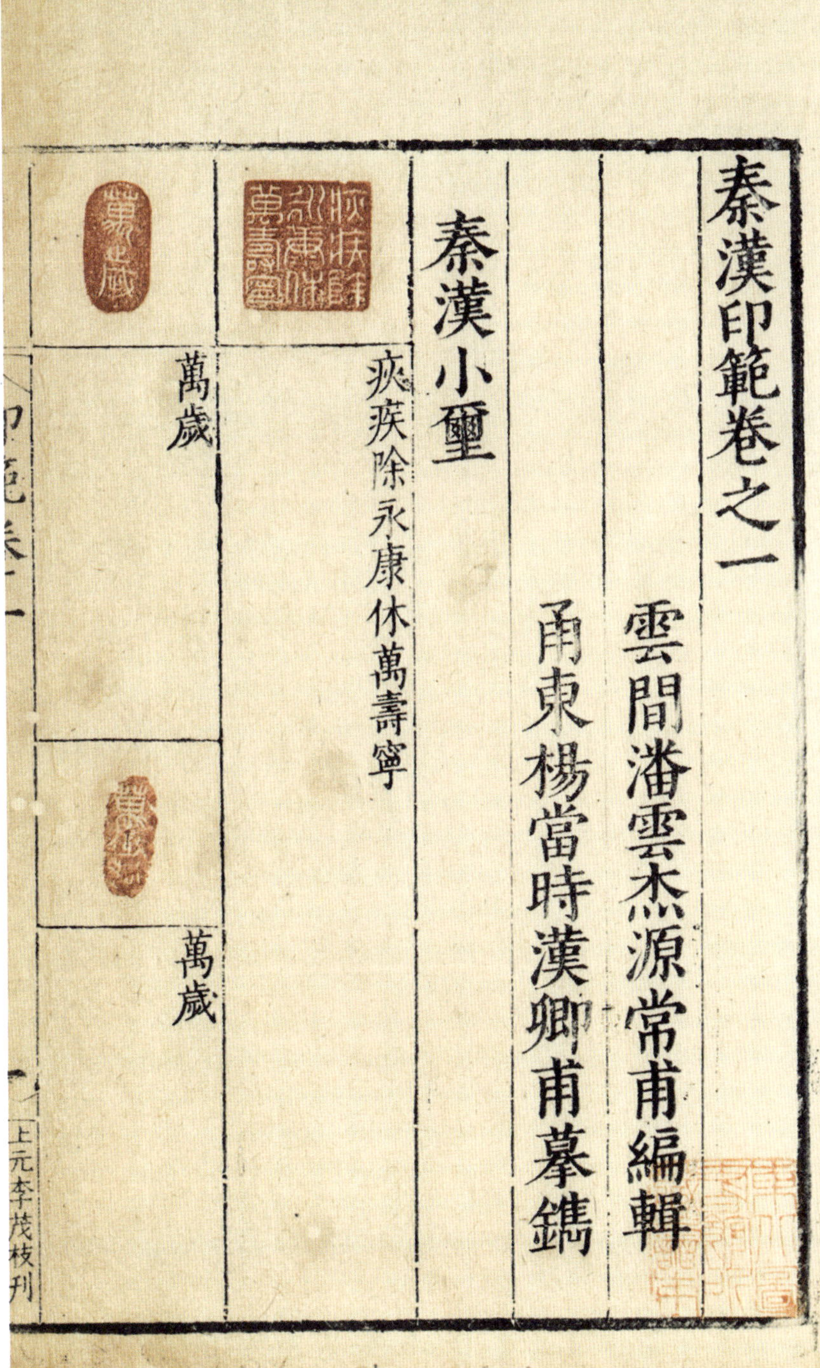

秦漢印範卷之一

雲間潘雲杰源常甫編輯

甬東楊當時漢卿甫摹鐫

秦漢小璽

疢疾除永康休萬壽寧

萬歲

萬歲

上元李茂枝刊

印史 六卷

（明）何通撰

明天启刻钤印本

六册

大连图书馆藏

国家珍贵古籍名录08473号

何通（生卒年不详），字不违，一字不韦，明万历、天启年间江苏太仓人。精于篆刻。

何通将秦始皇至元顺帝一千六百年间名人姓名刻印辑成《印史》六卷，首卷为苏尔宣、王开度、陈元素、沈承等序文及目录；卷二至六总录九百三十九人。版框绿格，每叶四印，印下注其人生平功业。

此书流传版本有绿格和蓝格之分，大连馆藏本为绿格。

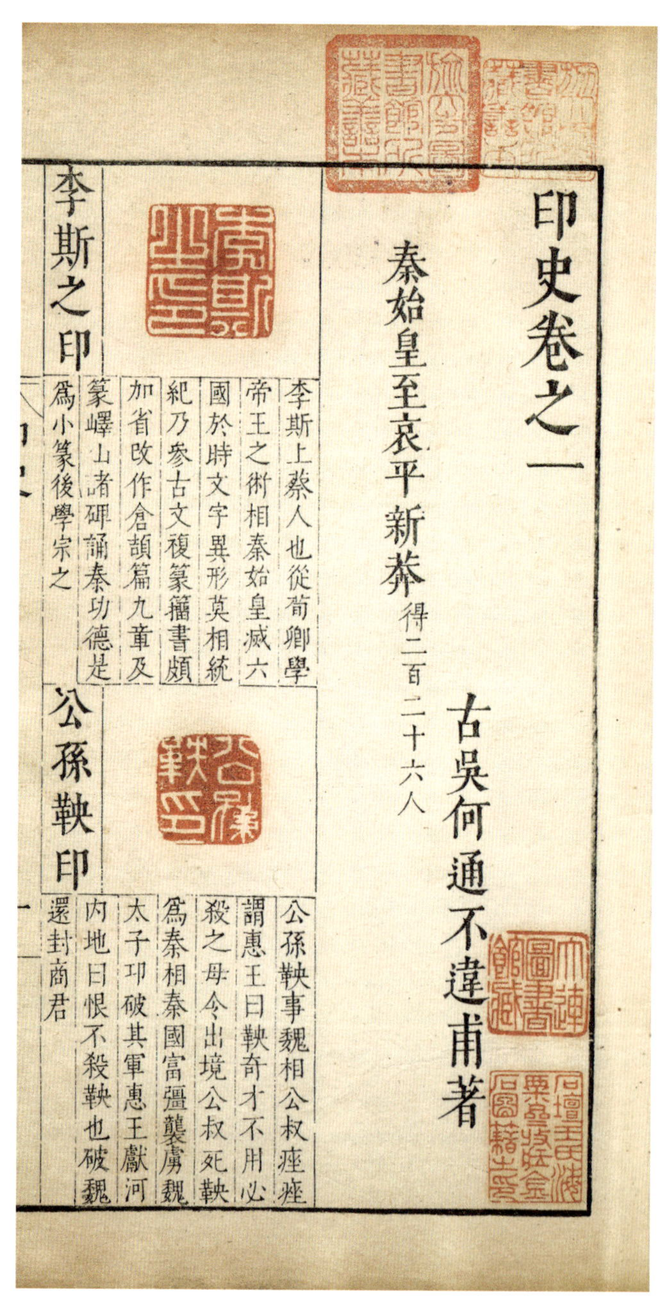

印史卷之一

秦始皇至哀平新莽 得二百二十六人

古吳何通不違甫著

李斯之印

李斯上蔡人也從荀卿學帝王之術相秦始皇滅六國於時文字異形莫相統紀乃參古文複篆籀書頗加省改作倉頡篇九章及篆嶧山諸碑誦秦功德是爲小篆後學宗之

公孫鞅印

公孫鞅事魏相公叔痤痤謂惠王曰鞅奇才不用必殺之毋令出境公叔死鞅爲秦相秦國富彊襲虜魏太子卬破其軍惠王獻河內地曰恨不殺鞅也破魏還封商君

小学史断 二卷

（宋）南宫靖一 撰

续一卷

（明）晏彦文撰

明嘉靖十二年（1533）辽藩朱宠瀼刻本

二册

大连图书馆藏

国家珍贵古籍名录 10363号

小學史斷卷上

周 始平王

豫章南宮靖一 纂述

伊邃古之初肇自顥穹生民歷選群辟以迄于今墳典以前遐哉邈乎其詳不可得聞已若稽古帝王大經大法炳炳如丹綱常典則具在六經後有作者順此則興逆此則危無一於此則亡由於此則為明君為賢臣為中國不由於此則為昏主為亂臣為賊子為夷狄禽獸斷斷乎不可易也粵自周室衰微平王東遷是歲辛未與列國伍自是以來身為卿士而敢於叛君位居黃屋而自將伐鄭繻葛一戰首足倒懸隱公三年

南宫靖一（生卒年不详），字仲靖，自号坡山主人，南昌（今江西南昌）人。南宋端平进士。

《小学史断》是一部以散文体写成的童蒙历史读物。叙述上起周平王、下迄五代之史事，并搜集《读史管见》、《说斋讲义》、《通鉴》及《程朱语录》、《吕祖谦集》等书中论断，联缀成文。摘取正史典籍加以改造而成，是中国古代童蒙历史读物的一个显著特点。明代的晏彦文续写了《小学史断》的宋、元朝历史，并以辽、金，又附以西夏、安南，使这部《小学史断》一度成为中国童蒙历史读物的重要代表作。

史钺 二十卷

（明）晏璧撰

明嘉靖二十七年（1548）刻蓝印本

四册

大连图书馆藏

国家珍贵古籍名录04380号

晏璧（生卒年不详），字彦文，庐陵（今江西吉安）人。明永乐二年（1404）任山东按察司佥事。著有《稽古》等。

《史钺》为明初私修的史论专著，对明代史学评论产生一定影响，后世多有翻印。

是书为初刻蓝印本。

史鉞卷之一

君道第一 聖君

天開困敦陰陽肇判而分歲起攝提人物無爲而化巢橧穴土飲血茹毛人蘊五行之秀生爲萬物之靈爲上聖爲大賢經綸天下之大經立天下之大本參天地之化育究仁義之本原大而化之之謂聖聖而不可知之之謂神聖人作而萬物覩天地泰而品物亨幾康弼直足以延休命之申一德格天足以孚天心之眷君上乘乾體元而當宁無日不憂勤于萬幾庶務不自安此三皇五帝三王聖德神功光明俊偉爲萬世法程後有作者無能及矣

太昊伏羲氏仰則觀象於天文俯則觀法於地理近取諸

史鉞卷一

史钺 二十卷

（明）晏璧撰

明嘉靖二十七年（1548）刻本

十册

辽宁省图书馆藏

国家珍贵古籍名录08185号

史鉞卷之一

君道第一 聖君

天開囷敦陰陽肈判而分歲起攝提人物無爲而化巢橧穴土飲血茹毛人蘊五行之秀生爲萬物之靈爲上聖爲大賢經綸天下之大經立天下之大本參天地之化育究仁義之本原大而化之之謂聖聖而不可知之謂神聖人作而萬物覩天地泰而品物亨幾康弼直足以延休命之中一德格天足以孚天心之眷君上乘乾體元而當宁無日不憂勤于萬幾庶務不自安此三皇五帝三王聖德神功光明俊偉爲萬世法程後有作者無能及矣

太昊伏羲氏仰則觀象於天文俯則觀法於地理近取諸

史鉞卷一 一

政监 三十二卷

（明）夏寅撰

明正德十六年（1521）刻本

四册

大连图书馆藏

国家珍贵古籍名录01557号

夏寅（生卒年不详），字时正，改字正夫，江苏华亭（今上海松江）人。明正统十三年（1448）进士。曾任南京吏部主事进郎中，督江西学政。弘治初年，致仕归。著有《禹贡详节》、《记行集》、《备遗录》等。

《四库全书总目》云此书“首列经传《尚书》、《春秋》，次自汉迄元史事。分条件系，各加评断。皆前人绪言，无大阐发。又间或不免于偏驳”。

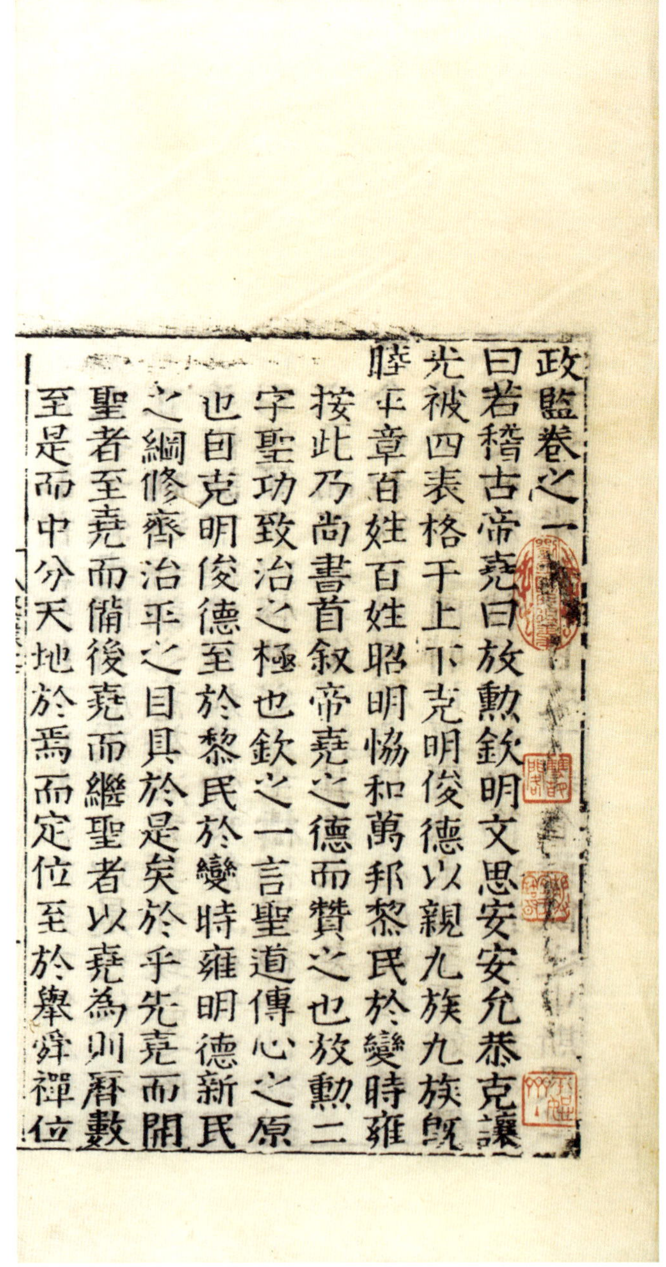
政監卷之一
曰若稽古帝堯曰放勳欽明文思安安允恭克讓光被四表格于上下克明俊德以親九族九族旣睦平章百姓百姓昭明恊和萬邦黎民於變時雍
按此乃尚書首叙帝堯之德而贊之也放勳二字聖功致治之極也欽之一言聖道傳心之原也曰克明俊德至於黎民於變時雍明德新民之綱修齊治平之目具於是矣於乎先堯而開聖者至堯而備後堯而繼聖者以堯為則曆數至是而中分天地於焉而定位至於舉舜禪位

史衡　六卷

（明）陈尧撰

明嘉靖刻本

三册

辽宁省图书馆藏

国家珍贵古籍名录01555号

不善奕者觀之秖見其憒亂而已此有智無智所由分也余乃紬繹舊聞附以一時臆說雖不敢上儗作者之林庶幾微顯闡幽用訓蒙士焉耳矣但道遠無書未暇檢閱挂漏之失疇能免乎傳曰貫中其聲者謂之端實不中其聲者謂之窾窾言不聽奸乃不生余小子何謙焉

嘉靖丙辰十月既望維揚陳堯書

史衡卷一　維揚陳堯著

昔者鴻荒之世一混沌之天耳自伏犧而下民間始知君臣上下之儀輿馬宮室衣弁飲食之制然亦標枝野鹿規模草具而已及黃帝制文字紀官名堯舜推賢舉能脩明禮樂而后中夏之聲名文物蔚然稱盛焉蓋締造如是其難也世人常言邃古之初有天皇氏地皇氏人皇氏此三人者皆萬有餘歲相繼而王天下不知數萬年間其君臣上下何所事事乎民間衣食何所從出乎星官何所紀歲史官何所載筆乎此必無之事也吾

陈尧（1502—1576），字敬甫，号醒翁，又号梧冈，南直隶通州（今江苏南通）人。明嘉靖十四年（1535）进士。累官至刑部左侍郎。

“国家兴衰理乱之机，君子小人用舍行藏之故，具载史册，善弈之人观之，胜败昭然。”陈尧因之取尧舜至元末感兴趣的史事，对人物与事件予以评说，表达看法，以训蒙士。此书传本甚少，《四库全书总目》未著录。

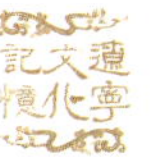

孔子家语 十卷

明刻本
十三册
辽宁省图书馆藏
国家珍贵古籍名录08205号

《孔子家语》又称《家语》，原书二十七卷，已佚。今本为十卷，为魏王肃所伪作，取《论语》、《左传》、《国语》、《荀子》、《大戴记》、《礼记》、《说苑》等书关于古代婚姻、丧祭、郊禘、庙祧等制度辑为此书，借孔子的名义攻击郑玄之学，作为所撰《圣证论》的根据。王肃的所为，唐代时已经明析。《孔子家语》元代以前的刻本已不存在，世存者最早考为明代刊本。此本曾藏清宫，《天禄琳琅书目后编》著录为宋版，非是。

孔子家語卷之一

相魯第一

孔子初仕爲中都宰制爲養生送死之節長幼異食強弱異任男女别塗路無拾遺器不彫僞爲四寸之棺五寸之槨因丘陵爲墳不封不樹行之一秊而西方之諸侯則焉定公謂孔子曰學子此法以治魯國何如孔子對曰雖天下可乎何但魯國而已哉於是二秊定公以爲司空乃别五土之性而物各得其所生之宜咸得厥所先時季氏葬昭公于墓道之南孔

盐铁论 十二卷

（汉）桓宽撰

（明）张之象注

明嘉靖三十三年（1554）张氏猗兰堂刻本

十二册

辽宁省图书馆藏

国家珍贵古籍名录08219号

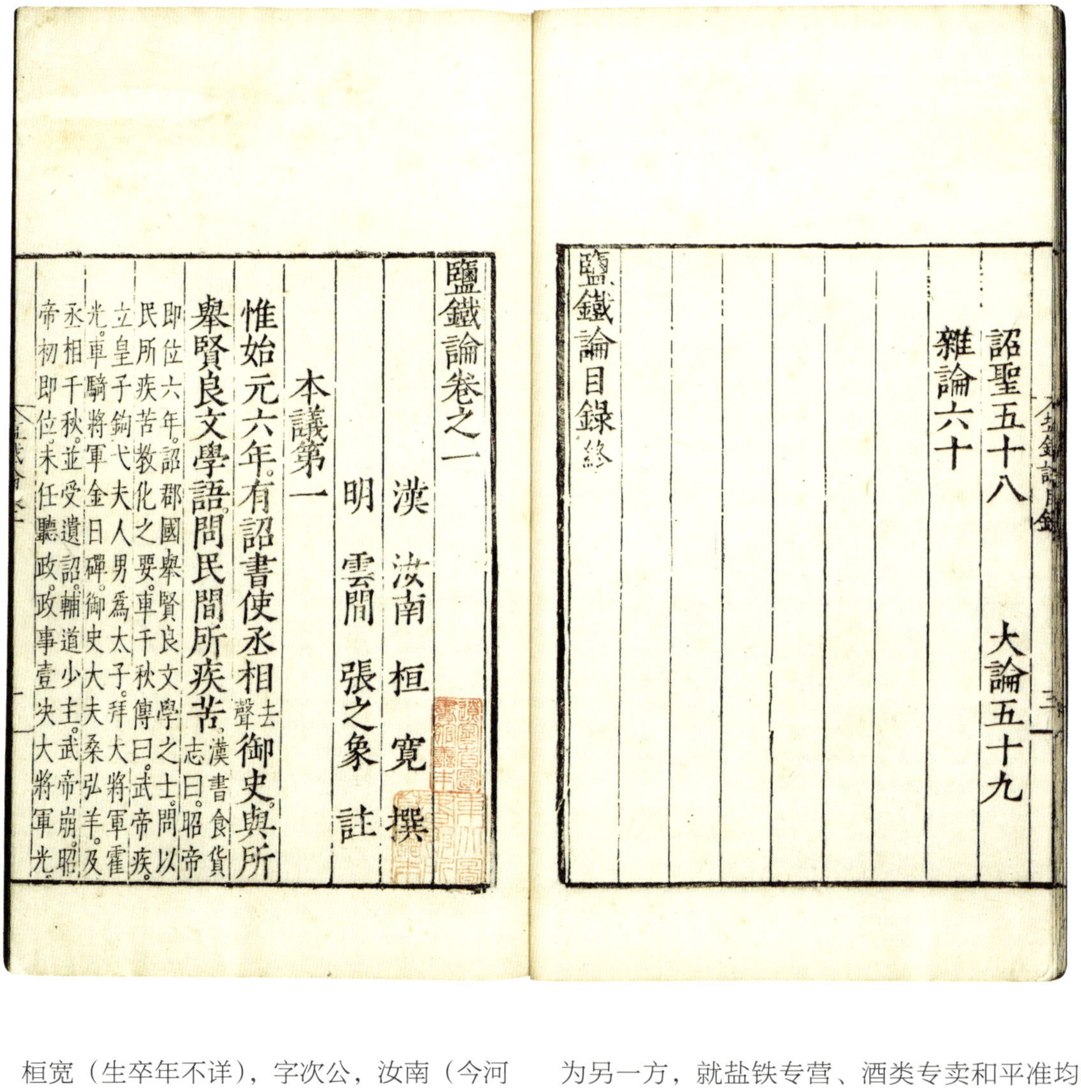

桓宽（生卒年不详），字次公，汝南（今河南上蔡）人。

汉昭帝始元六年（前81），期间召开“盐铁会议”，以贤良文学为一方，以御史大夫桑弘羊为另一方，就盐铁专营、酒类专卖和平准均输等问题展开辩论。桓宽根据当时的会议记录，并加上与会儒生朱子伯的介绍，将其整理改编，撰成《盐铁论》。

刘向新序 十卷

（汉）刘向撰
明正德五年（1510）楚府正心书院刻本
三册
存七卷
辽宁省图书馆藏
国家珍贵古籍名录08230号

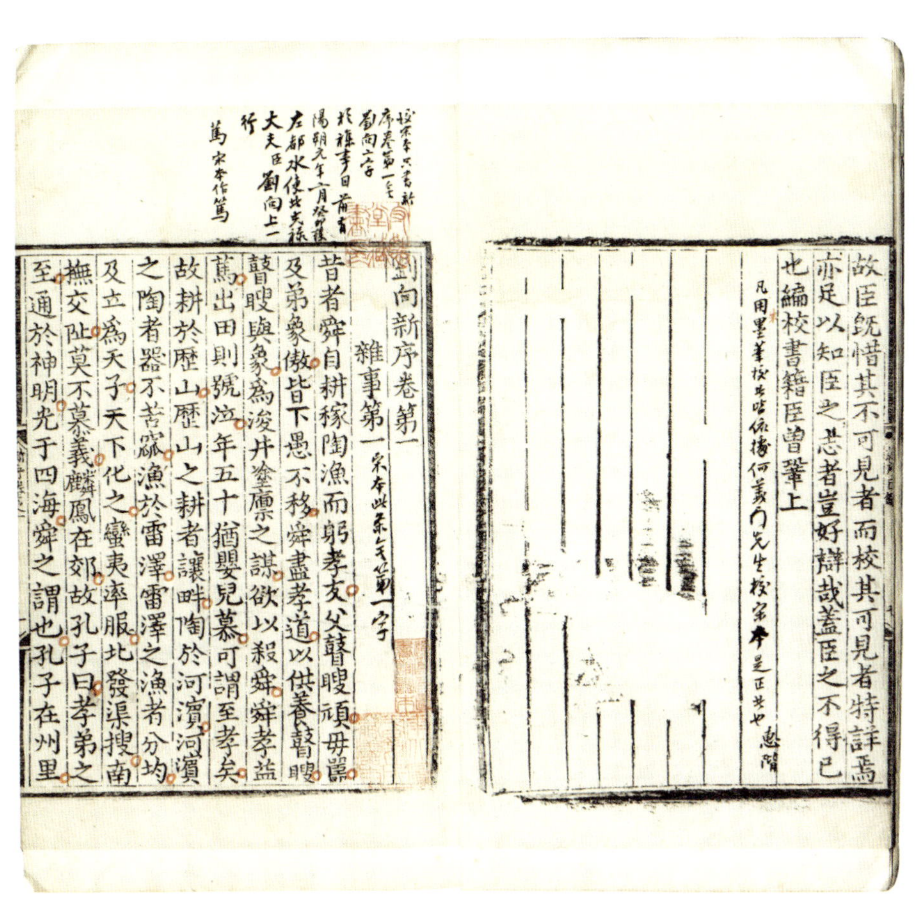

刘向（约前77—前6），字子政，初名更生，沛（今江苏沛县）人。经汉宣帝、元帝、成帝朝，累官至中垒校尉，故世称刘中垒。著有《别录》、《说苑》、《列女传》等。

《新序》为刘向采集舜禹以至汉代间史实，分类编撰而成的一部书，《四库全书总目》云其书“颇与《春秋内外》、《战国策》、太史公书互相出入”。原本三十卷，至北宋初仅存十卷。后经曾巩搜集整理，厘为十卷，包括杂事五卷、刺奢一卷、节士二卷、善谋二卷。

是书为明正德五年（1510）楚府正心书院刻本。明代藩府刻书始于洪武末年，延续至明末，尤以嘉靖、万历年间为最盛。是书曾为马官和旧藏。

分类经进近思录集解 十四卷

（宋）叶采撰

明嘉靖十七年（1538）刘仕贤刻本

二册

大连图书馆藏

国家珍贵古籍名录08258号

叶采（生卒年不详），字仲圭，号平岩，建阳（今属福建）人。宋淳祐元年（1241）进士。累官至翰林学士兼侍讲。

《近思录》是朱熹、吕祖谦编辑的理学入门读本，七百多年来出现了很多注释本，其中宋朝叶采的《分类经进近思录集解》为流传最广的通行注本。该书版本众多，明嘉靖十七年（1538）刘仕贤刻本为明代最具特色的一种，为刘仕贤于巡按浙江监察御史任上主持刊刻，并成为明代中后期《分类经进近思录集解》传刻系统的源头，晚明书坊均以之为母本翻刻、重刻。

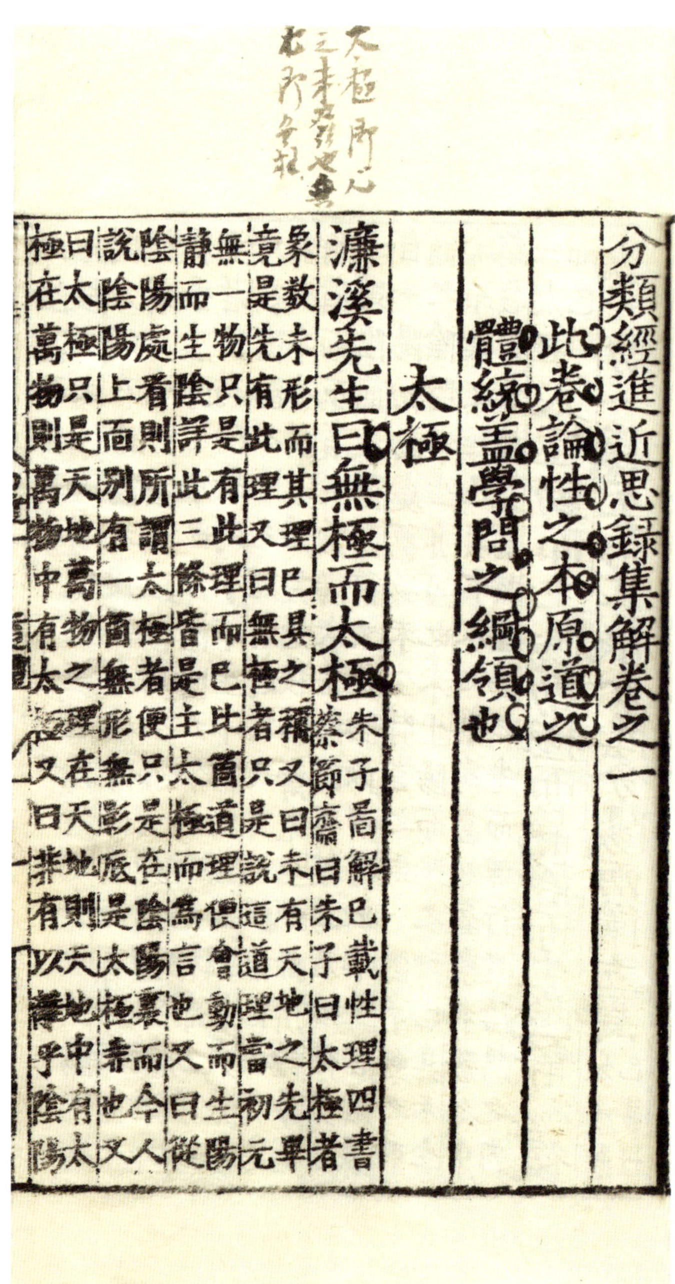

分類經進近思錄集解卷之一

此卷論性之本原道之體統蓋學問之綱領也

太極

濂溪先生曰無極而太極 朱子啚解已載性理四書 蔡節齋曰朱子曰太極者象數未形而其理已具之稱又曰未有天地之先畢竟是先有此理又曰無極者只是說這道理當初元無一物只是有此理而已此箇道理便會動而生陽靜而生陰詳此三條皆是主太極而為言也又曰從陰陽處看則所謂太極者便只是在陰陽裏而今人說陰陽上面別有一箇無形無影底是太極者也又曰太極只是天地萬物之理在天地則天地中有太極在萬物則萬物中有太極又曰非有以離乎陰陽

真西山读书记乙集上大学衍义 四十三卷

（宋）真德秀撰

明刻公文纸印本

十册

大连图书馆藏

国家珍贵古籍名录08274号

此书是真德秀的代表作，所阐发的《大学》精神，实质上就是古圣先贤一脉相承的六经的精神。该书的编撰，其直接目的就是进献给君主，让君主领会尧舜禹汤文武周公孔子一脉相承的圣王之道，以实现自己的经世理想。

公文纸印本是利用已经用过的纸张背面来印制的书。该书背面有墨笔楷书字如“嘉靖六年八月出巡事”、“嘉靖六年八月钦遵查复旧规事”，保存了明嘉靖时期庐江的地方史资料。

大学衍义

四十三卷

（宋）真德秀撰

明嘉靖吉澄刻本

十册

辽宁省图书馆藏

国家珍贵古籍名录08281号

此书有“巡按福建监察御史吉澄校刊”牌记。吉澄，明代刻书家。字静甫，大名开州（今河南濮阳）人。明嘉靖二十三年（1544）进士。累迁都御史。

大学衍义补

一百六十卷首一卷

（明）丘濬撰

明嘉靖三十八年（1559）吉澄、樊献科等刻本

六十四册

辽宁省图书馆藏

国家珍贵古籍名录08289号

丘濬（1421—1495），字仲深，号琼台，别号深庵，琼州琼台（今属海南）人。明景泰五年（1454）进士。累官至户部尚书、武英殿大学士。卒谥文庄。

《大学衍义补》是阐发《大学》经义，论述“治国平天下之道”的儒学著作。宋儒真德秀作《大学衍义》，发挥格物、致知、诚意、正心、修身、齐家诸义，但缺治国平天下部分。明代丘濬博采六经诸史之文，加以抒发己见，补《大学衍义》所缺。明成化二十三年（1487）《大学衍义补》书成，丘濬将其献给朝廷，明孝宗命礼部“誊副本，发福建布政司著书坊刊行”。明弘治元年（1488）福建建宁府所刊刻，为该书最早的版本。

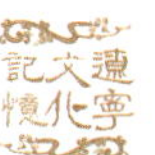

性理大全书

七十卷

（明）胡广等撰

明永乐十三年（1415）内府刻本

二十七册

存六十四卷

大连图书馆藏

国家珍贵古籍名录01749号

《性理大全书》辑成于明永乐十三年（1415），明成祖序于卷首，颁行两京、六部、国子监及国门府县学。此书为宋代理学著作与理学家言论的汇编，所采宋儒之说共一百二十家。广辑宋儒理学名篇于一书，足称“大全”，所设门类也较同类各书为详。

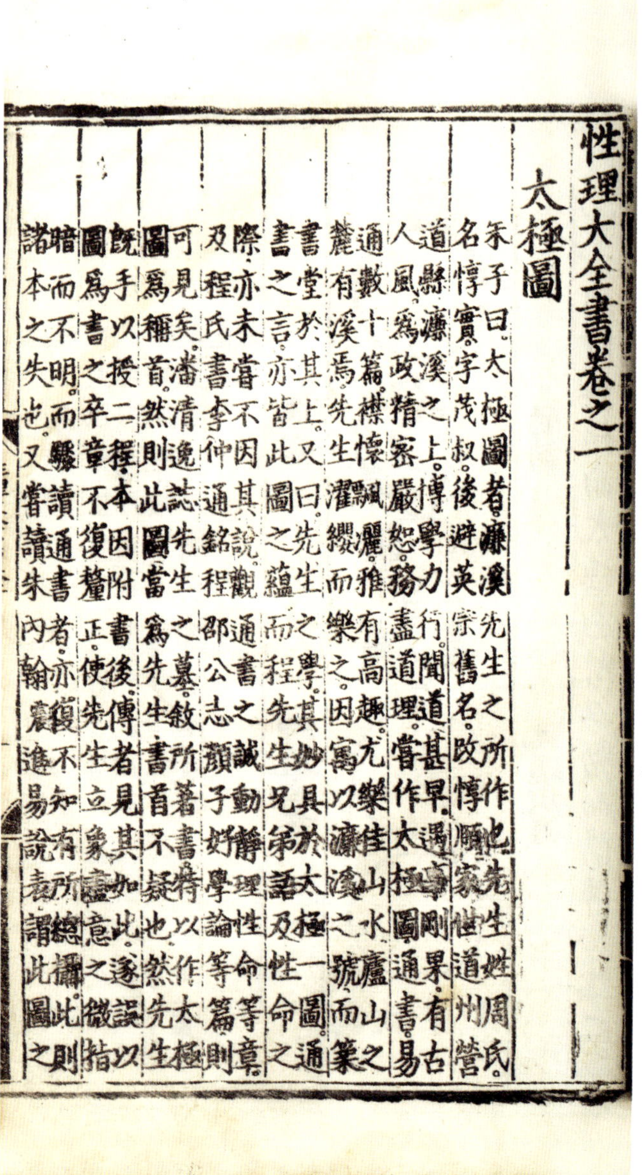
性理大全書卷之一

太極圖

朱子曰太極圖者濂溪先生之所作也先生姓周氏
名惇實字茂叔後避英宗舊名改惇頤世家道州營
道縣濂溪之上博學力行聞道甚早遇事剛果有古
人風爲政精密嚴恕務盡道理嘗作太極圖通書易
通數十篇襟懷飄灑雅有高趣尤樂佳山水廬山之
麓有溪焉先生濯纓而樂之因寓以濂溪之號而築
書堂於其上又曰先生之學其妙具於太極一圖通
書之言亦皆此圖之蘊而程先生兄弟語及性命之
際亦未嘗不因其說觀通書之誠動靜理性命等章
及程氏書李仲通銘程邵公志顏子好學論等篇則
可見矣潘清逸誌先生之墓敘所著書特以作太極
圖爲稱首然則此圖當爲先生書首不疑也然先生
既手以授二程本因附書後傳者見其如此遂誤以
圖爲書之卒章不復釐正使先生立象盡意之微指
暗而不明而驟讀通書者亦復不知有所總攝此則
諸本之失也又嘗讀朱內翰震進易說表謂此圖之

性理大全书

七十卷

（明）胡广等撰

明嘉靖二十二年（1543）应天府学刻本

八十册

辽宁省图书馆藏

国家珍贵古籍名录08303号

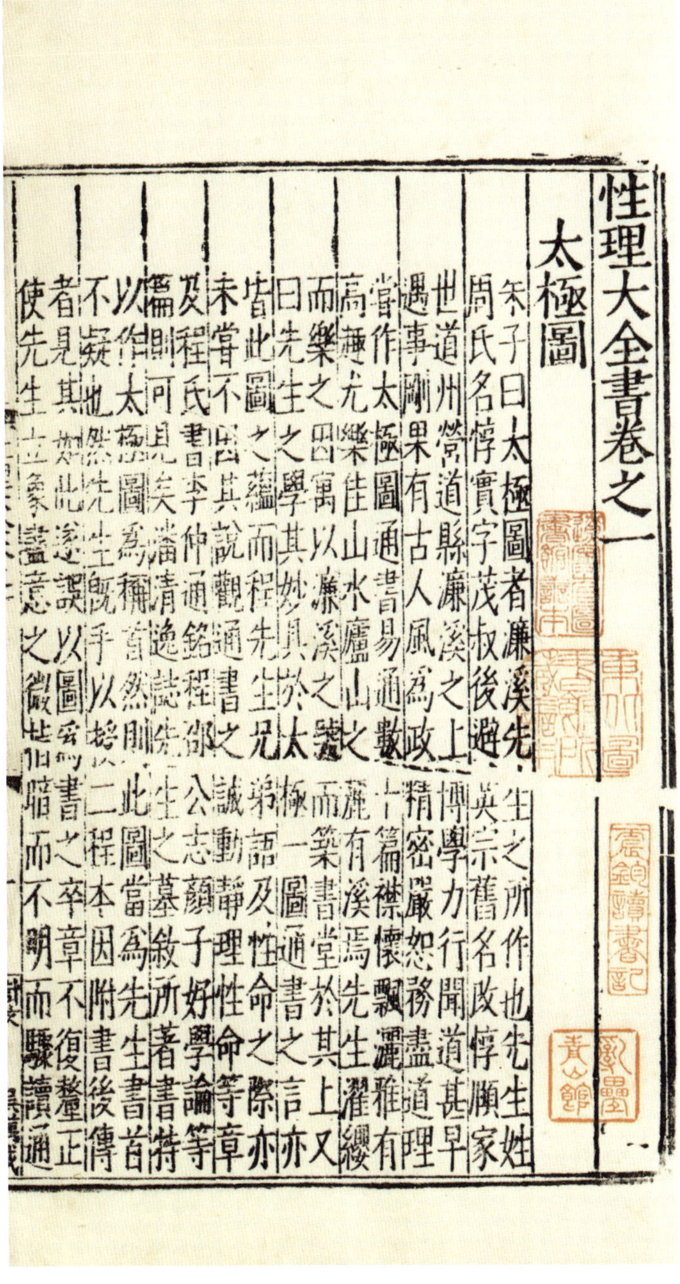

府学系府设的教育机构，府学刻书是地方官刻书的一种。应天府学即今南京夫子庙。元至正二十五年（1365）朱元璋改集庆路学为应天府学，明洪武二年至十四年（1369—1381）曾称国子学，以招纳全国学子。自国子监建立后，又恢复府学建置，培养本府人才。

新刊性理大全

七十卷

（明）胡广等撰

明嘉靖十七年（1538）黄氏集义堂刻本

三十二册

辽宁省图书馆藏

国家珍贵古籍名录04457号

五伦书 六十二卷

（明）宣宗朱瞻基撰

明正统十二年（1447）内府刻本

三十册

辽宁省图书馆藏

国家珍贵古籍名录04466号

三十册

辽宁大学图书馆藏

国家珍贵古籍名录08315号

五倫書卷之一

五倫總論

易。父父子子兄兄弟弟夫夫婦婦而家道正正家而天下定矣○有天地然後有萬物有萬物然後有男女有男女然後有夫婦有夫婦然後有父子有父子然後有君臣有君臣然後有上下有上下然後禮義有所錯

書。敬敷五教在寬○后克艱厥后臣克艱厥臣。政乃乂黎民敏德○天敘有典勑我五典五

朱瞻基（1398—1435），明朝第五位皇帝。明仁宗朱高炽长子。庙号宣宗。

《五伦书》内容为“采辑经传百家嘉言善行之有关于君臣、父子、夫妇、兄弟、朋友之道者，类分为六十二卷”，计有总论一篇、君道二十二篇、臣道三十篇、父道二篇、子道三篇、夫妇之道一篇、兄弟之道一篇、朋友之道二篇。

此书为明内府司礼监刊本，卷首钤“广运之宝”印。

勤政要典 一卷

（明）代宗朱祁钰撰

明内府刻本

一册

辽宁省图书馆藏

国家珍贵古籍名录04471号

朱祁钰（1428—1457），明宣宗次子，英宗之弟。年号景泰，庙号代宗。

是书集古今帝王治理天下之事，以为资治之典。虽题明代宗朱祁钰撰，实为明代陈循等撰。陈循，景泰年间官华盖殿大学士。

此书为明内府所刊，开本宏阔，纸墨考究。

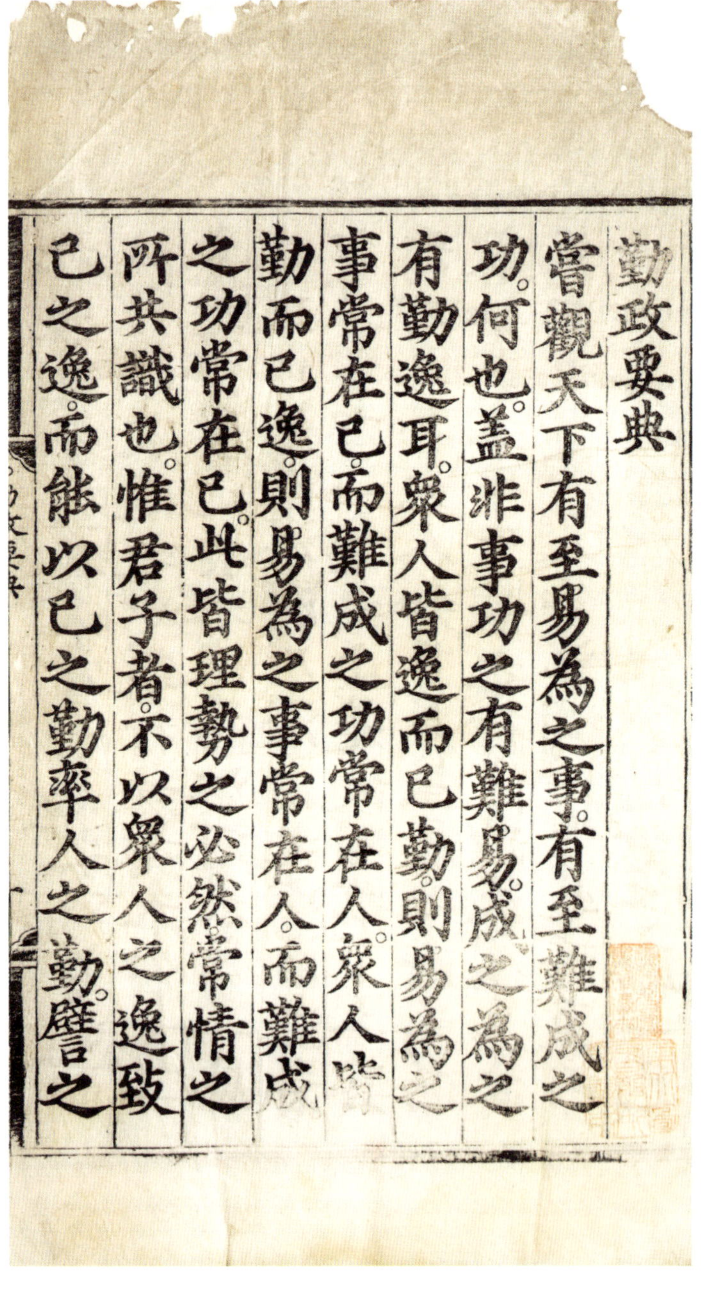
勤政要典
嘗觀天下有至易爲之事有至難成之
功何也蓋非事功之有難易成之爲之
有勤逸耳衆人皆逸而已勤則易爲之
事常在已而難成之功常在人衆人皆
勤而已逸則易爲之事常在人而難成
之功常在已此皆理勢之必然常情之
所共識也惟君子者不以衆人之逸致
已之逸而能以已之勤率人之勤譬之

闲辟录 十卷

（明）程曈撰
明嘉靖四十三年（1564）程缵洛刻本
六册
辽宁省图书馆藏
国家珍贵古籍名录04479号

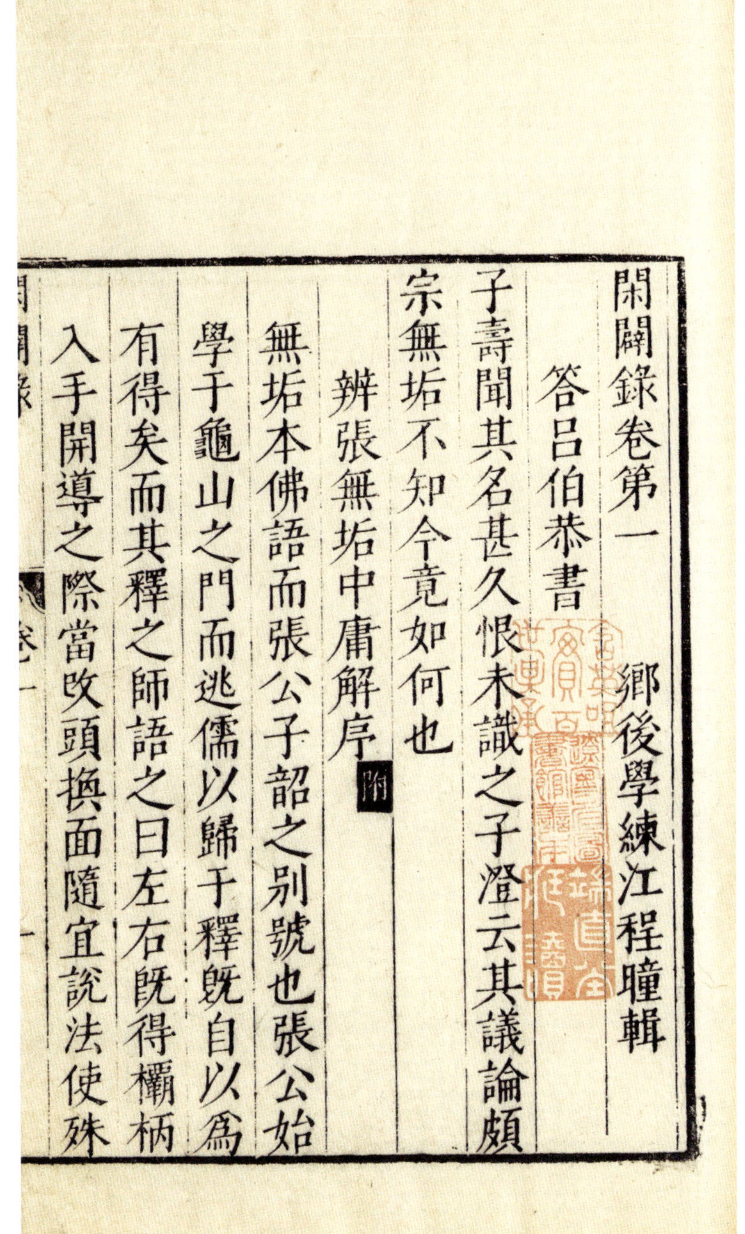

程曈（生卒年不详），字启皦，号莪山，休宁（今安徽休宁）人。明正德、嘉靖年间在世，是新安理学承前启后的代表人物。著有《阳明传习录考》、《新安经籍志》、《新安学系录》等。

《闲辟录》收集朱熹和陆九渊二人言论、信件、文集等，全面梳理了明以前关于朱、陆学术异同之争，力主朱、陆早同晚异之说，产生了较大影响，对于研究中国古代思想史有重要参考意义。

该书明代只此一刻。程缵洛，字连肖，程曈子。

新镌武经七书

七卷

（明）王守仁批评

（明）胡宗宪参评

明天启元年（1621）茅震东刻套印本

八册

辽宁省图书馆藏

国家珍贵古籍名录04491号

王守仁（1472—1529），字伯安，号阳明，余姚（今浙江余姚）人。明弘治十二年（1499）进士。累官至南京兵部尚书。卒谥文成。

胡宗宪（1512—1565），字汝贞，号梅林，徽州绩溪（今安徽绩溪）人。明嘉靖十七年（1538）进士。累官至太子太保、兵部尚书。卒谥襄懋。

北宋神宗元丰年间编定《武经七书》后，“七书”作为一个整体而流传。武举用之为科考题目。明代科举大兴，武科取士，武学的基本教材就是《武经七书》。王守仁批评本是明代较有影响的《武经七书》注本。王氏的批评融合心学于兵学，在中国古代兵学理论中较为独特。

茅震东，号生生，吴兴人。明代吴兴闵、凌二家以套印书著称。茅氏用此法亦印了数种，相比闵凌刻，传世较少。

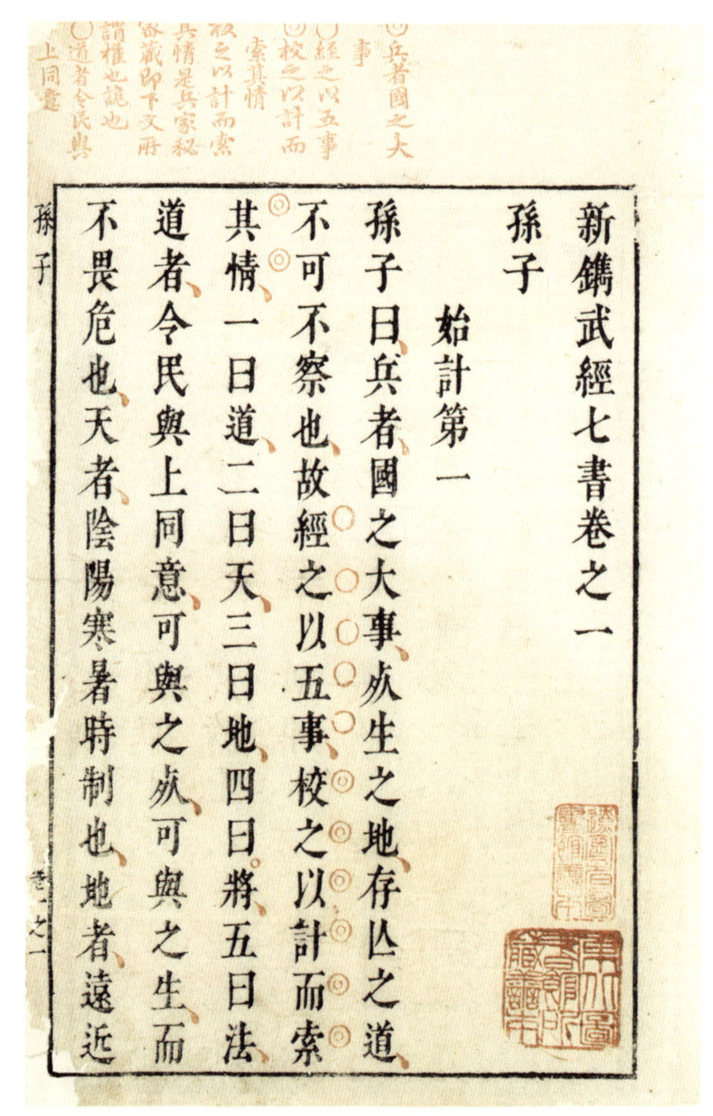
新鐫武經七書卷之一

孫子

始計第一

孫子曰兵者國之大事死生之地存亡之道不可不察也故經之以五事校之以計而索其情一曰道二曰天三曰地四曰將五曰法道者令民與上同意可與之死可與之生而不畏危也天者陰陽寒暑時制也地者遠近

孫子　卷一之一

兵垣四编 四卷

附四种四卷

（明）闵声编

明天启元年（1621）闵氏刻三色套印本

五册

大连图书馆藏

国家珍贵古籍名录01765号

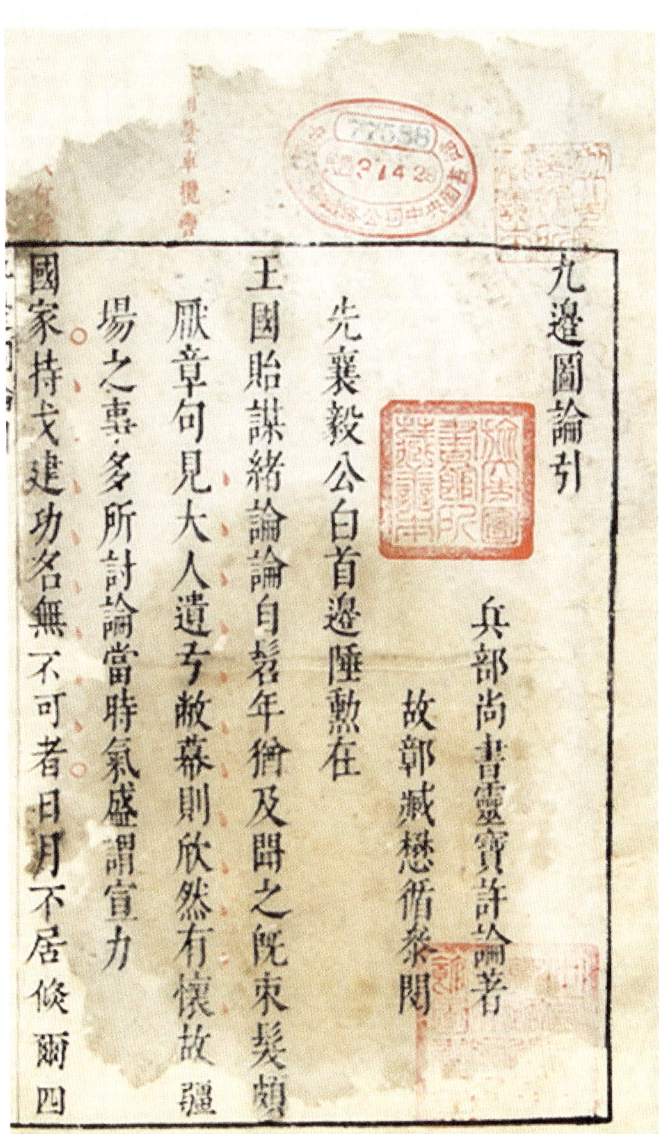
九邊圖論引
兵部尚書靈寶許論著
故部臧懋循參閱
先襄毅公白首邊陲勲在
王國貽謀緒論論自髫年猶及聞之既束髮頗
厭章句見大人遺予敝幕則欣然有懷故疆
場之事多所討論當時氣盛謂宜力
國家持戈建功名無不可者日月不居倏爾四

闵声（1597—1680），字毅夫，号雪蓑，明吴兴（今浙江湖州）人。著有《泌庵小言》、《无衣吟》等。

《兵垣四编》包括：《黄帝阴符经》一卷，《素书》一卷，《孙子》一卷，《吴子》一卷。附编包括《九边图论》、《海防图论》、《辽东论》、《日本考略》。

是书四编刊印广泛，较常见，附编四篇则颇少流布，但史料价值巨大，是研究明代嘉靖、隆庆、万历年间海防、边防的重要参考资料。

左氏兵略

三十二卷

（明）陈禹谟撰

明万历吴用先、彭端吾等刻本

十六册

辽宁省图书馆藏

国家珍贵古籍名录08352号

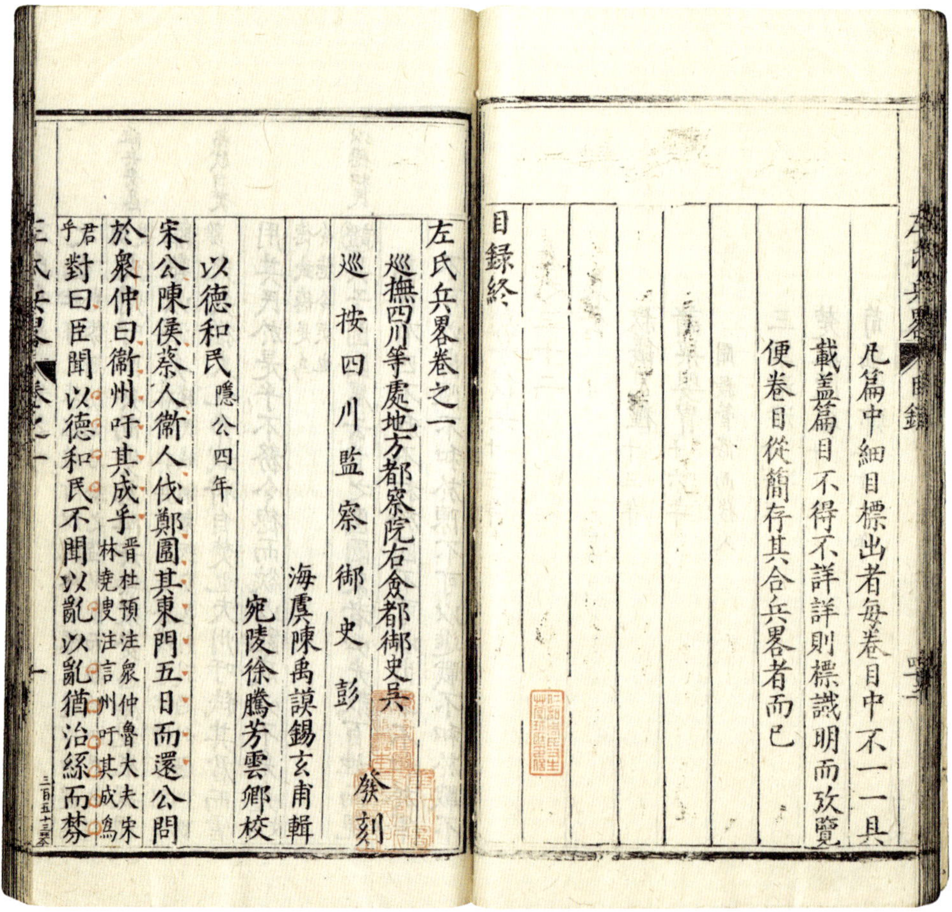

陈禹谟（1548—1618），字锡玄，常熟（今江苏常熟）人。明万历举人。官至四川按察司佥事。著有《经籍异同》、《经言枝指》等。

此书是专门研究《左传》军事思想的著作。辑录春秋时期二百七十年间有关战争的史料，按年代顺序依次排列。其事相类者，以类相属，则不拘时代。又杂引子、史为证，而断以己意。

此书为明万历吴用先、彭端吾等刻本。吴用先，字体中，自署浮渡居士，明万历二十年（1592）进士。彭端吾，号嵩螺，明万历进士。

新镌汉丞相诸葛孔明异传奇论注解评林

五卷

（明）章婴撰

明万历二十六年（1598）书林双峰堂余文台刻本

四册

辽宁省图书馆藏

国家珍贵古籍名录08353号

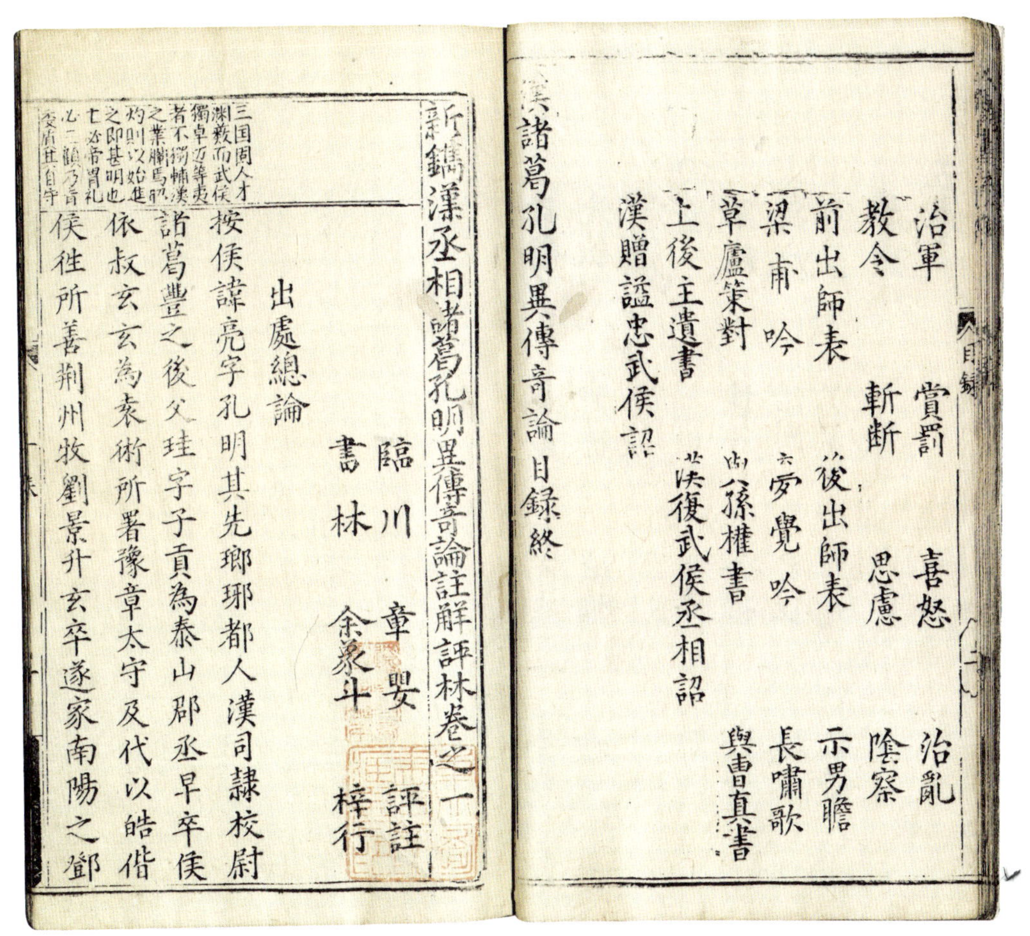
新鐫漢丞相諸葛孔明異傳奇論註解評林卷之一

臨川 章嬰 評註

書林 余象斗 梓行

出處總論

按侯諱亮字孔明其先瑯琊都人漢司隸校尉諸葛豐之後父珪字子貢為泰山郡丞早卒侯依叔玄玄為袁術所署豫章太守及代以皓借侯往所善荊州牧劉景升玄卒遂家南陽之鄧

治軍 賞罰 喜怒 治亂

教令 斬断 思慮 陰察

前出師表 後出師表 示男瞻

梁甫吟 兩覺吟 長嘯歌

草廬策對 出孫權書 與書真書

上後主遺書 漢復武侯丞相詔

漢贈謚忠武侯詔

諸葛孔明異傳奇論目録終

章婴（生卒年不详），明临川（今江西抚州）人。

此书为托名诸葛亮兵法之书。

双峰堂为福建建安余象斗的书坊名。余象斗字文台。余氏的三台馆和双峰堂，刻书多、规模大，主要为举业之籍和通俗小说，且多有牌记。明万历二十六年（1598）书林双峰堂余文台刻本仅辽宁省图书馆、北京大学图书馆、复旦大学图书馆有藏。

重广补注黄帝内经素问

二十四卷

（唐）王冰注

（宋）林亿等校正

（宋）孙兆改误

明嘉靖二十九年（1550）顾从德影宋刻本

十二册

辽宁省图书馆藏

国家珍贵古籍名录04538号

王冰（710—805），号启玄子，又作启元子，籍贯不详。唐宝应中为太仆令。留心医学，尤嗜《内经》。

《素问》原书九卷，相传为上古黄帝所作。该书自汉至唐，屡经增改、传抄，至唐代已经“文义悬隔”。王冰以十二年之功，进行重新编次注释。其注态度严谨，阐秘发微，为后世所宗。北宋校正医书局林亿等对该书进行校勘，改正错字六千余个，增注文二千余条，并定名为《重广补注黄帝内经素问》。此本为顾从德之父据所藏宋刻本校雠，由顾从德影刻问世。该版本也是明清所刊二十四卷本中影响较大者。

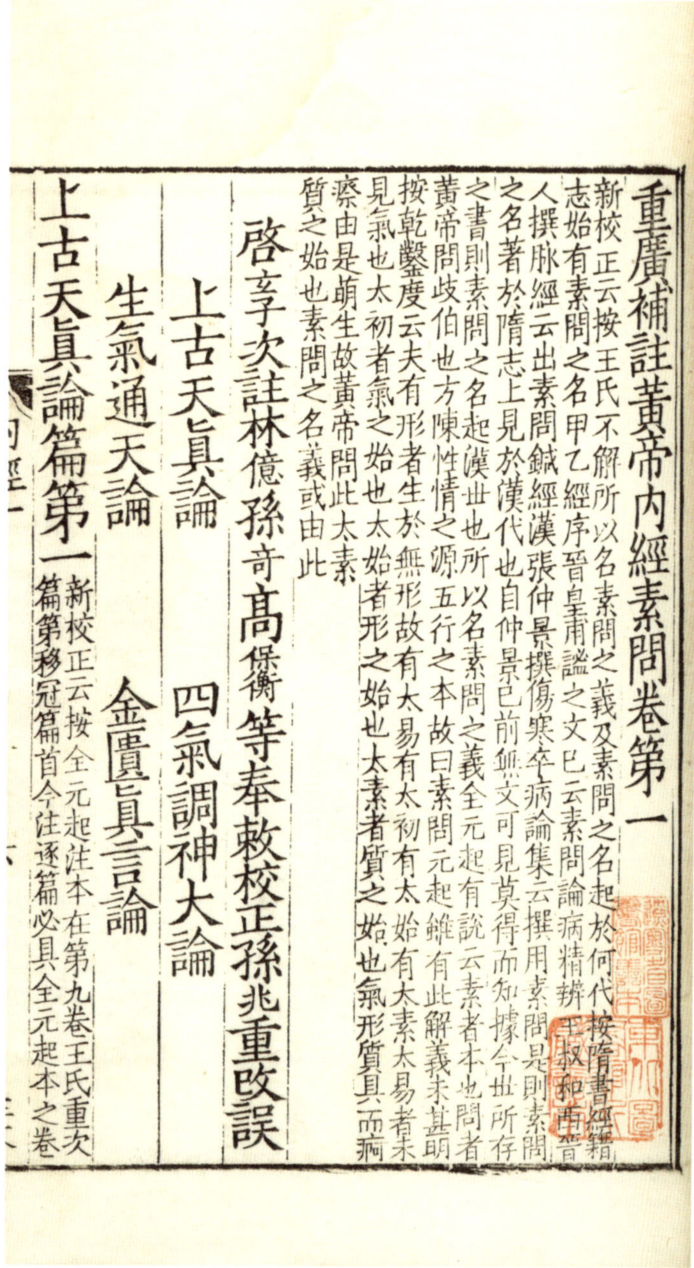
重廣補註黄帝内經素問卷第一

新校正云按王氏不解所以名素問之義及素問之名起於何代按隋書經籍志始有素問之名甲乙經序晉皇甫謐之文已云素問論病精辨王叔和西晉人撰脉經云出素問鍼經漢張仲景撰傷寒卒病論集云撰用素問是則素問之名著於隋志上見於漢代也自仲景已前無文可見莫得而知據今世所存之書則素問之名起漢世也所以名素問之義全元起有説云素者本也問者黄帝問岐伯也方陳性情之源五行之本故曰素問元起雖有此解義未甚明按乾鑿度云夫有形者生於無形故有太易有太初有太始有太素太易者未見氣也太初者氣之始也太始者形之始也太素者質之始也氣形質具而痾瘵由是萌生故黄帝問此太素質之始也素問之名義或由此

啓玄子次註林億孫奇高保衡等奉敕校正孫兆重改誤

上古天眞論　四氣調神大論

生氣通天論　金匱眞言論

上古天眞論篇第一

新校正云按全元起注本在第九卷王氏重次篇第移冠篇首今注逐篇必具全元起本之卷

仲景全书

二十六卷

（汉）张机撰

明万历二十七年（1599）赵开美刻本

十二册

中国医科大学图书馆藏

国家珍贵古籍名录10268号

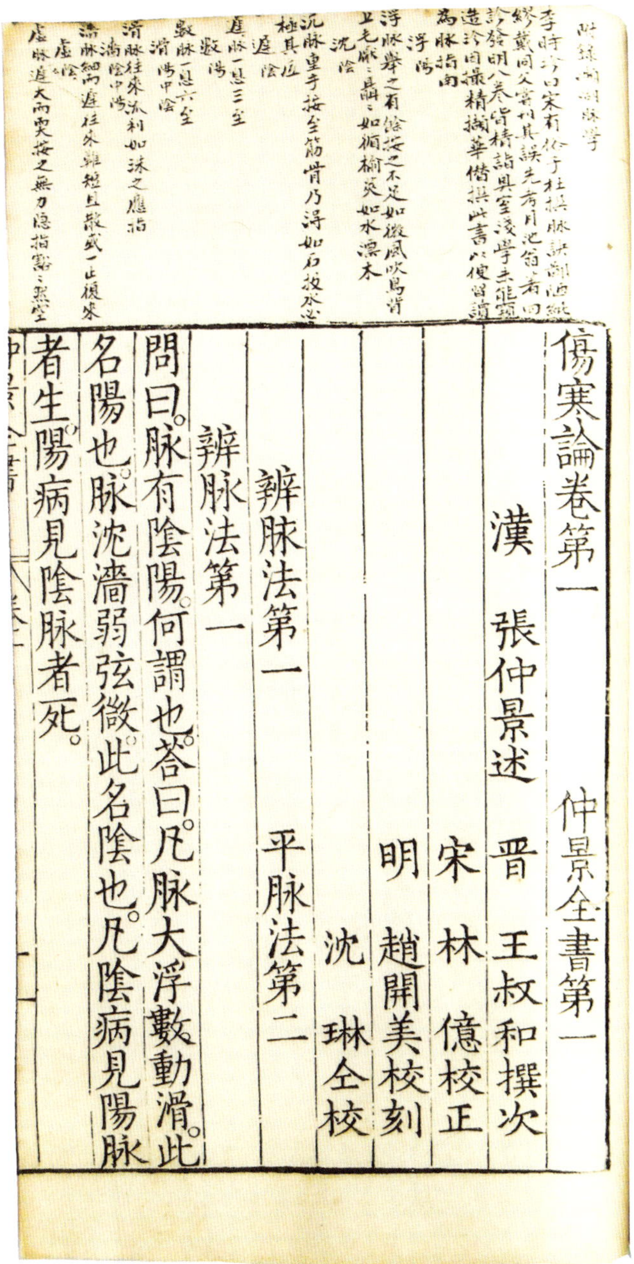
傷寒論卷第一　　仲景全書第一

漢　張仲景述　晉　王叔和撰次

宋　林　億校正

明　趙開美校刻

沈　琳仝校

辨脉法第一　平脉法第二

辨脉法第一

問曰。脉有陰陽。何謂也。荅曰。凡脉大浮數動滑。此名陽也。脉沈濇弱弦微。此名陰也。凡陰病見陽脉者生。陽病見陰脉者死。

张仲景（约150—219），名机，字仲景，南阳郡（治今河南南阳）人。东汉末年著名医学家，被后人尊称为“医圣”。

全书包括张仲景《伤寒论》十卷，成无己《注解伤寒论》十卷，宋云公《伤寒类证》三卷，张仲景《金匮要略方论》三卷，共四种。明赵开美刻本《仲景全书》，目前世上仅存五部。此本在文字准确性及中医伤寒论内容研究方面具有重要的研究和参考价值。

重修政和经史证类备用本草 三十卷

（宋）唐慎微撰
（宋）寇宗奭衍义
明嘉靖三十一年（1552）周珫、李迁刻本
二十四册
大连图书馆藏
国家珍贵古籍名录08380号

唐慎微（约1056—1136），字审元，蜀州晋原（今四川崇州）人。

唐慎微以《嘉祐本草》为框架，并入《本草图经》内容，又搜罗宋代以前的医书、方书等资料，约于宋元丰五年（1082）编成《经史证类备用本草》。宋政和六年（1116），经曹孝忠重新校刊，更名《政和本草》。宋淳祐十年（1249），山西平阳张存惠在《政和本草》基础上，将寇宗奭《本草衍义》分条散入书中，成为通行本《重修政和经史证类备用本草》。该书在明代李时珍《本草纲目》刊行以前，一直是研究本草的范本。共载药一千七百四十六种，附图九百三十三幅。明代曾多次对该书进行过刊行。此本据嘉靖二年（1523）陈凤梧本翻雕。

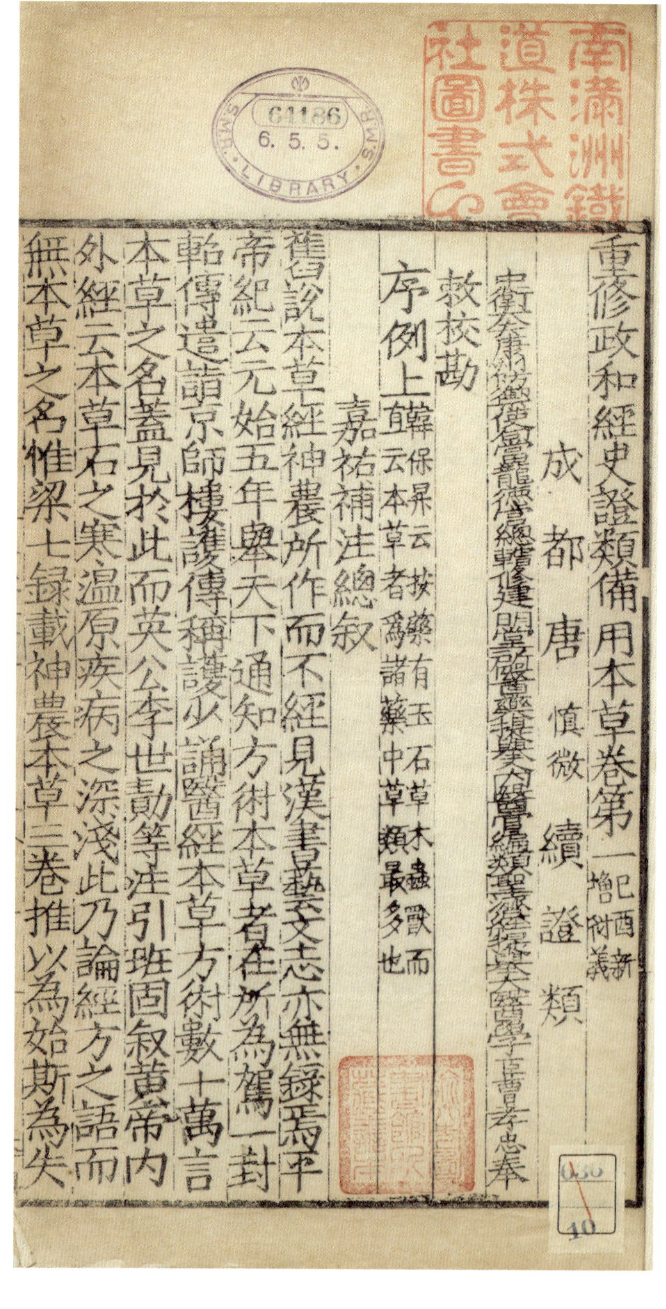

重修政和經史證類備用本草卷第一 增已酉新附義
成都唐慎微續證類
[illegible]曹孝忠奉
敕校勘
序例上 韓保昇云按藥有玉石草木蟲獸而云本草者爲諸藥中草類最多也
嘉祐補注總敘
舊說本草經神農所作而不經見漢書藝文志亦無錄焉平
帝紀云元始五年舉天下通知方術本草者在所爲駕一封
軺傳遣詣京師樓護傳稱護少誦醫經本草方術數十萬言
本草之名蓋見於此而英公李世勣等注引班固敘黃帝內
外經云本草石之寒溫原疾病之深淺此乃論經方之語而
無本草之名惟梁七錄載神農本草三卷推以爲始斯爲失

重修政和经史证类备用本草

三十卷

（宋）唐慎微撰

（宋）寇宗奭衍义

明隆庆六年（1572）施笃臣、曹科刻公文纸印本

二十四册

辽宁省图书馆藏

国家珍贵古籍名录08381号

重修政和經史證類備用本草卷第一

成都唐慎微續證類

中衛大夫康州防禦使修建明堂所醫藥提舉入內醫官

編類聖濟經提舉太醫學臣曹孝忠奉敕校勘

序例上 韓保昇云按藥有玉石草木蟲獸而直云本草者為諸藥中草類最多也

嘉祐補注總敘

舊說本草經神農所作而不經見漢書藝文志亦無錄焉平帝紀云元始五年舉天下通知方術本草者在所為駕一封軺傳遣詣京師樓護傳稱護少誦醫經本草方術數十萬言本草之名蓋見於此而英公李世勣等注引班固敘黃帝內外經云本草石之寒溫原疾病之深淺此乃論經方之語而

此书明代几经刻印。此版本为明隆庆六年（1572）施笃臣、曹科刻公文纸印本。

施笃臣，字敦甫，号恒斋，南京青阳（今安徽青阳）人。明嘉靖三十五年（1556）进士。明隆庆五年（1571）任山东布政使。

此本为罗振玉旧藏。

食物本草 二卷

明隆庆四年（1570）谷中虚刻本
二册
中国医科大学图书馆藏
国家珍贵古籍名录08382号

是书将一千六百七十九种食物本草分为水、谷、菜、果、鳞、介、蛇虫、禽、兽、味、草、木、火、金、玉石、土等十六部，每部再分为若干类，类下对每种本草的记述多参考《本草纲目》。明代《食物本草》刻本计有六种，然内容相近，似有承沿因袭之嫌，实乃一脉相承。一为明万历四十八年（1620）刻七卷本；一为明天启清初修补印二十二卷本；一为明万历四十八年吴郡钱允治校刻十卷本；一为明隆庆五年（1571）一乐堂后泉书舍刻四卷本；一为明夷白堂刻三卷本；一即为此谷中虚刻二卷本。

食物本草卷上
水類　穀類　菜類　果類
水類
井水新汲即用利人療病平旦第一汲者爲井華水又與諸水不同凡井水有遠從地脉來者爲上有從近處江河中滲來者欠佳又城市人家稠密溝渠污水雜入井中成鹼用須煎滚停頓一時候鹼下墜取上面清水用之否則氣味俱惡而煎茶釀酒作豆腐三事尤不堪也又雨後其水渾濁須擂

本草集要 八卷

（明）王纶撰

明正德五年（1510）罗汝声刻本

四册

存五卷

中国医科大学图书馆藏

国家珍贵古籍名录08383号

本草集要上部卷之一
神農本草經分上中下三品云上藥一百二十種
爲君主養命以應天無毒多服久服不傷人欲輕
身益氣不老延年者本上經中藥一百二十種爲
臣主養性以應人無毒有毒斟酌其宜欲遏病補
虛羸者本中經下藥一百二十種爲佐使主治病
以應地多毒不可久服欲除寒熱邪氣破積聚愈
疾者本下經三品合三百六十五種法三百六十
五度一度應一日以成一歲後梁陶隱居又加名
藥別錄亦三百六十五種倍其數合七百三十名
本經只朱書別錄用墨書以別之

王纶（1453—1510），字汝言，号节斋，浙江慈溪人。明成化二十年（1484）进士。正德中以右副都御史巡抚湖广。著有《明医杂著》、《医论问答》、《节斋胎产医案》等。

是书将明以前医药典籍中所载药物及药学理论加以整理，全书分三部：上部一卷为总论，主要依据《神农本草经》等前人著作，论述本草大意、汤药丸散剂型、方剂配制分量、用药之法等；中部五卷，系“取本草及东垣丹溪诸书，参与考订，删其繁芜，节其要略”而成，载药五百四十五种；下部两卷，根据药性所治，将药物分为十二门，包括治气、治血、治寒、治热、治痰、治湿、治风、治燥、治疮、治毒、妇人、小儿。每门之中又分小类。

脉经 十卷

(晋)王叔和撰
(宋)林亿等校定
明成化十年(1474)毕玉刻本
二册
大连图书馆藏
国家珍贵古籍名录01800号

王叔和(201—280),名熙,高平(今山西高平,一说山东济宁)人。曾任晋太医令,于诊切之术有较深研究。著有《张仲景评病要方》、《论病》等。

《脉经》集汉以前脉学之大成,是我国现存最早的中医脉学专著。《隋书·经籍志》最早著录。刊行之后,自晋至唐历三百余年流传不绝。《脉经》经宋林亿等校订后,卷数未变,而篇次和内容均有所更动。此本为据元泰定本翻刻。

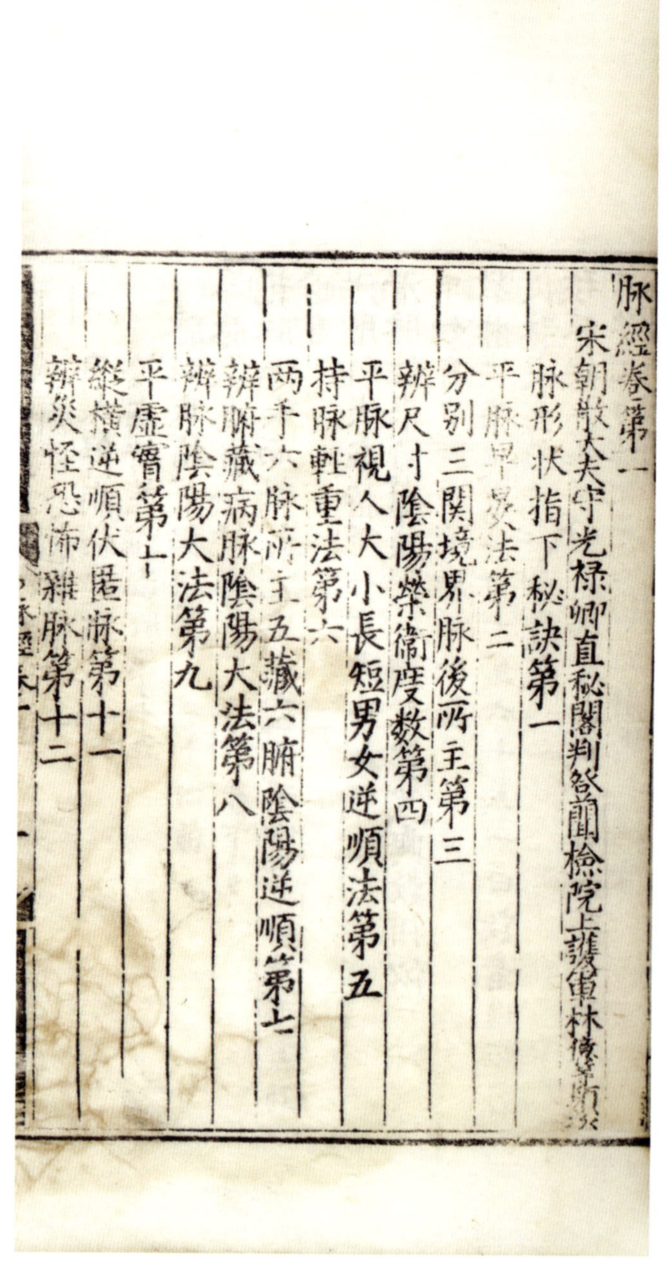
脉經卷第一
宋朝散大夫守光禄卿直秘閣判登聞檢院上護軍林億等類次
脉形状指下秘訣第一
平脉早晏法第二
分别三関境界脉候所主第三
辨尺寸陰陽榮衛度数第四
平脉視人大小長短男女逆順法第五
持脉輕重法第六
兩手六脉所主五藏六腑陰陽逆順第七
辨臓腑病脉陰陽大法第八
辨脉陰陽大法第九
平虛實第十
從横逆順伏匿脉第十一
辨災怪恐怖雜脉第十二

新刊校正王叔和脉诀 四卷

（晋）王叔和撰
（明）熊宗立注解
明隆庆元年（1567）四仁堂刻本
二册
大连图书馆藏
国家珍贵古籍名录01801号

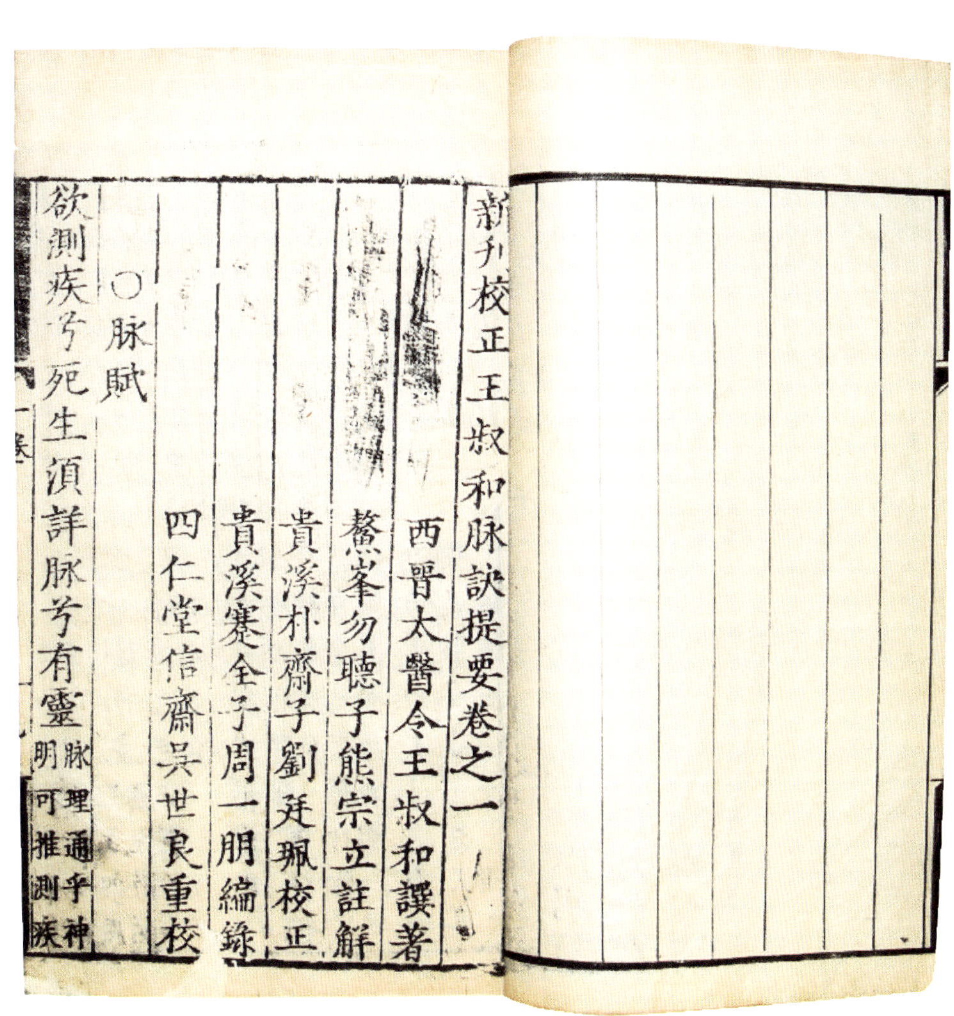

本书以较通俗的歌诀形式阐述脉理，很多内容是根据王叔和《脉经》重新编撰的。但书中的观点，对脉义的理解以及文字的鄙浅等方面，让后世颇有微词。《王叔和脉诀》题王叔和撰，《文献通考》认为本书不见于隋、唐《经籍志》，恐为宋熙宁以前人所托。现在一般认为是六朝高阳生托名王叔和的作品。

家传太素脉秘诀 二卷

（明）刘伯详注

明周文炜刻本

四册

辽宁省图书馆藏

国家珍贵古籍名录10426号

刘伯详，明朝人，生平事迹不详。

所谓太素脉，是一种通过人体脉搏变化来预言人的贵贱、吉凶、祸福的方术，因为是通过中医诊脉方法来达到这个目的，所以被看成一种特殊的相术。该书以诊脉辨人贵贱吉凶，为历史上第一个系统、全面介绍脉诊占卜的典籍。

《中国古籍善本书目》著录有五家单位收藏，流传稀少。

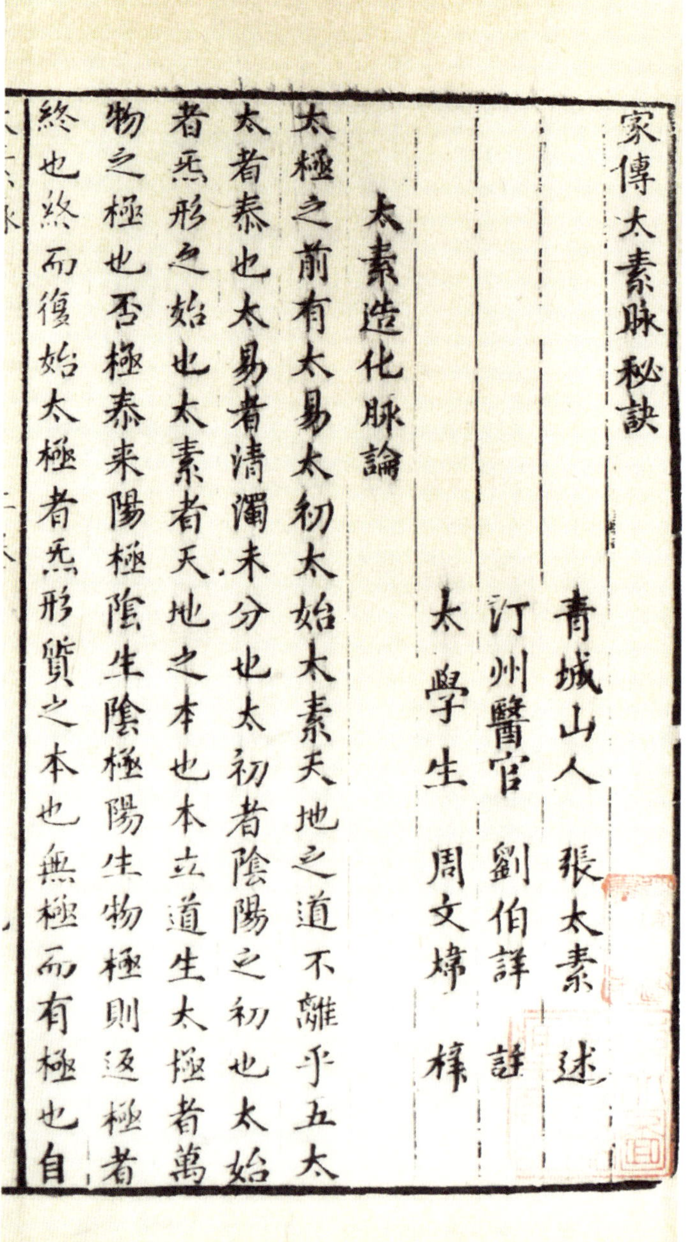

家傳太素脈秘訣

青城山人 張太素 述

汀州醫官 劉伯詳 註

太學生 周文煒 梓

太素造化脈論

太極之前有太易太初太始太素天地之道不離乎五太者太素也太易者清濁未分也太初者陰陽之初也太始者炁形之始也太素者天地之本也本立道生太極者萬物之極也否極泰来陽極陰生陰極陽生物極則返極者終也終而復始太極者炁形質之本也無極而有極也自

重刊巢氏诸病源候总论

五十卷

（隋）巢元方撰

明歙岩镇汪氏主一斋刻本

八册

辽宁省图书馆藏

国家珍贵古籍名录04573号

巢元方（生卒年不详），隋代著名医学家，籍贯无考。大业中为太医博士。

《诸病源候总论》又名《诸病源候论》，成书于隋大业六年（610）。该书以《内经》基本理论，对各类症候的病因、病机、病变，作了具体阐述，对后世医学发展产生了深远的影响。

此书为明汪济川主一斋刻本。汪济川，字希说，徽州歙岩镇人。明代中期，徽州印刷业兴起，以技艺精良、雕镂精细而闻名。主一斋即为其中书坊之一。

重刊巢氏諸病源候總論卷之一

隋太醫博士巢元方撰

明新安汪濟川江瓘校

風病諸候上 凡二十九論

中風候

中風者風氣中於人也風是四時之氣分布八方主長養萬物從其鄉來者人中少死病不從鄉來者人中多死病其爲病者藏於皮膚之間內不得通外不得泄其入經脉行於五臟者各隨臟腑而生病焉心中風但得偃卧不得傾側汗出若脣赤

孙真人备急千金要方九十三卷目录二卷

（唐）孙思邈撰

明嘉靖二十二年（1543）乔世定小丘山房刻本

四十八册

辽宁省图书馆藏

国家珍贵古籍名录04575号

孙思邈（581—682），京兆华原（今陕西耀县）人，被尊为“药王”。《旧唐书》有传。

是书原名《备急千金要方》，以“人命至重，有贵千金，一方济之，德逾于此”，故名。内容宏富，可称唐以前医药学集大成的巨著。原为三十卷，至明正统本《道藏》，改称《孙真人备急千金要方》，并将三十卷析为九十三卷。明中期以后的版本，多以此本为依据。

小丘山房，为明陕西耀州人乔世宁及其弟世定的室名。此书曾为清代怡府旧藏。

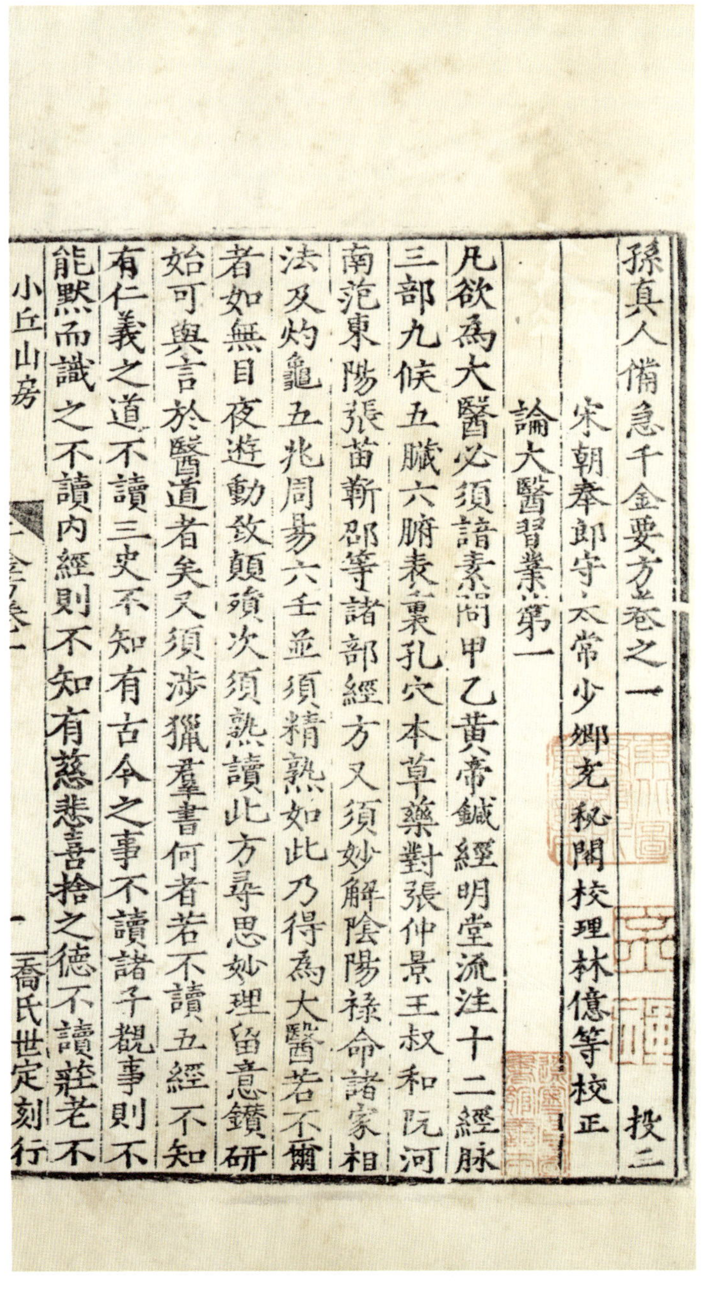
孫真人備急千金要方卷之一
宋朝奉郎守太常少卿充秘閣校理林億等校正
論大醫習業第一
凡欲為大醫必須諳素問甲乙黃帝鍼經明堂流注十二經脉三部九候五臟六腑表裏孔穴本草藥對張仲景王叔和阮河南范東陽張苗靳邵等諸部經方又須妙解陰陽祿命諸家相法及灼龜五兆周易六壬並須精熟如此乃得為大醫若不爾者如無目夜遊動致顛殞次須熟讀此方尋思妙理留意鑽研始可與言於醫道者矣又須涉獵羣書何者若不讀五經不知有仁義之道不讀三史不知有古今之事不讀諸子覩事則不能默而識之不讀内經則不知有慈悲喜捨之德不讀莊老不
小丘山房 喬氏世定刻行

丹溪心法附馀

二十四卷首一卷

（明）方广辑

明嘉靖十五年（1536）姚文清、陈讲刻本

十二册

辽宁省图书馆藏

国家珍贵古籍名录04585号

丹溪心法附餘卷首

休寧東山　方廣約之類集

本草衍義補遺　凡一百五十三種

石鍾乳爲慓悍之劑經曰石鍾乳之氣悍仁哉言也天生斯民不厭藥則氣之偏可用於暫而不可久夫石藥又偏之甚者也自唐時太平日久膏粱之家惑於方士服食致長生之說以石藥體厚氣厚習以成俗迨至宋及今猶未已也斯民何辜受此氣悍之禍而莫知能救哀哉本草讃服有延年之功而柳子厚又從而述美之予不得不深言也○唐本註云不可輕服多發渴淋

硝屬陽金而有水與火土善消化驅逐而經言無毒化七十二種石不毒而能之乎以之治病以致其用病退則已若玄明粉者以火煆而成當性温曰長服多服久服且輕身固胎駐顏益壽大能補

心法附餘卷首

方广，字约之，号古庵（一作斋），休宁（今安徽休宁）人。约生活于明嘉靖年间。

方氏鉴于程用光重订元代朱震亨的《丹溪心法》赘列了与朱氏学术理论相矛盾的附录，乃削其附录，独存一家之言，另以诸家方论缀于《丹溪心法》各门之后，所选诸论大多能与朱氏学术经验互相发明、补充。

是书版本众多，仅有明一代就有不下十种版本。此本为明嘉靖十五年（1536）姚文清、陈讲刻本。姚文清，山西阳曲人，明正德六年（1511）进士。

普济方

一百六十八卷

（明）朱橚撰

明永乐周藩刻本

五册

存二卷

中国医科大学图书馆藏

国家珍贵古籍名录08395号

朱橚是明朝开国皇帝太祖朱元璋（1328—1398）的第五子，明成祖朱棣（1360—1424）弟。明洪武三年（1370），他被封为吴王，驻守凤阳。明洪武十一年（1378）改封为周王。其谥号为定，故又称周定王。

《普济方》为明代初期编修的一部大型医学方剂书，是中国历史上最大的方剂书籍。是书广取古今方剂，汇辑成编，由朱橚订定，教授滕硕、长史刘醇等加以考论。凡一千九百六十论，二千一百七十五类，七百七十八法，六万一千七百三十九方，二百三十九图，采摭繁富，编次详晰。原书一百六十八卷，今仅存残本。清代将此书改编为四百二十六卷。

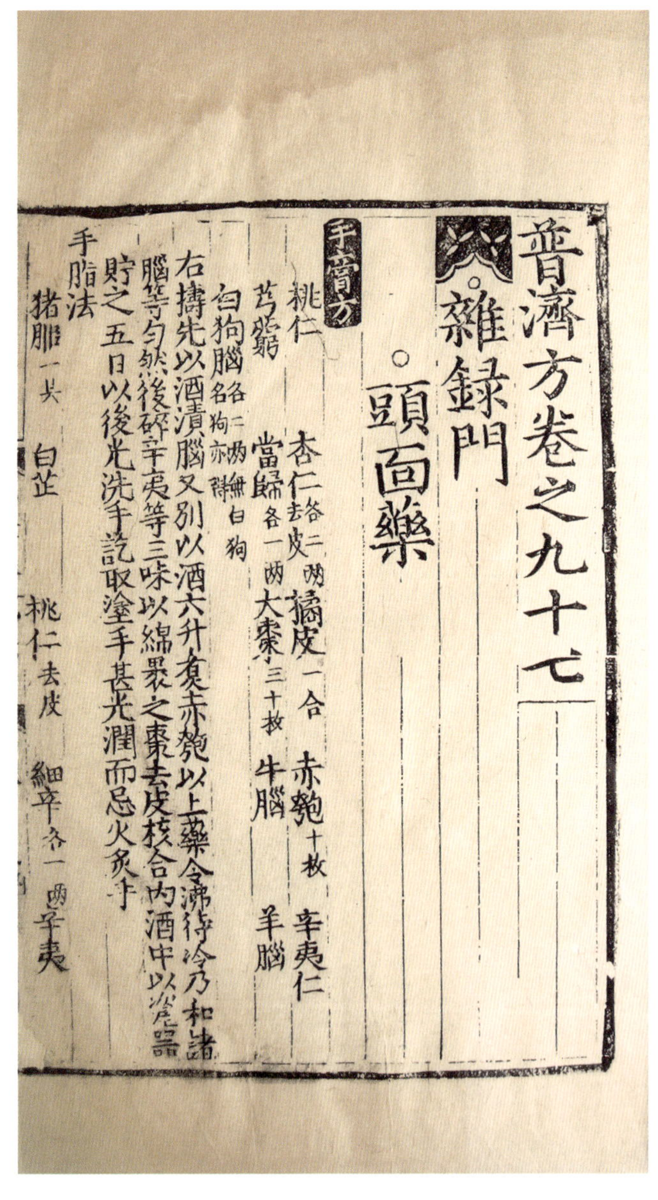
普濟方卷之九十七
雜録門 ○頭面藥
手膏方
桃仁 杏仁各二兩去皮 橘皮一合 赤匏十枚 辛夷仁
芎藭 當歸各一兩 大棗三十枚 牛腦 羊腦
白狗腦各二兩無白狗赤狗亦得
右擣先以酒漬腦又別以酒六升煮赤匏以上藥令沸待冷乃和諸
腦等勻然後碎辛夷等三味以綿裹之棗去皮核合内酒中以瓷器
貯之五日以後先洗手訖取塗手甚光潤而忌火炙手
手脂法
猪脂一具 白芷 桃仁去皮 細辛各一兩 辛夷

玉机微义 五十卷

（明）徐彦纯辑
（明）刘纯续
明景泰二年（1451）吴从政刻本
二十册
辽宁省图书馆藏
国家珍贵古籍名录04592号

玉機微義卷之一

中風門

中風敘論之始

內經曰風之傷人也或爲寒熱或爲寒中或爲熱中或爲偏枯風善行而數變至其變化乃爲他病歷陳五臟與胃之傷及風病名皆多汗而惡風詳見本文

按風論發明風邪係外感之病有內外臟腑虛實寒熱之不同別無癱瘓痿弱卒中不省僵仆喎邪攣縮眩運語澀不語之文後世

徐彦纯（？—1384），字用诚，会稽（今浙江绍兴）人。朱震亨弟子，精医术，尤长于本草。

刘纯（1363—1489），字宗厚，咸宁（今湖北咸宁）人。

徐彦纯撰《医学折衷》，博采明代以前历代名医方论，分为内科、外科等十七类。后刘纯鉴于该书门类尚不完备，又增加至五十门，易名《玉机微义》。该书搜罗广泛，自《内经》以下，如张仲景、王叔和、巢元方等医论，无不采入。所列内容，既无泥古之失，又无违古之讥。《玉机微义》现存版本二十余种，景泰本是刊刻年代较早者。

慈意方一卷 慈义方一卷

（明）释景隆撰

明刻本

二册

辽宁省图书馆藏

国家珍贵古籍名录04595号

景隆（生卒年不详），号空谷，吴县（今属江苏苏州）人。其人戒行精专，经禅之余，旁及于医。

是书成于明正统四年（1439），书分慈意方、慈义方两部分。慈者，取佛教慈悲济世之意。汇录各科医方共三百四十二个，以验方居多。

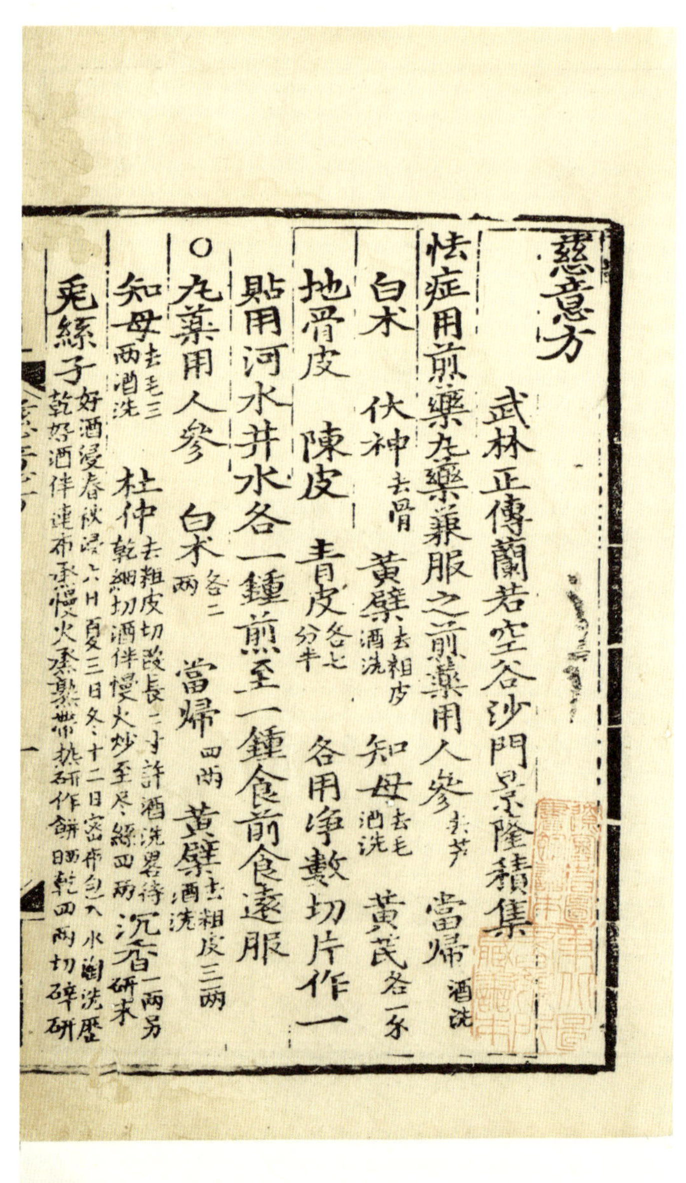

重刊医方选要

十卷

（明）周文采辑

明隆庆四年（1570）金陵书坊东塘胡氏刻本

七册

大连图书馆藏

国家珍贵古籍名录01810号

重刊醫方選要卷之一

諸風門　良醫副臣周文采編集

夫風者百病之長以其善行而數變也然風之為病種類甚多大要有四一曰偏枯謂血氣偏虛半身不遂肌肉枯瘦骨間疼痛二曰風痱謂神智不亂身體無痛四肢不舉一臂不隨三曰風懿謂忽然迷仆舌强不語喉中窒塞噫噫有聲四曰風痺謂風寒濕三氣合而為痺其人身頑肉厚不知痛癢風多則走注寒多則疼痛濕多則重着在筋則筋屈而不伸在脉則血凝而不流在肉則不仁在骨則癃重是也有中臟有中腑有中血脉中臟則性命危中腑則肢節廢中血脉則口眼歪斜三者之治各有不同若中

周文采（生卒年不详），明弘治年间任明宪宗第四子兴献王侍医。

周文采选择古代方书与平日见闻及常用有效内科方剂，删繁就简，分门别类，编成《医方选要》，载方一千余个。此书选方精要，切于实用，后世外科医生多推崇之。

三教圣人修身图诀一卷 清修捷径一卷

（明）张我续撰

明崇祯刻本

一册

辽宁省图书馆藏

国家珍贵古籍名录08416号

张我续（生卒年不详），邯郸（今属河北）人，累官至户部尚书、太子太傅。

儒、释、道称为三教。张我续认为，教门虽歧派分三，心地实则汇源归一。此书流传稀少，《中国古籍善本书目》著录仅辽宁省图书馆有藏。

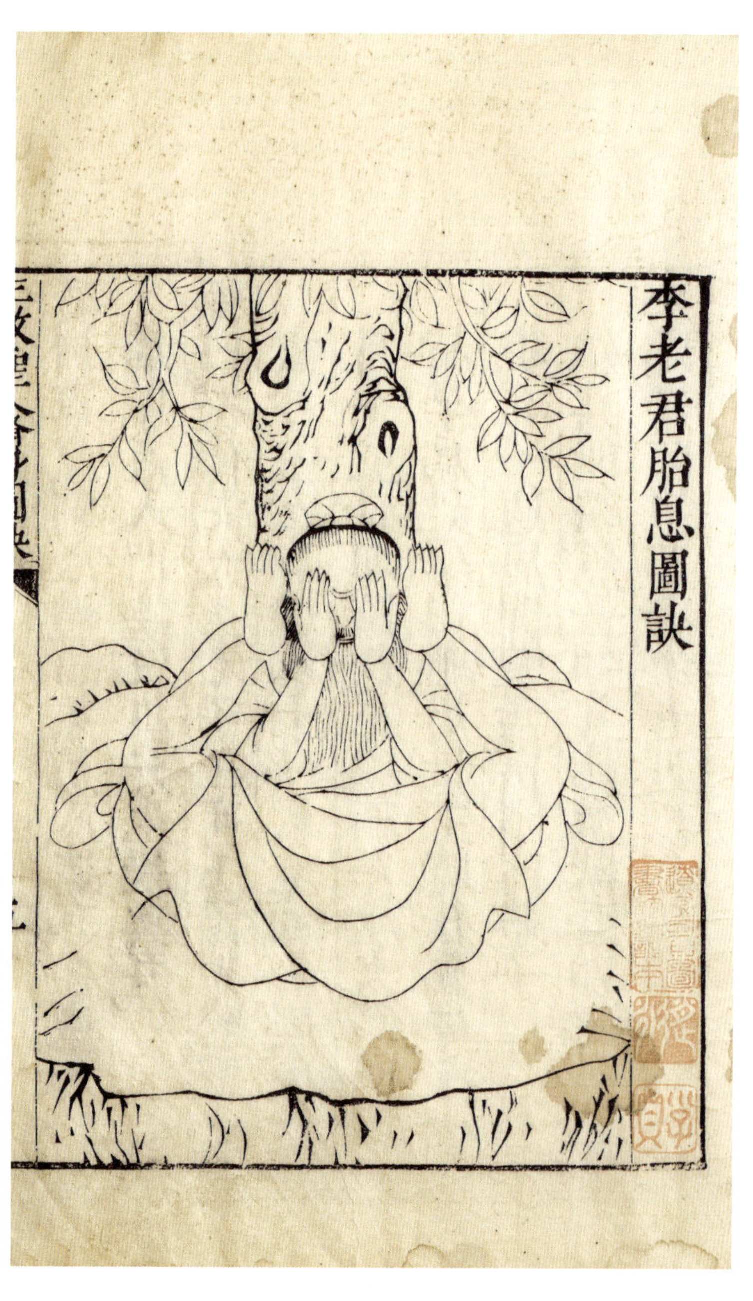

茶董 二卷
酒颠 二卷

（明）夏树芳辑

明万历夏氏清远楼刻本

四册

辽宁省图书馆藏

国家珍贵古籍名录 10471号

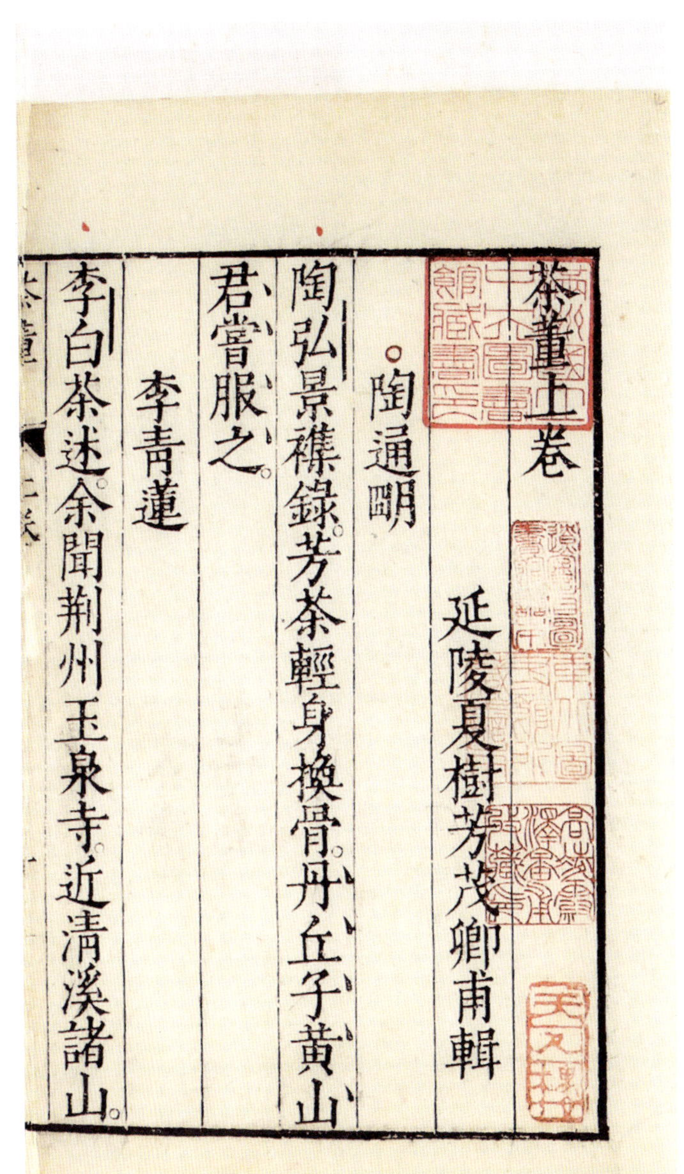
茶董上卷
延陵夏樹芳茂卿甫輯
陶通明
陶弘景襍錄芳茶輕身換骨丹丘子黃山
君嘗服之
李青蓮
李白荅述余聞荊州玉泉寺近清溪諸山

夏树芳（生卒年不详），字茂卿，号冰莲道人，江阴（今江苏江阴）人。明万历十三年（1585）举人。著有《消暍集》、《词林海错》等。

《茶董》之书，“杂录南北朝至宋金茶事，不及采造煎试之法，但摭诗句故事”。书前有冯时可、董其昌题词及夏树芳自序、陈继儒序。《酒颠》书前有董其昌题词、陈继儒序及夏树芳序，体例与《茶董》同，只录有关酒故事与诗句。

元包经传 五卷

（北周）卫元嵩撰
（唐）苏源明传
（唐）李江注

元包数总义二卷

（宋）张行成撰
明刻本
四册
锦州市图书馆藏
国家珍贵古籍名录08429号
四册
辽宁省图书馆藏
国家珍贵古籍名录08430号

卫元嵩（生卒年不详），益州成都（今四川成都）人。北周时在世，精通天文历算。

《元包经》是卫元嵩杜撰的一种《易》书，体例近于扬雄的《太玄经》，文辞佶屈，好用假借字。明代王世贞疑其为伪托之书。《新唐书·艺文志》、《崇文总目》皆著录。宋绍兴年间，张行成认为《元包经》包含深奥的卜筮数理，故参考《周易》的筮法，穿凿附会，写出《元包数总义二卷》。

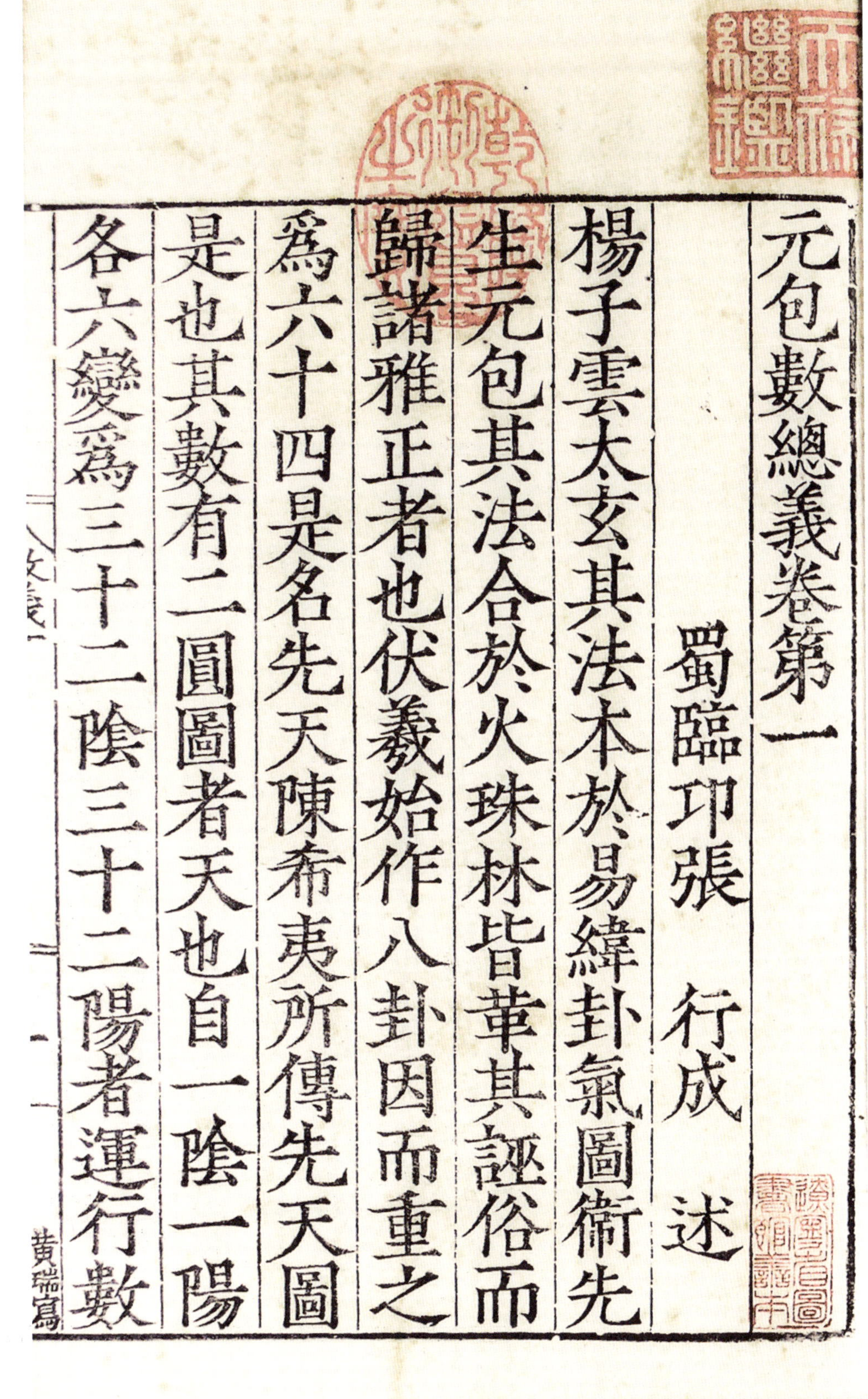

元包數總義卷第一

蜀臨邛張 行成 述

楊子雲太玄其法本於易緯卦氣圖衛先生元包其法合於火珠林皆革其誣俗而歸諸雅正者也伏羲始作八卦因而重之爲六十四是名先天陳希夷所傳先天圖是也其數有二圓圖者天也自一陰一陽各六變爲三十二陰三十二陽者運行數

黃瑞寫

重刊革象新书

二卷

（元）赵友钦撰

（明）王祎删定

明刻本

一册

大连图书馆藏

国家珍贵古籍名录08419号

赵友钦（1271—1335?），亦名敬，字子恭，自号缘督，宋室汉王十二世子孙，江西鄱阳人。著有《革象新书》、《金丹正理》等。

《革象新书》是我国古代重要的自然科学著作，共三十三篇。《革象新书》将许多深奥难懂的天文历算知识通过比喻和实验解说明白，使自古以来难于理解的天文历算著述通俗化，方便初学者研习。赵友钦著《革象新书》为五卷，明初王祎删为二卷本，两种版本均流传至今。

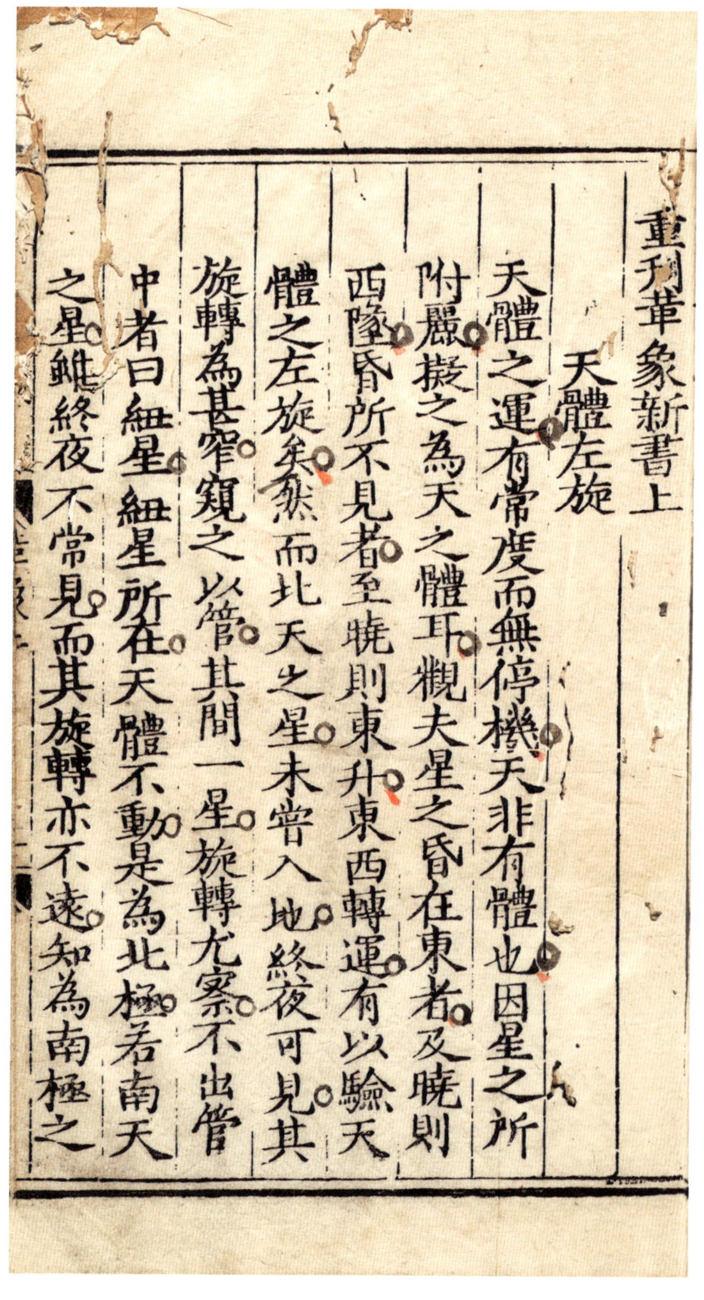

重刊革象新書上

天體左旋

天體之運有常度而無停機天非有體也因星之所附麗擬之為天之體耳觀夫星之昏在東者及曉則西墜昏所不見者至曉則東升東西轉運有以驗天體之左旋矣然而北天之星未嘗入地終夜可見其旋轉為甚窄窺之以管其間一星旋轉尤窄不出管中者曰紐星紐星所在天體不動是為北極若南天之星雖終夜不常見而其旋轉亦不遠知為南極之

天元玉历祥异赋 不分卷

（明）仁宗朱高炽撰

明抄本

十册

辽宁大学图书馆藏

国家珍贵古籍名录08437号

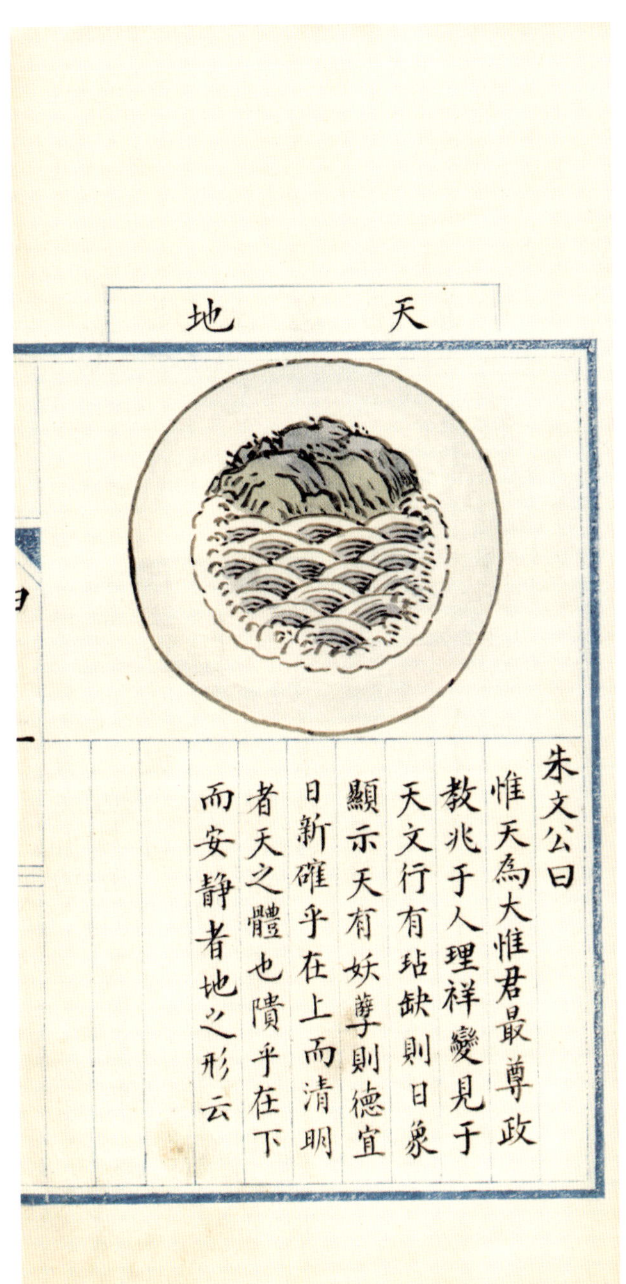

天　地

朱文公曰

惟天為大惟君最尊政教兆于人理祥變見于天文行有玷缺則日象顯示天有妖孽則德宜日新確乎在上而清明者天之體也隤乎在下而安靜者地之形云

朱高炽（1378—1425），明成祖朱棣长子，明代第四位皇帝，年号洪熙，庙号仁宗，谥号“敬天体道纯诚至德弘文钦武章圣达孝昭皇帝”。

《天元玉历祥异赋》是一部专门记录天文地理变化的著作，以甲、乙、丙、丁、戊、己、庚、辛、壬、癸分册。书中对自然界一些异常的现象进行了描述，为后世预防自然灾害与探究自然现象提供了参考资料。

该书明洪熙年间曾在内府刊刻过一次，之后便一直以抄本形式流传民间。此本为明代彩绘抄本。

子平遗集

不分卷

明抄本

十册

辽宁省图书馆藏

国家珍贵古籍名录04655号

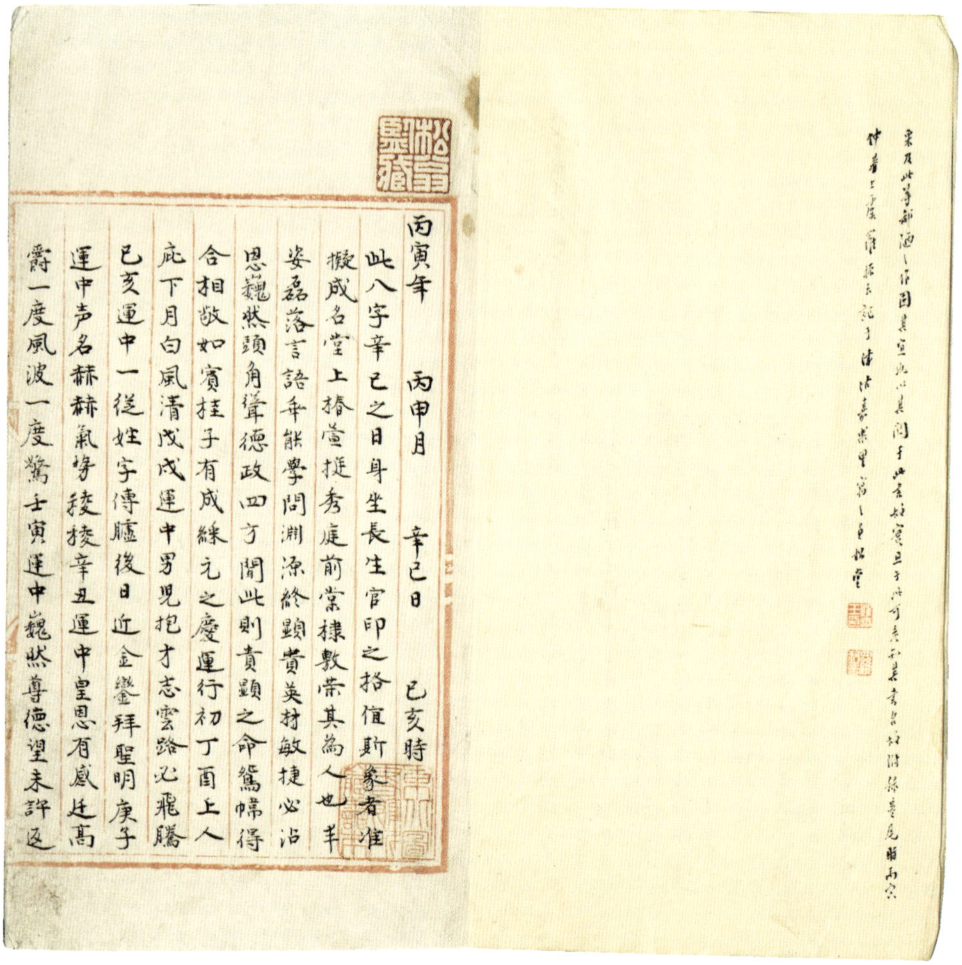

《子平遗集》为子部术数书，无书名及撰人姓名。书中乃就六十年中生人，排比月、日、时，一一推断其休咎，汇而成集。

此书原为罗振玉1919年得之于厂肆，为清内阁大库佚出者。

洪范浅解

十一卷

（明）程宗舜撰

明嘉靖三十六年（1557）杨可教等刻本

六册

辽宁省图书馆藏

国家珍贵古籍名录01836号

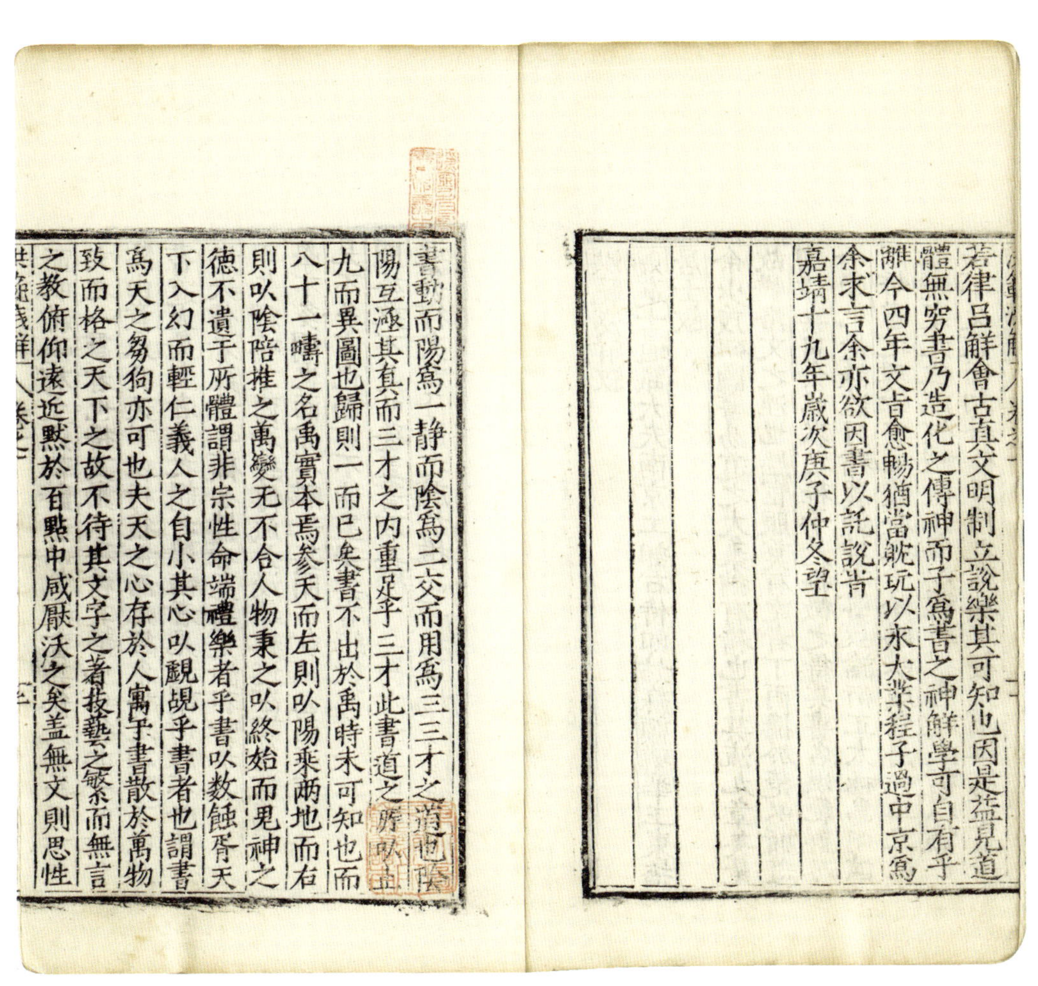
若律呂觧會古真文明制立說樂其可知也因是益見道
體無窮書乃造化之傳神而子爲書之神解學可自有乎
離今四年文旨愈暢猶當就玩以求大業程子過中京爲
余求言余亦欲因書以託說肯
嘉靖十九年歲次庚子仲冬望

書動而陽爲一静而陰爲二交而用爲三三才之道也陰
陽互涵其真而三才之内重足乎三才此書道之所以立
九而異圖也歸則一而已矣書不出於禹時未可知也而
八十一疇之名禹實本焉参天而左則以陽乘兩地而右
則以陰陪推之萬變无不合人物秉之以終始而鬼神之
德不遺于所體謂非宗性命端禮樂者乎書以数餙眘天
下入幻而輕仁義人之自小其心以覩覘乎書者也謂書
爲天之芻狗亦可也夫天之心存於人寓乎書散於萬物
致而格之天下之故不待其文字之著援藝之繁而無言
之教俯仰遠近黙於百照中咸厭沃之矣盖無文則思性
洪範淺解　卷之一

程宗舜（生卒年不详），字廷韶，华容（今湖南华容）人。明嘉靖辛卯（1531）乡贡，后补江西瑞金知县。著有《律吕或问》等。

《洪范》是《尚书》中的一篇，成书约在西周。周文王问箕子治国之道，箕子告之以上帝赐禹之“洪范九畴”的名义，分门阐述了处理政务、治理臣民等方面的原则和方法，并提出了“五行”的概念，对中国古代思想产生了深远的影响。

遁甲句解烟波钓叟歌 十二卷

题（宋）赵普撰
（明）罗通遁法
（明）池纪解
明抄本
二册
大连图书馆藏
国家珍贵古籍名录10452号

赵普（922—992），字则平，幽州蓟（今北京西南）人，北宋政治家。

罗通（1389—1469），字学古，江西吉水人。明永乐十年（1412）进士，善于用兵，官至协赞军务兼都察院右都御史、太子太保。

《烟波钓叟歌》写于宋朝，是奇门遁甲中的经典，也是奇门遁甲历史演变的一个分水岭。在此之前的奇门遁甲系统中掺杂着繁复的用神，宋朝以后，各种繁复的用神被淘汰。明朝罗通对此又进行了增删修改，池纪句解。有河图、洛书、五行阴阳图等多幅插图。

此抄本仅大连图书馆藏。钤“叶氏菉竹堂藏书”印。

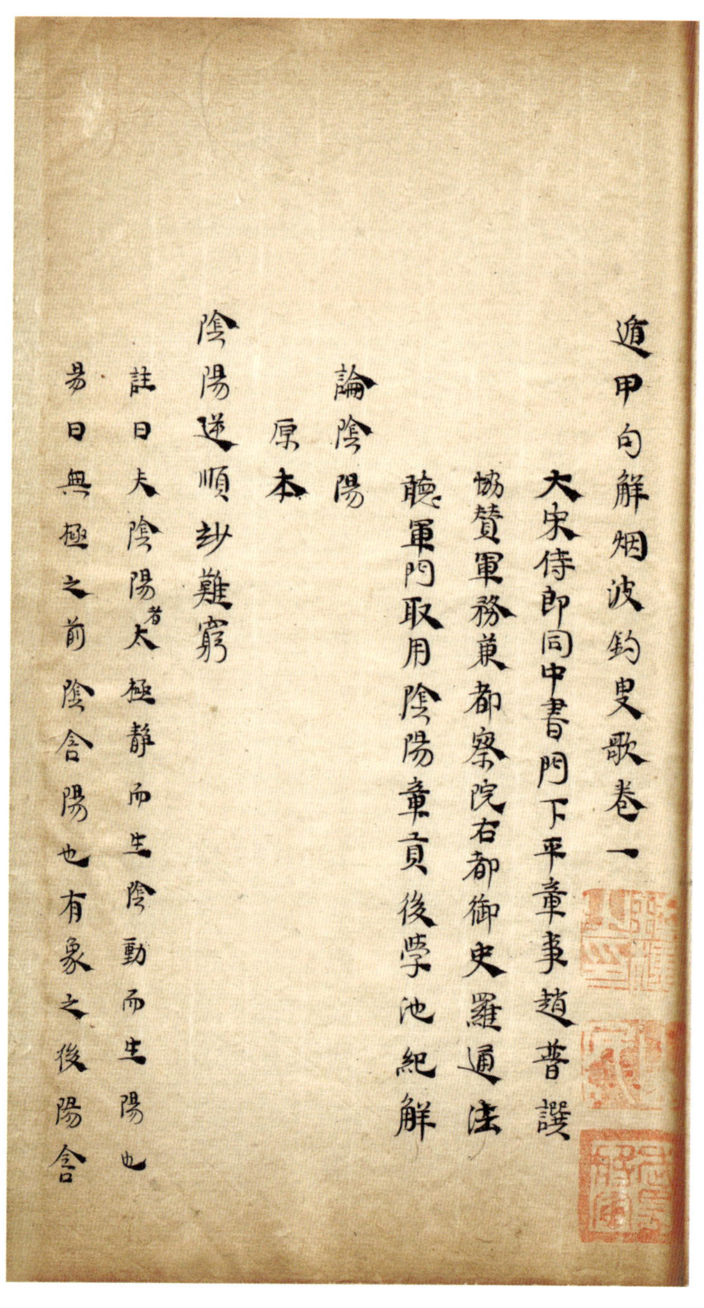
遁甲句解烟波钓叟歌卷一
大宋侍郎同中書門下平章事趙普譔
協贊軍務兼都察院右都御史羅通遁法
聽軍門取用陰陽章貢後學池紀解
論陰陽
原本
陰陽逆順妙難窮
註曰夫陰陽者太極静而生陰動而生陽也
易曰無極之前陰含陽也有象之後陽含

奇门鸿宝

不分卷

明天启元年（1621）刻三色套印本

二十册

大连图书馆藏

国家珍贵古籍名录01838号

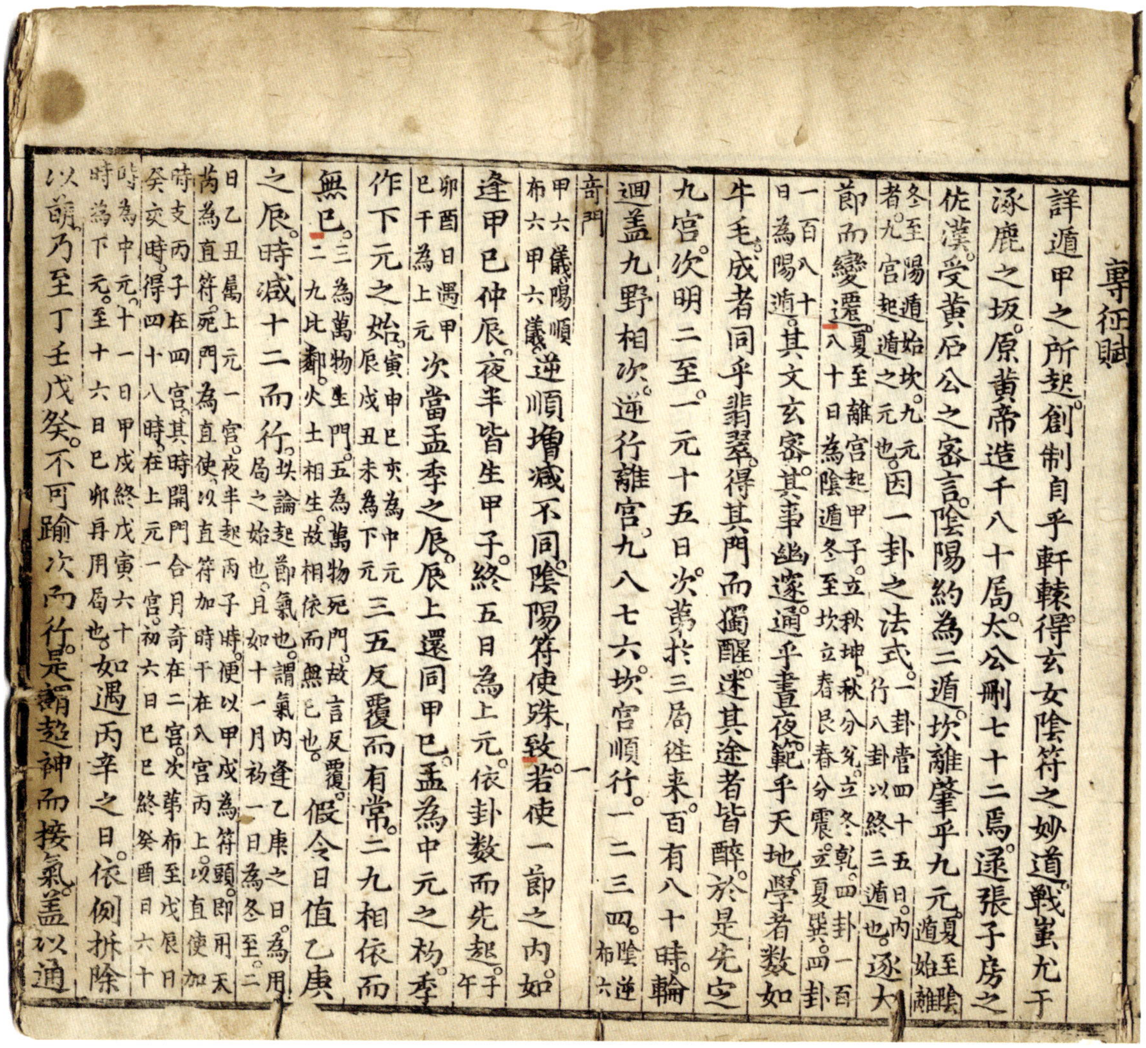

《奇门鸿宝》分“提纲目录”、“用具分类”及阴遁九局、阳遁九局。正文是阴遁九局、阳遁九局的图解。

奕薮 四卷

棋经注一卷

（明）苏之轼撰

明天启二年（1622）自刻三色套印本

四册

辽宁省图书馆藏

国家珍贵古籍名录08478号

頗悟茲悉考証諸書參以愚見語雖俚鄙聊以發
明肯綮云
一後集殘局意有未盡今於邊隅腹角分爲一十五
類與前集如合一轍擇其常見而切用者以便觀
覽若內有着雖好而失全勢罕有者亦不入選

奕藪元集
海陽　具瞻蘇之軾編輯
亦可程明宗校評
滿局說
奕之力量智巧全於滿局見之即兵之酣戰也稍有
一意不沉着一着不工緻寸瑕掩全瑜非完局矣茲
取五十局亦庶幾盡奕之量云

苏之轼（生卒年不详），字具瞻，休宁（今安徽休宁）人。明万历年间新安派棋坛的代表人物。

是书除记载当代知名文士所赠诗、文、序、引、跋等及自己所注释的《棋经十三篇》外，大体分“满局”、“全局”、“侵分”手段，局部残局等。搜罗广泛，曾被推为“古今第一”。该书为其自刻三色套印，印刷精美。

邊失而得類

一變

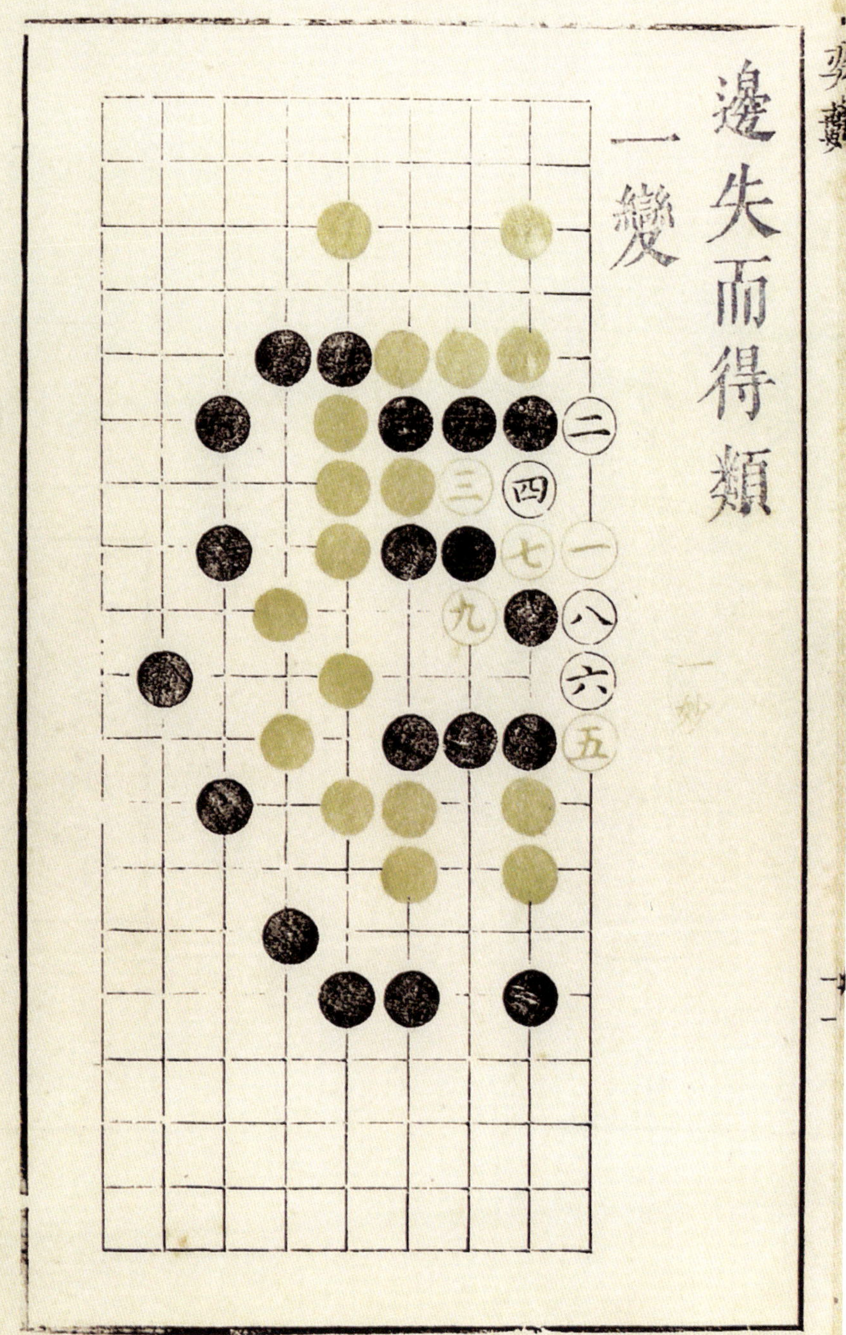

方氏墨谱 六卷

（明）方于鲁撰

明万历方氏美荫堂刻本

八册

辽宁省图书馆藏

国家珍贵古籍名录04709号

方于鲁（生卒年不详），本名大潋，字于鲁，后改字建元，安徽歙县人。明万历时著名墨工。

《方氏墨谱》列墨样三百八十五种，分国宝、国华、博古、法宝、洪宝等六类，上自符玺圭璧，下至杂佩。墨谱为墨范的标本，摹绘精细，各系题赞，亦备列真草隶篆之文，颇为工巧。《墨谱》带有广告性质，它的印制最初的目的主要用于商业宣传，附有许多赞美性文字。

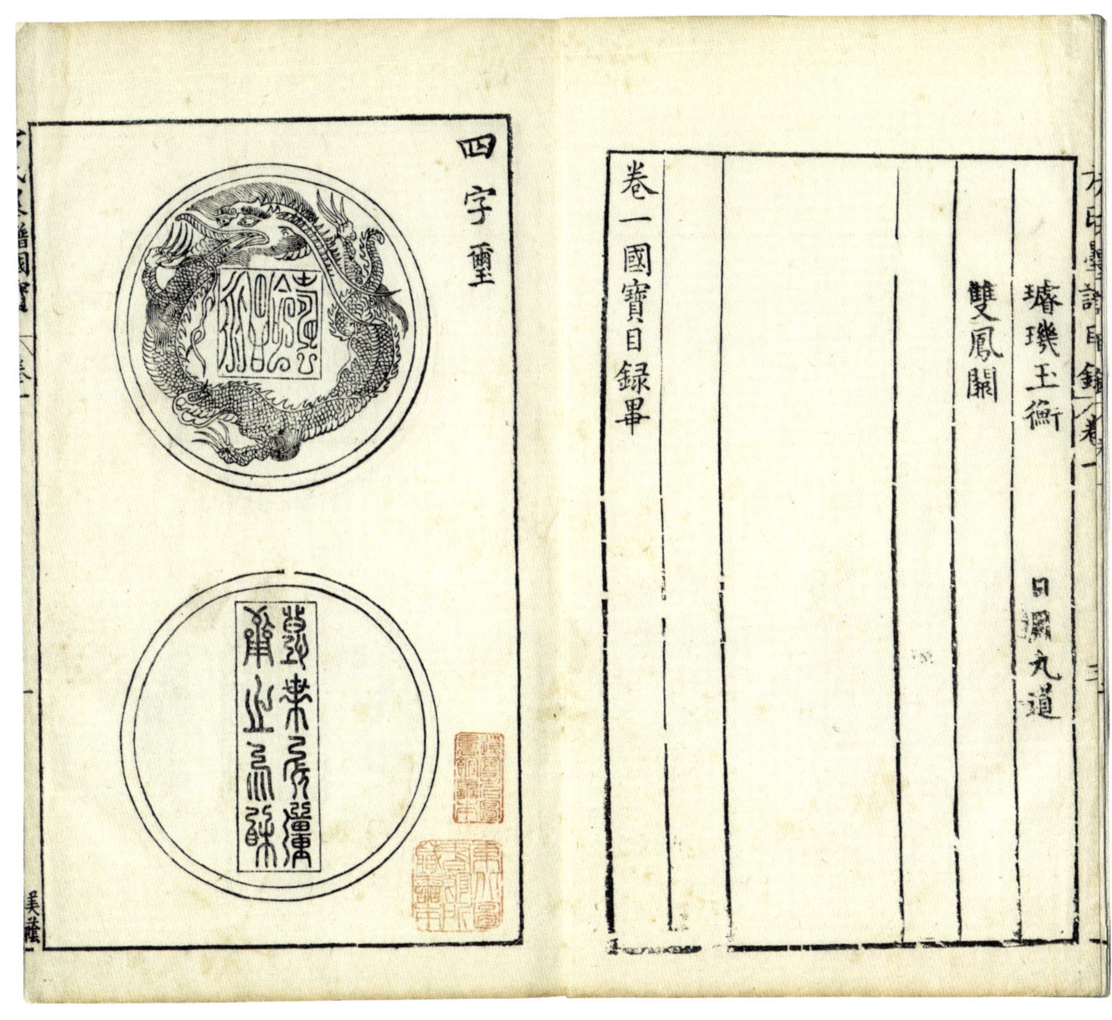

璿璣玉衡　日爾丸道

雙鳳闕

卷一國寶目録畢

四字璽

东坡先生志林

五卷

（宋）苏轼撰

明刻套印本

五册

辽宁省图书馆藏

国家珍贵古籍名录08497号

是书为苏轼随笔所记零星琐事，后人辑录而成。内容包括记游志异、议物论人，旁及幽冥梦幻、道果仙缘等。因包含了苏轼言行、见闻、感触等方面的记载，比较真实地反映出苏轼的性格特色。

古言 二卷 今言 四卷

（明）郑晓撰
明嘉靖四十四年（1565）项笃寿刻本
十二册
辽宁省图书馆藏
国家珍贵古籍名录04753号

古言卷上

海鹽鄭曉

八卦伏羲所作重之者文王也易曰八卦成列象在其中羲畫也因而重之爻在其中文畫也連山首艮歸藏首坤皆止八卦至周首乾乃有六十四卦易之興也其於中古乎言羲易也作易者其有憂患乎言文易也

郑晓（1499—1566），字窒甫，号淡泉，浙江海盐（今浙江海盐）人。明嘉靖二年（1523）进士。累官至刑部尚书。著有《九边图志》、《禹贡图说》、《吾学编》等。

《古言》是一部读“古”而作的笔记，内容涵盖了经、史及杂言。《今言》是郑晓的最后一部著作，主要记述有明洪武至嘉靖一百八十余年的国政朝章、兵戎邦计等史事，可补正史之缺漏。

项笃寿，字子长，号少溪，明嘉靖四十一年（1562）进士。为郑晓的外甥。性好藏书，有秘籍典册则储其“万卷楼”中。又兼事刻书，并以精良著称。

谭辂 三卷

（明）张凤翼撰

明万历刻本

三册

辽宁省图书馆藏

国家珍贵古籍名录08508号

张凤翼（1527—1613），字伯起，号灵墟先生、泠然居士，长洲（治今江苏苏州）人。著有《文选纂注》、《四书句解》等。

此书所记，多为见闻杂事。今所存者，多为丛书本，明万历刻本诸家书目则鲜有著录。

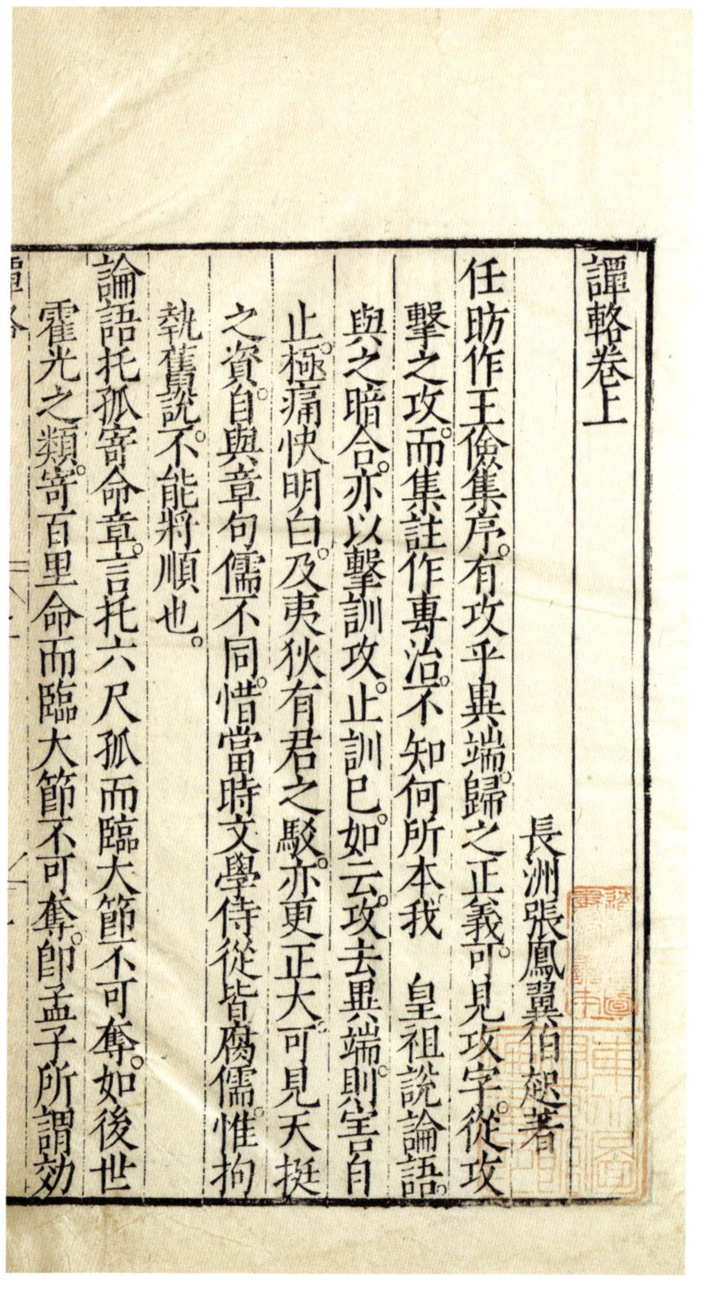
譚輅卷上

長洲張鳳翼伯起著

任昉作王儉集序。有攻乎異端歸之正義。可見攻字從攻擊之攻。而集註作專治。不知何所本。我　皇祖說論語與之暗合。亦以擊訓攻。止訓已。如云攻去異端則害自止。極痛快明白。及夷狄有君之駁。亦更正大。可見天挺之資。自與章句儒不同。惜當時文學侍從皆腐儒。惟拘執舊說。不能將順也。

論語托孤寄命章。言托六尺孤而臨大節。不可奪。如後世霍光之類。寄百里命而臨大節不可奪。即孟子所謂効

困学纪闻

二十卷

（宋）王应麟撰

明刻本

十六册

辽宁省图书馆藏

国家珍贵古籍名录04769号

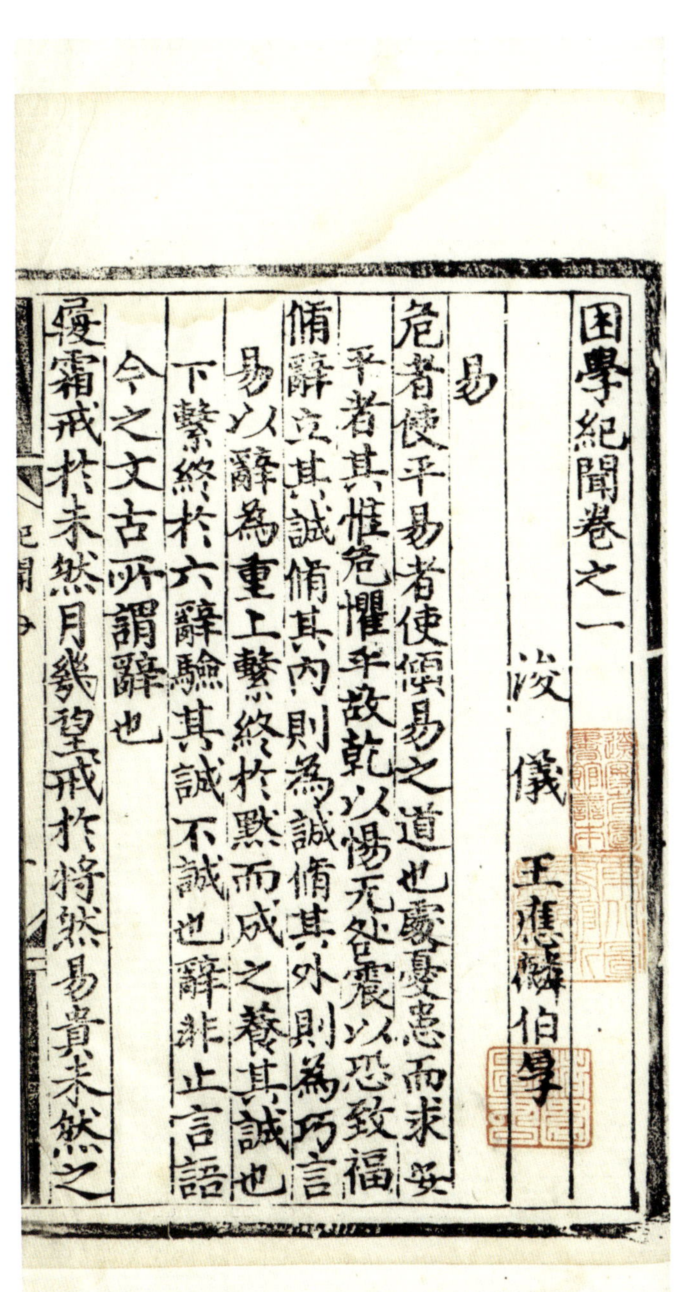

困學紀聞卷之一

浚儀　王應麟伯厚

易

危者使平易者使傾易之道也處憂患而求安平者其惟危懼乎故乾以惕无咎震以恐致福

脩辭立其誠脩其內則為誠脩其外則為巧言

易以辭為重上繫終於默而成之養其誠也

下繫終於六辭驗其誠不誠也辭非止言語

今之文古所謂辭也

履霜戒於未然月幾望戒於將然易貴未然之

王应麟（1223—1296），字伯厚，自号深宁居士，祖籍河南开封，后迁居庆元府鄞县（今浙江鄞县）。宋淳祐元年（1241）进士。历官太常寺主簿、台州通判、礼部尚书兼给事中等职。

此书是胡应麟的札记文集。其中说经八卷，天道、地理、诸子二卷，考史六卷，评诗文三卷，杂识一卷。考据精博，多有创见，《四库全书总目》称其为“宋一代说部之后劲”。

此书元泰定二年（1325）庆元路儒学刻本为最早。

经史直解 六卷

（明）殷士儋撰

明隆庆元年（1567）郝杰刻本

六册

辽宁省图书馆藏

国家珍贵古籍名录08527号

殷士儋（1522—1581），字正甫，又字棠川，济南历城（今属山东济南）人。明嘉靖二十六年（1547）进士。累官至内阁大学士。

是书乃为皇帝讲经的讲章，主讲官殷士儋。此本为翁同龢旧藏，钤有“翁同龢印”等印。

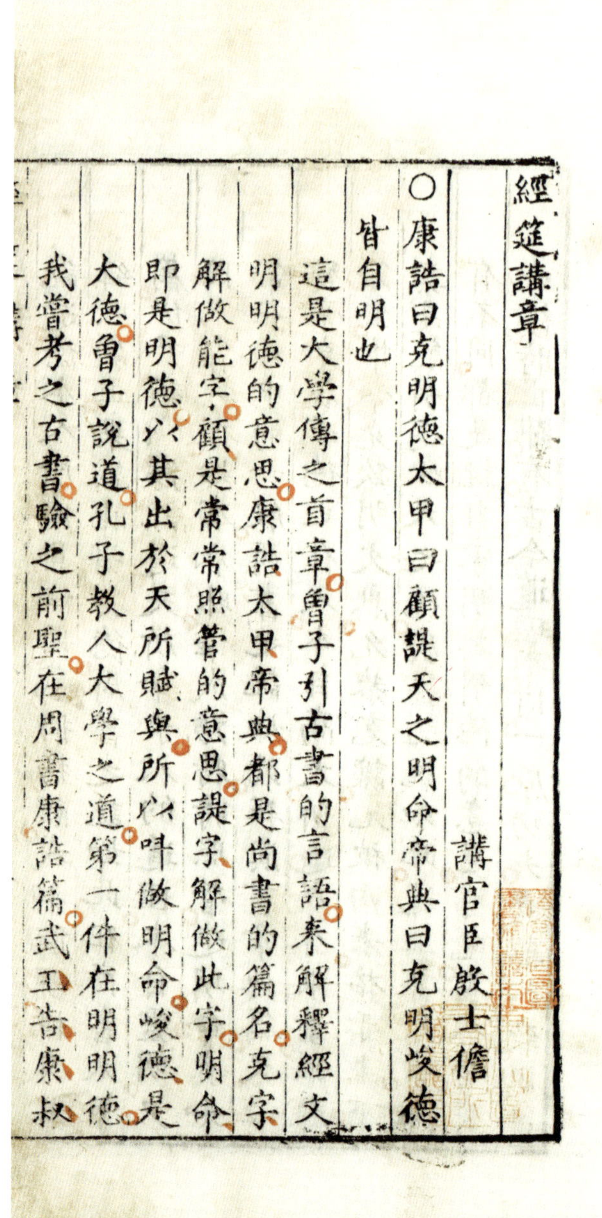
經筵講章

講官臣殷士儋

○康誥曰克明德太甲曰顧諟天之明命帝典曰克明峻德

皆自明也

這是大學傳之首章曾子引古書的言語來解釋經文

明明德的意思康誥太甲帝典都是尚書的篇名克字

解做能字顧是常常照管的意思諟字解做此字明命

即是明德以其出於天所賦與所以叫做明命峻德是

大德曾子說道孔子教人大學之道第一件在明明德

我嘗考之古書驗之前聖在周書康誥篇武王告康叔

世说新语 六卷

（南朝宋）刘义庆撰
（梁）刘孝标注
（宋）刘辰翁 刘应登
（明）王世懋评
明凌瀛初刻四色套印本
七册
大连图书馆藏
国家珍贵古籍名录01882号
六册
辽宁省图书馆藏
国家珍贵古籍名录04783号

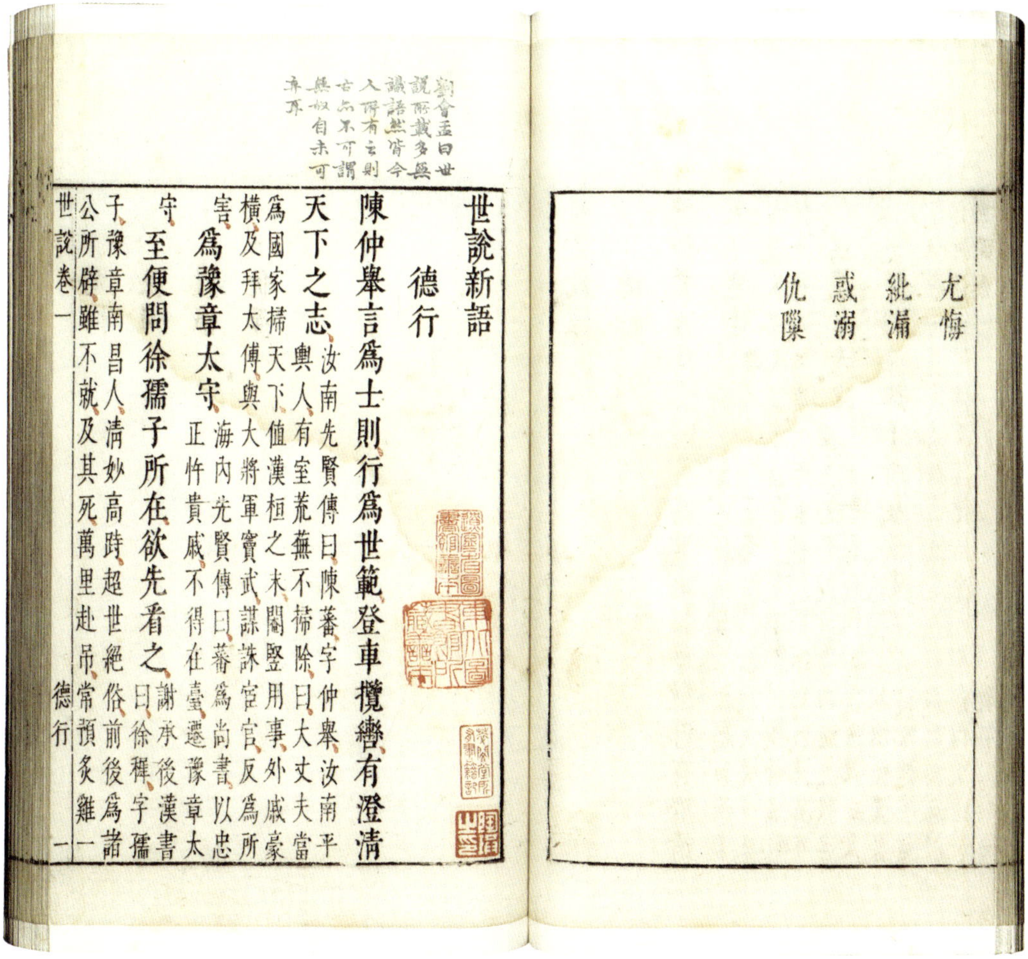

刘义庆（403—444），字季伯，彭城（今江苏徐州）人。南朝刘宋宗室，袭封临川王，任南兖州刺史等官职。著有《幽明录》等。

《世说新语》是我国南朝宋时期产生的一部主要记述魏晋人物言谈轶事的笔记小说，由刘义庆主持编写，梁代刘孝标作注。全书原八卷，刘孝标注本分为十卷，今传本皆作三卷，分为德行、言语、政事、文学、方正、雅量等三十六门，记事一千多则。

古今韵史

十二卷

（明）陈继儒 程铨撰

明刻本

辽宁省图书馆藏

六册

国家珍贵古籍名录10523号

陈继儒（1558—1639），字仲醇，号眉公、麋公，华亭（今上海松江）人。平生未仕。著有《妮古录》、《小窗幽记》等。

是书摭拾诸书隽语八百余则，分类编次，凡韵人二卷、韵事二卷、韵语三卷、韵诗二卷、韵词二卷、韵物一卷。有《世说新语》之风。所收人事，多“胸中脱尽情态理障文学气”而“超然耳目之外，声色之表者”。所载名媛姬妓诗词，风格清丽凄婉，多不以妇德而以才能显。《四库全书总目》言是书“皆以古事与明人事参录”，故该书也能代表晚明士人快意自适、率性而止的心境并映射出晚明特有的世风。

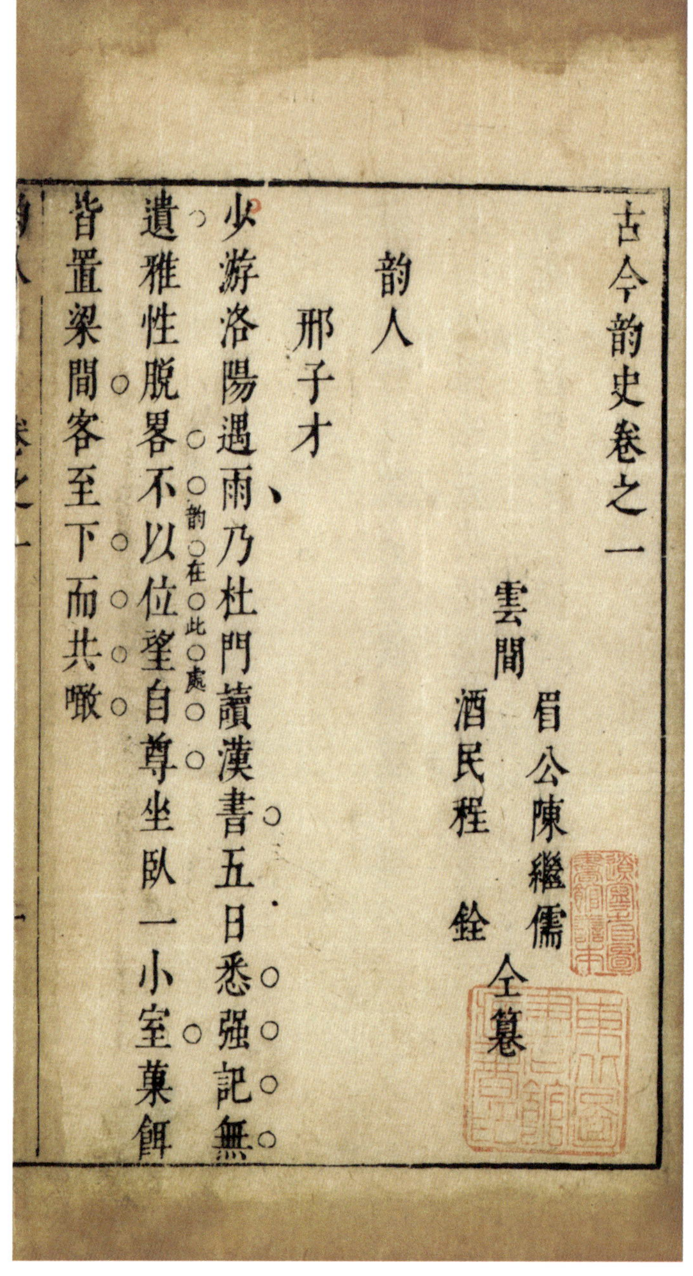
古今韻史卷之一

雲間 眉公陳繼儒
酒民程 銓 仝纂

韻人

邢子才

少游洛陽遇雨乃杜門讀漢書五日悉强記無遺雅性脫畧不以位望自尊坐卧一小室蕈餌皆置梁間客至下而共噉

云溪友议 三卷

（唐）范摅撰

明刻本
三册
辽宁省图书馆藏
国家珍贵古籍名录08536号

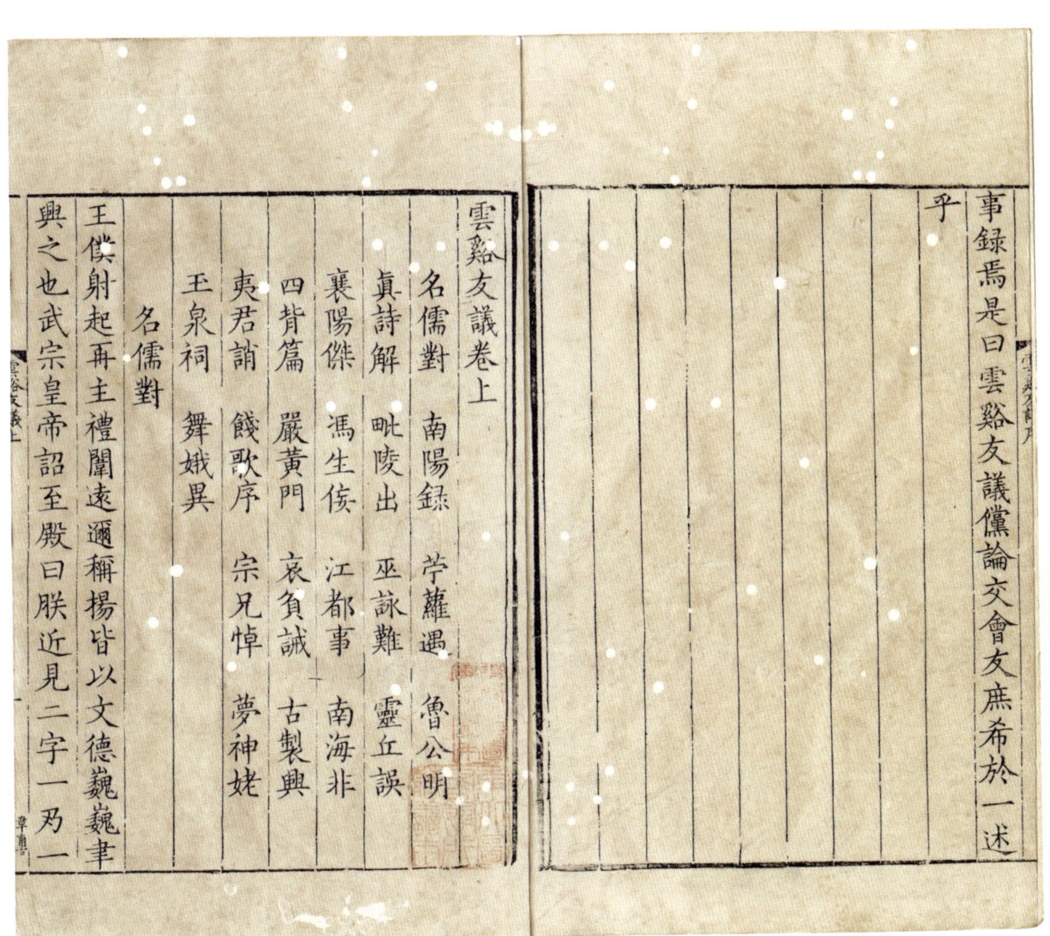
事録焉是曰雲谿友議儻論交會友庶希於一述乎

雲谿友議卷上
名儒對　南陽録　苧蘿遇　魯公明
眞詩解　毗陵出　巫詠難　靈丘誤
襄陽傑　馮生佞　江都事　南海非
四背篇　嚴黄門　哀負誡　古製興
夷君誚　餞歌序　宗兄悼　夢神姥
玉泉祠　舞娥異
名儒對
王僕射起再主禮闈遠邇稱揚皆以文德巍巍韋
輿之也武宗皇帝詔至殿曰朕近見二字一另一

范摅（生卒年不详），自号五云溪人，吴县（今属江苏苏州）人，客居越地。约唐僖宗乾符年间在世。

此书收录开元以后异闻野史，多为诗话。所录诗及本事，有为他书所不载者，遗篇琐事，有不少靠该书得以流传。其书所载也有失实处。书中还有一些神鬼故事，颇有传奇文气息。韦縠《才调集》、计有功《唐诗纪事》、辛文房《唐才子传》等，皆取资于此书。

《新唐书·艺文志》、《郡斋读书志》著录此书均为三卷。《直斋书录解题》著录：“唐志三卷，今本十二卷。”此书宋时已有两本。

都公谭纂 二卷

（明）都穆撰
（明）陆采辑
明刻本
二册
辽宁省图书馆藏
国家珍贵古籍名录04788号

都穆（1459—1525），字玄敬，号南濠先生，吴县（今属江苏苏州）人。明弘治十二年（1499）进士。累官至礼部郎中。著有《南濠文略》、《都氏铁网珊瑚》、《使西日记》等。

陆采（1497—1537），字子玄，号天池，都穆门人及女婿。著有《明珠记》、《怀香记》、《南西厢记》等。

《都公谭纂》又名《谭纂》，历史琐闻笔记一类，记录元、明以来的逸闻。此书为马廉旧藏，钤“鄞马廉字隅卿所藏图书”印。

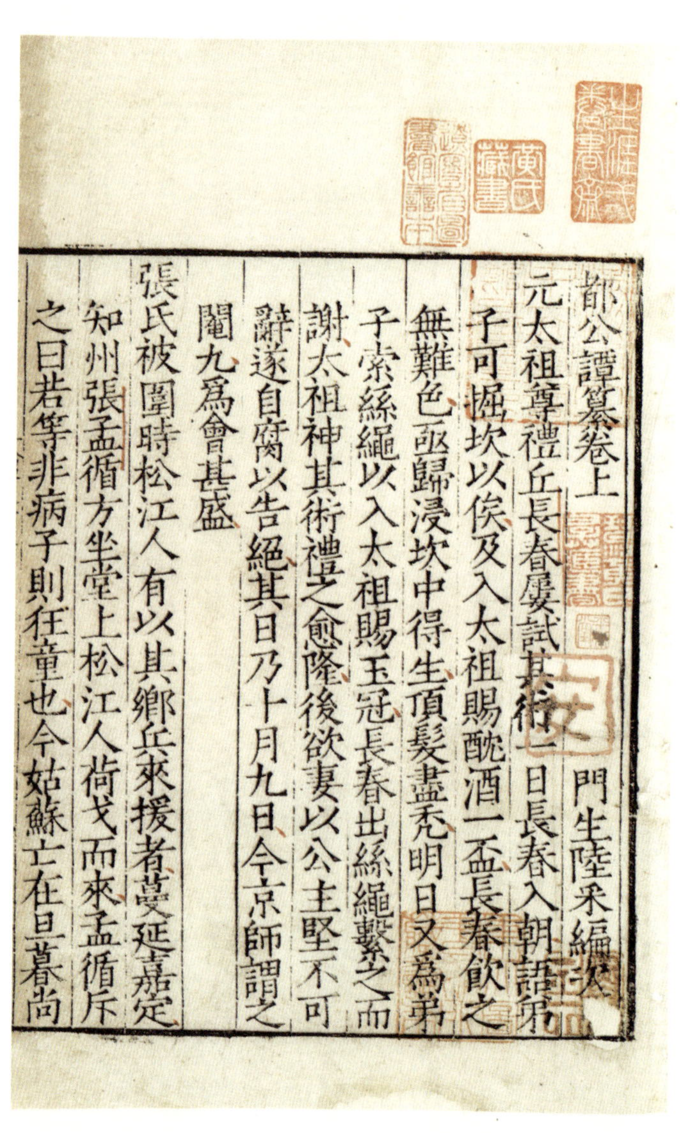
都公譚纂卷上　門生陸釆編次
元太祖尊禮丘長春屢試其術一日長春入朝語弟
子可掘坎以俟及入太祖賜酖酒一盃長春飲之
無難色亟歸浸坎中得生頂髮盡禿明日又爲弟
子索絲繩以入太祖賜玉冠長春出絲繩繫之而
謝太祖神其術禮之愈隆後欲妻以公主堅不可
辭遂自腐以告絕其日乃十月九日今京師謂之
閹九爲會甚盛
張氏被圍時松江人有以其鄉兵來援者蔓延嘉定
知州張孟循方坐堂上松江人荷戈而來孟循斥
之曰若等非病子則狂童也今姑蘇亡在旦暮尚